财局与政局

中国的政治经济关系

林光彬 著

人民出版社

目　录

第二章 社会等级秩序格局下的财局与政局

第三章 家族中国的财局与政局

第四章 政党中国的财局与政局

第五章 中国财局与政局的现状分析

第六章 未来展望

前　言

国家理财

在人类有国家以来的历史演进中，国家的繁荣与贫困，政府的兴衰更替，往往是先有财局失衡，后有政局失控，甚至可以说，许多是在重税的历史交替中更迭。

一个压迫性的政府，往往对人民（个人、家庭和企业等工商组织）征税（货币、实物、劳役）过重，最终被人民的斗争、反抗所更替，所抛弃。比如，英国国王查理一世为征税权而掉了脑袋；法国国王路易十四宣称“朕即国家”，但他的孙子路易十六却找不到摆脱财政困境的出路，最后连性命和政权都丢了；美国独立战争与英国竭泽而渔的税收政策有关；中国历代政府的更替大多与征税有关。

我国西汉伟大的思想家、历史学家司马迁将人们的政治经济关系总结归纳为“天下熙熙，皆为利来；天下攘攘，皆为利往”，所有政治经济社会问题最后都要被归为“利益问题”。

有国家以来，财税是整个国家和国民经济运转的总枢纽，是国家治理的物质基础。一方面，财税处于社会再生产的总体性分配环节，能综合调控经济全局的发展状态，决定国家的发展和建设能力，也决定经济全局的繁荣和衰败；另一方面，财税是国民收入分配的总枢纽，能全面调控国民经济收入在不同利益主体之间的分配，决定民心的向背和执政的基础。所以，财政被称为“庶政之母”，是国家治理的头等大事。

从经济管理的角度讲，可以说“治国就是理财”。这里的理财在本书中不是简单的政府收支运转，而是理国家财，即政府、企业、家庭和个人构成的利益共同体的财政格局、财务格局。因此，我把本书的副标题定为研究中国的政治经济关系，聚焦在财局与政局互动关系视角下的中国政治经济学。

进入 21 世纪以来，中国和世界的政治经济关系处于深刻复杂的结构性变动之中。我国经济正在经历增速换挡、发展转型、需求与产业升级、阶层分化、外部市场萎缩性震荡等结构性经济过剩下的阵痛。

30 多年的多种所有制共同发展格局从根本上改变了中国的经济结构和社会结构。今天，我们可以清楚地观察到，我国的财局——个人、家庭、企业和政府所构成的财富分布格局已经出现了历史性的变化，社会财富和收入分配的两极分化也十分清楚地呈现在我们眼前。根据北京大学中国社会科学调查中心发布的《中国民生发展报告 2014》，中国的财产不平等程度在迅速升高：1995 年我国财产的基尼系数为 0.45，2002 年为 0.55；2012 年我国家庭净财产的基尼系数达到 0.73；顶端 1%的家庭占有全国三分之一以上的财产。[①]2015 年度《福布斯》中国富豪榜前一百名成员财富总和为 26851.1 亿元人民币，相当于 2015 年 2.35 亿农民人均可支配收入的总和。2016 年 5 月 4 日发布的“2016 年新财富 500 富人榜”榜单显示，过去一年中国最富有的 500 人的上榜门槛，从 40 亿元提高到 65 亿元，增长 62.5%。500 名富人拥有的财富总额达到了 80191.5 亿元，人均财富达到 160.4 亿元，较上年的 113.1 亿元增长 41.8%，远高于上一年 25.7%的增速。[②] 这个榜单说明，

① 张心怡：《北京大学发布〈中国民生发展报告·2014〉》，《光明日报》2014 年 8 月 5 日。

② 新财富，http://www.xcf.cn/tt2/201605/t20160504_771259.htm，2016 年 5 月 4 日。

一是富人愈富，富可敌国；二是近年来富人财富的增长速度是国民人均收入平均增速的2倍以上，这预示着社会两极分化的速度在加快；三是500名富人的财富总额相当于2015年7亿农民的人均可支配收入之和，相当于2015年国家财政收入的52%。这意味着，我国财富的集中度已经非常高，已经达到足以引起警戒的状态。两极的积累必然加剧财局的失衡，甚至预示着危机的可能性和现实性。

按照基本的经济发展规律，繁荣之后必然面临萧条甚至危机的考验。这是市场经济的基本常识。

从经济周期的视角看，我国经济也进入增速下行阶段。从经济发展方式的转变上看，随着“十三五”期间国家约束条件和外部环境约束条件的变化，也进入了发展的阵痛期。

比如，旧的“三高”（高投入、高消耗、高污染）产业在产业结构升级、转变发展方式和去过剩产能的背景下，面临转型的阵痛，对财政收入的贡献度不可避免地呈现急剧下降的趋势。再比如，新产业的培植还需要一个比较长的周期才能成为财政收入的重要来源。

从一二三产业的发展态势看，第一产业是财政的补贴对象，第二产业对财政的贡献因消化产能过剩需要一定时间而呈现不可避免的下降趋势，第三产业对财政的贡献因金融、地产、休闲娱乐、餐饮等行业的去杠杆化与泡沫化而充满不确定性，尤其是资产负债表衰退和债务收缩的危机会引致更大范围的衰退和收缩效应。

从经济学的角度看，我国财政经济正面临一次不小的考验。我们是否已经做好了迎接萧条乃至剧烈震荡的准备？在保持国体和政体不变的情况下，我们的政局如何适应、驾驭和引领变化后的财局，使全面建成小康社会和实现共同富裕成为可能，我们在理论上如何尽早做到说清楚、讲明白？这些都是当代学术界必须面对的时代课题。

2008年以来，世界金融、财政与经济危机让人们可以近距离观察世界和各国财局与政局的互动演进，尤其是欧洲四国——希腊、葡萄牙、西班牙、意大利的财政破产，失业率大幅飙升，特别是青年人群的高失业率导致的政局动荡。北非阿拉伯国家的“颜色革命”也与经济危机下青年人群大量失业密切相关。这次全球大危机本质上是发达国家的个人、家庭、企业、政府四个主体财务失衡的危机，也是社会财富和收入分配失衡的危机。我们观察到，发达国家的政府在危机中不仅没有制裁和处罚制造危机的金融资本家，而是用纳税人的钱补贴金融资本家。因此，经济学界和普罗大众又把研究和关注的焦点回到财富分配领域。人们又开始从马克思的智力资源中寻找灵感。马克思在《共产党宣言》和《资本论》中所揭示的社会积累的两极分化下的经济危机和政治危机的规律性认识，不仅改变了世界发展的进程，今天看起来仍然充满洞见。

美国经济学家约瑟夫·斯蒂格利茨、保罗·克鲁格曼，法国经济学家托马斯·皮凯蒂等人用实证研究证实发达国家收入分配的两极分化，是 20 世纪 80 年代以来资本主义世界的最显著经济特征，也是经济危机的深层原因。

2013 年，皮凯蒂的《21 世纪资本论》出版[①]成为西方学术界近年来少有的经济类重磅作品，引起学术界的广泛讨论。在书中，皮凯蒂对发达国家过去 300 年的财富收入分配史进行了实证研究。其最大特点是通过系统收集整理分析发达国家的税收和纳税凭据——这个历史媒介，证明了资本收益和国民收入（工资增长）的两极分化的趋势长期存在[②]，财富和政治都有代际遗传的显著特征，即世袭特征。作者指出，资本收益增速快于劳动工资增速，形成社会阶层之间难以弥合的收入差距鸿沟，引发经济社会的周期性波动。作者的研究还揭示出，税收制度通过影响社会收入分配，进而影响社会平等

① ［法］皮凯蒂：《21 世纪资本论》（Capital in the Twenty-Fisrt Century），中信出版社 2014 年版。

② 发达国家历史的结论是资本收益率为经济增长率的几倍。

与不平等的社会秩序格局，影响政局，造成财富世袭、寡头民主。皮凯蒂的经验观察说明，即使有资本主义的法律平等，也不能保证社会的经济平等。他的历史分析还清楚表明，市场机制不能保证分工和谐和社会公平。分工+贸易不见得能导致国富，因为发达国家控制的资本积累主导了财富的分配。在现实世界，决定市场份额的不仅是贸易的比较优势，更主要的是政治、军事、文化的比较优势[①]。可以说，这是一部研究西方发达国家财局与政局互动关系的经典之作。在理论上，皮凯蒂把马克思收入分配的资本与劳动的两分法数据化，揭示的资本收益一直远超劳动收益的历史真相触目惊心，一举粉碎了新古典经济学的市场经济自动达到一般均衡和最优分配的神话。同时，刺破了库兹涅茨倒U形收入分配曲线[②]这个学术泡沫。在政策上，《21世纪资本论》揭示出收入分配改善的原因不是经济的内生机制，而是政治的外来干预，政府的经济干预。

2016年，美国民主党总统候选人桑德斯在新罕布什尔州发表胜选演讲指出："美国的收入和财富不平等程度已经超过地球上所有主要国家，顶层1%人群中的十分之一，他们掌握的财富相当于底层90%人口总财富，这是不公平！20名富豪的财富，超过了全国一半人口的总财富，这也不是公平。"[③]民主是现代社会的基本要求。但民主本身不能带来经济公平。美国式的民主只能带来更大的两极分化。这背后其实就是代表民主的精英人士所

---

① 自己制定规则，让全世界遵守。比如发达国家根据自己需要不断变更贸易规则、产品标准、技术标准、环境标准等主导贸易；再比如欧美发达国的高端技术都以各种名义不给中国出口，用自己签订的"武器不扩散条约"等限制出口，用政治规制贸易。

② 库兹涅茨的研究认为，随着经济增长，不同阶层之间的收入差距会先扩大后缩小。库兹涅茨倒U形假说导致后来经济学发展"重发展轻分配"，使经济学理论更加被"效率优先"所主导，漠视社会收入两极分化的鸿沟。在我国改革开放初期"效率优先"曾居于主导地位。

③ 朱新伟、黄一鸣译：《桑德斯在新罕布什尔州发表胜选演讲全文》，http://www.guancha.cn/america/2016_02_10_350813.shtml。

设计的一系列制度的必然结果。

当今世界是金融垄断资本在全球横行霸道的世界。2014 年，我国经济学者向松祚在《新资本论》中对全球金融资本主义的兴起、危机、救赎进行了深入的考察，发现金融资本主义世界呈现三个特征鲜明的两极分化，即信用资源分配的两极分化，虚拟经济和实体经济的两极分化，真实收入和财富的两极分化。这三个两极分化导致资本主义社会再生产系统的“财局”始终处于失衡状态，不可避免地要持续爆发周期性的经济危机。叔本华曾说：“财富就像海水，饮得越多，渴得越厉害。”因为，财富在市场经济下就是权力。人们对权力的追求正如对财富的追求，总是贪得无厌，不知满足。更何况越多的权力，意味着越少的制约，越多的成就感、驾驭感。这是竞争性社会赋予人的特殊秉性，也是西方主流政治经济理论所倡导的丛林法则的必然结果。

与上述作者的认识不同。2012 年，美国第二代新制度经济学者德隆·阿西莫格鲁和詹姆斯·罗宾逊出版了他们的研究成果——《国家为什么失败》一书。两人从制度的民主不民主、包容不包容的视角考察了世界各国的制度，认为制度是决定一国经济成败和贫富的唯一因素。具体来说，是政治不民主导致国家失败和不发展。再具体点，就是有权势的精英人士通过规则牺牲大多数人的利益而使自己获利。作者的全球视角和新生代角色博得了“主流界”的一片喝彩声。尽管这个见解并不新鲜。但主题和我的研究主题“财局与政局：中国的政治经济关系”却紧密相关，仍不失为一种重要的参考书，给我不少启发。因为一国的经济制度和政治制度的互动演进，可以使一国强盛，也可以使一国衰落。

人是一切文明社会发展首要的、最核心的因素。这是人类几千年历史发展赐给我们的常识。在古今中外的历史上，政府领导团队的状况往往决定一个国家的走向。制度是人创造的，也是人所驾驭运转的，它往往被人、尤其是社会精英所操弄和破坏。同时，多数人的暴政在今天的西方民主世界也稀松平常。

就拿当今号称“最民主”的国家美国来说，一小撮政治和金融精英用民主的机制，制造美国金融危机，进而引起世界金融经济危机；用民主的名义和民主制度下的程序对伊拉克、利比亚、叙利亚等进行战争和颠覆，制造各种人道主义灾难，然后又以民主和人道的名义进行所谓的多方会谈，抚慰少数无家可归的受害者。这不就是“先把羊的家打残打烂，然后再给羊看病疗伤，提供资金和社会救助”的现代版“狼吃羊”的故事吗？因此，“商战合一”仍是理解当今资本主义的一个重要视角。

早在公元前6世纪，我国伟大的百科全书式的教育家、思想家孔子创立的儒家学派，就根据我国先秦时期的历史实践提出“财聚人散，财散人聚”[①]和“不患寡而患不均”的国家理财学命题，也即政治经济学命题。

后来，伟大的军事家、思想家孙武在《孙子兵法》中提出，“可根据各诸侯国的土地制度和赋役制度改革状况预测该国的存亡”[②]。孙武从经济基本制度的角度，观察到一国的土地制度和赋税制度决定政府是行仁政还是恶政，决定政权是否得到民心，进而决定国家的兴亡。这是对“得民心者得天下”的一种很了不起的理论建构，一种财政理论和国家理论上的重要建构。他的理论及预测被后来的历史所证实。

王亚南（1948）通过对中国历史的分析提出：“封建社会的经济权力，归根到底是建立在田制税法上。”[③]即所有制和税制是分析政府经济权力的基本线索。这也是分析财局与政局互动关系的基本线索。

中国前辈的理论为本书写作提供了中国特有的视角和分析框架。本书

① 《大学》说：“得众则得国，失众则失国。是故君子先慎乎德。有德此有人，有人此有土，有土此有财，有财此有用。德者本也，财者末也。外本内末，争民施夺。是故财聚民散，财散则民聚。”

② 参见银雀山汉墓竹简整理小组编：《孙子兵法·吴问》，文物出版社1976年版；孙学文主编：《中国财政思想史》（上），上海交通大学出版社2008年版，第49页。

③ 王亚南：《中国官僚政治研究》，商务印书馆2010年版，第89页。

主要研究政府、企业、家庭、个人四者之间矛盾冲突折中取舍的宏观财局与政局的互动关系，在社会再生产总体中考察经济主体在总体分配中形成的财局与政局的互动演进，在社会整体形成的历史与政治制约中考察经济主体之间的利益博弈演进，将生产资料所有制及其之上的财税制作为分析整个社会政治经济互动关系体系的基础。

本书将从我们中国人的立场出发，以中国学者的理论为基础构建一个国家理财学理论框架，并以所有制和财税制度构成的财局与国体和政体构成的政局互动演进为主线，通过阐述历史发展实践中形成的中国精神、中国价值、中国故事、中国治理方案和中国经验教训，试图对中国财局与政局互动演进形成的政治经济关系进行一次探索性分析，以期揭示中国历史演进中的发展规律，为政治经济学的发展，为中国国家治理体系和治理能力的现代化做一点理论上的贡献。

本书是我 20 多年学习与思考的部分读书心得，由于自身难以克服的时空局限和知识局限，恳请读者和学界同人予以匡正指导，促进学术发展与文化繁荣。

第一章

财局与政局互动的基本理论建构

——国家理财学

第一节　总　论

人们为了有秩序地追求利益，才组成社会，建立国家。因此，国家的一个重要职能就是组织设计合理的利益追求规则，使人们在一个有秩序的框架内、制度内、规则内从事政治经济社会活动。所以，政治是经济的集中表现，经济是政治的直接反映，两者的关系是相互依存、互为表里。

从政治经济关系看，财局与政局的互动演进史是一部围绕利益斗争与妥协的国家发展史。如果能读懂它，不仅能够理解人类经济发展的演进，而且能够理解人类的社会结构和公平正义，进而能更好地理解人类政治发展的历史与现实，经济发展的起伏波动。

从经济学服务的主要对象看，现代经济学可以大致划分为：个人与家庭理财学、企业理财学、政府理财学和国家理财学。微观经济学主要研究个人、家庭和企业的理财学，宏观经济学主要研究政府理财学。从理论的历史演进与实践看，政治经济学主要是研究国家理财学，要超越个别的经济主体，服务于共同体的整体利益（见图 1.1）。

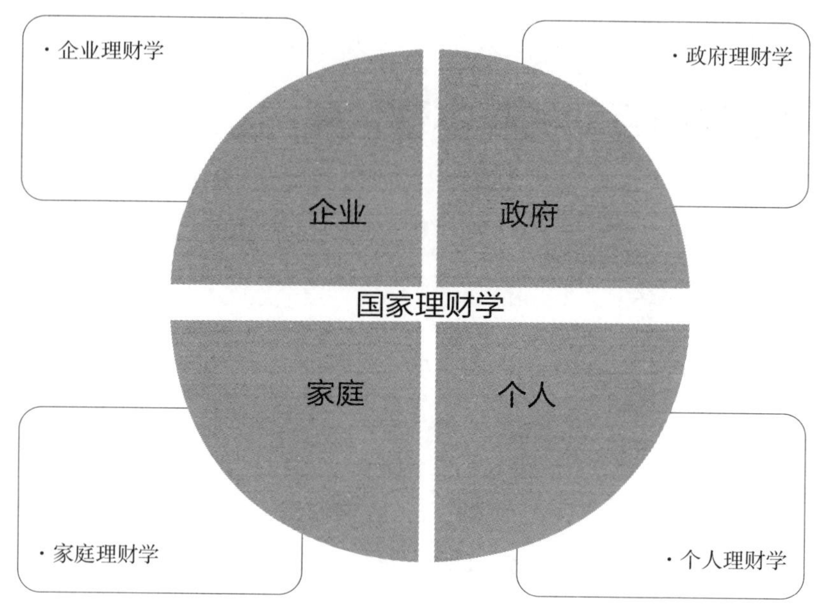

图 1.1 财局与国家理财学的整体架构

因此，我提出，国家理财学是研究国家在确保个人、家庭、企业和政府可以接受的收入分配的条件下，使国家效能和国家尊严得以最大限度提高的科学。要体现共同需要、公共价值、共同富裕、社会的正义性等生命共同体的属性，尤其是四个经济主体的权利与财务平衡。具体来说，至少包含这样三层意义：第一，国家的四个主体之间的分配关系可接受，这是社会正义性的基本要求，是国家理财政治合法性的基础。第二，促进国家效能的提高，包括个人、家庭、企业、政府四个主体整体及个体的效率和能力的提升，这是社会的共同需要，是经济社会可持续发展的最重要动力源。第三，促进国家尊严的提高，包括对内对外两个方面。对内尊严是建立社会安全防护网，即社会保障要托底，保障公民获得体面、心态平衡和有尊严的生活，生老病死、吃穿住行、卫生、教育、医疗、养老、社会保障、自由与人权等人的基本生存权有坚实的保障，社会法治和民主等公共必需品也可期待、可预期和可及；对外是有效维护本国政府、企业和公民在全球中的尊严。国家尊严既是共同需要，也是公共价值；既可以看出一国执政者的执政能力，同时也是决定一国执政者合法性的基本要素。

从图 1.1 中，我们可以清晰地看到国家是人类合作的产物，是连接和凝聚四个经济主体（个人、家庭、企业、政府）的公共枢纽或内在“核动力”。没有对国家的认同，建立在个人、家庭、企业之上的政府（国家的上层建筑）就像建立在沙堆上的高楼，随时可能被风吹倒。

我们知道，国家、社会、市场等都是集约性的整体人造概念，都是由身在其间的个人以及个人之上的家庭、企业、政府等行为主体组成，并由这些主体所驱动和运行（见图 1.2）。

因此，在分析范畴上，政府与市场不是对应关系，政府与企业和家庭是对应关系，市场与社会、国家才是对应关系。市场以交易利益为核心运转，目的是实现货通；社会以伦理秩序为核心运转，目的是实现内部和谐相

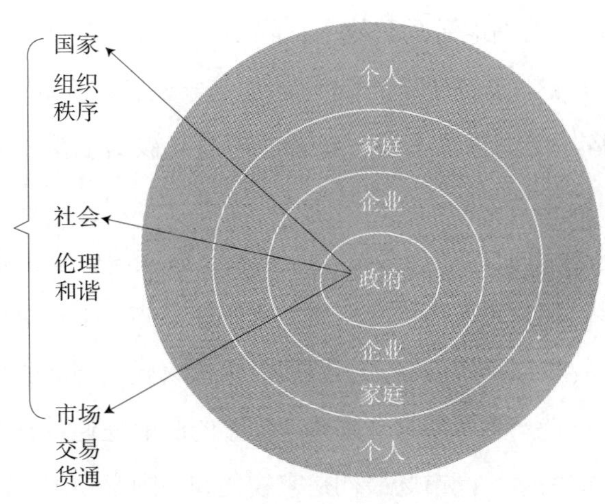

国家理财学：研究国家在确保个人、家庭、企业和政府可以接受的收入分配的条件下，使国家效能和国家尊严得以最大限度提高的科学

图 1.2　人类经济行为的主体与国家、社会、市场的功能

处；国家以法律秩序为中心运转，目的是通过组织化的行为实现法定的秩序。这构成了人类社会演进的基本样态。

古代有“仗剑经商”的说法，现代有“大炮的射程有多远，商人的生意就可以做多远”的说法。也就是说，商人在市场上做生意离不开政府强制力提供的秩序和保护。有国家以来，政府一直是一目了然的市场最大主体，不仅为立场立法，维护市场的秩序，而且直接建立市场，推动市场发展。这是人类发展史的一般常识。因此，那些要给政府和市场划分边界的学者，真不知他们从何划起？这难道不是现代版的堂吉诃德与风车作战！说什么市场依靠价格机制、供求机制和竞争机制配置经济资源，政府不能干预价格、供求和竞争等市场行为，试问：现在市场上决定资源配置和价格的关键性工具——货币、利率、汇率、税率等都是谁在决定？难道不是政府？难道不是政府在决定市场上产品的技术标准、卫生标准、环境标准、安全标准乃至价格高低的界限吗？政府不仅身在市场中，而且是市场上最重要的主体之一，既是最大的买主又是最大的债主。那种试图给错位的研究范畴——市场与政府——划分边界的行为，竟然耗费了无数经济学研究者的宝贵精力，占用了大量的学术会议时间和刊物版面。难道不是我们这个社会的悲哀吗！至于如何正确地激励、约束、限制、监督政府官员和企业家、资本家的经济权力，这个国家理财学或政治经济学的核心命题之一，往往被中国研究者所忽略，至少重视不够，或者说还没有被提上重要的议事日程。

人类最初的社会形态和组织形式一般认为是家族、氏族等，它主要讲伦理与和谐，内部主要靠伦理关系维持秩序。后来人们在家族之上建立了自己的军队、法庭、警察、税收系统等强制力组织，以保护家族共同体的生命和安全、自由和财产，这样就产生了国家。因此，国家的职能是通过有强制力的组织维护共同体的法定秩序。而市场最初是家族之间、国家内部、国家之间交易彼此所需产品的场所。所以市场是一种人类主体交易行为的结果，其最后表现就是交易货通。因此，我们说，市场自身不会配置资源、交换产品以及其他人类的创造物，是市场背后的经济主体之间在交换、在配置资源，尤其是政府官员和企业家、资本家群体处于核心地位。就此而言，市场作为集约性的整体人造概念，本身不是人类行为的主体，也承担不了主体的功能。

今天，在整个学术界、政治界、舆论界、新闻界对市场充满迷信的情势下，我们需要特别指出：是我们人为市场立法。不是市场在影响人、摆布人，而是人，尤其是政治家、政府官员和企业家、资本家在影响市场、操纵市场、摆布市场、控制市场、设计市场，是我们人在构造现实世界的市场结构和市场形态。在认识市场和市场经济的过程中，人比市场本身更重要，人们组成的利益团体比所谓的市场机制更重要。新老自由主义者的市场理论，都把认识事物的表象作为根本任务，一直在论证亚当·斯密的“那只看不见的手”所凝结的“一般均衡理论”的美好，并以此设计体制机制试图在主观上接近它的“美妙”状态。这种从抽象出发，而不是从历史分析出发、现实出发的主观设计，就是经济自由放任主义者一直倡导的“空想市场理论”。这个乌托邦的空想市场理论耗费了几代经济学精英的智力和精力，现在几乎成为一种宗教宣言，笼罩在今天中国学术界的上空，尤其需要反思、思辨，甄别其中的有益与有害成分。

就国家理财学而言，我国的大禹、周公、管子、孔子、墨子、李悝、商鞅、孟子、孙子、桑弘羊、司马迁、杨炎、杜佑、王安石、叶适、马端临、邱浚、毛泽东、陈云、邓小平、薄一波、薛暮桥等许许多多的古人和前辈做出了杰出贡献。尤其是春秋战国时期的诸侯竞争、百家争鸣，形成了人类历史上第一次学术大繁荣，经济学发展出现了世界第一次理论建构高潮。

国内外绝大多数人在研究财政经济时都将国家等同于政府。因为在当代，国家的重要性日益被政府的重要性所代替。因此，福柯提出：“国家应被置于政府的总体战略基础上去理解其生存和局限。”[①]而政府不过是国家的强制执行机关之一，是构成国家实体的一个关键性的最大组织而已。

事实上，现代国家是由个人、家庭、企业及其上建立的政党、政府、立法机构、司法机构等行为实体组成。如果我们在学术上、教育上、宣传上、新闻舆论上，都将国家等同于政府，极易产生国家虚无主义。因为，政府决策的极少数人都是知识与时间、认识和精力有限的个体，都是在有限的任期内做有限可及的事情，又往往面临着错综复杂的施政利益权衡。因此，在民主社会和非民主社会，政府的代理人难免会犯错误，甚至会犯严重损害公民权益的错误。如果把国家与政府画等号，就会把政府代理人所犯的错误归结为国家的错误，认为这样经常犯严重错误的“国家”不值得珍惜和为之奋斗，自然会产生国家虚无主义、无政府主义等脱离人类发展实际的思想、舆论和行为。这是我们这个转型社会尤其需要加以关切和引导的时代问题。

国家理财学是关于财富生产和分配的政治经济学，尤其是个人、家庭、企业、政府之间关于财富如何生产、如何分配的利益权衡学。

关于财局。财局是指个人、家庭、企业、政府之间的利益分配格局，在体制机制上体现为所有制、收入分配制度、财税制度等。政府、企业、家庭、个人这四者之间的利益矛盾平衡与失衡，构成一国宏观的财局。财局中的四个行为主体的关系是相互依存、互为支撑的政治经济关系，在财富的生产和分配上既有合作共生关系，也有利益分割的博弈与冲突，因此，是对立统一关系。宏观财局或者说国民收入的初次分配和再分配决定着一国的政治经济基本秩序，所以在国家治理体系和治理能力上具有核心的地位。如何处理好个人与集体、小集体与大集体、个体理性和整体理性的关系，一直是人

---

① 乔尔·S. 米格代尔：《社会中的国家：国家与社会如何相互改变与相互构成》，李扬等译，江苏人民出版社 2013 年版，第 19 页，转引自 The Foucault Effect：Studies in Governmentality，edited by Graham Burchell，Colin Gordon，and Peter Miller. Chicago：The University of Chicago Press，1991，p.103。

类政治经济关系的核心议题。我国古人认为理想的状态是“以民为本”，今天我们讲“以人民为中心”。也就是说，一个国家的秩序建立首先要以人民的生存和发展为根本、为中心，其中个人的生存和发展是整个社会、国家的地基。但是，家族、政府、政党等集体组织一旦形成，就会对个人和家庭形成引导或制约，就会按照整体理性来管理个体理性。因此，我们会看到，政府财务失衡就会出现政府治理行为失序，进而对企业、家庭和个人的财务平衡带来必然冲击，所以古今中外都把政府“以收定支”作为理想秩序。企业财务失衡就可能会出现企业破产、倒闭、被兼并，个人失业，个人和家庭的财务随之失衡；企业整体财务失衡，就会导致经济不景气甚至萧条，政府财政收入来源就会枯竭；因为，在现代社会，企业是财富生产的基本单位；所以，企业强，国家才能强；企业有竞争力，国家才有竞争力。个人和家庭财务失衡就可能会出现一部分人对另一部分人的经济控制和支配，进而产生人身依赖和政治控制，所以就业一直是民生之本。如果政府、企业、家庭、个人的财局同时失衡，即国家宏观财局失衡，就会出现社会秩序混乱失控、政局不稳、国家动荡，乃至政府的更替。总之，个人、家庭、企业、政府之间财局是相互支撑、相互制约、对立统一的关系，四者之间的矛盾产生、发展、局部克服和新的矛盾再产生的无限循环过程，构成了人类经济秩序和发展规律的各种基本样态。

财局在经济制度上主要通过所有制和财税制度所体现、所呈现。所有制和财税制度决定一国的收入和财富的分配与分布结构，这构成一国直接的财富格局，直接决定国家的税收来源和财政支出的流向，也决定公民的政治态度，影响政局的走向。人类创造的一切经济制度都是以利益为中心，是关于利益取予、往来的制度，最后都可以归结为分利制度。而所有制和财政制度是整个社会利益分割取予的顶层设计，两者的实施都需要以国家的强制力——武力为后盾，因此没有完整的所有权，只有法定的所有权和税权。而法是变化的。现代民主制度的国家财政本质上是一部分人如何花费另一部分人所纳税金的制度安排，其中决策和执行是分权制衡。决策是代议制或代表制下的民主集中制，执行是行政科层的官僚制。

关于政局。政局是指一定的国体和政体下所形成的政治权力格局，包括政权和治权的分享格局。一个国家的国体和政体所框定的国家整体政治与行政制度构成一国的宏观政局。通常把国家的性质称为国体。按照阶级理论的观点，社会各阶级在国家中所处的地位，尤其是统治阶级的性质决定着国家的性质。按照马克思的生产资料所有制分类标准，有原始公有制社会、奴隶制社会、封建制社会、资本主义社会、社会主义社会和共产主义社会。政体一般指一个国家政府的组织结构和管理体制，在不同的历史时期，不同的国家和地域，政治体制都不尽相同。以执掌最高权力的公民人数为标准，有贵族共和制、有限君主专制、专制君主制、民主共和制、社会主义集权制。按照美国政治学家约翰·威廉·柏杰斯的政体分类标准有：根据主权机关与政府机关有无区别分为直接政府（直接民主制）和间接政府（间接民主制）；根据国家元首的产生方式分为世袭政府和选任政府；根据行政与立法部门的关系分为内阁制和总统制；根据政府机关的职权集散分为单一制（又称集权政府）和联邦制（又称分权政府）。本书根据国体与政体的演进，按照关系类型学，将政局归纳概括为：家族自治国家的国王与贵族共享型；家族行政国家的中央集权型（国王集权、国王与首相分权）、中央与地方分权型；民族行政国家的君主专制型、联邦型；民族民主国家的君主立宪型、民主共和型（内阁制和总统制），社会主义集权型、社会主义集权与分权结合型等。

关于财局与政局的关系。两者之间是互为表里，相互决定、相互支撑、相互制约、对立统一的关系，两者之间的互动发展过程，构成了人类政治经济秩序和发展规律的各种基本样态。政局既是财局的集中体现，也反作用于财局。政局相对稳定则财局相对稳定，反之亦然；财局失衡一般会引起政局不稳定，政局失衡一般会导致财局结构性演变。在国体和政体既定下，政局对财局具有引导作用，有时候甚至是决定性作用。有什么样的国体和政体，就会有什么样的所有制和财税制度，就会形成什么样的财局与政局，也就有什么样的具体国家理财学。

国家演进与国家理财学。从全球经济史和经济思想史考察，有国家以来，按照社会政治经济结构的革命性变化的标准，财局与政局的研究，即国家理财学大致经历了：家族自治国家、家族行政国家、民族行政国家和民族民主国家这样四个阶段（见图 1.3、图 1.4）。① 民族国家是欧洲兴起后的话语体系。我国基本上是家族国家演进到政党国家，其中家族行政国家由秦始皇实行行政管理革命后的秦朝创立，汉承秦制，由于地方的军权和财权直到北宋的财政军事变革后才收归中央政府，所以，宋代以后我国也可以名副其

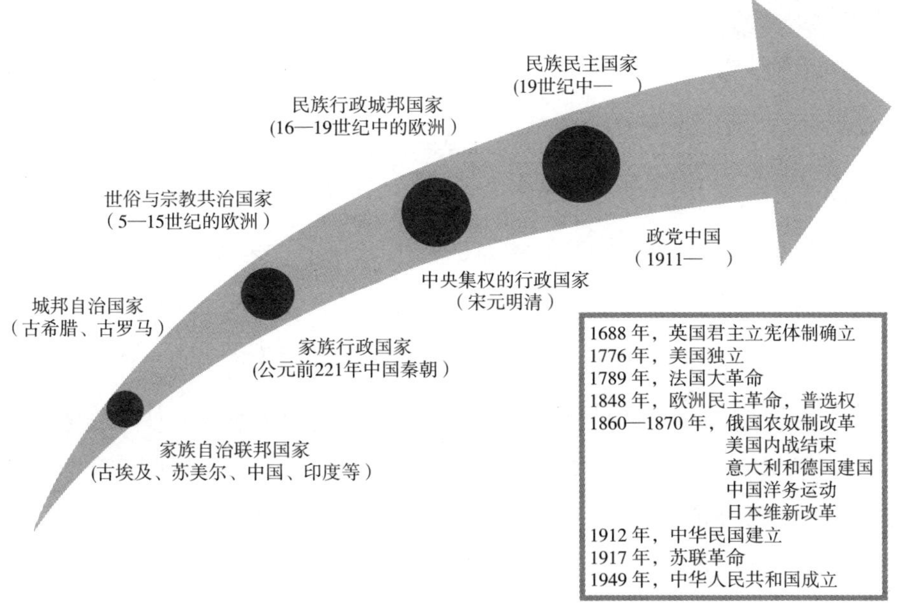

图 1.3　中西方国家形态演变

① 这种国家演进阶段的划分，是我在 2015 年 5 月给财政部政策研究室汇报财政学基础理论研究团队的进展时逐渐形成的。

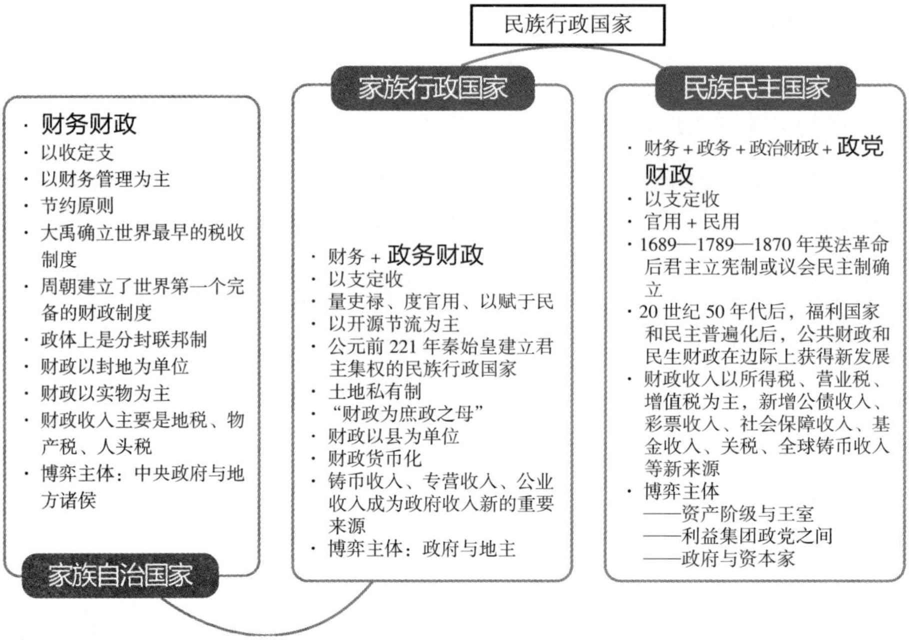

图 1.4　国家形态演变与国家理财学

实地称为中央集权的家族行政国家。

从技术与生产方式的革命性变化的视角，财局与政局的互动发展大致经历了渔猎游牧阶段、农业阶段、工业阶段、商业阶段、金融阶段这样几个阶段。从国家理财学或政治经济学研究的服务对象演进看，渔猎游牧阶段和农业阶段主要特征是生产力不发达，物质供给的数量、质量和结构有限，人民生活尚处于物质匮乏的饥寒交迫阶段，研究者主要服务的对象是国王及其领导的政府与王室，也有一部分学者从建立美好社会和理想秩序出发，研究社会合作的生产与分配秩序。工业阶段、商业阶段和金融阶段的主要特征是生产力大发展，物质丰裕，流通和中介服务开始呈现越来越重要的地位，尤其是企业成为社会的主要经济组织、议会成为政府预算的审议决定组织、政党政治成为国家治理的主体后，经济学研究者的服务对象发生了多元化演进，既有服务企业资本家的也有服务居民个人家庭的，既有服务议会政党的也有服务政府的，既有服务国家的也有服务国际组织的。在资本主义国家，经济学研究者服务的主体仍是工商业资产阶级及其领导下的国家与政府，极少数服务于中产阶级，极其少数服务于低收入人群和人类美好社会的构建。需要说明的是，1848 年，马克思、恩格斯发表《共产党宣言》后，无产阶级的政治经济学的研究者主要服务于工人阶级及其领导下的国家与政府。

下面从人类社会有国家以来政治结构和生产方式的革命性变化所形成的政治经济格局，对一定时空条件下所有制和财税制度构成的财局与国体和政体构成的政局互动演进的规律及典型特征进行简要的理论归纳和综合分析，为建立中国的国家理财学进一步野叟献曝，抛砖引玉。

第二节　家族自治国家时期的理财学

没有国家就没有国家理财学。要说明家族自治国家的理财学，首先要说明国家是如何产生的，其次要说明中国的古典国家理论，最后才是所有制和财税制度下的财局与政局的国家理财学基本理论建构。

关于国家的产生

关于国家是如何产生的，中国和欧洲有不同的认识。

我国关于国家产生的理论以家及其族群为基础，遵循家——家族——国家——天下的自然演进逻辑。中国文化的正统观念认为，国家的本质就是一个放大了的家庭。国家最先是有血缘或姻亲关系的家族群体间管理共同事务（生存与繁衍、安全与秩序）的合作产物。或者可以引申说，国家是人类维持自身生存和发展的客观需要的产物，政府是人类智慧为了满足人类需求而创造的精巧机构。因此，我国古人认为，国家可以恒久，而国家的具体管理机构政府及其执政者可以不断更替。

在我国上古夏商周时期，即先秦时期，宗主国称为天下，其王称为天子，诸侯称为国，大夫称为家。《左传·桓公二年》中有："天子建国，诸侯立家，卿置侧室，大夫有贰宗，士有隶子弟。"《孟子·离娄上》说："人有恒言，皆曰天下国家。天下之本在国，国之本在家。"赵岐注："国谓诸侯之国，家谓卿大夫家也。"后用"国家"为国的统称。① 这就是说，古人认为国家是奠基在家庭之上，是由一个一个的家庭及其之上的家族组成。现代考古学家苏秉琦等学者提出：中国国家起源，是经古国——方国——帝国三个阶段的理论②。李零认为：古国在三代之前，三代属于方国，帝国是秦汉帝国。大趋势是走向帝国③。现代历史学家王震中广泛运用考古学、历史学、人类学的理论，提出文明和国家起源路径的"聚落三形态演进说"，认为进入国家社会之后经过"邦国—王国—帝国"，"夏商周三代为复合制国家结构"④。

一般认为夏朝是我国建立的最早国家。如果按照"有民、有城、有统一语言文字、有兵、有刑法、有税"这样的标准，我国的建国历史可能更早，至少舜时就有了这样的标志物。舜时便让大禹主持制定了中国最早的税制。税的出现一般晚于兵和刑法。关于上古中国的国家治理形态可以从《史记》对三皇五帝的记载中觅得许多大致的框架。因此，我国有中华五千年文明史代代相传的说法。马端临在《文献通考·职官考一》中从官职的变化来考察历史的演变，将中国历史的发展划分为三个阶段，尧舜以前是"公天下"，光岳未分，人尽才智，缺乏疆域观念，尧以前设官治天事，其后始设

① 《辞海》(缩印版)，上海辞书出版社 1980 年版，第 767 页。

② 苏秉琦：《中国文明起源新探》，香港商务印书馆 1997 年版，第 107—140 页。

③ 李零：《我们的中国·茫茫禹迹》，生活·读书·新知三联书店 2016 年版，第 8 页。

④ 王震中：《中国古代国家的起源与王权的形成》，中国社会科学出版社 2013 年版。

官治民事；夏商周三代是家天下，但犹有公天下之遗义，光岳已分，才乏智窳，封疆划界，原来的治天事官变为治民事官，实际治天事之官职位卑微，非同昔比；秦灭六国，统一天下，“尺土一民，始皆视为己有”，进入了新时代。①

钱穆先生认为，东西方国家与政府的演进关系存在明显的不同。

“西方人似乎先有政府，而同时并无一国家观念。如古希腊知城邦不知国家。古罗马乃由一城邦扩张为帝国，实不得谓是一国家。西方中古封建时期城邦废，堡垒兴。显然更不得谓是一国家。文艺复兴，沿海新城市兴起，先自意大利半岛，次及北欧波罗的海沿岸。此诸新城市，可谓乃古希腊城邦之雏形。由是而有葡萄牙、西班牙、比利时、荷兰，乃至法国英国等现代国家，则可谓是古罗马帝国之雏形。此皆先有政府，后有国家。非国家由政府建立，亦非政府由国家建立。西方建国情势，与中国传统不同，大体同具有帝国型。推究根源，则仍以城邦为基础。意大利与德意志两国，成立最后，亦显然以城邦扩张而来。……而中国则大不然。中国自始即有一国家观念成立在先，然后乃有政府来代表此国家，管理此国家之事。……政府可有变，国家则终不变。政府交替，中国人称之为代。每一代政府历时有久暂，久者或绵亘四五世八九世，乃至十几世。每世则称之为朝，指其为全国所朝向，所共同拥戴，故中国历史上只见有朝代更迭，而国家则依然如故。……就中国史言，此代表国家管理国家事务，而为国家人民共同朝向共同拥戴之政府，其成立亦可有种种不同因缘。”②

从钱穆的认识，我们可以说，中西方关于政府和国家的认识有历史形成的自然演进区别，不可相互代替，亦不可以彼度我，或以我度彼，没有原则地胡乱剪裁，相互否定，硬说谁高谁低，更不该将多样性说成同一性，用

① 李学勤主编，朱汉民、章启辉等著：《中国学术史·宋元卷》（下），江西教育出版社2000年版，第676页。

② 钱穆：《晚学盲言》（上），生活·读书·新知三联书店2014年版，第231—233页。

一般代替特殊。同时，钱穆已经指出了国家与政府的区别，国家可以恒久，而具体管理国家事务的政府则可以更替。也就是说，国家内在的本质可以不变，而外在的管理者和形式则可以因应时事而变。这里还需要进一步强调，政府仅是奠基在公民共同需要之上国家的一个强制组织，并不是国家的全部。

与钱穆不同，学者日知认为："古代或古典时代的国家包括起初的城邦和继起的帝国，城邦才是国家。古代城邦与城邦联盟并存的，城邦联盟不是国家，城邦才是国家。古代中国的三代（夏商周）王朝，实际上就是城邦联盟。"①

易中天教授认为："人类的社会组织，依次是原始群、氏族、部落、部落联盟、部落国家；文化程度，则依次是点、面、片、圈、国。国家的出现是文明的分水岭。西方的'state'实际是'邦'，国家不同于部落的地方是城市。以城市为标志，国家诞生。世界上的文明古国有两种。一种是一个城市加周边农村为一国，叫'城市国家'，简称'城邦'；另一种是以中心城市（首都）加其他城市及其农村为一国，叫'领土国家'。城市的出现产生了两个新东西，一是超越了家族、氏族、胞族、部落的'公共关系'，二是与此相关的'公共事务'。处理这样的事务和关系，氏族部落时代的办法和规范已不管用。管用的，是拥有'公共权力'的'公共机关'，以及如何行使权力的'公共规则'。这个'公共规则'，就叫'法律'；这个'公共权力'，就叫'公权'；这个'公共机关'，就叫国家。"②

上述两种关于国家形成的不同认识都认为城邦和城市的崛起标志着国家诞生或形成，都超越了家族、氏族。其实上古的城邦不过是家族居住领地

① 日知：《古代城邦史研究》，人民出版社 1989 年版，第 1、4 页。转引自杜勇：《中国早期国家的形成与国家结构》，中国社会科学出版社 2013 年版，第 51 页。

② 易中天：《国家》，浙江文艺出版社、北京出版社 2013 年版，第 5、15、31、39 页。

的一种自然发展的具体形态而已。

我的读书经验告诉自己，中国上古时期的国家其实都是家族国家，是一个或几个大家族下的不同分支基于共同的需要，自愿结成联盟，形成天下，即现在的国家；各个分支称为诸侯国。天下是中央领袖国家治理下的诸侯联盟，统辖整个国家的军事、外交、政治、礼义、财政等。诸侯是自治领地，也有自己相对独立的财政、军队、礼义、行政管理体系等。因为根据司马迁《史记》的记载，夏商周三代实际上都是同源同宗同祖，都是黄帝族群的后裔，只是属于不同的分支而已。①

西方关于国家的起源的认识可追溯到古希腊。

柏拉图（前427—前347）主张社会分工论，他的学生亚里士多德（前384—前332）主张自然生成论。柏拉图认为，国家是族长制的家庭或氏族发展起来的；诡辩学家认为，国家是社会契约的集合体。②亚里士多德认为："国家是家庭和村落的联合；其起源和目的都是为了生活，美好的生活。""国家系相同的人们，求达可能的最差生活的一种组合。"③

人类学家摩尔根认为，国家起源经历了"氏族→部落→部落联盟→国家"这样的阶段。恩格斯在《家庭、私有制和国家的起源》中，通过学习摩尔根的《人类学笔记》，考察了（雅典、罗马和德意志）国家在氏族制度的废墟上兴起的三种主要形式，认为："雅典是最纯粹、最典型的形式：在这里，国家是直接地和主要地从氏族社会本身内部发展起来的阶级对立中产生的。在罗马，氏族社会变成了封闭的贵族制……最后，在战胜了罗马帝国的

① 我国战国时期流行五帝说，包括西土五帝说（黄帝为始祖，后分两支，一支颛顼—唐尧—夏楚，一支帝喾—虞舜—商周）和东土五帝说（太昊、少昊、黄帝、炎帝、颛顼，五帝配五方色，黄帝十二姓，居四方之中，配黄色），两种五帝说都属于大地域的族群整合。参见李零：《我们的中国》（1），三联书店2016年版，第51页。

② ［奥］熊彼特：《经济分析史》，朱泱等译，商务印书馆2001年版，第99页。

③ ［英］鲍桑葵：《关于国家的哲学理论》，商务印书馆1995年版，第281页注释；［美］迦纳：《政治科学与政府、绪论、国家论》，孙寒冰译，东方出版社2014年版，第68页。

德意志人中间，国家是直接从征服广大外国领土中产生的。”“可见，国家绝不是从外部强加于社会的一种力量。国家也不像黑格尔所断言的是‘伦理观念的现实’，‘理性的形象和现实’。确切地说，国家是社会在一定发展阶段上的产物；国家是承认：这个社会陷入了不可解决的自我矛盾，分裂为不可调和的对立面而又无力摆脱这些对立面。而为了使这些对立面，这些经济利益相互冲突的阶级，不致在无谓的斗争中把自己和社会消灭，就需要有一种表面上驾于社会之上的力量，这种力量应当缓和冲突，把冲突保持在‘秩序’的范围以内；这种从社会中产生但又自居于社会之上并且日益同社会相异化的力量，就是国家。”①列宁也认为：“国家是阶级矛盾不可调和的产物和表现。在阶级矛盾客观上不能调和的地方、时候和条件下，便生产国家。”②就是说，恩格斯和列宁认为，国家是族群内部阶级经济利益矛盾冲突演进的产物。

人类内部之间有合作、分工、竞争，也有矛盾、冲突、斗争。根据哲学家诺齐克的理论，“当一个社会里的行为人为了裁决他们相互之间的争端，并相互保护以免外部人对自己不利时，他们形成了保护性的联盟，这时国家就产生了。这就是诺齐克所称的‘最小的国家’，作为个人的保护行为的均衡结果而被无意识地创生出来”③。当代制度博弈论者认为，“国家是合作的制度，是作为内生制度而产生的合作博弈模型”④。

当代德国政治学者罗曼·赫尔佐克在《古代的国家——起源和统治

---

① 中共中央马克思恩格斯列宁斯大林著作编译局编译：《马克思恩格斯选集》第四卷，人民出版社 2012 年版，第 186—187 页。

② 中共中央马克思恩格斯列宁斯大林著作编译局编译：《列宁选集》第三卷，人民出版社 2012 年版，第 114 页。

③ [美] 安德鲁·肖特：《社会制度的经济理论》，陆铭等译，上海财经大学出版社 2003 年版，第 67—76 页。

④ [美] 安德鲁·肖特：《社会制度的经济理论》，陆铭等译，上海财经大学出版社 2003 年版，第 67—76 页。

形式》一书中认为:"世界文明发生史上除了经由建立城邦的道路而形成的早期国家外，还有一种模式就是贵族统治的面貌出现的早期国家形式。它很可能就是国家真正的原始形态。"他认为"中国在建立帝国（公元前221年）之前的那批互相竞争的国家，都具有与贵族国家完全相同的结构"①。

美国的新进化论人类学者E.R. 塞维斯提出四部曲国家起源模式。他认为:"历史上，人群由小到大，从一盘散沙到聚成国家，要分四步:游团（band）—部落（tribe）—酋邦（chiefdom）—国家（state），最后一环是国家。"②

由于中西方国家形成的历史条件、经济条件、地理自然条件，尤其是人口条件和时空条件的不同，形成了国家的不同样态，自然而然对国家的起源形成不同认识。

先秦时期的家国天下观③

先秦时期，我国的知识界就开始探讨人类社会的"美好生活"和可能最好的公共秩序，已经形成了"天下是天下人的天下观"的世界观，认为天下不是一人、一家的天下，是所有人的天下;形成了"天下为公"与"天下为家"的"大同与小康"的社会理想秩序观。这种天下观是一种理想与现实结合的世界观和国家观，不仅包括政府而且包括个人、家庭所构成的社会政

① [德] 罗曼·赫尔佐克:《古代的国家——起源和统治形式》，赵蓉恒译，北京大学出版社1998年版，第141页;转引自杜勇:《中国早期国家的形成与国家结构》，中国社会科学出版社2013年版，第51—52页。

② Elman R. Service, Origins of State and Civilization, Process of Culture Evolution, New York,w.w.Norton&Company,1975. 转引自李零:《我们的中国·茫茫禹迹》，三联书店2016年版，第7—8页。

③ 林光彬:《我国是古典政治经济学的创始国》，《政治经济学评论》2015年第5期。

治经济秩序。

大同、小康之说见于《礼记》礼运篇，据说是孔子（前551—前479）的国家治理思想。

大同说，即国家发展高级阶段的理想社会秩序。即“大道之行也，天下为公，（政府）选贤与能，（家庭与个人）讲信修睦。故人不独亲其亲，不独子其子，使老有所终，壮有所用，幼有所长，矜、寡、孤、独、废疾者皆有所养。男有分，女有归。货恶其弃于地也，不必藏于己；力恶其不出于身也，不必为己。是故谋闭而不兴，盗窃乱贼而不作，故外户不闭。是谓大同。”

小康说，即小康论，是国家发展富足阶段的理想社会秩序。“今大道既隐，天下为家。各亲其亲，各子其子，货力为己。大人世及以为礼，城郭沟池以为固，礼义以为纪，以正君臣，以笃父子，以睦兄弟，以和夫妇，以设制度，以立田里，以贤勇知，以功为己。故谋用是作，而兵由此起。禹、汤、文、武、成王、周公由此其选也。此六君子者未有不谨于礼者也。以著其义，以考其信，著有过。行仁讲让，示民有常。如有不由此者，在势者去，众以为殃。是为小康。”

关于夏商周的所有制与政治经济秩序。宋末元初的马端临（约1254—1323）在《文献通考》自序里这样说：“古之帝王未尝以天下自私也，故天子之地千里，公、侯皆方百里，伯七十里，子、男五十里，而王畿之内复有公卿大夫采地禄邑，各私其土，子其人，而子孙世守之。其土壤之肥硗，生齿之登耗，视之如其家，不烦考核而奸伪无所容，故其时天下之田悉属于官。民仰给于官者也，故受田於官，食其力而输其赋，仰事俯育，一视同仁，而无甚贫甚富之民，此三代（夏商周）之制也。”

马端临的这段自序说明，我国上古时期的国家观是以天下为中心的等级秩序观。国家治理秩序主要分为贵族序列、官僚序列和平民序列。在所有制上，田地为国家所有，各阶层各因职分得田。贵族官僚在封地受田制禄；

平民获得政府授田，以劳动自食其力并交纳赋税，人民之间贫富差距很小。这是当时的所有制与税制、财局与政局的一般样态①。

由上可见，我国上古（夏商周）的家国天下观就有现实和理想的两种境界。小康阶段，人的自利性特征突出，是“人各美其美、各守其分、各执其业、各得其所，以礼义仁信形成有序社会”。到了大同阶段，人的社会性特征更加突出，是“美人之美，美美与共，和谐发展”。这种小康大同的家国天下观念，一方面反映了我国社会文明发育程度已经到了很高的阶段，另一方面也成为历代国家治理的发展目标和社会理想。

孔子创立的儒家学派还在《大学》中提出了“身—家—社会—政府—国家—天下”的由里及表、由小到大的社会整体治理观和秩序观。这种对国家的中国认识路径，说明至少从儒家开始，我国思想界就认为国家是由个人以及个人之上建立的家庭、家族、社会、政府组成。因此，治国理财要以民为本，民富国才能强。政府失德失政则可以更替，而国家可以恒久。这是国家治理的朴素的民主思想。

上述这些原创的思想和研究成果，对生活在信息时代的现代国家仍有建设性的社会意义和人文价值。甚至可以说，《礼记》的面世标志着我国古代家国天下观在文字上的正式形成。

先秦时期国家理财学理论建构

我国先秦时期，分为夏商西周和东周的春秋战国两段。第一个阶段是国家理财学的草创阶段，第二个阶段是国家理财学的第一次百家争鸣的学术繁荣期。

---

① 样态是中国新近流行的一个词，在哲学上，属于康德的知性十二范畴之一。康德把知性分为量、质、关系、样态四组，按照“正反合”的顺次，在判断上样态包括“或然、实然、必然”，在范畴上样态包括“可能性与不可能性，存在与不存在，必然性与偶然性”。

前面已说，先秦时期我国是以天下为中心的等级秩序国家治理体系，主要分为贵族序列、官僚序列和平民序列。在所有制上，土地为国家所有，各等级系列因职分得土地，贵族官僚在封地受田制禄，平民获得政府授田，以劳动自食其力并交纳赋税，人民之间贫富差距很小。在理论上，比较好地结合了所有制和税制形成的财局与政局互动关系，进行了框架性、奠基性的理论建构。主要代表人物有大禹、周公、管子、孔子、李悝、孙子、孟子、商鞅、韩非子等。核心概念包括民为邦本、食足货通（农工商并重）、民富国实、轻重之说、财聚财散、取之有度（税收适度）、用之有止（政府支出有限度）、贫富有度、尊重规律、逆向调节（政府调控）、加强考核、明晰产权、施行仁政等。

一、国家理财学的肇始

自有国家以来，财政的本质就是通过一定的制度获得国家治理所需的劳务和货物，即使今天的财政收支采用货币的形式，本质上也没有丝毫的变化。在古代，国家之内有形的财富主要是土地和人民。因此，政府财政经济收入的主要来源是土地和人口，政府主要通过确定土地所有制和财政税收制度来控制国家经济。因此，丈量土地、物产和核查户籍人口就是政府治理的基础，或者说首要的工作，为历代政府所高度重视。在国家财政治理的这个需要下，统计土地、物产、人口和税收的实践和理论得到了最先的发展。

我国有书面文字记载的经济制度和思想可以追溯到三皇五帝。我们看《史记·夏本纪》，知道大禹除了治水，最主要的贡献之一是勘查、丈量和统计全国的土地、物产和人口，进而确定了天下九州的赋税制度。

根据《史记》记载，舜帝时，派禹对疆域内的土地和物产进行勘查鉴定，给土地定等级，按照土地级差、距离远近和开垦的程度收取田赋，并有弹性区间，按照物产收取贡赋；田赋和贡赋都征实物税。具体如：冀州的土壤是砂质盐渍之土，田地属于第二等，缴纳上上等的田赋；当地的少数民族鸟夷进贡珍禽异兽的皮毛。兖州的土壤是一种含有黑色植物腐料的灰棕土壤，田地定为第六等，缴纳第九等田赋；由于开垦较晚，耕作十三年后，进贡才与其他八州相同；它的贡赋是漆、丝，以及用圆形竹器盛装的有文彩的丝织品。青州的土地是肥沃的白壤，而海滨地带却是广阔的盐地，其田地为盐碱地；故田地属于第三等，缴纳第四等的赋税；进贡物为盐、细葛布、海产品、牧产品、柞蚕丝等。徐州的土质是红色黏土，土地属于第二等，赋税为第五等；缴纳的贡物五色土、羽毛、优质桐木、可做石磬的石头、珍珠、鱼类、黑色丝绸和白绢。扬州的土是潮湿的泥，田定为第九等，赋税是第七等；进贡的物品是金、银、铜、美玉、大竹、小竹、象牙、犀皮、羽毛、旄牛尾、包装好的橘子和柚子。荆州的土也是潮湿的泥，田定为第八等，赋税是第三等；进贡的物品是羽毛、旄牛尾、象牙、犀牛皮、金、银、铜、椿树、柘木、桧木、柏树、磨刀石、可做箭头的石头、朱砂、竹笋、美竹、楛木、丝织品、珍珠、大龟。豫州的土质疏松柔软，下层是肥沃硬质黑土，田定为第四等，赋税是第二等，间杂第一等。贡品是漆、丝、精细葛布、纻麻、细棉、制罄的石头。梁州的土为黑色，田定为第七等，赋税是第八等，还可以在上下三种浮动。进贡的物品包括美玉、铁、银、镂钢、砮石、磬石、熊、罴、狐、狸、织皮（兽毛做成的地毯）。雍州的土地是黄色的，田定为第一等，赋税是第六等。贡品是美玉、美石（如珠玉的宝石）。同时，还根据距离的远近对田税的缴纳进行具体规定：规定在天子国都以外五百里的地域称为甸服：百里赋纳总（全禾），二百里纳铚（禾穗），三百里纳秸服（脱去芒尖的禾穗）、四百里粟（谷粒），五百里米（米粒）。[①] 因此，太史公曰："自虞、夏时，贡赋备矣。"[②]

① 司马迁撰：《史记》，韩兆琦主译，中华书局2008年版，第24—30页。

② 司马迁撰：《史记》，韩兆琦主译，中华书局2008年版，第38页。

也就是说，至少在距今 4100 年前，我国就已经建立适应当时发展阶段的财税制度。同时政府赋税制度的制定遵循自然条件和农业生产流通规律，实行因地制税、因时制税、因物制税、因远近制税、因人制税，具备平等、确实、便利、充分、弹性、正义、普遍等现代租税原则所体现的税收精神。这在人类制度创造史上是了不起的贡献。

二、《尚书》中国家理财学基本原则的提出

《尚书》是中国和世界最早的“政书”，即国家治理文献之祖，是中国上古时期政治经济智慧的结晶，建立了传统中国较为系统的国家治理模式和正统秩序。有“汉唐以来，上自庙堂，下至闾里，人莫不习”的历史说法。《尚书》中关于国家治理的理念、策略和方法等，成为中国历久弥新的“道统观点”。

1. 民惟邦本

《诗经》里说：“得人者兴，失人者崩。”《尚书》里说：“恃德者昌，恃力者亡。”即依靠仁德获得民心的国家就能昌盛，单凭武力失去人心的国家只能灭亡。《尚书·夏书》中又进一步提出“民惟邦本，本固邦宁”的国家治理观。即主张国家以人民为根本，并以人民的发展作为治国理政的基础和标准。民为邦本的国家政治观核心是要求国家依靠人民，把人民视为国家盛衰的命脉，政府执政要取信于民、关心民心向背，经济发展要依靠民心民力。作为一种政治智慧和治国理念的历史沉淀，“以民为本”的国家观强调“重民、亲民、爱民、利民、富民、抚民、恤民”。用当代的话讲，就是“权为民所用、情为民所系、利为民为谋”。“以民为本”的国家观成为中国历史上不同时期政治家和思想家一直弘扬的正面主张，在中国政治经济文化中居于核心地位，影响至今不绝。

2. 食足货通

我国《尚书·洪范》中提出国家治理的八政中第一政是食，第二政是货。《汉书·食货志》进一步指出国实民富只需食足货通而已。班固的《汉书》记载说："洪范八政，一曰食，二曰货。食谓农殖嘉谷可食之物，货谓布帛可衣，及金刀龟贝，所以分财布利通有无者也。二者，生民之本，兴自神农之世。'斫木为耜，煣木为耒，耒之利以教天下'，而食足；'日中为市，致天下之民，聚天下之货，交易而退，各得其所'，而货通。食足货通，然后国实民富，而教化成。"① 由此可见，我国上古神农开始就重视生产和流通，把"食货"的生产和流通作为民富国实的国家理财学的核心。此处的货通就是指市场交易或市场经济。因为市场的本质功能就是货通。

3. 贡土所宜、负担均平

我国最早专论税收制度的《尚书·禹贡》② 中，就有明确的因地制宜确立税负等级与负担公平的记载，提出征收贡赋应遵循两个基本原则：一是贡土所宜，二是负担均平。这两个原则后来成为历代封建王朝的思想家们所公认的必须遵循的贡赋原则。可以说《禹贡》也是我国第一篇财政学专作，也是世界最早的财政经济学文献之一。

4. 支出有度

《尚书·洪范》将政府支出分为经济、宗教、公共工程、教育、司法、外交、军事七类，已经具备现代政府支出的典型特征。《尚书·尧典》将政府支出分为物质福利、心智道德建设和政府事务三大类，其中物质福利支出包括水土治理等有关自然环境的公共工程、农业、劳工、自然资源管理等；

① 班固：《汉书》，中华书局 2007 年版，第 157 页。

② 《禹贡》是《尚书》夏书中的一篇。篇中假托夏制，详述了夏禹时代的贡赋制度。作者已不可考，成书年代亦无定论，但大多数学者认为系战国时代的作品。需要指出的是，今天我们阅读古书，要区分古书本身的年代和古书内容的年代。

另外，《禹贡》是我国地理四大经典之一，形成了我国古代天下观，最早的地域认同，即华夏九州（冀州、兖州、青州、徐州、扬州、豫州、梁州、雍州）。《禹贡》所倡导的空间秩序，如九州格局、五服等级、分区定位、中央之尊、向心结构等，都是后世地理学的基本原则。参见李零：《我们的中国》（1），三联书店 2016 年版。

心智道德建设支出包括教育、宗教、音乐等。

从《尚书》和《史记》的记载中，我们可以这样认为：在距今4100年前后，我们已经有较为完整的国家理财思想、理财制度和理财学的体系，尽管质朴，但那时的人类知识和智慧主要靠口耳代代相传才保留下来，很了不起。

三、《周礼》中国家理财学的创立

我国最早的综合百科全书《易经》说："何以聚人曰财。"把"财"作为形成社会组织与社会秩序的一种手段，作为施行仁政、聚拢人心的最主要工具。这实际上已经提出了财局与政局基本关系的政治经济学命题。

1. 遵循规律生财和理财

至少到周朝，我们的先人们已经在总结自然规律和探索经济规律上取得了令人震惊的进展，并能利用分工合作的理论，作为经济可持续发展和理财的基本依据。

据《逸周书》"大聚第四十"记载了周公旦关于经济发展规律和国家治理规律的总结。即"禹之禁，春三月山林不登斧，以成草木之长；夏三月川泽不入网罟，以成鱼鳖之长。且以兵农力，执成男女之功。夫然则土不失其宜，万物不失其性，人不失其事，天不失其时，已成万财。万财既成，放以为人，天下利之而勿德，是谓大仁"①。

这段话至少说明，今天我们推行的"禁渔期、禁猎期"周朝已经开始。《周礼·地官·司徒》中记载了政府对山川林泽进行专门管理，设置"兽人""渔人""山虞""川衡"等作为管理捕猎、打鱼、采伐、航运的机构职官，同时规定相应的时间和品种以及有关的政策规定，以保障自然资源的可持续发展。特别是，周公旦已经提出"按照自然和人性的规律生财和理财的思想"。这说明我国古人对自然资源和人力资源的特定规律以及社会生产规律和经济发展规律的认识已经相当深刻。

---

① 转引自孙学文主编：《中国财政思想史》（上），上海交通大学出版社2008年版，第22页。

2. 国家理财学体系的创立

《周礼》[①]是中国古典最重要的国家理财学著作之一，它的诞生标志着我国古典政治经济理论在文字上的形成和创立。《周礼》详细记载和论述了我国古代关于政治经济的制度，特别是财政经济制度，是一部典型的“国家治理学”。

《周礼》认为，赋贡是国家治理的基础，是国家驾驭社会所必需的费用[②]。

在政府理财的实践中，形成和创造了世界最早的财政学理论体系。《周礼》提出了政府财政与经济治理的九赋（九类赋役收入来源）[③]、九式（九类财政支出）[④]、九贡（九类实物收入来源）[⑤]、九两（九类得到民众拥护的治理方式）[⑥]法则。即关于财政收支取用、培植税源和行政管理的古典法则，提出了最早的预算设计方案、“收支对口，量入为出”的原则、“均节财用”“均万民”等最基本的政府理财宗旨和理财思想。

在财政制度设计上，强调“以收定支，牵制制衡”的原则。已经能做到政府支出分类管理、收入专税专用，进行预决算管理，收支两条线，政

---

① 亦称《周官》或《周官经》，儒家经典之一，记述西周政治经济制度之书，传说为周公所作，实则出于战国。

② 《周礼》：以八则治都鄙，其中五曰赋贡，以驭其用。

③ 以九赋敛财贿（财贿即货币与食物）。一曰邦中之赋。二曰四郊之赋。三曰邦甸之赋。四曰家削之赋。五曰邦县之赋。六曰邦都之赋。七曰关市之赋。八曰山泽之赋。九曰弊余之赋。

④ 以九式均节财用。一曰祭祀之式。二曰宾客之式。三曰丧荒之式。四曰羞服之式。五曰工事之式。六曰币帛之式。七曰刍秣之式。八曰匪颁之式。九曰好用之式。

⑤ 以九贡致邦国之用。一曰祀贡。二曰嫔贡。三曰器贡。四曰币贡。五曰材贡。六曰货贡。七曰服贡。八曰斿贡。九曰物贡。

⑥ 以九两系邦国之民。一曰牧，以地得民。二曰长，以贵得民。三曰师，以贤得民。四曰儒，以道得民。五曰宗，以族得民。六曰主，以利得民。七曰吏，以治得民。八曰友，以任得民。九曰薮，以富得民。

府国库与皇家财库独立管理①。因此，北宋王安石说，“一部周礼，理财居其半”。② 此外，《礼记·王制》中详细记载了西周的财政制度，尤其财政收入和支出制定的理论依据。“宰制国用，必于其岁之杪，以三十年之通制国用，量入以为出。”也就是说，要以30年经济周期为作为制定政府预算的原则，财政制度的总原则是“量入为出，以收定支”，政府的预算是硬约束。其中财政收入分为封建王侯对王室的贡纳和人民对王室的贡纳，包括因地因人设立的职贡、朝贡和贡赋、力役，税收原则是任土所宜、平均负担；财政支出分为九大类，并且有专税专用的规定。③

因政府理财需要，周代已经发展创造出了世界最早的会计学。根据《周礼》，天官冢宰下面还设置司会，即国家的会计机构，掌管全国的财政收支考核工作，内部机构有职内管岁入、职岁管岁出、司书管簿籍文书，编制达235人。更重要的是当时已经创造了一整套会计程序，包括会计单据“式法”“令”、会计报表“参互”（考日成）、“月要”（考月要）、“岁会”（考岁成）等，而且规定每一项收入或支出都要进行会计。④ 这种财政的绩效考核无疑是保障国家理财秩序的科学制度设计，对政策的贯彻执行和官员的施政都是一种正向激励和负向约束，一直沿用到今天。这里必须指出，会计学的发明始于政府大规模理财的需要。在我国早到大禹已创制，最晚西周已经比较完备了，而非1494年意大利修道士帕乔利最先发明出来的。

---

① 大府掌九贡九赋九功之贰。玉府掌王之金玉、玩好、兵器。内府掌受九贡九赋九功之货贿，良兵良器，以待邦之大用。外府掌邦布之入出，以共百物，而待邦之用。司会掌邦之六典，八法八则之贰。司书掌邦之六典。职内掌邦之赋入，辨其财用之物，而执其总。职岁掌邦之赋出，以贰官府都鄙之财，出赐之数，以待会计而考之，凡官府都鄙群吏之出财用。

② 王安石：《临川文集》卷73，《答曾公立书》。

③ 胡寄窗：《中国经济思想史》（上），上海财经大学出版社1998年版，第43—47页。

④ 孙学文主编：《中国财政思想史》（上），上海交通大学出版社2008年版，第21—22页。

周代国家理财不仅重视生产和制度设计，还重视审计考核，因政府理财需要创造出了理财考核体系与审计学[①]。对官员政绩考核的主要指标就是理财情况。《周礼·天官》中就有记载了冢宰的手下宰夫，按照规定的方式在规定的时间考核官员，主要是计算其财政收支情况。“掌治法以考百官府、群都县鄙之治，乘其财用之出入。凡失财用、物辟者，以官刑诏冢宰而诛之。其足用、长财、善无者，赏之。”还规定在“岁终、月终、旬终”上报财政收支的报表，一年考成，三年大计。

四、管子的国家理财学体系

管仲（前719—前645），又称管子，春秋时期法家代表人物，公元前685年—前645年在齐国为相当政，是中国古代伟大的政治家、经济学家、军事家。后人根据管仲思想综合集成的《管子》一书是世界最早的国家理财学经典名著，也是古代国家治理体系和治理能力的一部百科全书，全书有21篇讲理财与经济理论，甚为精透。当然，管子认为自己的国家理财思想是继承前人的。也就是说，国家理财学是历代人累世不断总结积累而渐进形成。

管子的国家理财学体系包括这样三个层次：

1. 厚生、富民、顺民的国家理财总纲

《管子》开篇“牧民”第一段中认为，治国的首要任务是发展生产，充实国库，满足民众的物质、精神两方面的需要。即“凡有地牧民者，务在四

---

① 到唐代，我国会计学和审计学有了大发展。因为唐代财政支出规模庞大，促使其管理制度达到了新的水平。如预算编制、出入复核、保管保养、会计账簿、度量衡制等业务管理方面，均呈现出制度化、科学化、系统化的新气象。值得注意的是，唐代较为完备的比部审计制度，在宋初百余年间竟被撤销，宋神宗元丰（1078）改制后虽有恢复，但直到近代反复变动，常常是有名无实或干脆撤销。民国初反而向国外学习审计建制；比唐代审计管理晚了七百多年的西方审计制度竟又成为中国人学习的楷模，这一事实反映了人类文明原本就不是一条常规性的历史走廊。参见葛承雍：《唐代国库制度》，三秦出版社1990年版，第208—209页。

时，守在仓廪。国多财则远者来，地辟举则民留处；仓廪实则知礼节，衣食足则知荣辱；上服度则六亲固，四维张则君令行”。因此，主张治国理财要厚生、富民、顺应民心。即“德之六兴，厚其生、输之以财、遗之以利、宽其政、匡其急、振其穷”。这是国家理财学的总纲，也是国家治理理论的最经典概括。

管子提出治国首在富民。“凡治国之道，必先富民。民富则易治，民贫则难治。何以知其然也？民富则安乡重家，安乡重家则敬上畏罪，敬上畏罪则易治也。民贫则危乡轻家，危乡轻家则敢陵上犯禁，陵上犯禁则难治也。故治国常富，而乱国常贫。是以善为国者，必先富民，然后治之”（《管子·治国》）。

如何富民富国呢？在理论上，管子提出了世界最早的“劳动价值论”“劳动分工论”和“劳动致富论”。他认为土地和人力是财富的源泉，也是富民的根本；财富的增加有赖于专业化的分工。《管子·八观》说：“民非谷不食，谷非地不生，地非民不动，民非力作，毋以致财，天下之所生，生于用力。”[①]《管子·水地》说：“地者万物之本源，诸生之根菀也。”《管子·牧民》说“天下不患无财，患无人分之。”即天下不怕没有财富，怕的是没有人能使人民分工专业化的生产和管理。因此，管子在齐国实行“士农工商”四民分业的专业化生产与分工管理实践，使齐国迅速发展致富。《管子·牧民》又说：“务五谷，则食足；养桑麻，育六畜，则民富。”《管子·小问》说：“力地而动于时，则国必富矣。”相反，《管子·七法》说：“轻民处，重民散，则地不辟；地不辟，则六畜不育；六畜不育，则国贫而用不足；国贫而用不足，则兵弱而士不厉；兵弱而士不厉，则战不胜而守不固；战不胜而守

① 至于威廉·配第在1662年《赋税论》中被广泛引用的名言“土地是财富之母，劳动是财富之父”，则明显是抄袭、盗版的“山寨货”，是中世纪中国经典和思想传到欧洲的“翻译版”，却被今天的国人误认为是原创，到处宣扬。不仅管子早有此说，儒家经典《大学》也持此说，即“有人此有土，有土此有财”。

不固，则国不安矣。"

在政策上，管子提出顺民施政的理论。《管子·牧民》说"政之所兴，在顺民心；政之所废，在逆民心"。政治格局的兴旺发达在于顺民治理，违背民心的治理政策必然被人民废弃。

由上可见，治国、强国必先富民为根本。施政富民要重劳动、行分工、多生产、顺民心、合民意，这样才能富民，民富心顺则国富、政兴、易治。反之，使民贫、逆民心，则国贫政废难治。

2. 轻重之说的国家理财方针

"轻重之说"①，即古典货币理论、价格理论、供求理论、财税理论、贸易理论、宏观经济稳定理论和经济发展权衡理论，目的是"通货积财，富国强兵"。

第一，通过权衡货币、谷物、百物的供求、贵贱，采取措施使民富国强，物价平稳，人们生活安定，以及通过工商业消除贫困和贫富差距。

第二，通过产业、税收、价格等经济手段形成配套经济政策和改革，即"放活微观，管制宏观"，实现经济发展与稳定。

第三，通过对内刺激商品经济的发育，对外降低关税，发展专业化

---

① 即"轻重鱼盐之利，以赡贫穷"（《史记·齐太公世家》），或言"通轻重之权，徼山海之业"（《史记·平准书》），以至"通货积财，富国强兵"（《史记·管晏列传》）。还可参见《管子》中的轻重篇、山至数篇、山国轨篇、国蓄篇等。

在国蓄篇中，桓公问于管子曰：今欲调高下（贫富差距），分并财，散积聚，不然，则世且兼而无止，蓄余藏羡而不息，贫贱鳏寡独老不与得焉。散之有道，分之有数乎？管子对曰：唯轻重之家为能散之耳。

甘乃光认为："轻重之说，即贵贱之理。即是择货币以进退百物。物贱则买，物贵则卖。货币之价格常与百物成反比例，而货币价格，又与其流通多寡成反比例，即币多则贱而币少则昂，此即供求律原理，亦货币数量说之一面。故必先知物与币之比例然后铸为公币，即《山国轨篇》所谓谨置公币者便是。但用什么方法求出货物与币的比例呢？看看下面《币乘马篇》。"参见甘乃光、熊梦：《先秦经济思想史二种》，知识产权出版社2013年版，第68—69页。

经济。

第四，根据土地好坏与农业丰歉程度不同实行弹性税制（即相地相年而衰征）[①]、国储粮制度和限制操纵粮价等措施稳定农业生产。因为，民以食为天，国家无农不稳。

第五，在对外贸易上，主张利用价格和关税政策，实行“因天下以制天下，天下高而我下”的贸易措施。即根据不同的情况来控制商品价格，如果外国商品的质量高过本国，就提高该商品在本国的销售价格，以控制外国商品的输入，如果要鼓励出口，就要压低出售价格。这个我国至今还在使用，而欧洲直至17、18世纪才懂得使用。

第六，特别是提出和推行“寓税于价”的间接商品税。这个间接税制一直沿用至今。

第七，提出并实行国有民营的盐铁专营管理制度，作为政府筹措资金的重要渠道。这个被桑弘羊、刘宴、王安石等不断创新发展，使我国成为国有经济管理理论最系统化的国家。

第八，提出并推行应对经济萧条的逆风向财政与投资政策。管子主张在经济萧条期间，政府应扩大固定资产投资和鼓励富人消费来刺激经济复苏，促进就业[②]。在《乘马》中他说，每当年岁凶歉时，人民没有本业可做，国家就应该进行宫室台榭的修建，以促进人民就业，平衡经济。

从有文字记载来看，这个逆风向的财政政策和投资政策是我国管子首创，后被我国历代政府治理所继承，宋代成为常规做法，又被凯恩斯用于医治20世纪30年代的经济大萧条，可见于当今宏观经济学教科书，仍是稳定宏观经济的主要措施。

---

① 《管子·大匡篇》：两年征税一次，大丰收之年，每年征15%；中等之年，每年征10%；下等之年，每年征5%；如遇饥荒，则免税。

② 在《管子·乘马》中提出：“俭则金贱，金贱则事不成，故伤事。”在《管子·侈靡》中提出：“问曰：兴时化若何？莫善于侈靡。”

3. 国家理财要把握好“度”的法则

首先是“取之有度”的法则。不能“杀鸡取卵、竭泽而渔”，对百姓横征暴敛。管仲主张既要富民，又要强国，这就要保证国家的财用。因此，既要对百姓征税，又要“取之有度”，主张轻税，反对重税。主张实行单一税、少税种、差额税、弹性税制等。管仲说：“征于关者勿征于市，虚车勿索，徒负勿入，以徕远人”“利出一孔者，其国无敌；出二孔者，其兵不诎（屈）；出三孔者，不可以举兵；出四孔者，其国必亡”（《管子·国蓄》）。管子还提出根据土地的质量优劣征收差额税，根据年成的好坏征收弹性税，即“相地相景衰征”。关于税率的高低，古人总结出“多取则取之有止，少取则取之不尽”。

其次是“用之有止”法则。管仲说：“地之生财有时，民之用力有倦，而人君之欲无穷，以有时与有倦养无穷之君，而度量不生于其间，则上下相疾也，是以有臣杀其君、子杀其父者矣。故取于民有度，用之有止，国虽小必安；取于民无度，用之不止，国虽大必危”（《管子·权修》）。这个从生财和用财的角度讲“取之有度、用之有止”的国家治理逻辑，清晰易懂，寥寥数语，令人折服。这一国家治理的法则成为各个时代治国者必须考虑的基本准则。因为取用无度，则政必乱，国必亡。

最后是“贫富有度”法则。管仲认为：“贫富无度则失”（《管子·五辅》）；“甚富不可使，甚贫不知耻”（《管子·侈靡》）；“夫民富则不可以禄使也，贫则不可以罚威；法令不可行，万民之不治，以贫富之不齐也①”（《管子·国蓄》）。贫富差距过大，人们认识分化，社会因“不可使和不知耻”

① 管仲认为，造成贫富差距的原因是：“岁有凶穰，故谷有贵贱；食有缓急，故物有轻重。然人君不能治，故使蓄贾游市，乘民之不给，百倍其本。分地若一，强者能守。分财若一，智者能收。智者有什倍人之功，愚者有不赓本。然而人君不能调，故民有相百倍之生也（即贫富相差百倍）”（《管子·国蓄》）。管仲的这个认识明显符合人类社会的发展实践，逻辑性强，说理透彻。

而秩序混乱，难以有效治理，因此不能无限制地拉大贫富差距，而要使贫和富都有一个度。他提出："富能夺，贫能予，乃可为天下"（《管子·揆度》）。夺与予都要讲究策略。予要"见予之形"。夺则"不见夺之理"（《管子·国蓄》）。比如："富者靡之，贫者为之"（《管子·侈靡》）。就是让富有的人扩大消费，而让贫穷的人去为富人做工生产，如此则消耗了富人的财富，而穷人也从中得到财富。一减一加，社会自然走向平衡。近代魏源对此有这样的诠释。他说："俭，美德也；禁奢崇俭，美政也。然可以励上，不可以律下，可以训贫，不可以规富。"在魏源看来，富人们的奢侈消费是与穷人"通工易事"，使手工业者得到收入；否则财聚而不散，会是"富者益富"，"贫民安所仰给"。[①] 管子和魏源的这个认识明显高人一等，用今天的眼光来看也远远高于普通经济学者的认识。关于缩小贫富差距，管仲还提出国家可以运用轻重之术（见前述），即货币政策、价格政策、专卖政策、税收政策等调节和限制富人获得暴利。比如盐铁国有政策、矿山森林国有政策、粮食专卖，防止富商对大宗生活品进行垄断等。所以，我国也是最早建立反私人垄断政策的国家。总之，中国先人关于贫富有度的思想可以说振聋发聩，亘古至今，在我国政治经济思想史一直被称为革命的口号。在今天的中国和世界也具有极其重要的现实意义。

可以说，管子的思想是已知世界上第一个完整的国家理财学思想体系。对今天我国建成全面小康社会和国家治理体系与治理能力现代化具有巨大的启发意义。

《管子》一书的形成标志着世界最早的经济学理论体系的诞生。用现代标准衡量，管仲也是世界第一位真正意义上的经济学家。管子的国富论建构说理透彻，比亚当·斯密的《国富论》要立意高远，逻辑性强。一些中国的当代学者把管子的经济思想称为"古代版的凯恩斯经济学"。其实，把凯恩

① 转引自胡寄窗：《中国经济思想史》（下），上海财经大学出版社 1998 年版，第 664—683 页。

斯的宏观经济学称为管子经济学的现代版也有夸大的嫌疑。

五、孔子、孟子和儒家的国家理财学纲要

儒家有富民富国之学，从孔子创立儒学以后，经孟子、荀子等发扬光大，后成为古代正统的主流理论，一直延续至今。

孔子（前551—前479），我国儒家学派的创始人，是我国古典社会科学的综合集大成者，对国家理财与政治，道德与伦理、国家治理体系和治理能力的认识具有穿越时空的深邃的洞察力。罗马俱乐部创始人奥锐里欧·贝恰认为："今天的各种主要问题，仍然是精神的、伦理的问题，而且这些问题是付出多大科学技术力量或采取人设经济手段都是不可能解决的。"联合国教科文组织的泰勒博士认为："当今一个昌盛、成功的社会，在很大程度上，仍立足于孔子所确立的阐述过的很多价值观念，这些价值观念是超越国界、超越时代的；属于中国，也属于世界；属于过去，也会鉴照今天和未来。"①

1. 民富国富论

古人有所谓"《洪范》五福先言富，《大学》十章半理财"的说法。

孔子认为：民富，国与君才富；民穷，国与君必穷，国富要以民富为基础。在《论语》中明确地说："百姓足，君孰与不足；百姓不足，君孰与足。"②这样的财富观既是对历史实践的总结，也反过来成为理论指导未来发展。

孔子认为富民富国的首要法则是重视发展生产。孔子的弟子们在《大学》中说："生财有大道。生之者众，食之者寡；为之者疾，用之者舒；则财恒足矣。"③吕不韦的解释是："国无游民，则生之者众；朝无倖臣，则食之

---

① 参见北京孔庙的"孔子学院展"，2016年4月25日。

② 原文出自《论语》。哀公问于有若曰："年饥，用不足，如之何？"有若对曰："盍彻乎？"曰："二，吾犹不足，如之何其彻也？"对曰："百姓足，君孰与不足？百姓不足，君孰与足？"注：（1）盍，何不。彻即"什一而税谓之彻。"（2）二：抽取十分之二的税。

③ 孟子等：《四书五经》，中华书局2009年版，第49页。

者寡；不夺农时，则为之者疾；量入为出，则用之者善。此四者，理财之要目，治平之至理，由之则治，违之则乱。”财用充足的最有效方法是从事生产的人多，专门坐着吃饭的人少，加紧生产，从容使用，则财用永远都是充足的。这里清楚地反映《大学》的作者已经认识到国民财富充足与否不能只从其绝对量看，应从它的生产与消费的相对关系上去考察。[①] 更主要的是，讲清楚了生产与赋税之间的一般原理，提出注重发展生产、培植财源、量入为出的理财原则，认为这是国富的基础。

2. 提出“财聚财散”与“不患寡而患不均”的国家理财学命题

儒家认为，国家治理的关键在于得众失众，得众失众的关键在于理财，理财的关键在于“聚散”“利义”“患不均”。儒家反对政府聚敛。

儒家经典《大学》说：“道得众则得国，失众则失国。是故君子先慎乎德。有德此有人，有人此有土，有土此有财，有财此有用。德者本也，财者末也。外本内末，争民施夺。是故财聚民散，财散则民聚。”“百乘之家不蓄聚敛之臣，与其有聚敛之臣，宁有盗臣。此谓国不以利为利，以义为利也。长国家而务财用者，必自小人矣。彼为善之，小人之使国家，灾害并至，虽有善者，亦无如之何矣！此谓国不以利为利，以义为利也。”[②]《吕氏春秋》说：“竭泽而渔，岂不获得？而明年无鱼。”

《大学》的这段话实际上已经提出“财局与政局”关系的基本政治经济命题，并说明了两者之间的辩证依存关系。

儒家认为，国家的理财要获得人民的拥护——德众，国君和政府要慎乎德，以德得众，然后通过民众对土地的耕耘，生产财富；要以义为利，不能征收过重的税负，把财富聚集到政府或少数人手里，否则财聚民散，必然失政于民。这是因为现实世界的物质利益关系或纷争大部分起因于利益分得

① 胡寄窗：《中国经济思想史》（上），上海财经大学出版社 1998 年版，第 81—99、107 页。

② 孟子等：《四书五经》，中华书局 2009 年版，第 49、50 页。

“不均”，即不均衡、不公平所致。所以，孔子又提出“有国有家者不患寡而患不均”的利益格局与国家理财学的命题。

在《论语·季氏》中孔子说：“丘也闻有国有家者，不患寡而患不均，不患贫而患不安。盖均无贫，和无寡，安无倾。夫如是，故远人不服，则修文德以来之。既来之，则安之。”因此，孔子主张“因民之所利而利之”的生产观；“均无贫，和无寡，安无倾”的分配观；“俭不违礼，用不伤义”的消费观。此处均是指公平均衡，不是平均。

这是孔子对三代到春秋时期国家实行以德理财、以义为利、散财得众、聚财失众的历史经验总结，在理论上已经说明劳动是财富的源泉，国家理财要遵循道德和仁义，不能聚敛而失衡，分配要公平均衡。

因此，在政策建议上，孔子有“提倡节用（政财节用，节用而爱人，使民有时），反对聚敛；强调培养税源，按照能力征税的原则，反对竭泽而渔，主张什一之税”的财税观。

胡寄窗先生认为，孔子能从生产观点去理解租税问题，在财政思想上的确是一种卓见①。

孟子（约前372—前289）被称为亚圣，也是儒家孔子之后的集大成者。

孟子在伦理价值观上提出“性善论”和发扬“义理之性”的主张。孟子说：“人与禽兽不同的地方很少，是很微少的，只是人类具有义理之性罢了。常人往往把它抛弃掉，君子却不断把它保存起来。”② 因此，孟子认为，要充分利用人的理性，按照“存养善性、扩充善端”“求之有道，取之有制”的方针进行国家治理。

孟子在国家理论上提出“民为贵，社稷次之，君为轻”的以民为本的

① 胡寄窗：《中国经济思想史》（上），上海财经大学出版社1998年版，第99页。

② 与孟子同时代的希腊哲学家亚里士多德（前384—前322）在《伦理学》中说：“人和禽兽不同，只在人有理性而已。”可见，东西方人们之间的认识是“心同理同”。参见王寿南主编，刘正浩等著：《中国历代思想家·先秦·2》，九州出版社2011年版，第26页。

主张。他因此认为："得到人民的拥护，就可以做天子（诸侯的共主）；得到天子的器重可以做诸侯；得到诸侯的赏识，就可以做大夫。如果诸侯危害到社稷，就另立新的贤君。"基于人民为本位的治理理念，孟子主张一切的施政措施均应以保护人民（正常生产生活）为目标。保护人民的首要任务是解决民生问题，安定百姓的生活。①

因此，在经济上，孟子首先主张"恒产论""产权论"。孟子的恒产论是我国历史上比较早从人性的角度明确论证私有财产制度优越性的理论和富民理论。但孟子并没有绝对化，还从人的分类角度提出，士也可以做到有恒心。孟子说："民之为道也，有恒产者有恒心，无恒产者无恒心，苟无恒心，放僻邪侈，无不为已。"（《孟子·滕文公上》）又说："无恒产而有恒心者，惟士为能，若民，则无恒产，因无恒心，苟无恒心，放僻邪侈，无不为已。"（《孟子·梁惠王上》）在土地所有制上，孟子主张实行井田制，所有制制定的原则是"使人民上足以奉养父母，下足以抚育妻儿，丰年终身温饱，凶年免于死亡"。在关于井田制的论证中，孟子提出了清晰界定产权对于仁政的重要性。他说："夫仁政必自经界始。经界不正，井地不均，谷禄不平。是故暴君污吏，必慢其经界。经界既正，分田制禄，可坐而定也。"（《孟子·滕文公上》）孟子还有较为完善的分工理论，包括农业与工商业的分工，脑力劳动者与体力劳动者的分工。在生产上，孟子主张政府要推广职业技术教育，"教之树蓄"，引导人民增加生产、保护资源，定期巡耕，对农具不足要进行补贴；征伐徭役"不违农时""不夺农时"；在发展农业经济的同时，也要发展工商业，以便"通功易事，以羡补不足"，即互通有无、分工合作，拿自己多余的产品与别人交易，使人人都能满足衣食住行的需要。孟子还认为人们拥有一定数量的财产，是巩固社会秩序、维持"善良习惯"的必要条

① 转引自王寿南主编，刘正浩等著：《中国历代思想家·先秦·2》，九州出版社2011年版，第39、42页。

件。所谓“仓廪实而知礼节，衣食足而知荣辱”。

在财政上主张行仁政，国君和政府要俭省开支，向人民征税要有节度；在理论上提出租税的增加与否要以有利于人民和良政为断；提出平等、累进、普遍等征税原则；主张实行农业抽十分之一的单一税制作为大国的最适税率。曾经当过魏国宰相的白圭问孟子：我想把税率降到5%，你觉得怎么样？孟子反问：收5%国家够不够用？孟子说，税收超过10%那是贪婪，而只收5%则是那些机构精简、文明发展程度还不高的小国才有可能做到，对大国来说是做不到的（《孟子·告子下》）。可见。孟子已经清楚地区别了大国和小国的税收制度，对最优税率进行了初步探讨。

后来，荀子（前313—前238）集诸子富民富国思想的大成，建立了比较完整的中国传统“富国之学”体系。

在伦理价值观上，荀子提出“性恶论”，认为人类社会处于“物少欲多必争”的治乱循环之中，主张实行礼法等级制、仁政和民本。

在《荀子·富国》篇中，他将“富国”定义为“上下俱富，交无所藏之”。既富国库又富民，国家和百姓的财富都多得无处收藏，这就叫作“富国”。

在富国和富民的关系上，他和孟子一样，主张以富民为富国的基础，认为如果仅考虑富国，而不考虑富民，就会靠搜刮和聚敛来实现富国目标，那样不仅达不到富国的目的，甚至会导致国家灭亡。在《荀子·王制》中，他说：“修礼者王，为政者强，取民者安，聚敛者亡。故王者富民，霸者富士，仅存之国富大夫，亡国富筐箧，实府库。筐箧已富，府库已实，而百姓贫，夫是之谓上溢而下漏，入不可以守，出不可以战，则倾覆灭亡可立而待也。故我聚之以亡，敌得之以强。聚敛者，召冠、肥敌、亡国、危身之道也，故明君不蹈也。”因此，在《富国》中他提出：“足国之道，节用裕民而善臧其余。节用以礼，裕民以政。彼裕民，故多余，裕民则民富，民富则田肥以易，田肥以易则出实百倍。”

在生产与财政分配的关系上，荀子提出了本末、源流的概念和“开源节流”理财方针。荀子的这个创见一直影响至今。在《富国》篇中，他说：“观国之强弱贫富有征：上不隆礼则兵弱，上不爱民则兵弱，已诺不信则兵弱，庆赏不渐则兵弱，将率不能则兵弱。上好功则国贫，上好利则国贫，士大夫众则国贫，工商众则国贫，无制数度量则国贫。下贫则上贫，下富则上富。故田野县鄙者，财之本也；垣窌仓廪者，财之末也；百姓时和、事业得叙者，货之源也；等赋府库者，货之流也。故明主必谨养其和，节其流，开其源，而时斟酌焉，潢然使天下必有余而上不忧不足。如是则上下俱富，交无所藏之，是知国计之极也。”

在生产与消费的关系上，荀子提出“强本节用”“以礼为秩”的主张。墨子提出“以时生财，固本而用财，则财足”“生财密，用之节”（《墨子·七患》）的主张。荀子在《天论》中进一步发展后提出：“强本而节用，则天不能贫”，主张“节用以礼”。他说：“礼者，贵贱有等，长幼有差，贫富轻重皆有称者也。故袾褛天子衣冕，诸侯玄褛衣冕，大夫裨冕，士皮弁服。德必称位，位必称禄，禄必称用。由士以上则必以礼乐节之，众庶百姓则必以法数制之。量地而立国，计利而畜民，度人力而授事，使民必胜事，事必出利，利足以生民，皆使衣食百用出入相揜，必时臧余，谓之称数。故自天子通于庶人，事无大小多少，由是推之。故曰：朝无幸位，民无幸生。此之谓也。轻田野之税，平关市之征，省商贾之数，罕兴力役，无夺农时，如是，则国富矣。夫是之谓以政裕民。人之生，不能无群，群而无分则争，争则乱，乱则穷矣。故无分者，人之大害也；有分者，天下之本利也；而人君者，所以管分之枢要也。”

上述儒家的富民富国论要求把为国理财和为民理财紧密结合起来，治国应以保民、富民为先，并以德驭财，以义为利，防止聚财失衡，收入差距过大。因此，政府行政要简政、节用、爱民，财政政策要轻徭薄赋、藏富于民。

这种由食货到教化再到政治的认识路径，是典型的经济基础决定上层建筑的唯物论，特别是从生产关系中的核心——财产关系的角度讲透了理财与治国的关系。

基于家国天下观和民为邦本的国家观和财富观，我国的古人认为，天之生人，有自然的不平等，因此要建立国家来集中一定财富，济贫扶困，保民养民。所以，国家理财要以保民养民为本位，以民生为基点。政府要在遇到自然灾害的年份，实行逆风向的财税政策。如实行十二荒政[①]举措，以保民养民。西周有七德[②]六保[③]，春秋时期《管子》发展到九惠[④]，孟子提出的提供基本公共服务要突出重点。可以说，我国是世界上最早构建以民生为治国之本的社会保障理论的国家。同时，孔子提出社会保障不仅仅是政府的责任，社会贫富之间也要互助共担，富人应多布施、多捐助，帮助穷人。[⑤]用现代的话说，就是富人要多做慈善事业。一些学者甚至认为，先秦的社会保障的范围几乎包括了现代社会保障的所有内容。

可以说，我国先秦的知识界，已经认识到食足货通、民富国实、分工管理的经济基础决定政治、教育、道德、伦理、社会秩序等上层建筑，上层建筑要适应和驾驭经济基础（财产关系与格局），这样才能形成一个良好的国家治理格局。

六、孙武的国家理论建构

孙武（约前545—前470），是我国和世界史上最伟大的军事家、思想

---

① 即在灾荒年份，政府要散利（给人民一定的粮食和农具，解决吃饭和生产问题）、薄征（减免税负）、弛力（减轻徭役负担）、舍禁（允许人民在国家的山林泽川种地伐木放牧打猎捕鱼）、去几（放宽物品检查，实行自由贸易）、眚礼（减少礼义形式与支出）、多婚等。

② 见《左传·宣公十二年》："禁暴、戢兵、保大、定功、安民、和众、丰财"七件事。

③ 见《周礼·地官司徒·大司徒》："慈幼、养老、赈穷、恤贫、宽疾、安富。"

④ 见《管子·入国》："入国四旬，五行九惠之教。一曰老老，二曰慈幼，三曰恤孤，四曰养疾，五曰合独，六曰问疾，七曰通穷，八曰振困，九曰接绝。"

⑤ 孔子说："独富独贵，君子耻也"。"富而能富人""富有天下而无怨财，布施天下而不病贫，如此，则谓贤人也。"

家之一。其《孙子兵法》仍是今天研习战争学和军事学的经典著作，也是一部国家管理和国家理财的经典著作。

《孙子兵法》中提出，“可根据各诸侯国的土地制度和赋役制度改革状况预测该国的存亡”①。

孙武从经济基本制度的角度，观察到一国的土地制度和赋税制度决定政府是行仁政还是恶政，决定政权是否得到民心，进而决定国家的兴亡。这是对“得民心者得天下”的一种很了不起的理论建构，一种财政理论和国家理论上的一个重要建构。他提出的理论及预测还被后来的历史演进所证实。

这个国家理论的建构在《孙子兵法》中至少出现两次。

第一次出现在《孙子兵法》吴问篇。具体如下：

吴王问孙子曰：“六将军分守晋国之地，孰先亡？孰固成？”

孙子曰：“范、中行氏先亡。”

“孰为之次？”

“智氏为次。”

“孰为之次？”

“韩、魏为次。赵无失其故法，晋国归焉。”

吴王曰：“其说可得闻乎？”

孙子曰：“可。

——范、中行氏制田，以八十步为畹，以百六十步为亩，而伍税之。其畹田狭，置士多，伍税之，公家富。公家富，置士多。主骄臣奢，冀功数战，故曰先〔亡〕。

——智氏制田，以九十步为畹，以百八十步为畛，而伍税之。其畹田狭，置士多，伍税之，公家富。公家富，置士多。主骄臣奢，冀功数战民。

① 参见银雀山汉墓竹简整理小组编：《孙子兵法·吴问》，文物出版社 1976 年版；又见孙学文主编：《中国财政思想史》（上），上海交通大学出版社 2008 年版，第 49 页。

力乏，故智氏次之

——韩、魏制田，以百步为畹，以二百步为亩，而伍税〔之〕。其畹田狭，其置士多。伍税之，公家富。公家富，置士多，主骄臣奢，冀功数战，【民心力俱疲】，故为韩魏次之。

——赵氏制田，以百廿步为畹，以二百步为亩，公【为均税】焉。府库充裕，其置士少，主佥臣收，以御富民，故曰固国。晋国归焉。”

吴王曰：“善。王者之道，以为爱厚其民者也。”

孙子的这个从所有制和税制建构起来的国家理论及其预测被后来的战国历史所证实，也被秦以后两千年的中国历史所印证，在农业经济时代具有很强的解释力。

第二次见《孙子兵法》“君臣篗兵”之“吴王阖庐齐民问对”，具体如下：

吴王阖庐问曰：古今之皆言治国之道，有道者善治，善治者“固成”。孰有道，孰无道？孰善治？孰无治？孰固成？孰先亡？

齐民曰：明君之问也，古之天下者，民之天下也；故民大君小、为有道也，君大民小、为无道也；故义大亲小、为善治也，亲大义小、为无治也。民富者，国强也，民富、国强，则民善用，善用则不乱，不乱则固成；故古今亩大税小固成也，亩小税大先亡也。

吴王曰：善。

这里，孙武实际上已经提出：以民为本的所有制和税制是国家理财和治理的根本，也是国富国强、国衰国亡的关键所在。并且提出，民富是国强的根本，民富国强则国家有秩序。这是对管子治国理论的继承。这个也被当代世界历史演进所印证。富国常治，穷国常乱。

此外，孙武关于战时国家理财的理论也是经典名篇。

七、李悝创立国家理财学模型

公元前 400 年左右，我国著名法家代表人物李悝（前 455—前 395）建立了世界第一个国家理财学模型，是透过分析家庭收入扩展到国家理财。这个模型不仅包括生产和消费两个部门的分析，而且还包括了政府税收这一调整变量，分析的因素包括了土地、人口、劳动生产率、市场、价格、税收、消费、政府调节与救济等。这个模式完全根据实际生产生活建立，绝对不是只言片语，而是成逻辑体系的整体论述，根据《汉书・食货志》记载有475个古汉字①。

李悝在魏国搞土地与税收改革，为了说服魏文侯支持改革，李悝给他算了一笔税改经济账，即建立了第一个理财分析模型。

李悝首先说“尽地力之教”，即国家要高度重视农业生产，设法增加农业产量；其次分析了一个地方的土地情况，农产品价格与农民、市民的生产生活关系；接着引出国家应该执行的政策——“善为国者，使民毋伤而农益劝”；然后分析了家庭的土地、生产、收入与税收、消费的匹配问题，最后得出政府要根据农业的收成实行有弹性的农业政策和税收政策，使农和民两不伤。

关于家庭收入分析。他说：农夫耕田，勤劳的话一亩可以多收三斗，懒惰的则少收三斗（此处涉及人的本性和激励机制）；一个五口之家，耕种百亩的土地，每亩年收成按粟1.5石计算，百亩的总收成是150石；在这150

---

① 原文：“是时。李悝为魏文侯作尽地力之教，以为地方百里，提封九万顷，除山泽邑居参（三）分去一，为田六百万亩，治田勤谨则亩益三升，不勤则损亦如之。地方百里之增减，辄为粟百八十万石矣。又曰籴甚贵伤民，甚贱伤农；民伤则离散，农伤则国贫。故甚贵与甚贱，其伤一也。善为国者，使民毋伤而农益劝。今一夫挟五口，治田百亩。岁收，亩一石半，为粟百五十石。除十一之税十五石，余百三十五石。食，人月一石半，五人中终岁为粟九十石，余有四十五石。石三十，为钱千三百五十。除社闾尝新春秋之祠用钱三百，余千五十。衣，人率用钱三百，五人终岁用千五百，不足四百五十。不幸疾病死丧之费及上赋敛，又未与此。此农夫所以常困，有不劝耕之心，而令籴（买）至于甚贵者也。是故善平籴者，必谨观岁有上中下孰。上孰其收自四，余四百石；中孰自三，余三百石；下孰自倍，余百石。小饥则收百石，中饥七十石，大饥三十石。故大孰则上籴三而舍一，中孰则籴二，下孰则籴一，使民适足，贾平则止。小饥则发小孰之所敛，中饥则发中孰之所敛，大饥则发大孰之所敛，而粜之。故虽遇饥馑水旱，籴不贵而民不散，取有余以补不足也。行之魏国，国以富强。”班固：《汉书・食货志》，中华书局2007年版，第159页。

石收成中，纳税需要15石，五个人吃饭需要90石，公社尝新和春秋祭祀等要用掉10石，这样剩下的便只有35石；可是一个人穿衣每年也要花10石的钱，五个人需要50石的钱；这样算下来，每年辛勤劳动的收获甚至还不够支出，生病、丧葬以及其他各种费用都还没有计算在内。

在2400年前，在生产力不发达、没有副业支撑的背景下，10%的税率，对农民来说，也是太高，生存处于吃不饱、穿不暖的窘迫状态。因此，改革井田制，开阡陌种私田是经济必然。这就是著名的李悝税收改革理论。

李悝的这段话涉及中国历史上非常重要的几个经济规律，这些规律便是为中国历史上国家理财博弈所设定的规则，包括：生存消费规律、劳动生产率规律、生产力水平规律（科技水平）、分配影响生产规律（分配激励与生产积极性）、农民税负承担能力规律。[①]

李悝从农业生产力、农民生活与消费、官吏俸禄、政府运转等提出土地所有制与税制改革的依据和基准，确定税收界限与原则，在今天看来，也明显具有科学性，可以称之为制定改革政策和税收制度的一般原理。

关于生产与消费的分析，李悝不仅注意了劳动生产率，而且已经明确解释了价格对社会生产与社会消费的基本关系，强调了国家理财要重视价格管理，设定合理的粮食价格区间。他说："籴（买进）甚贵伤民，甚贱伤农。民伤则离散，农伤则国贫。故甚贵和甚贱其伤一也。善为国者使民无伤而农亦劝。"李悝的这种生产与消费并重的经济观念对古代农产品价格政策制定具有很大的影响。据此他在魏国实行的平籴政策，即在丰年征收粮食储存以待荒年发放的稳定民生的措施。后人认为，李悝在农业和田制的探索，是想建立这样一个理想国家，即"人人能利用土地，以发挥个人之生产工作，同时有一强有力之政府，调剂及平均人民之富力"[②]。我们可以说，李悝的粮食价格政

① 洪振快：《亚财政：制度性腐败与中国历史弈局》，中信出版社2014年版，第316—324页。

② 唐庆增：《中国经济思想史》，商务印书馆2010年版，第446页。

策是对《管子》通过农业丰歉程度不同实行弹性税制、国储粮制度和限制操纵粮价等措施稳定宏观经济思想的新发展，也是对范蠡农产品农商两利公允价格理论与政策[①] 的继承和发展。这一经济思想和经济政策一直影响到今天。

李悝的国家理财模型，即国民经济模型，比欧洲第一个农业经济模型——魁奈按照血液循环制作的《经济表》要早2100多年，而且贴近实际，可以指导实际工作。也可以说，李悝实际上已经建立了农业经济再生产理论。这个理论把发展和扩大生产、保障供给作为根本，把价格扶持与限制政策、弹性税制、常平仓制度（即政府调节供求余缺政策）作为保障生产和消费稳定的配套制度，形成农业经济从简单再生产到扩大再生产的发展，实现民富国实，国家富强。

八、小结

家族自治国家阶段，一国内部的政治经济关系主要在宗主国与诸侯国之间展开。在政体上是分封联邦自治制度为族群间的外部关系，诸侯国在政治上服从宗主国的领导；在军事上服从宗主国的调遣，天子对诸侯有生杀大权；在经济所有制和税制上，土地是国家所有，诸侯王公大臣是封地受禄，要给宗主国进贡纳税，平民是授官田纳赋税。到春秋战国时期，中央政府式微，所有制税制被诸侯封国实际控制，由于军事政治的竞争，国家理财学得

---

① 范蠡提出了著名的农商两利的公允价格政策，即“夫粜，二十病农，九十病末，末病则财不出，农病则草不辟矣。上不过八十，下不减三十，则农末俱利。平粜齐物，关市不乏，治国之道也”。由此可见，范蠡已经根据有利于农业生产、商业流通和市民消费的宏观经济稳定目标，结合实践，提出了农产价格在合理的区间自由波动，并主张在市场价格自发波动的基础上用调节供求的办法来加以控制农产品价格，已经形成了把物价控制在一定范围的经济理论，即平粜理论。平粜理论是对管子国储粮理论的进一步发展。这就是现代供求理论中的“谷贱伤农”和“谷贵伤民”理论，也是现代的农产品价格扶持政策和限制政策。只不过现代微观经济学的政策部分通常都没有指明这一理论的创立者，源于哪个国家。计然和范蠡的农产品价格理论，特别是以经济周期和客观物质资料的生产为依据，确立价值规律支配预测价格的方法，不仅科学，而且具有普世性的意义。他们的农产品价格扶持政策和限制政策的确立依据，即农商两利的公允方法，仍然指导着我们今天的经济生活。

以发展，并呈现百家争鸣、百花齐放的局面。因此，这一阶段财局与政局博弈的主体是中央政府与地方诸侯、封臣，或者是宗主国与诸侯邦国或藩属国。而西方，从古希腊到美利坚合众国，都是城邦组成的国家，邦各自为政，自负盈亏。

这一阶段的财政格局主要是财务财政，其特征包括：

以收定支

以财务管理为主

均节财用，节约原则

财政以诸侯国或邦国的领地为单位

财政以实物流通为主

田税（农业税）、特产税、劳役是政府收入的主要来源

博弈主体：宗主国的中央政府与诸侯国地方政府

财政经济关系以军事武力为后盾

理论成果包括《周礼》《禹贡》《周易》《管子》《四书五经》《孙子兵法》等。

在收入理论上，主要是赋税理论，比例税制：什一税。收税在实践中形成适宜原则、公平原则、弹性原则等。

在支出理论上，主要是财务理论。支出实行分类管理，专税专用，遵循节约原则，节流原则。荀子提出的“开源节流，富国裕民，可持续发展”的财政创见，一直影响至今。

在财务行政上，已经形成制衡原则。创立了初步的预算决算制度、会计制度、审计制度、国库制度、统计制度等。

此外，墨子还提出了“国家财政充足理论”和“取之于民、用之于民；生财节用，讲求效益”的国家理财思想，开创了公共财政理论和财政支出效益理论的历史先河。

民国时期的学者胡均在《中国财政史》中认为：“我国关于财政之学说，惟此时期内（春秋战国）最为昌明。秦汉以后，财政之发展，皆此时之结果

也。中国学说之历史，道儒法墨，互竞其势力。”并认为“节用说、生财说、轻重说、均税说，不仅在财政史上有价值，而为今世学说之先声”[①]。

第三节 家族行政国家时期的理财学

这一阶段，人类仍处于以家族为主的政治经济发展阶段，在政体上是取消了分封联邦自治国的诸侯中间层管理，是天子直接通过行政科层管理机构治理全国，被史学家称为进入“帝制”阶段。按照马克斯·韦伯的国家定义[②]，中国从公元前221年已经进入现代国家阶段，而欧洲得等到公元后15世纪以后。美国政治学家弗朗西斯·福山在其《政治秩序的起源》中认为：“我们现在理解的现代国家元素，在公元前3世纪的中国业已到位。其在欧洲的浮现，则晚了整整一千八百年。……如要研究国家的兴起，中国比希腊和罗马更值得关注，因为只有中国建立了符合马克斯·韦伯定义的现代国家。”[③]秦“大一统”是制度统一、政令统一和文化统一。

这一阶段，我国给世界不仅提供了丰富的经济物质产品，更主要的是给世界提供了最先进的政治制度、经济制度、行政制度、法律制度、科学技术、文化艺术和生活方式。我国被称为“世界理性行政管理体系的摇篮”。从秦汉的军功授爵制到魏晋九品中正制再到隋唐创造科举选官制度，军事和行政选官制度的实践和理论远远走到了世界的前列。到宋代，为了汲取魏晋世族门阀垄断与唐代藩镇割据的历史教训，推行“强干弱枝”“守内虚外”的国策，实行全面的中央集权制度，军事、行政、财政、法律等职权全部直

① 胡均：《中国财政史》，商务印书馆1920年版，第40—41页。

② 韦伯的理想型国家是一个垄断合法暴力并通过理性治理的共同体。

③ 弗朗西斯·福山：《政治秩序的起源：从前人类时代到法国大革命》，毛俊杰译，广西师范大学出版社2014年版，第24—25页。

属中央管辖，又实行文人政治，严禁武人干政，中央（尤其是天子）的权力太过于集中，分权不够，导致统得过死，中央过强、地方过弱，没有发挥好中央与地方两个积极性，政局和财局始终处于失衡状态。

家族行政国家理财学的理论发展可分为两个脉络。一个脉络是政府理财官员为主的主导派，比如汉代的桑弘羊、耿寿昌，西晋的傅玄，唐代以杨炎、刘晏为代表，宋代以范仲淹、王安石、叶适为代表，明代以张居正、邱濬为代表。另一个脉络是政府修史的文官和相对独立学者为代表。比如汉代的司马迁、班固，唐代的杜佑，宋代的郑樵，宋末元初的马端临等。

关于财政的本质，东汉的班固在《汉书·食货志》中说："财者，帝王所以聚人守位，养成群生，奉顺天德，治国安民之本也。"即"财"是国家治理体系和治理能力的根本。又说："至于始皇……竭天下之资财以奉养其政，犹未足以澹其欲也。"

我们可以说，班固已经说出了狭义财政的本质，即征集全国的物质和财富来保证政府的运转。这个归纳说明财政取决于政治、服务于政治。这很符合财政的本质特征，也更加简洁准确。

我们还可以说，班固已经间接地提出了"财政"的概念，至少揭示出了财政的本质①。

13 世纪以后，成吉思汗和忽必烈的蒙古大军西征欧亚大陆后，直接将东方的火药、大炮、指南针、印刷术以及国家治理模式、财政货币管理体系、儒家经典和史学经典等文明成果带到了欧洲，才有欧洲近代的财政货币体系和国家理财学的快速发展。历史的启示是，善于学习的后来者往往居上。到 19 世纪中后期，欧洲的国家理财学大大超越了东方，又被中国和日本引进到东亚。

① 当代学者贾康认为，财政作为一个理财系统，是以社会权力中心为主体的"以政控财、以财行政"的分配关系。参见钱伟长总主编：《20 世纪中国知名科学家学术成就概览》经济学卷（第三分册），张卓元、吴敬琏、厉以宁主编，科学出版社 2013 年版，第 470 页。

下面就笔者掌握的文献，对这一历史时期有关国家理财学的理论做一些点缀式的梳理，挂一漏万在所难免。

国家理财学的发展

一、政府专营理论的创新与发展

从已有的文字记载来看，政府专营的系统化理论最早由我国创立，可见于《管子》《周礼》。

早在先秦时期，为了稳定宏观经济和防治水旱天灾人祸，政府创立国储粮制度以备不测。

汉朝以后实行的政府专营专卖制度大部分是与时俱进发明创造出来的，初衷是为了平抑物价、解决通货膨胀和财政危机、防止豪强垄断造成的经济不稳定，以及作为增加国家财政收入的政策工具。理论上以汉代的桑弘羊①、唐代的刘晏、宋代的王安石为代表的政府当权派和儒家为代表的道统派（贤良文学等）。正反双方关于政府专营专卖制度与理论的发明和检讨是我国对世界经济和经济学说的独特贡献。尤其是，桓宽根据西汉昭帝时所召开的盐铁会议记录“推衍”整理而成的《盐铁论》，是世界国家理财学上关于国家经济治理理论的专题性学术争论著作，在经济学术史上具有开创性的意义。

到西汉市场经济大发展后，豪强官吏操纵市场，使物价波动很大，为了稳定市场、增加政府收入，汉武帝时桑弘羊等发明创立均输制度、平准制度调节流通领域，与时俱进发展盐铁专营制度② 调节生产和财富分配格局。

---

① 桑弘羊（前152—前80），西汉法家人物，其家是洛阳首富，本人是汉武帝宠臣，33岁时开始后担任大农丞，搜粟都尉同时兼任大农令，御史大夫。掌管过全国的会计事务、租税财政。

② 钱穆认为，汉武帝时代的盐铁官卖政策，可以说是中国继井田制度后的第二个重要的经济制度。参见钱穆讲授，叶龙记录整理：《中国经济史》，北京联合出版公司2013年版，第57页。

公元前110年，西汉正式实行均输制度，设置均输官。将政府原来要自商贾手中购买的货物改作贡赋缴纳，由工官制造运输工具将贡物输送到京师；对中央政府不需要的货物，由均输官运到卖价高的地方出售，将钱交回国库，如此，中央政府收入增加，商人谋利机会减少。后又设立平准制度，专管从全国各地运到京师的货物，在市场价贱时买入，贵时卖出。如此，理论上，政府不仅可平抑物价，而且可增加收入，防止商人垄断市场。上述政策背景为武帝征伐匈奴耗费巨大，而富商巨贾又不愿踊跃捐输，不得不开源，实行均输平准、盐铁专卖，增加政府收入。实行均输、平准制度后，《汉书·食货志》中说，"中央政府一年因均输而获得帛500万匹，人民虽不加赋税，但国家富庶异常"。[①] 桑弘羊创造出的均输和平准理论以及盐铁专营、货币垄断发行[②] 有效地解决了政府财政收入问题，并被以后的历代政府所继承与创新。

唐代著名的政治经济学家、财政学家刘晏[③]，发明"榷盐法"和"漕运法"，将市场机制引入政府专营领域，将盐的国家专卖权让渡给商人，将漕运开放给商人经营，进一步扩大商业税的税基，使国家能以最小付出，获得最大的商业利益。[④] 刘晏的这两个发明是对管子理论的继承和创新，被后世的改革家王安石和张居正继承下来，标志着我国财政经济治理方式的重大转化。

宋代著名的政治家、文学家、政治经济学家、财政学家王安石，为矫正政府与豪强之间的经济分配失衡，通过变法对政府专营制度和理论进行了创造性的综合发展。其中"均输法"就是国营专卖法，对重要物资实行统购统销，用于反对商人垄断；"市易法"就是桑弘羊的平准法的推陈出新，即

① 钱穆讲授，叶龙记录整理：《中国经济史》，北京联合出版公司2013年版，第64—65页。

② 关于货币铸造国有化参见第三章西汉从自由放任到中央集权的案例分析。

③ 刘晏（718—780），今山东东明人，担任过唐政府的御史、户部侍郎、吏部尚书、宰相等，有长期主管财政货币与政府专营的经验。

④ 《资治通鉴·唐纪四十二》说："晏专用榷盐法充军国之用。""晏以为官多则民扰，故但于出盐之乡置盐官，收盐户所煮之盐转鬻于商人，任其所之，自余州县不复置盐官。""由是国用充足而民不乏盐。"

政府成为调节商品余缺的总中心，对滞销商品实行平价收购，到市场缺货时再出售；“青苗法”就是政府拿出一定钱粮在夏秋两收前给农民放贷，在财政上补助农民，防止豪强对农民的高利贷剥削。这些财政经济改革与制度设计主要解决当时商业垄断、土地兼并造成很大的贫富差距和政府财政收支矛盾缺口，具有明显的政府与豪强博弈的特征，也被后人称为大政府主义的经济管制政策。这与宋朝允许官员经商、豪强兼并、中央政府养活庞大官僚系统和军队造成的“吃饭财政”下国家财政虚弱的历史背景不可分离。但我们可以说，我国宋代就有了国家制定的反垄断法、反高利贷法、价格管制法。

均输制度、平准制度、盐铁酒茶等政府专营专卖制度本意良善——平万物而便百姓。但《盐铁论》中记载：反对官营政策的贤良文学们认为，政府官营盐铁、专卖酒、均输，将这些赢利的事业掌握在自己手中，集中了大量的人力和物力去从事工商业，就是与民争利，破坏了社会淳朴的风气。盐铁官营之后，产品质量差，价钱贵，有时还强迫购买，给百姓造成很多不便。面对这些反对和质疑的声音，桑弘羊在理论上提出官营事业对国家来说是利多弊少，“乃是建本抑末，禁止兼并之路的必要措施，决不能放弃”①，应当选良吏除流弊，继续坚持下去。他论证说，当国防和救济等需要大量的政府开支时，如果不搞这些官营事业，增加政府的收入，就要增加农民的赋税，反而更会加重农民的负担；如果国家不经营，豪强大贾就会把持这些工商业，他们不但借此鱼肉百姓，操纵市场，还会因而形成分裂割据势力，不利于加强国家的统一。由此可见，政府专营制度是政治经济利弊权衡的结果，不是凭空想象出来的垄断制度。

宋末元初的马端临在《文献通考》自序中对政府专营制度的历史进行了总结分析。他说：

“市者，商贾之事也。古之帝王，其物货取之任土所贡而有余，未有国

① 赵迺抟：《披沙录》（二），北京大学出版社 1986 年版，第 360 页。

家而市物者也。而市之说则昉于《周官》之泉府，后世因之，曰均输，曰市易，曰和买，皆以泉府藉口者也。籴（买进）者，民庶之事。古之帝王，其米粟取之什一所赋而有馀，未有国家而籴粟者也。而籴之说则昉于齐桓公、魏文侯之平籴，后世因之，曰常平，曰义仓，曰和籴，皆以平籴借口者也。然泉府与平籴之立法也，皆所以便民。方其滞于民用也，则官买之、籴之；及其适于民用也，则官卖之、粜之。盖懋迁有无，曲为贫民之地，初未尝有一毫征利富国之意。然沿袭既久，古意浸失。其市物也，亦诿曰榷蓄贾居货待价之谋；及其久也，则官自效商贾之为，而指为富国之术矣。其籴粟也，亦诿曰救贫民谷贱钱荒之弊；及其久也，则官未尝有及民之惠，而徒利积粟之人矣。至其极弊，则名曰和买、和籴，而强配数目，不给价值，鞭笞取足，视同常赋。盖古人恤民之事，后世反借以厉民，不可不究其颠末也。”

马端临的这段话说明政府专营制度的初衷虽好，但随着时间推移，官商民三方互动博弈，利弊此消彼长，尤其是经不住官吏从中牟利，制度执行扭曲变形，成为害民的制度。制度变迁的原因是官商民三者的利益平衡被打破，制度不能达到最初设定的目标而不得不改革，而不是简单的制度成本收益理论和交易费用理论所能解释。这说明没有一劳永逸的制度，制度创新永远在路上，要与时俱进地发展。

二、司马迁的国家理财学①

西汉武帝时期，司马迁创立的纪传体《史记》是当时的一部百科全书，除了对财政货币有专门的记载和论述外，对当时的经济分工、市场交易规律所呈现的经济原理的研究和表述也已经达到了很高的境界，具有典型的政治经济学或国家理财学特征。

① 本节部分内容参考了钱穆对司马迁经济理论的理解和古文翻译。钱穆讲授，叶龙记录整理:《中国经济史》，北京联合出版公司 2013 年版，第 52—54 页。参见拙文《我国是古典政治经济学的创始国》相关论述，《政治经济学评论》2015 年第 5 期。

1. 分工与市场规律

司马迁在《货殖列传》中指出：

“(丝竹木石等世间万物) 皆中国人民所喜好，谣俗被服饮食奉生送死之具也。故待农而食之，虞而出之，工而成之，商而通之。此宁有政教发征期会哉？人各任其能，竭其力，以得所欲。故物贱之征贵，贵之征贱，各劝其业，乐其事，若水之趋下，日夜无休时，不召而自来，不求而民出之。岂非道之所符，而自然之验邪？”

司马迁的上述这段话，从人们的生活和市场的交易规律说明了两个基本经济原理：一是农虞工商的自然分工是最好的经济发展秩序。即“农而食之，虞而出之，工而成之，商而通之”，则中国人民所喜爱的东西都能获得享用，也即经济才可以得到顺畅发展。二是把市场上低买高卖、自由交易所呈现的规律总结得出神入化，比亚当·斯密总结的“看不见的手”① 还要形

---

① 经济学家 L. 扬格（Young）在题为《市场之道：司马迁与看不见的手》的文章中指出：斯密的学说可能来自中国的学者高丽殊（Kao Lei-Szu，即高类思）与杨德旺（Yang Te-Wang），正是从他们那里获得了司马迁的思想，并提出了“看不见的手”这样影响深远的概念。扬格认为：司马迁在《货殖列传第六十九》的第三段中已明确提出了“自由放任”“市场机制”及等价于“看不见的手”的隐喻“低流之水”等思想。参见李军：《西方经济思想的中国渊源：基于文献的初步回顾与总结》，《古今农业》2008 年第 1 期。

1751 年 7 月，中国留学生（宗教学生）高类思和杨德望在 73 岁高龄的法国传教士卜日生带领下前往欧洲深造。1764 年 6 月，在仰慕中国悠久历史和文化的主管远东航务的国务大臣贝尔旦（Bertin）的引荐下，高类思和杨德望前往巴黎、里昂等地的兵工厂、造纸厂参观考察，其间会见了法国重农学派代表人物、时任利摩日（Limoges）地方行政长官的杜尔阁。当杜尔阁得知高、杨即将返回中国的消息后，立即与他们取得联系，向他们提出了 52 个有关中国的问题，请他们回国后搜集资料，设法回答。杜尔阁在他的《关于财富的形成和分配的考察》中提及此事。高、杨回国后每年给贝尔旦寄去大量信件和物品，还提供了煤炭在中国的使用情况、中国政府设立义仓赈济灾民的情况等资料，以回应欧洲 18 世纪的中国热。这是西方学习中国经济思想的明确证据。邹进文：《近代中国经济学的发展——来自留学生博士论文的考察》，《中国社会科学》2010 年第 5 期。更详细考释可参见巫宝三：《中国古代经济思想对法国重农学派经济学说的影响问题的考释》，载《巫宝三经济文选》，中国时代经济出版社 2011 年版，第 97—114 页。

象深刻。他认为市场交易所形成的经济秩序使“(人们) 各劝其业，乐其事，若水之趋下，日夜无休时，不召而自来，不求而民出之”；并认为价格规律下的市场交易行为是符合道德的天然合理行为。

2. 民富国实论

司马迁根据经济发展的历史和当时的现实认为，人们脱贫致富首推商业，因此发展商业是富民良策。他说：夫用贫求富，农不如工，工不如商，刺绣文不如倚市门，此言末业，贫者之资也。

他认为，只有民富，国才能实，才能富。民富是源，国富是流。农虞工商四大产业是国家财政的主要来源，只有充分发展这四大产业，国和家才能富足。他引用《周书》说：“农不出则乏其食，工不出则乏其事，商不出则三宝绝，虞不出则财匮少。财匮少而山泽不辟矣。此四者，民所衣食之原 (即源) 也。原大则饶，原小则鲜。上则富国，下则富家。贫富之道，莫之夺予，而巧者有余，拙者不足。”意思是，农虞工商发展得好，则国家财力富足，发展得不好，则国家财力贫乏。言下之意，只有实行充分发展农虞工商的经济政策，国家才能富足，财力才能充裕。因为，农虞工商是生产集团。这个可以称之为农虞工商产业发展平等原理和财政充足原理，也可称为税收与税基的关系原理。

3. 经济政策优劣论

司马迁从人类的生存追求与风俗习惯导出经济政策的优劣等次。他指出：中国自有历史记载以来，自虞舜夏禹起，直到西汉他自己的时代，人人的欲望便是想看尽天下间美丽的色彩，想听尽天下间悦耳的声音，想尝尽天下间美味的食物。人人想过身心安逸的快乐日子，有自我得意的荣耀人生。这种长期以来的习俗已无法改变了。即使用很高的理论向家家户户去说服他们，也是无效。所以，司马迁提出了经济政策的优先顺序，即第一等的经济政策是让人民放任自由、自由发展，第二等是领导他们走向一条规定的道路，第三等是教诲他们、灌输以哲学；第四等是用管制手段、计划手段统制他们；最下等则是与民争利。[①]

司马迁还从人的本性和正常心理导出顺物致性的分工合作经济思想和农工商并重的富民经济政策主张。他提出，农虞工商应当各守其业，要使得农夫分田而耕，商贾分货而贩，百工分事而勤。如此分工合作，务使人尽其才、地尽其利、货畅其流，则工商业兴旺发达，人民消费能力增加，共享繁荣生活。

4. 经济基础决定社会道德秩序

司马迁认为爱富厌贫是人的正常心理，“致富”是人的共性。“天下熙熙，皆为利来；天下攘攘，皆为利往。”人人为利也是无可厚非的事。追求财富，在私有社会中是每一个人的社会本能。即使是千乘之王，万家之侯，或百室之君，他们还担忧有贫穷的一天，何况是普通人。司马迁赞同管子“仓廪实而知礼节，衣食足而知荣辱，礼生于有而废于无”的主张。他还发挥管子思想中对“礼”和“德”的见解[②]，认为如无物质经济基础，便难以建立社会道德秩序。他说：礼生于有而废于无。故君子富，好行其德；小人富，以适其力。渊深而鱼生之，山深而兽往之，人富而仁义附焉。富者得势益彰，失势则客无所之，以而不乐。

司马迁还在《史记·礼书第一》中进一步提出如何平衡欲望与经济伦理两者的关系。他引荀子礼教的论述说：“礼由人起。人生有欲，欲而不得则不能不忿，忿而不度量则争，争则乱。先王恶其乱，故制礼义以养人之欲，给人之求，使欲不穷于物，物不屈于欲，二者相待而长，是礼之所起也。”[③] 在这里，荀子提出了“使人们不产生无止境地追求物质满足的欲

① 原文：“太史公曰：夫神农以前，吾不知已。至若诗书所述虞夏以来，耳目欲极声色之好，口欲穷刍豢之味，身安逸乐，而心夸矜势能之荣使。俗之渐民久矣，虽户说以眇论，终不能化。故善者因之，其次利道之，其次教诲之，其次整齐之，最下者与之争。”本书参阅了钱穆译文。

② 《管子》中提出：“德之六兴，厚其生、输之以财、遗之以利、宽其政、匡其急、振其穷。”

③ 司马迁：《史记》，韩兆琦主译，中华书局 2008 年版，第 424 页。

望，又使物质满足人们必要的需求”这样一个看起来矛盾的经济伦理学命题。荀子和司马迁给出的答案是“制礼义，实行有序性的供给，使欲望与供应相互调和”，形成可持续的文明社会秩序。

司马迁的这些经典论述“究天人之际，通古今之变，成一家之言”。他的国家理财方针，对人性、经济交易规律和经济伦理以及经济政策的把握已经达到了很高的认识境界，称之为“经济学原理”和国家理财学原理一点也不过分。可以说，司马迁是世界经济自由主义的第一位集大成者，也是世界政治经济学的集大成者。

三、傅玄对国家理财学的发展

傅玄（217—278），我国西晋时期的思想家、文学家、理财学家。他的“民本”思想提出“国以民为本”，民安则国安，民危则国危。在《傅子》平赋役篇中继承古代的理财思想提出一套新的国家理财原则，包括至平、趣公、有常，即公平原则、国家公利原则、制度化原则。

他在理财上强调“趣公、积俭”，坚持把国家的财政与帝王的私人财库划分开来，财政要为国家公利而不是统治者的个人私利进行理财，并把财政开支的节约作为理国家财的一个原则。在财政制度上，他强调“有常”，即制度规定的法定化、稳定化、常态化。如果“役赋无常，横求相仍，弱穷迫，不堪其命”，即会使民危而国也不安。胡寄窗先生认为，傅玄对封建赋税的征课所提出的这三个原则，的确是较以往各家的财政观念进了一大步。将这三条原则分开来考虑，每一条都不是什么了不起的独创见解，但将它们结合起来考虑，在中国财政思想史上，却是一套很不平凡的租税原则。①

傅玄认为赋税的轻重应根据客观的需要，治平无事之世宜役减而赋轻，如非常事故则不妨役繁而赋重。

---

① 转引自胡寄窗：《中国经济思想史》（中），上海财经大学出版社 1998 年版，第 243—244 页。

四、宋代国家理财学的发展

国家理财学的第二次高潮出现在两宋时期（960—1227）。

我国汉唐形成的物质基础、科学技术基础和儒释道三教合一的思想革命，到宋代结出硕果[①]。宋代工商业首次超过农业成为国家税收的主体，水力机械革命，焦炭炼铁革命，造船、指南针和海上商业革命，雕版印刷与文化革命，纸币发明导致货币革命等促进工商业经济和城市大发展，出现了第一批合股公司和职业经理人阶层；纸币大面积使用，铜钱是世界货币；宋代的GDP总量曾占到全球的三分之一。因此，国家理财学、市场经济理论、商业理论、货币理论、财政理论、经济思想与经济伦理学都有了极大的发展。比如李觏[②]、苏洵、苏轼、苏辙和陈亮、叶适为代表的事功学派（后者即永嘉学派，倡导言利，鼓吹道义是建立在追求功利的前提上）偏重功利。张载、程颢、程颐和朱熹、陆九渊为代表的理学学派（对过分追求功利的伦理进行系统性反思，主张研究功利不能涵盖的10%的人类关系，提出存天理的主张）偏重性理。两派的理论争论，推动了人类对欲望、功利、理性和道德的认识。宋代中央财政开始包揽全部军队开支，军队实行了文官为首的管理革命，这对中央政府的财政治理体系是一个极大的考验。王安石、范仲淹、沈括、叶适、周行己等人对财政理论、货币理论、宏观经济政策的研究都有世界性的贡献，尤其是王安石从国家治理的实践将财政理论推进到货币化阶

① 一些资料显示，16世纪以前世界上最重要的300项发明和发现中，我国占173项，远远超过同时代的欧洲。

② 李觏（1009—1059），北宋著名的哲学家、思想家、教育家、改革家和理财专家。他的经济思想颇有系统，关于国用、富国、安民等经济思想尤为精辟。他卓有胆识地提出功利主义的理论，反对道学家们不许谈“利”言“欲”的虚伪道德观念。他从实际物质利益是人类社会生活的根本这一基本观点出发，解释社会历史现象。他认为“治国之实，必本于财用”（《富国策》）。治理国家的基础，是经济，是物质财富。所以，他反对把实际物质利益和道德原则，即“利”和“义”对立起来。李觏认识到，物质财富多寡不均的症结所在，是土地占有的不合理。为了解决土地问题他专门写了一篇《平土书》，提出“均田”“平土”的主张。

段。到宋代，关于逆风向的宏观经济政策已经成为政府调控经济的常态。

宋代杰出的政治家、政治经济学家、国家理财学家、文学家、改革家王安石（1021—1086），为首创立“新学学派”，不仅提倡思想解放，把新陈代谢视为自然规律，强调人应效法自然，自觉地除旧布新，实行变法，而且创立“为政富民说”，在北宋中后期取得官方学术地位，“独行于世者六十年”①，在当时影响极大。他在《洪范传》中指出：“凡正人之道，既富之然后善。……为政于天下者，在乎富之善之。”②针对反对派讳言财利，认为言利则背孔孟的观点，王安石指出：“狗彘食人食则检之，野有饿殍则发之，是所谓政事。政事所以理财，理财乃所谓义也。一部《周礼》，理财居其半。”③《周礼》是儒家经典。在训释《周礼》“以土均之法”条中，他说：“民职、地贡、财赋，则有政矣。然远近多寡之不均，先后缓急之不齐，非政之善。于是乎以均齐天下之政。”④王安石主张积极理财，增加财政收入，提出“因天下之力以生天下之财，取天下之财以供天下之费，自古治世，未尝以理财不足为公患，患在治财无其道尔。”（《宋史·王安石传》）他认为只要政策得当，政府增加财政收入的同时，也可以发展民间经济。他已经能区分个人财富的增长和社会财富的增长不同，认为个人财富取之于他人也能达到，而社会财富的只有通过扩大生产才能实现；社会财富的分配只是一方增多而另一方减少的，不可能增加社会财富的总量。⑤这在我国古代理财学上

① 李学勤主编，朱汉民等著：《中国学术史·宋元卷》（下），江西教育出版社2000年版，第164页。转引自陈振孙：《直斋书录题解》卷二，文渊阁《四库全书》本。

② 《王文公文集》，上海人民出版社1974年版，卷二十五《洪范传》。

③ 《王文公文集》卷八《答曾立公书》。

④ 李学勤主编，朱汉民等著：《中国学术史·宋元卷》（上），江西教育出版社2000年版，第172、174页。

⑤ 《王临川集》卷七五，《与马运判书》：“尝以为方今之所以穷空，不独费出之无节，又失所以生财之道故也。……今阖门而与其子市，而门之外莫人焉，虽尽得子之财，犹不富也。盖近世之言利虽善矣，皆有国者资天下之术之耳。直相市于门之内而已。此其所以困欤?”他主张“富其家者资之国，富其国者资之天下，欲富天下则资之天地”。

是十分罕见的。

王安石在治理整顿北宋后期的财政中所推行的一系列改革，尤其是通过财政措施促进生产发展的政策与理论、反商业垄断和将财政税收大规模地商业化、金融化的举措，国家的财政预决算的理论，在国家理财学上居于世界领先地位。梁启超认为，“王安石的治国理念暗合于政治之原理，而且是东西方诸国19世纪实施后行之有效的”①。史学家黄仁宇认为：“王安石能在今日引起中外学者的兴趣，端在他的经济思想和我们的眼光接近。他的所谓‘新法’，将财政税收大规模的商业化。他与司马光争论时，提出‘不加赋而国用足’的理论，其方针乃是先用官僚资本刺激商品的生产与流通。如果经济的额量扩大，则税率不变，国库的总收入仍可以增加。这也是刻下现代国家理财者所共信的原则，只是执行于11世纪的北宋，则不合实际。”②王安石已经认识到，只要政策得当，政府增加财政收入的同时，也可以发展民间经济。王安石的经济理论已经超越了农业自然经济，具有明显的国民经济、商业经济和货币经济的特征，尤其是通过减税发展经济增量的方式来解决经济存量无法解决的经济问题，将我国经济学研究推进到一个新阶段。他认为财政在政治中居于首要的地位，即“政事所以理财，理财乃所谓义也”。后人把王安石变法和20世纪30年代美国新政同视为世界经济史上影响巨大的事件。

北宋的范仲淹和沈括从救荒的角度，提出扩大消费可以刺激生产并增加就业的思想。范仲淹并成功地付诸实施。③也就是说，到了宋代，有关经济萧条期间实行积极的宏观财政政策已在中国成为基本共识。这个比西方要早800年左右。

在个人专著、专论方面，有北宋张方平（1007—1092）的《食货论》、

---

① 转引自马骏：《治国与理财：公共预算与国家建设》，三联书店2011年版，序第1页。

② 黄仁宇：《赫逊河畔谈中国历史》，三联书店1992年版，第157页。

③ 转引自胡寄窗：《中国经济思想史》（下），上海财经大学出版社1998年版，第717页。

曾巩（1019—1083）的《议经费》《再议经费》、苏辙（1039—1112）《元祐会计录·收支叙》《民赋序》等、南宋叶适（1150—1223）的《财计》和《应诏条奏财总论》等一大批著述。

苏辙提出“财者，为国之命而万事之本。国之所以存亡，事之所以成败，常必由之”的论断。

叶适在《应诏条奏财总论》提出：“财用，今日之大事也，必尽究其本末，而后可以措于政事。欲尽究今日之本末，必先考古者财用之本末。盖考古虽若无益，而不能知古则不知今故也。夫财之多少有无，非古人为国之所患，而今世乃以为其患最大而不可整救，此其说安从出哉？……惟秦始皇豪暴，有头会箕敛之讥；汉武帝奢侈，有均榷征算之政，而西园聚钱，大鬻天下之官爵以致之。盖两汉虽不足以言三代，而其以财为病非若今世也。虽然，此其事远矣。隋最富而亡，唐最贫而兴。唐之取民，以租，以庸，以调，过此无取也。而唐之武功最多，辟地最广，用兵最久，师行最胜。此其事则差近而可知矣。致唐之治，有唐之胜，其不待多财而能之也决矣。然则其所以不若唐者，非以财少为患也。故财之多少有无，非古人为国之所患，所患者，谋虑取舍，定计数，必治功之间耳。”①

从上面这段话可以看出，永嘉学派的叶适已经提出并论证了“财局与政局”之间辩证关系这样的政治经济学命题；并提出财政政策的关键在于“谋虑取舍，定计数”，在于治国方略的正确和取得实利功效。这很了不起。

两宋的商业革命也带来思想上的革命。北宋的思想家李觏、南宋的事功学派的陈亮与叶适等，都主张言利，承认人心逐利的正当性，主张从人们的利益关系认识社会。

叶适对理性的认识也达到了很高的学术境界，他反对唯心论，主张在物质利益基础上认识人的理性。他反对陆派“吾心即理”，认为“道在器

① 参见马端临：《文献通考》卷二十四，国用考二。

中”“离器无道”。他提出“理在事物”“去物非理”的学说，主张理要“验于事，考于器”；论事而违实是不可以的，即实事求是。要“有的放矢”。他说：礼的道理，当然不是玉帛所能表达的，然而，却不可以离开玉帛。乐的道理，当然不是钟鼓所能表达的，然而，却不可以舍弃钟鼓。……假使丢开玉帛，舍弃钟鼓，而寄以礼乐的空名，天下将不再有礼乐了。……因为道是无可名状的，它只能从一艺一能的作用上显现出来。也就是说，抽象的事理是架构（建立）在具体的事物之上的，必须拼合这些具体事物，事物的抽象功能才能表现出来。即理论是建立在具体的实践、历史、事件之中；经济秩序是建立在利益分享之中的；一般的道蕴含在具体的特殊之中。他说：“物之所在，道则在焉。”不知其物，则无从得其道。圣贤就是因明白各种事物之理，所以能取得致世之功。既然“道”和“理”是存在于事物之中，为要求得到这个“道”和“理”，我们便只有由“学习事物”中去得了。所以，叶适特重“学”。他说：“欲折中天下的义理，一定要考详天下的事物，然后才能不谬。”又说“古人以学致道，而不是以道致学”。① 叶适批评董仲舒的“仁人正谊不谋利，明道不计功”的观点：“此语初看极好，细看疏阔。古人以利与人而不自居其功，故道义光明。后世儒者行仲舒之论，既无功利，则道义者乃无用之虚语尔。”②

宋末元初马端临（1254—1323）继叶适之后，在《文献通考》自序中也对国家与财政、财局与政局的关系进行了精辟的论述。他引用前人贾山的《至言》说：“昔者，周盖千八百国，以九州之民养千八百国之君，君有余财，民有余力，而颂声作。秦皇帝以千八百国之民自养，力罢不能胜其役，财尽而不能胜其求。一君之身耳，所自养者驰骋弋猎之娱，天下弗能供也。”然则国之废兴非财也，财少而国延，财多而国促，其效可睹矣。然自《周

① 王寿南主编，王民信等著：《中国历代思想家．宋明 2》，九州出版社 2011 年版，第 124—126 页。

② 叶适：《习学记言序目》。

官·六典》有太府，又有王府、内府，且有‘惟王不会’之说，后之为国者因之。两汉财赋曰大农者，国家之帑藏也，曰少府、曰水衡者，人主之私蓄也。唐既有转运、度支，而复有琼林、大盈；宋既有户部、三司，而复有封桩、内藏。于是天下之财，其归于上者，复有公私。恭俭贤主，常捐内帑以济军国之用，故民裕而其祚昌；淫侈僻王，至糜外府以供耳目之娱，故财匮而其民怨。此又历代制国用者龟鉴也。”

在这段话中，马端临至少提出了两个理论命题：一是国家的兴衰与政府聚财之间呈现反向关系，即“国之废兴非财也，财少而国延，财多而国促，其效可睹矣”。二是民富国财实，帝王及政府享乐挥霍则财匮民怨，国将衰败。

五、明代邱濬对儒家国家理财学的继承与发展

明代邱濬（1420/1421—1495）所著的《制国用》，被称为近乎封建国家的“财政学”。他的《大学衍义补》共160卷，涉及财政者达31卷，有整整23卷系统阐述了与财政有关的理论问题。在写法上，《大学衍义补》秉承《大学衍义》，首先罗列《大学》中的财政观点及历代财政思想家、理财家、改革家从不同角度对《大学》财政思想的阐释，然后以按语的形式对这些观点进行系统的点评，结合明朝的具体情况，提出他本人的观点和建议，内容几乎涵盖财政政策、财政收入、财政支出、财政管理等所有财政领域。①

邱濬提出：“为王天下者，惟省力役、薄赋敛，平物价，使富其富，贫者不至于贫，各安其分，止其所得矣。”（《大学衍义补》卷二五）他的国家理财学包括：立政养民的财政思想；理财与生财相结合的思想，强调理财要合乎天理公平（公平赋税）、调节勤惰和各得分愿；理国之财一要节用，二要先做预算、量入为出，三要去掉害财之费（冗吏、冗兵、冗费），无过取，无泛用；在财政收入上主张轻税论、增户论、税率税种适中论、以田为

① 孙学文主编：《中国财政思想史》（上），上海交通大学出版社2008年版，第389页。

税论、反对重复课征、反对摊逃预借、反对官营事业、主张互市通商征税、平粜论等；在财政支出上主张量入为出，实行节用，反对官吏低俸禄，主张高薪养廉；在行政财政的理论上，主张公私财税分离论、预算论、会计论、漕运论。在研究方法上，尊重前人经验、尊重历史，注重调查研究的科学态度和讲究经济效益的务实精神。

邱濬把《易经》中的理财与《大学》中的生财结合起来考虑，说明理财是财富的分配，尤其是财政再分配，生财是财富的生产，财富的分配尤其是财政再分配须服从财富的生产。这是将古代儒家的财政思想作为综合的新解释。① 邱濬在前人的基础上提出了"民财是源，国财是流"的理论主张。

他还进一步完善了王安石的财政预决算理论，对国家预算的编造过程进行了详细的说明，而且对国家预算编制的依据、思想和参考资料进行了完善和补充。邱濬认为：国家的会计记录的作用，在于"使今之知昔而后日之知今"，作为每年"规国用"，即制定国家预算的参考资料。他建议仿唐人国计及宋人会计旧例，将明王朝自太祖洪武到孝宗弘治各朝（1368—1495）的财政收支情况，每朝一卷编成会计录以供后代的参考。② 他认同南宋学者郑伯谦主张的政府会计收支记录应分官掌握，不能由一人兼任，（钩考即审核与书记）这两种职位"交相参互，以此所掌，稽彼所录，多寡虚实昭然矣"。因为"以国家之大，用度之伙，其出入之数，必为籍以纪之，设官以稽之，所以防有司之奸欺也"，有必要建立相互牵制的会计稽核制度。③

邱濬已经明确提出了税率高低与税收关系的理论命题。他很欣赏李翱的"人皆知重敛之可以得财，而不知轻敛之得财愈多"的观点④。邱濬对古代的常平仓理论进行了内涵发展；还对财政收入中的一个重要组成部分——漕运，

① 胡寄窗：《中国经济思想史》（下），上海财经大学出版社 1998 年版，第 359 页。

② 胡寄窗：《中国经济思想史》（下），上海财经大学出版社 1998 年版，第 360—364 页。

③ 胡寄窗：《中国经济思想史》（下），上海财经大学出版社 1998 年版，第 363 页。

④ 胡寄窗：《中国经济思想史》（下），上海财经大学出版社 1998 年版，第 362 页。

通过历史统计数据和调查，对1283—1329年间47年的海运粮记录进行了定量研究，从统计分析得出海运损耗远较河运为小的结论。这是世界上运用调查和统计分析的最早典型。还提出通过价格信息监控和货币来稳定粮价，即“愿国定市价恒以谷米为本。下令有司：在内，俾坊市逐月报米价于朝廷；在外，则闾里以日上于邑，邑以月上于府，府以季上于藩服，藩服上于户部。使上之人知钱谷之数，用是而验民食之足否，以为通融转移之法。务必使钱常不多余，谷常不至于不给，其价常平”（《大学衍义补》卷二六）。

他还提出赋役是对政府保护人民安全和财产的服务付出。他说：“凡天下国家者，不能不役乎民”，其理由是人民的家屋田产均赖官府庇护，故服力役是人民的“职分之所当为”。[①] 这个认识比西方近代国家的学者要早。

邱濬还认识到“世间之物”是“资于人力”，而且“其功力有深浅，其价有多少”。赵靖教授认为：“邱濬是世界最早的劳动价值论者，他对价值的表达方式的抽象程度和普遍性方面比配第还高一些。”（参见《北京大学学报》1981年第2期）何炼成教授认为“这已接触到劳动价值论的边缘，但还不能说是劳动价值论，因为他所说的‘价’，仍然是价格而不是价值”。[②]

六、小结

这一阶段，从财局和政局上看大致可分为两个大的阶段。宋朝前，尽管行政上中央任命地方官员，但地方政府要养兵，因此有稳定财权，故亲王叛乱、藩镇割据的政局时有发生。宋朝开始，太祖赵匡胤不仅有“杯酒释兵权”的经济赎买政策，更有军队收归中央、文官治军、武将不领兵的举措。从此，养军费用成为中央财政的最大开支，占到中央财政支出的70%左右。这要求中央财政在国家财政中始终居于主导地位，中央集权得以进一步强化。宋代通过设立由中央任命直管的转运使等三司直接管理赋税征管，彻底

---

① 胡寄窗：《中国经济思想史》（下），上海财经大学出版社1998年版，第369页。

② 何炼成：《明清思想家的价格理论评介》，《社会科学辑刊》1982年第5期。

取消了地方的财权，财政上实行统收统支。地方没有兵权和财权后，藩镇割据的局面再也没有形成的政治经济基础。因此，家族行政集权国家的治理中，中央政府的政治权威以军权和财权为基础。

这一阶段的财政格局是财务财政+政务财政，其主要特征是：

以支定收。“量吏禄、度官用、以赋于民”

以开源节流为主

“财政为庶政之母”

财政以县郡为单位，按家庭征税

财政开始货币化

铸币收入、专营收入、公业收入成为政府收入新的重要来源

博弈主体：中央政府与地方政府，政府官吏与豪族地主

财政经济关系以国家暴力机器为后盾

就国家理财的具体方面而言，财政原理上以“开源节流，取用有度，财富的生产与分配并重”为理想追求；在税收与税源、税基、税率的关系，民富与国富，经济与财政，财局与政局，宏观经济政策体系等方面都有与时俱进的成果；收入理论仍以赋税论为中心，政府专营理论、按资产征税、财政货币化、铸币税等都成为国家理财的重要支柱。支出理论以政务为中心，逆风向的财政理论，常平仓与农业财政扶持理论，“和籴”政府采购等都有因时因地的发展。财政行政上预算、会计、国库、法制等不断完善。

关于国家理财学的学术史体例演进。重要方向包括政治兴衰史、制度史和儒家历代学者前创后续研究下的国家理财学。司马迁在《史记》中开创《货殖列传》《平准书》作为国家理财学的专题。班固《汉书》中开创的《食货志》专论，包括赋税、货币、田制、土地、人口、国用、贸易与经济等制度创立和演进，被后来政府编撰的正史所继承延续至清末。而唐代杜佑撰写的《通典》，作为典章制度的专论，首列《食货》十二卷，对国家理财学的核心要素土地、人口、财税、货币、国营事业（专营专卖），粮食安全等进

行分门别类的梳理，详述制度演进历程和因时变更原因，比正史中的《食货志》记载和分析更加系统化。在杜佑《通典》的基础上，宋代郑樵撰写了《通志》，宋末元初的马端临撰写了《文献通考》，合称“三通”。马端临的《文献通考》比杜佑的《通典》又有了系统的发展，上起三代，下止南宋宁宗嘉定末年（1224），不仅史料丰富，而且分类详细，体例也多有创造。全书共二十四门三百四十八卷，其中涉及国家理财学的就有“田赋、钱币、户口、职役、征榷、市籴、土贡、国用”等八门30多万字，收录关于食货者共二十七卷，首列田赋诸考，特列《国用考》为前人所没有。尤其难能可贵的是，对历代学者关于国家理财学的认识也进行了有条理的记载和分析。后人沿着“三通”的体例持续耕耘，到清末发展为“十通”，即“三通”，加上清乾隆时嵇璜、刘墉等官修的《续通典》《续通志》《清朝通典》《清朝通志》，张廷玉修撰的《续文献通考》《清朝文献通考》，再加上1935年刘锦藻修撰的《清朝续文献通考》。这是我国国家理财学沿着传统制度史研究学术路径的专业化和系统化的持续发展。至于儒家，《论语》《大学》开创的孔体理财学以来，到明代邱濬的《大学衍义补》，前后连续，古今贯通，被近代陈焕章集合为《孔门理财学》，成为中外关于学习和研究中国国家理财学的经典之作。

关于学术研究方法与学术规范。一些现代的经济学研究者只知道西方的实证经济学方法，而对我国历史上形成的社会科学研究方法和传统知之甚少，甚至妄自菲薄，没有学习，不知道就说没有。下面仅举三例予以说明，我国也是社会科学研究学术规范的创始国。

先秦时期，范蠡、韩非子等已经创立了宏观经济思维方法，即把社会经济现象作为一个整体去把握的思维方法。

儒家学派在《大学》中提出“大学之道”，这里的“大学”实际上就是博学和研究的理论。即“在明明德，在亲民，在止于至善。知止而后有定；定而后能静；静而后能安；安而后能虑；虑而后能得。物有本末，事有终始。

知所先后，则近道矣。古之欲明明德于天下者，先治其国；欲治其国者，先齐其家；欲齐其家者，先修其身；欲修其身者，先正其心；欲正其心者，先诚其意；欲诚其意者，先致其知；致知在格物。物格而后知至；知至而后意诚；意诚而后心正；心正而后身修；身修而后家齐；家齐而后国治；国治而后天下平。自天子以至于庶人，壹是皆以修身为本。其本乱而未治者否矣。其所厚者薄，而其所薄者厚，未之有也。”

司马迁在《报任安书》总结自己社会科学的研究方法说：“网罗天下放失旧闻，略考其行事，综其终始，稽其成败兴坏之理……亦欲以究天人之际，通古今之变，成一家之言。”（参见《汉书·司马迁传》）

到宋末元初，马端临的《文献通考》全书有“文”“献”“考”三种。“文”是文献网罗与考订，“献”是指前人之议论，“考”主要是马端临从历史事实出发做出的审慎结论。马端临在《自序》中说：“凡叙事则本之经史，而参之以历代会要，以及百家传记之书，信而有证者从之，乖异传疑者不录，所谓‘文’也。凡论事则先取常时臣僚之奏疏，次及近代诸儒之评论，以至名流之燕谈、稗官之纪录，凡一话一言可以订典故之得失，证史传之是非者，则采而录之，所谓‘献’也。其载诸史传之纪录而可疑，稽诸先儒之论辨而未当者，研精覃思，悠然有得，则窃著己意，附其后焉。”

由上可见，即使按照今天的学术标准，我国古人著书立说的学术研究，不仅注重文献资料的甄别取舍、去伪存真，而且求真求实、讲求方法，注重由表及里、由内而外，文献考订与田野调查、统计相结合，理论与实际相结合，逻辑和历史相统一，尤其是“明明德、亲民、止于至善”的终极价值关怀和“究天人之际，通古今之变，成一家之言”的学术传统一直延续至今，闪烁着人性的光芒和学术的科学精神。因此，不能说古人不懂学术，中国没有学术及其方法和规范。我们甚至可以大胆地说，我国是世界社会科学研究方法规范的创始国之一。

从前面的分析，我们不难看出我国的国家理财学是一门具体的实践学科，以民富国强为研究宗旨，强调生财与分财并重，生财是分财的基础。在国家层面，以“社会和谐、以民为本”为理想国家秩序；在政府层面，以政府财政收支为主线；在家庭层面，以人民足衣足食为基准；在社会分工上，以农虞工商为中心，秉持“农而食之，虞而出之，工而成之，商而通之”的经济分工秩序；在市场层面，以“人尽其才、地尽其利、物尽其用、货畅其流”为理想市场秩序。我国的国家理财学从问题出发，通过对经济实践的分析和归纳而演进成为体系，以经世致用、经国济民为主要研究目标。具体来说，一般从具体问题出发，即从一个具体的要解决的实际经济问题出发，比如最突出的政府财政问题，再比如官商民之间的利益失衡问题，然后通过历史发展演进的分析给出解决这个具体问题的可能方法。其中给出的解决具体问题的方法，一般来说都具有普遍性，并不单纯是解决一个实际问题，而是一类问题都可以用这个方法去解决。也就是说，我国经济学研究的传统是从分析出发，从具体到普遍，从特殊到一般。在从问题出发以解决问题为宗旨的发展过程中建立了以制度和案例实践为特色的研究演化体系。这就造就了我国经济学体系的历史演化是分门别类总结、归纳式为主，而不是采用形式化的公理演绎思考体系。尤其是，我国历代政府和学界都重视历史，遇到问题往往先问“旧例或先例”如何处理，这种历史的分析方法提供了经济学发展的多样化和动态化的开放体系。也可以说，我国古典政治经济学是对我国古代经济矛盾展开、克服到再展开、再克服的无限循环过程的“问题思考”的技术集合。

第四节　民族行政国家的理财学

近代民族行政国家的出现

学术史上的近代“民族国家”是18、19世纪的现代概念，一般认为是欧洲最先出现，或者说是欧洲崛起后的话语体系。

欧洲近代“民族国家”是由战争催生，条约与法案确认。比如威斯特伐利亚体系，维也纳体系，一战凡尔赛体系，二战开罗—雅尔塔—波茨坦公告体系。

15世纪开始，欧洲新兴的执政者运用战争的方式去形成国家力量，构建秩序，这就需要养活陆军和大量的海军，也就需要钱和管理机制，于是，开始出现国家的税收体制①。更准确地说，15—18世纪的诸侯战争使欧洲的城邦国向君主专制国家过渡。战争的持续和规模的扩大，导致王侯的经费膨胀，入不敷出，于是有了铸造和滥发货币、捐官制度等增加特权收入，但这个还赶不上支出的增长，于是不得不增加租税、募集公债，由此不得不引入罗马法、财政法等作为可持续的政策。

1648年（三十年战争结束之际），封建体系② 被现代国家取代。具体来说，西方的一种观点认为：“法国的黎塞留和瑞典的奥克森谢尔纳创建了现代的、理性的行政管理控制整个国家，并在全国征税。国家有了从皇室的王室预算中分离出来的自己的预算。由此，欧洲民族国家得以诞生。”③

1688—1689年，英国的光荣革命后建立了相对稳定的君主立宪制度。1689年，英国通过《权利法案》明确国王私人开支和政府开支的界限，并规定皇室开支由议会决定，英国的财政政策开始受到议会的控制。1707年，英格兰和苏格兰合并成立大不列颠王国。1714年，原本为王室管家的“财政委员会”获得了行政职能，它的首席委员不但是王室的第一大财政大臣，也变成了政府的首脑。君主立宪不再只是一纸协议条法，国体、政体已完全

① ［美］丹尼尔·R．福斯菲尔德：《现代经济思想的渊源与演进》，杨培雷等译，上海财经大学出版社2003年版，第11页。

② 封建制是权力分散且在国王和贵族之间平衡的政治体制。

③ ［美］迈克尔·罗斯金：《国家的常识：政权、地理、文化》，世界图书出版公司2013年版，第5页。

分离。1735 年，首相府迁入唐宁街 10 号，从此成为行政中心。

民族：nations，拉丁语词根的意思是“出生”（Birth）。现在，民族指的是拥有统一的认同感，而且通常有共同的语言、文化或宗教信仰的人群，而非血缘关系。国家：State，意味着政府的机构和法律。民族国家就是把心理的和结构的要素结合起来。一种含混的界定认为拥有领土、人口、独立的主权、政府、法律和其他特征就是民族国家。[①] 吉登斯在《社会学》中这样阐释国家：“一旦有了一个政治机构（像议会或国会这样的机构，加上公务员）统治一块领土，一个国家就诞生了。它的权威受到法律制度和用武力执行其政策的能力的支撑。民族国家的显著特征包括主权、公民权和民族主义。”[②]

欧洲在一阶段处于“战国时期”[③]，由封建制向君主专制（少数向君主立宪制）过渡，国家之间的竞争和各种学术的百花齐放、百家争鸣为国家理财学的发展提供了得天独厚的条件。

近代欧洲的民族行政城邦国家本质上是一种工商军阀联盟的治理体系。比如，意大利佛罗伦萨公国就是由美第奇家族主导的行政城邦政府，持续数百年。再比如，17 世纪的荷兰，就是由 7 个城市联合体组成的共和国，它的最高权力属于富豪商人选举出来的“摄政管治委员会”。当时荷兰、英国、法国等成立的东印度公司就是商人和军阀的混合体。还比如，美国是由最初的 13 个州的商人政府联合起来反对英国的重税而建立。因此，吉登斯说：“民族国家是暴力集装器，实现了暴力的完全垄断。民族国家的根本目标在于占据更大的生存空间。民族主义的基础归根到底是一种战争—财政动员机

① ［美］迈克尔·罗斯金：《国家的常识：政权、地理、文化》，世界图书出版公司 2013 年版，第 3 页。

② ［英］安东尼·吉登斯：《社会学》，赵旭东等译，北京大学出版社 2003 年版，第 403 页。

③ 比如德国，直到 1871 年才从 300 多个分散邦国正式演变成一个统一的德意志帝国建立。再比如意大利，1847 年才从一个地理概念变成国家，19 世纪 60 年代，在爱国者马志尼和加里波第的努力下，统一运动（意大利复兴运动）蓬勃开展；1861 年，意大利王国宣布成立。

制。”张世明认为：“西方近代崛起，依靠的是战争和国家密切结合的商战合一、军政合一、资本与国家合一的体制。”①

在思想与学术上，东方的先进思想与学术文化因元朝对欧亚大陆的统治而直接传播到欧洲。13世纪的《马可·波罗行纪》让欧洲知道中国的文明和儒家思想。后经中国的留学生和16、17世纪来华的传教士的持续努力，欧洲在16—18世纪出现了“中国热”②。特别是1582年意大利传教士利玛窦（Matteo Ricci，1552—1610）来华，把儒家经典“四书”③翻译成拉丁文。后来法国传教士白晋（Bouvet Joachim，1656—1730）进一步把儒家思想和科举制度介绍到欧洲，给后来的资产阶级启蒙运动和法国大革命提供了思想养分。据统计，明末清初西方传教士共译书籍达378种之多……汉学著作达到49种，西学东渐和中学西传至清初达于高潮④。西方经济学家最早受中国经济思想影响的是法国启蒙思想家、重农学派创始人魁奈（1694—1774），他在1758年出版的《经济表》（又称《经济学图表》），被认为是完全承续孔子思想续写的。因为，魁奈继承了孔子儒家的以农为本的经济学说，认为“只有农业才是国家财富的源泉”⑤。而魁奈被称为欧洲古典政治经济学奠基人，对亚当·斯密有直接的影响。因此，中西方经济学之间在思想传承上是

① 参见张世明：《法律、资源与时空建构（1644—1945的中国）》第一卷，广东人民出版社2012年版，第34页。

② 在欧洲思想启蒙和革命的中心法国，18世纪思想启蒙领袖伏尔泰（本名François-Marie Arouet，1694—1778）将孔子思想当作反对神权统治的武器。他每天行礼膜拜孔子画像，并在自己的一百多本著作中宣传孔子思想，提倡“全盘中国化”，还要求“每个法国人都应该把（孔子的）‘己所不欲，勿施于人’作为自己的座右铭”。

③ 四书又称四子书，是《论语》《孟子》《大学》《中庸》的合称。南宋著名理学家朱熹取《礼记》中的《中庸》《大学》两篇文章单独成书，与记录孔子言行的《论语》、记录孟轲言行的《孟子》合为“四书”。宋元以后，《大学》《中庸》成为学校官定教科书和科举考试必读书。

④ 梅新林、俞樟华主编：《中国学术编年》，华东师范大学出版社2013年版，前言，第18页。

⑤ 由于魁奈的提倡，法国国王路易十五在1756年仿照中国皇帝在神农坛亲耕的样子举行了盛大的籍田仪式。

有历史的先后关系的。而古典经济学主体都是国家理财学。

在行政上，欧洲的文官制度则要晚于财政革命。中国选拔官吏的科举制度被法国传教士白晋介绍到欧洲后，法国在1791年仿效这一制度首次实行文官考试制度，1855年英国确立了文官考试制度，其他欧洲国家的文官考试制度大部分源于英国的文官制度。

在经济方面，在法国重农学派的影响下，欧洲在18世纪引入了中国公元前3世纪发明的铁铧犁和精耕细作，它"直接引起了欧洲农业革命，一般认为欧洲农业革命导致工业革命"。其他如：造纸技术、活字印刷术、纸币技术、指南针、火药等，为欧洲的技术革命、经济革命和文化革命提供了基本条件。培根在《新工具》一书中指出：印刷术、火药与指南针的发明，"已改变事物的面貌和世界的状态。其影响延伸到文学上、战场上、航海上"①。

民族行政国家的理论

自16、17世纪以来，西方行政国家制度建立在国家主义、民族主义和自然秩序（自然法）这三大支柱之上。最早的民族国家理论由1657年法国法律学家博丹在《国家论》中提出，但一般认为英国政治家和哲学家托马斯·霍布斯是西方近代国家学说的奠基人。近代欧洲民族国家的理论一般认为，国家起源于冲突与权利，国家行使权力的核心任务是保护国家的生存、内部秩序、公正、幸福。下面，我从霍布斯说起。

一、霍布斯：以国家为利维坦

托马斯·霍布斯（1588—1679）在《利维坦》中反对君权神授，主张君主专制，提出"自然状态"和国家起源说。

① 傅佩荣：《一本就通：西方哲学史》，联经出版事业股份有限公司2011年版，第177页。

他指出国家是人们为了遵守“自然法”而订立契约所形成的，是一部人造的机器人。他在书中列出19条自然律[①]，其中前三条是大原则，即每个人都应该致力于和平，为此甚至可以使用战争的助益；为了和平，有必要自愿放弃某些权利。在这一点上人人相等，不过不可能放弃保卫自己生命的权利；人们要履行大家所制定的契约。依次，个人可以把权利让渡给一个人或一个委员会，借此形成“一个意志”，此即“国家”的由来。[②]霍布斯说：“如果要建立这样一种能抵御外来侵略和制止相互侵害的共同权力，以便保障大家能通过自己的辛劳和土地的丰产为生并生活得很满意，那就只有一条路：——把大家所有的权力和力量托付给某一个人或一个能通过多数的意见，把大家的意志转化为一个意志的多人组成的集体。……这就不仅是同意和协调，而是全体真正统一于唯一人格之中；这一人格是大家人人相互订立信约而形成的，其方式就好像是人人都向每一个其他的人说：我承认这个人或这个集体，并放弃我管理自己的权利，把它授予这个人或这个集体，但条件是你也把自己的权利拿出来授予他，并以同样的方式承认他的一切行为。这一点办到之后，像这样统一在一个人格之中的一群人就称为国家，在拉丁文中称为城邦。这就是伟大利维坦（Liviathan）的诞生。——用更尊敬的方式来说，这就是活的上帝的诞生。”[③]简言之，人们为了生存放弃自己的权利，服从集体意志和集体判断，在基础上实现联合，这就是国家。

霍布斯提出国家取得这种主权的方式有两种：“一种方式是通过自然之

---

① 霍布斯认为，理性则建议人们可以透过协议而约定和平条款；这些条款又称为自然律。自然律是正确理性的命令，它告诉我们：为保障成员的生存与发展，要规定在能力范围内，何事该做与何事不该做，这种自然律与宗教无关，也没有绝对价值。

② 国家是巨兽（利维坦），又名“会死的神”，它在“不死的神”之下，给予我们和平和安全。以上参见傅佩荣：《一本就通：西方哲学史》，联经出版事业股份有限公司2011年版，第181—182页。

③ ［英］霍布斯：《利维坦》，黎思复、黎廷弼译，商务印书馆1985年版，第131—132页。

力获得的。例如一个人使其子孙服从他的统治就是这样。因为他们要是拒绝的话，他就可以予以处死；这一方式还有一种情形是通过战争使敌人服从他的意识，并以此为条件赦免他们的生命。另一种方式则是人们相互达成协议，自愿服从一个人或一个集体，相信他可以保护自己来抵抗所有其他的人。后者可以称为政治的国家，或按约建立的国家。前者则称为以力取得的国家。"①

根据霍布斯提出的社会契约思想②，人民在订立契约的同时，元首与国家一起成立；元首不参与订约，而他的统治权却来自契约；国家以利益为基础，元首的权力以恐惧为其基础。元首的权力不可被约束或剥夺，因为他理当为臣民的利益而行动。宗教团体应该隶属于国家。

霍布斯指出国家作为"人造的物体"受因果规律制约，这种规律就存在于人类的心灵之中，通过观察可以看到。

总之，霍布斯从抽象人性原则和人的理性概念出发，在西方第一次系统地用社会契约论解释了国家的产生及基础，批判了君权神授论，确立了近代资产阶级国家学说的基本形态。霍布斯关于国家主权的阐述标志着西方近代政治思想史上国家主权说的正式形成。

二、卢梭的社会契约国家说

沿着霍布斯的脚印，启蒙时代的法国思想家让－雅克·卢梭（1712—1778）提出天赋人权说和社会契约国家说。

卢梭的《社会契约论》1762 年出版。他在书中认为：人与人的契约构成社会；人与社会的契约构成国家；把政府的出现解释为统治者与被统治者的

① ［英］霍布斯：《利维坦》，黎思复、黎廷弼译，商务印书馆 1985 年版，第 132 页。

② 霍布斯的社会契约思想包括：1. 人在自然状态下总是处于自然状态。每个人对一切事物的自然权利会导致战争；2. 为了保护自己，个人把自然权利转让出来组成政府；3. 这个"主权"有至高无上的地位；4. 如果主权者侵犯了个人经济权利，个人可以拒绝服从，不过革命是不允许的。

一种契约；国家是因订立契约而产生，人民是制订契约的主体，由此他提出“人民主权”的思想。这个人民主权思想被认为是现代民主制度的基石。

卢梭说：“人类生而自由，却总处在枷锁之中。人以为自己是万物的主人，结果却反而比万物更是奴隶。”转机在于“社会契约”：每一个人把自己的权利共同置于“普遍意志”的最高指导下，并在团体的力量中，接纳每一个成员为整体所不可分割的部分。普遍意志代表普遍的主体（人民为主权者）的意志，是为了共同利益的目标。全体意志是指个别意志的总和，计入私人利益。人们需要启蒙才会知道什么是普遍意志。普遍意志是法律的来源。

卢梭的民主政治哲学思想深刻影响了逐步废除欧洲君主绝对权力的运动，18 世纪末北美殖民地摆脱英帝国统治建立民主制度的斗争，法国大革命和现代政治；美国的《独立宣言》和法国的《人权宣言》等，都体现了他的民主思想，影响不可谓不大。

三、黑格尔的国家理论

格奥尔格·威廉·弗里德里希·黑格尔（1779—1831），是德国古典哲学的集大成者。他的国家理论主要体现在《法哲学原理》和《历史哲学》之中，被称为是柏拉图《理想国》放大的翻版。

黑格尔用血缘关系、交换关系、法权关系来解释家庭联系、经济联系和国家（的政治关系）。他认为国家是“公共的”或“普遍的”意志①；国家是有理性的人性的迫切需要。他用哲学的思辨揭示国家的本质是“绝对精神”②，反对 17、18 世纪的社会契约论从国家的外部特征解释国家的本质，认为国家不是契约的任意产物。

---

① 鲍桑葵：《关于国家的哲学理论》，商务印书馆 1995 年版，第 253 页。

② 黑格尔把绝对精神看作世界的本原。绝对精神并不是超越于世界之上的东西，自然、人类社会和人的精神现象都是它在不同发展阶段上的表现形式。因此，事物的更替、发展、永恒的生命过程，就是绝对精神本身。

他的国家概念指的不是现存的国家制度，而是精神的国家理念。他认为现实的国家只是国家理念的表现。国家的本质在于它是伦理理念的现实，是绝对自在自为的理性的东西。国家是一个合理的概念的化身，是“理性的一个符号”[①]；国家以它至高无上的意志、伦理精神把整个民族凝聚为一个有机的统一体。国家先于并高于家庭、市民社会，是它们存在的前提，是决定的力量，是人类生活的最高形式。

黑格尔认为，国家是自我与他人、个人与社会、特殊利益与普遍利益的统一。个人只是国家的一些环节，生活在国家中，才能获得个人的人格、自由和价值。他把国家视为自由的实现[②]，国家的显著特征是清醒的理智、明确的法律和体制[③]。

他认为，法治国家（警察国家）的职能限于保护生命和财产，维护治安和执行法律。[④]家庭、等级或阶层、政治组织分别是国家的三个基础。资产阶级社会的世界——基本上是一种现金交易关系和完全由国家（法律）保护的世界，是由以等级的事实为基础的“社团”构成的。[⑤]

黑格尔分析的国家形式是一个现代的君主立宪制国家。包括：行政机关、立法机关或国会。总的原则是：重要的特殊利益和共同体的普遍利益的关系问题，由立法机关和行政机关根据社团和资产阶级社会的意见为寻求共同利益的解决办法而提出的。[⑥]

黑格尔反对“国家的秩序是从一些最不讲道德的人的自私自利的野心中产生的”，他认为“创建并维护国家本身的是意志而不是暴力；是共同利

① 鲍桑葵：《关于国家的哲学理论》，商务印书馆 1995 年版，第 270 页。
② 鲍桑葵：《关于国家的哲学理论》，商务印书馆 1995 年版，第 242 页。
③ 鲍桑葵：《关于国家的哲学理论》，商务印书馆 1995 年版，第 260 页。
④ 鲍桑葵：《关于国家的哲学理论》，商务印书馆 1995 年版，第 263 页。
⑤ 鲍桑葵：《关于国家的哲学理论》，商务印书馆 1995 年版，第 265、267 页。
⑥ 鲍桑葵：《关于国家的哲学理论》，商务印书馆 1995 年版，第 271 页。

益的观念而不是贪婪或野心”[①]。

黑格尔提出国家、民族要独立自主，论证了战争的合理性与必然性，并把日耳曼民族视为优等民族“世界精神”的完美体现。

黑格尔之后，欧洲思想界形成左右两派。右派认为，哲学即是宗教，国家与君主政体有其宗教基础，而普鲁士（后来的德国）是绝对精神发展到最后阶段的具体表现[②]。比如韦伯的《新教伦理与资本主义》。左派认为，国家应该基于理性，而国家脱离宗教，才会带给社会一个公平的秩序。比如马克思的《共产党宣言》。

上述这些西方的国家理论是根据西方的历史演进和学者们继承的特定时空的意识形态形成的，可以给我们对比和总结中国的国家理论提供学术上的启发。

近代民族行政国家的国家理财学

这一时期，欧洲的国家理财学以重商主义、重农主义、德国的官方学派为主流，主要研究如何增加国家或王室的财富，促进财政收入增加，以保障战争的所需。因此，古典政治经济学其实就是国家理财学。

熊彼特在《经济分析史》中对近代欧洲民族国家形成阶段的财局与政局进行了理论分析和历史梳理。他指出：在理论上，15、16 世纪欧洲的经济文献总的来说是以财政经济论题为中心，但大部分是描述性的著作[③]。15 世纪的欧洲作家在理论上把赋税看作是对安全的回报，是对政府提供的服务给

---

① 鲍桑葵：《关于国家的哲学理论》，商务印书馆 1995 年版，第 280—281 页。

② 黑格尔是西方最早的“历史终结论”的提出者。

③ 比如［奥］熊彼特《经济分析史》中列举的：无名氏的《论法国财政》（1580 年）；N. 佛罗芒陶的《法国财政秘史》（1581 年）；让・库姆的《论人头税和其他捐税》（1585 年）；让・昂纳坎德《财政概论》（1585 年第一版，以后多次再版，直到 1644 年版）。

予的报酬。熊彼特指出的："在那些新兴的国家中，财政问题不仅占有至高无上的地位，而且还获得了新的重要意义。可以毫不夸张地说，至少就我们已经考察过的欧洲大陆的经济文献而言，财政问题是中心问题，其余论题大都围绕这一中心论题。"①

这一阶段的欧洲学者主要成就是对课税权、课税公平、课税有关的法律、公共收入的来源和管理的实践进行描述，此外还有财政法学、应对财政危机的财政设计方案。柏斯特布尔（Charles F.Bastable，1892）认为，到中古末期，德、意之城市，渐趋繁盛，人民之经济活动，日益扩大，财政理论之探讨，因之而起，佛洛伦丁（Florentine）之累进税辩论，实为近代财政学说之滥觞。② 熊彼特也指出："我们所谓的财政，特别是现代赋税，是十五世纪意大利的城市共和国尤其是佛罗伦萨以及德国的自由城市中发展起来的。但对于我们来说，更为重要的却是诸民族国家以及意大利和德国的各个公国的财政制度的发展。"③

16 世纪开始，西欧进入了建立民族国家和贸易与工业的扩张期，重商主义开始出现，并一直持续了 300 年（1500—1800）。

"重商主义"可以合理地解释为国家经济权力的哲学和实践体现。它可以简单地表述为"财富"与"权力"的相互依存，换言之，财富服从于国家权力，反之亦然。④

16 世纪末，法国人波丹（J.Bodin，1530—1596）在《共和国》（Republic）一书第六章中论及财政，将公共收入分为七类，首列公产收入。波丹在书中对关税、直接税、奢侈品税都有自己主张，对于战费及其

① ［奥］熊彼特：《经济分析史》，朱泱等译，商务印书馆 2001 年版，第 311 页。

② Bastable，C.F., Public Finance，p.19. 转引自何廉、李锐：《财政学》，商务印书馆 2011 年版，第 15 页。

③ ［奥］熊彼特：《经济分析史》（第一卷），朱泱等译，商务印书馆 2001 年版，第 311—312 页。

④ ［美］菲利普 · 安东尼 · 奥哈拉主编：《政治经济学百科全书》，"重商主义"词条，郭庆旺等译，中国人民大学出版社 2009 年版，第 875 页。

非常支出，其主张以先募公债为得策，但不主张募集有利息之公债。这个关于公债的认识是前人所没有，在国家对外战争中影响巨大，特别是对德国财政学者影响巨大。① 从波丹的著作，我们可以看出，国家理财学是政治学的一部分。波丹的思想属于当时欧洲最前卫的思想，也是时代形势产生的精神财富。

一些研究者指出："16 世纪查理五世的大臣们用积极的国家财政管理行动，框定了政治经济学发生认识论原理：关注国家财产增值，以公共利益作为行政方针。西斯蒙第称他们是实现政治经济学第一次革命的功臣。" ②

其中法国元帅沃邦（1633—1707）的《什一税计划》影响最大。沃邦通过全面考察经济过程，把财政政策看作是经济治疗学的一个工具；认为财政措施会影响经济有机体的每一个细胞，认识到如何筹措一定数量的资金关系很大，会带来截然不同的结果，要么使经济陷于瘫痪，要么使经济繁荣兴旺。③ 这一认识对后来的新制度经济学有明显的影响。

在学术界，学者大多认为，由于没有成型的国家租税制度，"欧洲古代中世，即近世（1750—1850）事项，财政上之历史研究，犹未充分（阿道夫·瓦格纳）" ④，"欧洲古代财政与近世（1750年以后）财政不相关涉，难以相持比较" ⑤。

在近代民族行政国家阶段，欧洲学术界关于国家理财学分为欧洲大陆学派和盎格鲁—撒克逊学派。

首先，欧洲大陆学派的国家理财学。

---

① 何廉、李锐：《财政学》，商务印书馆 2011 年版，第 16 页。

② 张雄：《政治经济学批判：追求经济的"政治和哲学实现"》，《中国社会科学》2015 年第 1 期。

③ ［奥］熊彼特：《经济分析史》（第一卷），朱泱等译，商务印书馆 2001 年版，第 318 页。

④ 过耀根、汤一鹗、沈逢甘、孟昭常、杨志洵译：《财政渊鉴》，民友社 1911 年版，第 1689 页。

⑤ ［日］小川乡太郎：《财政总论》，何崧龄译，商务印书馆 1927 年版，第 16 页。

一种观点认为，欧洲财政科学的形成源于官房学派[①]。比如卡尔·裴伦（Carl C. Plehn，又译“普伦”）认为：“财政的科学，意即财政的事实与理论之有系统的研究和整理，乃是由来极古的科学。我们守的学说，乃滥觞于中世纪末叶中欧各国帝王所聘任的咨议的遗教。此辈学者，我们称之为官房学派，亦称计臣学派。所谓官房（Camera），即咨议会或枢密院之意，故官房学派者，严格言之，即帝王咨议院的咨议。易言之，官房学派即致力于研究讨论帝王咨议院人员的职务与责任的，此中自以财政事项最为重要。因为咨议人员的需要，和一般人民希冀获膺此选的愿望，于是发生了官房学派的教师和著作家。此种教师甚多，其中得享盛誉而受钦崇拜的，殆不乏其人。此辈均被认为经济学的开山宗匠，而其所研究的，大部分又都有关于财政之学，故财政学乃较近代经济学为古。现在得密切连属经济学，而成为其中的一个分科。”[②]

官房学是有关政治、经济知识的总称，包括后来的财政学、国民经济学、私经济经营学和产业行政学等科学。那时欧洲的知识分类中还没有经济学。当时德国各大学设官房学一科，主要是培养财务行政官吏和君主的财政顾问，故名官房学派。在德文中，官房学者或官房主义者这个词源于Camerae，就是“地方国库”的意思。德国官房学派以1727年在哈雷大学和奥德大学设立官房学讲座为界限，分为旧官房学派和新官房学派。旧官房学派的主要代表人物有：奥布里特（G . Obrecht，1547—1617，有遗著Secretapolitica，Strassbury）、翟肯多福（von Seckendorf，1626—1692年，

① 官房，在欧洲的中世纪原指国家的会计室，中世纪以后指国库或泛指国王的财产。官房学派（cameralism）产生于17—18世纪。当时德国有一批学者被国王选为财政金融顾问，作为国王的“智囊团”经常参加在王室私人议事室召开的会议，讨论有关国家的财政经济事务。这些学者被称为官房学者，其学派被称为“官房学派”。又称作重商主义的官房学派，是重商主义的一种特殊形式，强调促进国家福利状况，认为增加国家的货币财富能增强国家的经济力量。

② ［美］卡尔·裴伦（Carl C. Plehn）：《财政学大纲》，李百强译，唐庆增校，世界书局1933年版，第11页。

所著 Tentscher Fürstenstat，1655）等人，提倡财政改革，以增加国库为目的，以增加国富为手段，开始承认租税的必要，认为君主的租税课税权是臣民对于君主平日保护其生命财产的报偿。

新官房学派兴起于新君主专制主义勃兴之际，盛行于普鲁士的腓特烈国王和奥地利的马利·忒勒萨统治的时代，主要为执政者的政策辩护背书。主要代表人物有：尤斯蒂（Johann Heinrich Gottlob Von Justi，1720—1771）和宋能非尔斯（Josef Von Sonnenfels，1732—1817）等。他们的财政论都是基于重商主义和绝对专制主义（王权）思想，阐明了财政与国富是不可分割的关系。不过，他们的认识已经开始超过君主的财政学，开始由君主私人的财政学向全体国民的财政学或国民经济学过渡[①]，认为租税的原则应该公平、平等、正义、不应复杂；认识到培养税源的重要性；认为关税、地租和营业税是最良税种。

新旧官房学派的论著反映了当时德国封建割据时代的政治、经济现象和问题。如果可以作为一门“科学”的话，那也是一种财政（学）术，即一种如何通过为充实国库而制定的各种财政措施来公正有效地治理一个自治领地的实用（学）术。它的主题包括经济政策、立法、行政管理和公共财政。当时，高贵的官僚们在王家学校（如哈雷大学、法兰克福/奥得河大学、维也纳大学）学习“财政法学”（冯·施泰因）——一种正规预算和赋税“原理”的混合物——一种高度学究式的、按事实和定义来叙述的财政学。它探索市场规律并研究市场与政府间的相互关系，这在别的各种正统观念的财政学的简单授课中比较少见。但对普查和掌握外贸情况至关重要的统计学，在财政学课程中已成为一项新的学科。[②]官房学派以重商主义的

① 尤斯蒂认为：财政学的目的，财政的体系，依从由于市民社会的终极目的以及国家收入的一切源泉的性质引导出来的合理原则及规则。参见［日］阿部贤一：《财政学史》，邹敬芳译，商务印书馆1930年版，第17页。

② 以上参见H.C.雷克滕瓦尔德（Recktenwald）：官房经济学派，参见［英］约翰·伊特韦尔、［美］默里·米尔盖特、［美］彼得·纽曼编：《新帕尔格雷夫经济学大辞典》，经济科学出版社1996年版，第340—341页。

经济思想，阐明财政与国富有不可分割的联系。与英法重商主义思想有所不同，官房学派的基本思想是用政治权力谋求国家的经济统一，增加财政收入和国家经济实力。

另一种观点指出："从 17 世纪下半叶和 18 世纪早期，那些对政治学理论特别感兴趣的德国教授，可能属于'亚里斯多德学派'、'笛卡尔学派'或折中学派，都曾经促成了这一概念的形成：即政府是社会—经济发展的发动机。政府不再是一个有权能的联盟，而是一个致力于使它的公民文明和富足的社会救济组织。结果，他们政治学课程一部分补充内容讨论政府促进增长的机制问题，或者逐渐成为世人所知的重商主义的财政科学。在 18 世纪它又变成了独立的研究学科。政治学领域的第一批教授职位是 1727 年在奥德河畔法兰克福大学和哈勒大学所设的。特别是在哥廷根大学教授冯・尤斯蒂（1720—1771）的领导下，这门新科学的发展超出了政府税务政策和学科管理领域，成为包括人口统计学和公共卫生在内的一门科学。……很明显，财政学是政治学的一个分支，但它也与公法有密切的联系，因为政府采取行动促进国家富裕的自由可能会严重受制于现实的宪法。结果，虽然在所有的学院都设立了教授职位，但该学科确定无疑的地位（18 世纪）从来没有实现过。因此，冯・尤斯蒂在他的 1758 年出版的杰出的《财政学》教科书中大声呼吁建立一个独立的经济学院，在这个学院中将提供化学、博物学和政治学，并特别提及它们的社会效用。……在法国大革命（1789）前夕，法国基本上没有关于公法或财政学的授课。"①需要指出的是，这一阶段，法国是世界科学的中心，尤其是社会科学。

---

① N.Hammerstein，Aufkarung und Katholisches Reich ：Untersuchungen zur Universitatsre form und Politik Territorien des Heiligen Romischen Reichs deutscher Nationim18. Jahrundert，Historische Forschungen，12（Berlin,1977）,esp.chs.2 and 3 on Ickstatt. 参见［比］希尔德・德・里德—西蒙斯主编：《欧洲大学史》第二卷：近代早期的欧洲（1500—1800），第十四章、课程(劳伦斯・布罗克里斯），贺国庆等译，河北大学出版社 2008 年版，第 629—630、631 页。

阿道夫·瓦格纳认为："自 17 世纪以至 18 世纪，国家权力集于中央，成专制的国家。人民亦为国家之人民，而直接隶属于中央，亦直接对中央而负权利义务。豪酋（诸侯）之类，荡然无存，遂成所谓国民的社会时代。法国革命时所行之法治国，即此大势之产物也。19 世纪，社会思想渐盛，国事之范围目的、课税之方法，均受其影响。……18 世纪之半（中期），德始秩序的研究财政学，而德以外犹不多概见。仅就局部问题，则英法诸国，亦稍稍有研究之者而已。法之孟德斯鸠，英之希姆，最足影响于后世。斯密亚丹，实消化此等学者之意见，更出新说，为财政理论别开生面。财政史之近世纪，实始于此时。引起财政史之近世纪者，原因有三：以自由竞争说、重农主义学说及斯密亚丹等之故，而经济学一新，其一也。因孟德斯鸠、卢梭、康德等之影响，而法学、政治学、国家学一新，其二也。因法国革命及与此相联之事，而社会政治经济之状态大变，豪酋制度全灭，一变而为国民社会时代，其三也。新学派之意见，于国家之职分目的，与旧派全异。（旧派）以为民间之事，当放任于自由竞争，国家当力避干涉政策。国家经济，可以是减，因全废前此之繁杂税制。……然其所谓简税制，减征费、公负担，则亦人人所首肯。所助后此财政学之发达者不少。斯密亚丹正重农学派之谬误，说明国家收入，皆与国民经济相密接。不当一一观察，必以为互相关联之一部分而观察之。不如重农学派，唱土地单一税，而别定宽严得宜之课税原则。又就前此存在之设施，指摘其缺点。故斯密氏之著作，实斯学空前之大著作也。而以今日之眼光视之，所论主义，殊欠一贯。则洛仑福温施泰因已言之矣。然其影响远及于今日英国之著述。即德之财政学，脱离官房学而独立，亦以斯密氏之影响为主，亦伟矣哉。此时法国适有革命，有关于国家职分而挟疑虑者，于是此方面之新研究大行。惟以桓尔甫派（教皇派）学说从来实际之反动。康德一派，遂趋于极端，唱国家事务缩小说。此亦可为一偏之见。斯密亚丹亦以国家实施，为不生产的，遂益限于其弊，不可拔濯，是可憾也。然以此新研究，而开财政学之进步，盖无可疑。”①

此外，孟德斯鸠（Montesquieu，1699—1755）在《论法的精神》中也涉及租税和公债。孟德斯鸠在论述臣民必须将一部分财产作为租税缴纳的理由时说：“此臣民仰藉国家得到身体财产的安全，而租税不过此项报酬而已。关于租税的形态，以为人头税适合于隶属的国民状态，消费税适合于臣民自由的社会，至于理由，则因前者无论何人均强制的必需缴纳，而后者则缴纳与否，得自由选择。”②这本书对当时法律论者影响甚大，同时对于财政学尤以官房学派也有不小的影响。但需要指出，孟德斯鸠的财政认识都是前人的旧说，没有自己的原创认识。

德法两国的财政学之所以有所发展，是因为当时财政问题是所有经济问题中对政府影响最大的问题，决定国家在欧洲大陆“战国时代”的地位。

总之，欧洲财政学的肇始当在十七八世纪之际，由德语区的官方学派奠定。到19世纪中叶，也是德语区的学者使财政学成为独立学科。19世纪中，德语区的财政学的发展分为三期：最初三十年间，为财政学准备独立的时期；其次三十年间，为财政学独立时期；后十年间，为财政学发展时期。③

欧洲大陆学派以德国尤斯蒂、李斯特、瓦格纳等为代表，根据国民经济学理论，认为政府也是国家的生产者，是社会和市场的一个最大的主体，推进社会和市场的发展；主张大国家理论，大政府、强政府，把政府作为经济社会发展的积极因素，倡导后发国家要借助政府的推力和引力实现民富国强。而法国重商主义者命名的“政治经济学”是将政府财政与经济结合起来精心研究或讨论的一种尝试。

其次，盎格鲁—撒克逊学派的国家理财学。

---

① 过耀根、汤一鹗、沈逢甘、孟昭常、杨志洵译：《财政渊鉴》，民友社1911年版，第1691—1693页。

② ［日］小川乡太郎：《财政总论》，何崧龄译，商务印书馆1927年版，第30页。

③ ［日］小川乡太郎：《财政总论》，何崧龄译，商务印书馆1927年版，第42页。

盎格鲁—撒克逊学派以休谟、洛克、威廉·配第、亚当·斯密、穆勒、李嘉图等为代表。他们根据劳动价值论，认为政府是非生产者，是一个食利者阶层，主张最小国家理论，把政府作为发展的消极因素，倡导小政府、小财政。亚当·斯密及其之前的古典政治经济学实际上都是国家理财学，都为君主或政府理财服务。因为当时欧洲还处于农业经济阶段，除了英国等少数国家是君主立宪体制，大部分国家的形态以君主专制为国体。

洛克（1632—1704）在其所著的《再论政府》中，把财产理解为一种自然权利。以此基础为起点，未能实现作为一名大学教师愿望的大卫·休谟（1711—1776）[①] 把工作和商业看作是一个高效运转的政府体系的根本任务，而有效运转的政府体制必须以公民的劳动成果保证其物质幸福。亚当·斯密（1723—1790）和亚当·弗格森（1763—1816）两位教授又把休谟的这些思想系统化为《政治经济学》。如此一来，这一学科一方面从商业和财政学领域中解脱出来，另一方面也从道德哲学中解脱出来。[②]

威廉·配第（1623—1687）[③] 被欧洲称为古典政治经济学“创始人”，其主要经济著作有《赋税论》[④] 和《政治算术》等。在《赋税论》中，他通过

---

① 休谟在《人性论》（1739，p.539）对现代政府的作用做了科学的论述。他指出：尽管每个人都设法将整个负担加于他人，但是两个邻居可以就一块草地的排水问题达成协议，而一千个人却不能达成这一协议。他又进一步指出，政治社会可以依赖行政长官来克服这一困难，因为他们的利益反映的是“相当多臣民的利益……于是，在政府的关怀下，桥梁建起来了……尽管政府是由一些具有全部人类弱点的人组成的，但它却是人类能够创造的最精密最微妙的作品，它在某种程度上克服了所有这些弱点”。

② Recktenwald, Okonomie（注释 73），74.

③ 威廉·配第（William Petty）是 17 世纪科学革命中的一位重要人物，17 世纪 40 年代在巴黎当过哲学家托马斯·霍布斯的研究助理，17 世纪 50 年代曾任牛津大学的解剖学教授，在克伦威尔征服爱尔兰后组织了爱尔兰的全国土地调查，他是 17 世纪 60 年代英国皇家协会的创始人之一，他同时也是发明家、制图师、经济学家、企业家和一个富裕王朝的奠基人。

④ 《赋税论》写于 1662 年，1665 年开始以手稿形式广泛流传，1690 年和 1691 年出版，全名《关于税收与捐献的论文》。

一套英格兰和威尔士的综合账户展示了他对这两个国家人口、收入、支出、土地存量、其他实物资产和人力资本的估计值，旨在提供一个用以分析战时（1664—1667年的第二次英荷战争）财政政策执行和资源动员有效性的数量分析框架。[①] 此外，配第还摆脱了重商主义的影响，把政治经济学的研究从流通领域转到生产领域，考察了英国生产的内部联系，论述当时社会上存在的主要经济问题，但没有形成完整的政治经济学理论体系。不过，威廉·配第在英国最先提出了劳动决定价值的基本原理，并在劳动价值论的基础上考察了工资、地租、利息等范畴。他认为社会财富的真正来源是土地和劳动[②]，而课税的最终对象也只能是土地的地租及其派生收入。他把地租看成是剩余劳动的产物，从而也是赋税的最终源泉。这是因为，当时的英国还是一个农业社会。在《赋税论》和《政治算术》中，威廉·配第分析了税收与国民财富、税收与国家经济实力之间的关系。他认为国民财富的增减是赋税经济效果的主要标志，政府可以运用税收指导人们去创办新的生产事业，增加社会财富。此外，配第针对当时英国税收制度的种种弊端提出了税收的"公平、确实、便利和节省"四原则。由此可见，配第的政治经济学说整体上是以财政为轴心，为政府筹资决策服务，称为民族行政国家的理财学似乎更恰当。

亚当·斯密将自己的政治经济学标榜为遵循亚里士多德的传统，属于政界人士和立法者的"分支科学"。一般认为，1776年亚当·斯密的《国富论》出版标志着古典政治经济学体系的建立，也标志着财政学的诞生。但斯密的思想实际上是杂糅中国古典国家理财学、阿拉伯伊斯兰

① ［英］A. 麦迪森：《世界经济千年统计》，伍晓鹰、施发启译，北京大学出版社2009年版，第3页。

② 配第提出著名的"劳动是财富之父，土地是财富之母"。类似的认识，我国的《管子》和《大学》中已经提出，见前文。但不知配第的认识是否受到过他们的影响，特别是16—18世纪欧洲的中国热，使得中国的文化、学术和国家治理理论都在欧洲获得广泛传播。这个需要专门深入考证。

学者①和当时欧洲大陆学者的综合汇编。边际革命的代表人瓦尔拉斯认为：“亚当·斯密努力把政治经济学的题材组织起来成为一门确定的科学。……但并不是严格意义下的科学。必须指出，政治经济学并不是完全如亚当·斯密所设想的那样。经济学家的首要任务并不是如何为人们提供丰富的收入或为政府提供适当的岁入，而是在于追求和掌握纯粹的科学真理。”②也就是说，斯密的著作，在瓦尔拉斯看来只能算作国家理财著作。

让我们看看《国民财富的性质和原因的研究》（1776）的框架结构：第一篇论劳动生产力增进的原因，并论劳动生产自然而然地分配给各阶级人民的顺序；第二篇论资财的性质及其蓄积和用途；第三篇论不同国家中财富的不同发展（从农业经济到商业经济）；第四篇论政治经济学的体系（主要评论重商主义和重农主义关于富国裕民的不同认识）；第五篇论君主或国家的收入（含支出费用）。从框架结构看明显是一些重要经济题材的拼凑，说好一点称为“综合”。斯密的这本书主要是为国家自由贸易立法进行经济论证。斯密的主张归纳为一句话，就是政治经济学的目的在于富国裕民。可具体分为两个不同的目标：第一，给人民提供充足的收入和生计，或者更确切地说，是人民能给自己提供这样的收入和生计；第二，给国家或社会提供充足的收入，使公务得以进行。③从中我们可以看出，亚当·斯密在《国富论》

---

① 大卫·格雷伯正指出：被称为西方经济学基石的《国富论》的基本观点基本上都是抄袭自伊斯兰学者安萨里的著作《圣学复苏·精义》。例如他们二人都认为分工和交换构成经济获得的基础，他们都说“交换是人类理性和言语获得的自然结果”，而且用的例子也是完全一样的：没有人观察到两只狗交换骨头；他们都讲分工，而用的例子竟然也是完全相同的，即一家制针厂如何用 25 道不同工序生产一根针。……那些被西方经济学视为“好东西”的经济法则，包括独立的司法，与政府相对立的社会，拒绝政府干预的市场经济，这一切恰恰都不是西方的发明，而是伊斯兰文明的发明。以上转引自韩毓海：《一篇读罢头飞雪·重读马克思》，中信出版社 2014 年版，2015 年重印，第 68 页。

② [法]莱昂·瓦尔拉斯：《纯粹经济学要义》，蔡受百译，商务印书馆 1989 年版，第 32—33 页。

③ [英] 亚当·斯密：《国民财富的性质和原因的研究》（下卷），郭大力、王亚南译，商务印书馆 2002 年版，第 1 页。

中仍然沿袭人类演进中数千年来一直持续的发展主题——富国裕民、经世致用的实用主义传统，只是分析的时代条件有了变化而已，分析的基础也从农业社会分工转向工场手工业和商业、农业之间的社会分工，但最终的目标仍然是人民和君主都富足起来。也就是说，尽管斯密的分析经历了很多迂回，但终究本质上还是一本国家理财学著作。当然这里的财政是广义的财政，包括一定政治和分工技术条件下财富、财产、财经、财政的分配与流转循环。需要指出的是，斯密的税收思想来源于法国的沃邦（Vauban）、德国的尤斯蒂（Justi）、意大利的维里（Verri）。① 斯密的贡献在于考察财富或经济增长的源泉上有突破，即详细考察了自由贸易条件下分工和市场如何促进财富增加。

一般认为，1817 年大卫・李嘉图（1772—1823）的《政治经济学及赋税原理》出版标志着政治经济学体系的完成。其实这本书是一本标准的财政经济理论著作，只不过结构还不甚完整，只有财富的创造、分配和政府的赋税制度两部分，而没有政府支出。李嘉图的主要学术贡献在于对地租和价格的界定。李嘉图认为，地租取决于在最差的土地上和较好的土地上的生产成本的差额，是人类“贪婪”的标志，并不是如亚当・斯密所说的“人类慷慨

① 法国的 Vauban 在他的 Dime Royale 说道：一、一切人民，若没有国家的保护，就不能生存。二、君主若尽保护之责，其所需之手段，必取诸人民。三、故人民都要比例其所得而纳租税。平等原则的思想传于重农学派（physiocrats）。德国的 Justi 的 Staatswirtschafe（《国家经济学》，1755），Steurn Und Abgaben（《赋税及捐税研究》，1762）、System des Finanzwesens（《财政体系论》，1776）。Justi 总结的租税六原则：一、臣民不可不纳租税；二、租税不可不平等而课赋；三、租税不可有害国家的繁荣和国民的幸福；四、租税须有确实的根据；五、租税须据国家的本质而赋课；六、租税的征收，须容易而便利。Justi 的六原则中，第二可叫作“平等的原则”，第六可叫作“便利的原则”。意大利的 Verri，在他的著作 Meditazionisull’Economia Politica（1771）中，提出五原则：一、不可课税于贫人；二、征税费须最少；三、租税在法律上须确实；四、租税不可使财之循环，因之中绝；五、租税不可有害产业的发达。Verri 的五原则中，第二就是“最少征税费的原则”，第三就是“确实的原则”。转引自周佛海：《亚丹斯密之租税四大原则》，《学艺杂志》第五卷第七号，经济学大家亚丹斯密先生诞生二百年纪念专号，1923 年。

本性的体现”。李嘉图的第二个贡献在于劳动价值论[①]。他将由供给和需求决定商品价值的说法驳斥为空洞的套话。他认为，一个商品与其他商品相比是贵还是便宜，是由制造它的必要劳动时间的多少决定的。[②]李嘉图的这两个理论为政府确定税收提供了新的经济基准；同时也成为马克思“剩余价值论”理论的基础。李嘉图对税收影响的研究为税收转嫁论奠定了基础。此外李嘉图还将斯密的绝对优势贸易理论发展为相对比较优势理论，从而为英国的贸易自由政策提供了理论依据。

总之，正如熊彼特指出的：古典政治经济学关注国家的经济，或者说经济性的公共政策。在德文中，国家科学，通常作为政治经济学的同义词来使用。比如冯·尤斯蒂（1717—1771）的主要著作《国家经济》（1755）、《财政学体系》（1766）、《国家权力和福利的基础或公共政策学总论》（1760—1761）。他是从政府的观点出发来考察经济问题的，这种政府完全与现代政府一样，对生活的精神条件和经济条件负有责任，特别是对每个人的就业和生机，对生产方式和组织的改进，对原料和食品的充足供应，对城市的美化、火灾保险、教育、卫生等许许多多事项负有责任。[③]德国的李斯特、罗雪尔、施穆勒、松巴特、瓦格纳等新旧历史学派都把国民经济作为研究的中心。比如李斯特（1789—1846）在《政治经济学的国民体系》中认为，不仅通过贸易保护政策发展生产力是后发国家的战略政策选择，而且资本主义的自由、政府的公共管理、自由的媒体、财产的安全、受过教育的民众以及“宗教、道德、美德”都是国家财富的源泉[④]。马克思也在《1857—1858年经济学手稿》中指出：“17世纪经济学家认为财富的创造仅仅是为了国家，而

① 这里需要指出：李嘉图为简化分析，将劳动作为唯一的价值创造的源泉。

② 参见［德］庇巴·尼格拉斯、维夫赫德·海兹主编：《46位大经济学家和36本名著》，海南出版社2003年版，第33页。

③ ［奥］熊彼特：《经济分析史》，朱泱等译，商务印书馆2001年版，第45、267—268页。

④ 参见［德］庇巴·尼格拉斯、维夫赫德·海兹主编：《46位大经济学家和36本名著》，海南出版社2003年版，第291页。

国家的实力是与这种财富的成比例的，——这种观念在18世纪的经济学家中还部分地保留着。这是一种还不自觉的伪善形式，通过这种形式，财富本身和财富的生产被宣布为现代国家的目的，而现代国家被看成只是生产财富的手段。”①

这一阶段，欧洲国家理财学主要有下列一些特征：

理政治财

财务+政务+政治财

以支定收

官用+民用

17世纪欧洲处于君主专制为主的社会，1689—1789—1870年英法美德革命后，君主立宪制或民主议会制得以确立

财政收入以所得税、营业税为主，新增公债、卖牌照、关税等新来源

博弈主体包括：王室与贵族、地方诸侯、资产阶级；政府与资本家利益团体之间

我国同时期的研究

17世纪一直到19世纪中叶，我国工场手工业在沿海的长江三角洲、珠江三角洲有了巨大的发展，向世界出口工业制成品茶叶、瓷器、丝绸、棉布、铁制品等，对外贸易长期处于出超地位。我国仍是世界第一大经济体，1700年我国的人口占世界的23%、GDP占世界的22%，到1820年我国的人口占世界的37%、GDP占世界的33%。② 直到1870年，我国的人口和经济总量仍居世界第一。但我国在政治上仍处于家族国家的皇权集权专制体制下，经

① 《马克思恩格斯文集》第8卷，人民出版社2009年版，第32页。

② 转引自［英］A.麦迪森：《世界经济千年史》，伍晓鹰、徐宪春、叶燕斐、施发启译，北京大学出版社2003年版，中文版前言。

济管理整体上仍以农业为中心，以士大夫为代表的知识界仍然把思考和研究的中心放在国家或政府的财经问题，尤其是农业和赋税，除了徐光启的《农政全书》、宋应星的《天工开物》等少数著作，绝大部分对生产领域的变化着力不多。比如，明代万历元年（1573）以后大量出现了以“经济”“会计”或“经世”命名的专门著作，有冯琦的《经济类编》、张学颜的《万历会计录》四十三卷，汪鲸之的《大明会计录类要》十二卷，冯应京的《经世实用编》，黄训的《明名臣经济录》，陈其愫的《明经济文集》，陈之龙、宋征舆、徐孚远主编的《明经世文编》等等，但财政经济仍是其重要内容之一。其中，朱健的《古今治平略》一书共三十三门，其中论述财政经济部分就占了十四门，并专以“富国强兵”为目的，其整个编写体系按照：“食货生民之资，富强今世所急，故是编首以财赋，终以兵防，选举学校则用人以理财，驭夷弭盗本靖乱以图治。”成为当时综合前人富国强兵陈说的稀有著作。①

明代后期，我国思想家已经对传统的理财观提出了批判。泰州学派的重要代表人物李贽（1527—1602）提出不应“以控制的是非为是非”，对儒家的传统教条“讳言财利”进行了深刻的批评，认为“不言理财者，决不能治平天下”（参见《四书评》）。他已经用商品交换概念来分析一切社会现象，得出结论说：“天下尽市道之交也。”著名科学家、政治家徐光启（1562—1633）提出了财富的新概念，认为如果从整个国民经济考察，只有粟帛才是“财”，货币并不算“财”，不过是“财之权”而已，只有从个人和家庭的角度考察，货币才算“财”（参见《农政全书》卷十六）。由此他得出结论：“农者生财也”，而“农”又包括家庭手工业，因此工业也是生财的（参见《徐文定公集》，“拟上安边御虏书”）。至于商业，他认为“商出于农，贸易于农隙”（《农政全书》卷三）。② 可见，徐光启仍从重农主义观点出发来看待

① 胡寄窗：《中国经济思想史》（下），上海财经大学出版社 1998 年版，第 437　439 页。

② 何炼成：《明清思想家的价格理论评介》，《社会科学辑刊》1982 年第 5 期。

国民经济关系。

在17世纪末期，我国著名的思想家黄宗羲（1610—1695）在政治哲学上提出：人君的出现或国家的起源是基于人民的需要，不是什么神权天授。关于人性与君主的职责，他说："有生之初，人各有私也，人各自利也。天下有公利而莫或兴之，有公害而莫或除之。有人者出，不以一己之利为利，而使天下受其利，不以一己之害为害，而使天下释其害。"①"君的职分"是要兴天下之利，除天下之害。在经济观点上，他以江浙市民社会的发育为背景，主张保护私有财产权利，工商皆本论。在《明夷待访录》中就对田制进行了集中讨论和分析，将土地与财政明确的区分开来并提出不同的解决办法，这在理论分析上提高了一步②。他还在书中总结了我国历史上的税制改革和演进的利弊得失，提出封建赋税"积累莫返之害"（被后人称为黄宗羲定律），主张取消一切徭役代金。他对什一税进行了深入研究。他说，古代以公家之田（井田）养民，什一之税也只适用于上上之田；秦以后土地是私有的，政府既不养民而由人民买田自养，又向人民征收赋税，虽三十而税一，与古代比较并不算轻。如以什一之税为古法并以它为标准向人民自有之田课税，那是九等田地均按上上之田征税，人民安得不穷困。因此，他建议将土地税分为两等，官府所授之田按十分之一的税率纳税，而人们的私有田地按二十分之一的税率纳税。③再比如，著名的思想家顾炎武（1613—1682）一生做学问强调经世致用，面对现实做研究，以解决国计民生问题、改造社会、拯救国家为使命。他往来南北做实际调查，曲折行程三万里，写就了《日知录》《亭林文集》《天下郡国利病书》等巨著，对郡县制下的兵防、赋

① 黄宗羲：《明夷待访录》之"原君"。

② 而以往的思想家屡屡将土地与财政问题搅混在一起考虑，认为只要土地问题解决，财政问题即可迎刃而解。

③ 黄宗羲：《明夷待访录》之"田制三、田制一"。以上转引自胡寄窗：《中国经济思想史》（下），上海财经大学出版社1998年版，第459页。

税、水利进行了深入的实际调查和讨论，分析了郡县制下财政制度的利弊得失，对州县的赋税进行了专门研究。

在理财上，有重要影响的当推颜李学派，颜元（1635—1704）及其弟子李塨（1659—1733）和王源（1647—1710），（秦汉后）第一次把物质财富问题作为重要课题来研究。颜元提出的所谓“王道”的内容包括“九典”，其中大部分同财富的生产与分配有关（如除制艺、均田亩、重农事、征本色、轻赋敛、时工役等均是）。李塨与王源甚至提出把“理财”作为学习的专科，或定为国家用考试方式取士的科目之一。李塨认为：“农助天地以生衣食者也。工虽不及农所生之大，而天下货物非工无以法之成之，是亦助天地也。若商则无能为天地生财，但转移耳，其功固不上于工矣。”（《平书订》卷一）王源则积极主张抬高商业的地位，指出“本宜重，末亦不可轻。假令天下有农而无商，尚可以为国乎？”①

重大的经济改革也是赋税制度改革——摊丁入亩（地丁银），即清朝康熙、雍正、乾隆年间，将历代相沿的丁银并入田赋征收，将中国实行两千多年的人头税（丁税）废除。

在19世纪前半期，对我国影响较大的经济思想家首推龚自珍和魏源。

龚自珍（1792—1841）②作为江浙市民社会发育较好背景下的官员，他不仅宣扬自私，为自私作理论上的辩护，认为自私是天经地义的自然现象和社会现象，而且反对虚伪的大公无私，主张“撤屯田为私田”，提出“富殖德又殖寿”③，并从个人、城市或国家的角度，来考察物质财富与货币财富的相对重要性；他指出“未富而讳言利是谓迂图……未富而耻言财允为过计”，提倡以富裕来保证人口的繁盛，“保庶莫如富”。他将贫富不均现象的是否严重作为衡量治乱兴亡的标尺，认为“不大相齐”是历代王朝覆亡的原因。

① 何炼成：《明清思想家的价格理论评介》，《社会科学辑刊》1982年第5期。

② 龚自珍，浙江仁和人，道光进士，曾任内阁中书和宗人府（主管皇室事务）主事。

③ 即富裕能扩大就业，增进人们现实的和未来的物质生活。

他在对外贸易政策上比当时的保守派高明一等，他主张杜绝不利于本国农业手工业生产的商品和奢侈品的进口，以保护本国的农工业的发展。这种保护贸易的概念是对管子贸易理论的发展，在当时中国是前所未有的卓见。他认为地丁合一的财税改革是“仁莫大焉，革二千年的苛政”。胡寄窗认为：“龚自珍从刘逢禄（1776—1829）学公羊春秋，习惯于‘微言大义’论述经济理论问题，使其在这方面无显著理论成就。在他所涉猎的学术思想范围内，经济思想是‘极不平坦的抽象思维的猎场’，骑着公羊学这样‘一匹驽车笨马’去打猎，不会有多少收获。”①就时代发展而言，胡先生的这个评价有些刻薄。与龚自珍同时代的欧洲古典政治经济学还不能称为“抽象思维的猎场”，当时经济学尚未取得独立的学科地位，也没有成熟的分析方法、分析概念和分析体系，还很稚嫩，更何况当时德国的历史学派居于欧洲大陆的主流地位。

魏源（1794—1857）②是19世纪前半期我国具有世界眼光的重要思想家。他认为天、地、人、物从古至今均时时刻刻地在变化。他积极要求变革、改革，提出“向西方学习”“师夷长技以制夷”，并力图以新时代的商业精神来处理各种现实的封建财政经济问题。魏源留心西方学术，在编写和补充海国图志过程中更广泛地吸收西方资本主义的经济知识，这使他的经济分析开始接近于近代经济学的分析。魏源认为货币财富和工农业产品都是财富。

---

① 胡寄窗：《中国经济思想史》（下），上海财经大学出版社1998年版，第648—659页。

② 魏源，湖南邵阳人，25岁从刘逢禄治公羊学，29岁中举后做了十余年的幕僚，曾助江苏布政使贺长岭编《皇朝经世文编》，后又研究漕运、水利、盐政等问题，成为当时有名的专家。并受林则徐的嘱托写成《海国图志》，是我国世界地理学的开山祖，51岁成进士（1844），后在江苏任知县，1851年任高邮知州。魏源向西方寻求富强之术的思想，不仅包括制造船炮，而且必须了解西方的先进的生产技术并发展工商业，甚至民主政治。这对我国19世纪后半期的洋务运动和资产阶级改良思想有巨大影响，并对日本的维新运动也发生了一定影响（吴泽等：《魏源〈海国图志〉研究》，《历史研究》1964年第4期。转引自胡寄窗：《中国经济思想史》（下），上海财经大学出版社1998年版，第660—661页）。

他沿用司马迁本富末富之说，认为以商致富是较能摆脱封建束缚的致富途径；他歌颂新兴的私有财产制度，指出“使人不敢顾家业，则国必亡”。他借用《周礼》中周官保富之说，认为富民是“一方之元气”，坚决反对专事损害富民的政策，认为“土无富户则国贫”。关于消费，魏源也有了新的诠释。他说：“俭，美德也；禁奢崇俭，美政也。然可以励上，不可以律下，可以训贫，不可以规富。”这个认识明显高人一等，用今天的眼光来看也远远高于普通的经济学者的认识。在他看来，富人的存在不是为了自己而剥削穷人，倒是为了使他们周围的穷人得到工作和怜恤，因此，他们的奢侈消费是与穷人“通工易事”，使手工业者得到收入；否则财聚而不散，会是“富者益富”，“贫民安所仰给”。在生产经营上，魏源认为从事生产经营不可缺少三要素：货币资本、劳动力和劳动对象，即财、人、材。这在过去的经济思想中还很少见。在生产经营方式上，魏源极力反对官营而坚主私营。他重视降低商业与运营的成本问题，把成本高低的原因及其对价格与财政税收的影响做了一定的分析。这在我国19世纪中叶以前的经济思想中是极为罕见的。在国内贸易上，他重视商业，坚持广泛地发挥商人及商业资本的作用。特别强调海运的价值，认为有利于国计、民生、海商，国便、民便、商便、富便、河便、漕便，于古未有，是利国、利民、利富、利商。他把商人及商业资本的利益以同等的重要性与国计民生并列提出，可谓从来未有。关于对外贸易政策，他和林则徐见解相同，主张严禁鸦片输入，而提倡正常的对外贸易，并主张给出洋私商远洋护航。最值得珍视的还在于他对贸易差额的分析已经达到了当时西方初级经济学的分析水平。他已经理解到国际贸易的实质是“以货易货”，而进出口货物价值的差额必须以现金（当时为白银）补偿，也弄清楚了数世纪以来人们一直未弄清楚的白银来源问题和初步找到了银钱比价变动的原因，这将我国外贸理论真正推进到科学分析的阶段。在财政理论方面，魏源主张培养税源，认为减税方可增收，提出用盐税、关税等商税收入补农业税收入的不足。他把一切可能利用商业资本的服务来进行的财政措施，都坚决主张采用私商经营的方式，并特别强调减轻有关私商的成本，通过成本的降低以扩大贸易额，从而增加财政收入。①

胡寄窗先生认为："魏源重视'以西洋人谈西洋'以别于'中土人谈西洋'的研究方法，但远落后于国际水平，这当然是由于受不同的社会形态的局限。""魏源却是放眼观察世界经济，在经济学的思想方法上突破旧有藩篱而具有若干近代资产阶级经济学气味的第一人。我们从他的经济分析中第一次看到近代经济学的曙光。从他以后，在中国缓慢地开始了一个由典型的中国式经济思想到西方式经济思想的转型期。虽然这一巨大变革是鸦片战争失败的沉重打击所产生的后果，而魏源倡导的'向西方学习'的确也是从根本上冲击了古典的中国经济思想的权威，尽管还不曾把它完全抛弃。因此魏源是一个重要的转折点。他可以算是古典的中国经济思想的最末一个思想家，也是中国第一个前往近代资产阶级经济学'圣地'朝拜的香客。"②

在这一阶段，关于财政制度的著作有：《清季之户部则例》《东华录》《大清会典》等，对政府的财政收支进行了较为详细的记载和有限的分析。

第五节　民族民主国家的理财学

17 世纪中叶，工场手工业在英国已经成为生产的主要形式，英国缓慢步入现代工商业文明的航程。1640 年英国爆发资产阶级革命后，经历了内战、复辟等曲折历程，在 1688—1689 年的光荣革命中建立了相对稳定的君主立宪制度。1689 年，英国通过《权利法案》明确国王私人开支和政府开

① 以上转引自胡寄窗：《中国经济思想史》（下），上海财经大学出版社 1998 年版，第 664—683 页。

② 胡寄窗：《中国经济思想史》（下），上海财经大学出版社 1998 年版，第 683 页。

支的界限，并规定皇室开支由议会决定。可以说，英国的财政已经受到议会的控制，尽管并不巩固，但英国经济伴随着资产阶级财政革命的成功得以迅速发展。

1776 年，北美洲的 13 个殖民地联合宣布组建独立的联合政府，成立合众国，即美国。正如前面所说，美国是先有政府，各殖民地政府，后组建为国家。美国《独立宣言》前言中论及政府说："我们认为下面这些真理是不言而喻的：创造者创造了平等的个人，并赋予他们若干不可剥夺的权利，其中包括生命权、自由权和追求幸福的权利。为了保障这些权利，人们才在他们之间建立政府，只要破坏上述目的，人们就有权利改变或废除它，并建立新政府；新政府赖以奠基的原则，得以组织权利的方式，都要最大可能地增进民众的安全和幸福。"这是卢梭、黑格尔等人的国家理论在欧美历史上的首个正式宣言。

18—19 世纪中叶，欧洲大陆处于"战国时期"，由君主专制制向君主立宪制或民主共和制过渡。这一时期法国是欧洲的核心和世界科学的中心。1789 年法国大革命爆发，一致持续到 19 世纪 40 年代，其间君主专制复辟、帝国复辟与民主议会制度反复较量、几经周转。法国资产阶级大革命不仅摧毁了法国的君主专制制度，而且震撼了整个欧洲大陆的封建秩序，传播了自由民主的进步思想。其间所颁布的《人权宣言》和《民法典》被称为新社会的出生证书，天赋人权、三权分立等民主思想取代了封建等级制思想，在世界历史上产生了深远的影响。1848 年欧洲民主革命后，欧洲大陆陆续完成君主立宪制或议会民主制的国体和政体的变革。1865 年美国内战结束后，进入联邦民主政党政体阶段。林肯提出"民有、民享、民治"的国家理念。19 世纪六七十年代，德意志、意大利等陆续完成民族民主国家的进程，德国开始成为世界科学的中心，一直到第二次世界大战。东方的中国和日本也进行洋务运动和明治维新，向近代民族工业国家演进。1917 年，俄国十月革命建立世界上第一个苏维埃社会主义政党国家。二战后，美国和苏联分别成为资本主义和社会主义两大国家阵营的核心，两个并列的世界科学中心，一直到1991年苏联解体。与此同时，第三世界民族解放运动勃兴，纷纷建立不同形态的民族国家。世界整体进入政党政治阶段，国家理财以执政党的理论为依托而变化演进。关于政党财政的理论研究集中在如何用民主机制管理好政府的预算或钱袋子。

资本主义民主议会制度在英美法德意等少数国家确立，标志着人类进入政党决定财政的发展新阶段，也决定了后来世界政治经济秩序的演进。

从财政经济的角度说，资本主义是一种税收支撑的国家，国家的政局与财局主要建立在税法的基础上，所谓“无权利，不纳税”“无选举，不纳税”。在这两种压力下，资产阶级有了对税收权的控制，才有了资本家的议会政治、议会民主；市民阶级有了选举权，统治者才不得不扩大民主，扩大财政的公共性。

因此，现代资本主义政治经济体系的建立也是奠基在如何分利的财政革命基础之上。英国大革命是限制国王的征税权，如果从1215年的《大宪章》①算起，到1689年的《权利法案》，历时474年，经过反复的革命和斗争，资产阶级才渐进地巩固了对政府收税权的制约，又经过近200年，才将议会小圈子民主随着民权的兴起扩大到市民大圈子民主，形成议会民主在国家治理体系上的政治结构②。有了一人一票的投票权后（当

① 1215年，根据英王约翰·兰克莱德与贵族及伦敦金融城里的富豪所签订的《大宪章》，王室的收入只能来自王室自己的产业、投资和贸易关税。而拥有土地的贵族与拥有金钱的公民，法律保障他们的财产权与生命权。当时还没有创造出“政府债务”“王室债务”。女王伊丽莎白一世，发放皇家特许权证书，支持海上贸易和冒险，靠参与投资贸易的利润与关税增加收入。参见李弘：《图说金融史》，中信出版社2015年版，第28页。可见，王室或政府的收入结构决定政府改革与发展的方向。

② 英国1688年的光荣革命是历史的分水岭，确立了君主立宪的宪制，到1832年（即144年后）的改革才授予中产阶级以选举权，1867年的改革才给男性工人阶级选举权，吸纳进入体制，男性的普选权获得差不多用了两百年。女性直到1918年才有选举权。

然这个已经是20世纪后半期的事了[①]），财政的公共属性才逐渐通过大圈子民主扩展开来。具体到历史，经过第二次产业革命、第一次世界大战、第二次世界大战、资本主义与社会主义两大阵营的竞赛之后，欧美福利国家才成为历史现实，社会共同需要才在财政收支中占有较高地位[②]，国防、政府自身运转的支出才有实质性的下降。这段历史说明，国家理财应该是当代政治经济学的重要来源和组成部分。今天国内的主流政治经济学和财政学不仅没有明确的国家理论，而且只考虑经济的研究法则，不考虑政治的研究法则，所以难免离现实越来越远，对现实的解释力日趋虚弱。

从全球视野看，这一阶段在国家理财理论上，至少有五个流派影响比较大：福利经济学的国家理财说；欧洲大陆学派的国家理财学；新古典国家理论；公共选择理论与宪政经济学；社会主义计划经济国家理论与中国特色社会主义国家理论。在分析方法上，福利经济学派以埃奇沃思—庇古、伯格森—萨缪尔森的最大化社会福利分析范式为基准，欧洲大陆学派以德国的政策分析—国家科学为传统，公共选择理论和宪政经济学以魏克塞尔[③]的交易分析范式为主线，社会主义理论以马克思列宁主义的国家理论为指导，以斯大林的苏联计划经济模式和毛泽东、邓小平的中国特色社会主义探索为典型代表。

---

① 比如美国，建国初期，1790年，全国人口大约为390万，其中白人女性大约为150万人，男性为160万；有选举投票权的人数一般认为在60万到70万之间；经1870年关于种族的宪法第十五修正案，1920年关于性别的第十九修正案，1964年关于纳税的第二十四修正案，1971年关于年龄的第二十六修正案，将美国公民的选举权从21岁降至18岁，普选权得以实施差不多用了两百年。

② 发达国家的公共开支，目前已经高达国内生产总值的将近一半，而在1913年只占大约13%。

③ 国内还译为“维克赛尔”“威克塞尔”等。

福利经济学的国家理论

福利经济学的国家理论本身是政府理论，这与西方国家形态的演进有很大关系。因为西方近代社会往往是先有政府，后成国家。

西方主流财政学一直是在微观福利经济学一般均衡框架下研究财政问题。财政学的典型教材一般会从福利经济学基本定理出发，推导出市场失灵，然后引入对政府部门及其干预合理性的分析，然后以微观经济学分析作为基础，用边际效用分析和最优分析作为主要方法，通过分析个体对税收和公共支出的反应，来研究不同税收和公共政策的福利效应。通常包括这样四个部分：政府的作用、对政府收入的经济学分析、对政府支出的经济学分析、政府间关系的规范分析。这四部分都有两个关于共同的理想化的假设前提，即一是政府是外在于其他经济主体的，经济是独立于社会存在的，政府干预的目的是改善市场失灵；二是认为存在一个客观的最优标准，也就是社会福利标准，用作政策分析的参照。此外，当代主流财政学教材，一般不涉及或仅仅简单涉及公债和财政政策问题，并对预算管理问题则基本不提及。政府稳定经济的职能作为宏观经济学的内容，而不再作为财政学的主要探讨对象。① 比如 C.V. 布朗和 P.M. 杰克逊 1978 年的《公共部门经济学》、R.E. 瓦格纳 1983 年的《公共财政学：民主社会中的收支》、H.S. 罗森的《公共财政学》、阿特金森和斯蒂格利茨的《公共经济学教程》等都把公共财政学和公共经济学的研究对象定位为微观经济学，仅涉及配置和分配问题，而不包括稳定和宏观经济政策内容。发展到 21 世纪，斯蒂格利茨（2002）甚至认为公共经济学变成微观经济学应用的一个分支。② 也就是说，财政学的宏观职能主要由宏观经济学来承担、来取代，所谓的独立的财政学理论仅仅是微观

① 以上参见马珺：《财政学：两大传统的分离与融合》，《经济理论与经济管理》2012 年第 10 期。

② ［美］Joseph E.Stiglitz, "New Perspectives on Public Finance: Recent Achievements and Future Challenges", Journal of Public Economics, 86（2002）, pp.341–360.

财政应用学。

其次是宏观财政分析创立后的财政学新综合与新发展。自从凯恩斯《就业、利息和货币通论》发表，国家干预理论开始兴起，财政作为政府干预的主要手段，于是财政学又受到主流理论界的重视。凯恩斯革命后，财政学成为宏观经济理论的一个支柱，但仅仅是应对市场失灵下有效需求不足的一个政策手段。因为凯恩斯及其学派也是正统自由主义的继承人。二战期间，大德语区的财政学者大批流亡，欧洲大陆学派几乎解体，其中一大部分流往美国。二战后，欧洲大陆尤其是德语地区作为战败国而被战胜国改造；由于美苏两大阵营的竞争效应，欧洲福利国家制度和政策开始勃兴，形成了巨大公共支出下的大政府，基于社会共同需要的国家理财学也应运而生。从20世纪50年代开始，财政学又称为公共经济学，以凯恩斯宏观经济学为基础构建财政理论，因此属于经济学的一个分支。在拉姆齐、萨缪尔森和马斯格雷夫等人的推动下，财政学的研究在理论上以福利经济学为基础，在方法全面倒向经济学化，即实证化、微观化、数学化、计量化，主要集中在对政府支出、税收和财政问题等进行实证研究。尤其是马斯格雷夫在结合英国传统财政学、新古典经济学最大化范式和凯恩斯宏观经济理论的基础上，部分引入欧洲大陆魏克塞尔关于公共产品的分析范式，综合形成当代主流财政学——公共经济学，其标志是1959年出版的《公共财政学理论》，既包括微观的效率和公平，也包括宏观的稳定政策。此后，A.威廉斯1963年的《公共财政与预算政策》、H.C.纽曼1968年的《公共财政学引论》、J.C.温弗雷1973年的《公共财政学：公共选择与公共经济》等都将微观的效率与公平和宏观的稳定作为基本内容，分为微观篇和宏观篇来论述。这表明西方主流财政学界开始接纳宏观经济内容。

但是，必须指出，凯恩斯革命以后，在《宏观经济学》中财政成为政府应对市场失灵的一个政策工具，财政学自然也是经济学的一个分支。财政学的集大成者马斯格雷夫认为："财政理论的核心是处理公共部门提供什么公共服务和提供多少服务这一问题。主要的财政‘工具’实际上是由历代伟大的理论家，而非财政专家锻造出来的”。①

还需要指出的是，近代英美经济学发展奠基在古典经济学的劳动价值论和新古典经济学的效用价值论基础上，两者都将政府行为看作非生产性劳动。马斯格雷夫的学生哈维·S.罗森在《财政学》（第六版）中认为：财政学是研究政府收支的活动，其中关键的问题是实际资源的利用问题。他说：本书将集中讨论政府的微观经济职能，即政府影响资源配置和收入分配的方式；如今，政府的宏观经济职能——运用税收、支出及货币政策来影响失业总水平和价格水平——通常单列课程进行讲授。②

总之，英语世界的主流财政学一直把市场失灵作为分析的逻辑起点。国内陈共教授的《财政学》第七版，也把政府和市场关系作为财政学的基本问题，以分析市场失灵作为财政学的起点。中外主流财政学者的这种认识，实际上把市场这个交易平台和政府、企业、个人这些交易主体，在逻辑分析的层次相混淆；把空洞的市场，即交易平台，作为经济学分析起点；把交易平台紊乱，即所谓的市场失灵，作为财政学分析的起点。而漠视政府不仅是交易平台秩序的维护者，更是交易平台上的主导参与者，即整个经济活动中寻求、实现和分配剩余的最重要主体。也就是说，奠基在市场失灵基础上的财政学理论存在着明显的重大缺陷，没有正中财政问题的靶心，跑偏了。甚至可以说，主流经济理论在财政研究上既没有在实证上准确描述财政的行为，也没有在规范上提出合适的正确的政策指导。这是因为新古典经济学创立以来，主流经济学坚持把个人和企业作为经济分析主线的研究思路，把政府和所有制作为既定的假设前提。尽管凯恩斯经济学革命后，把政府纳入到经济分析之中，但仍然是一个配角、一个市场失灵后的补充性角色。而政府

① ［美］R.A.马斯格雷夫：《财政学说简史》，参见［美］阿兰·J.奥尔巴克、马丁·费尔德斯坦主编：《公共经济学手册》第一卷，匡小平、黄毅译，经济科学出版社2005年版，第2页。

② ［美］哈维·S.汉森：《财政学》，赵志耘译，中国人民大学出版社2003年版，第3页。

事实上一直是经济发展的主角、一目了然的最大的主角。一个国家的基本政治制度和基本经济制度决定财政制度；同时国家的财政格局也决定国家职能履行的格局。

欧洲大陆的国家理财学

欧洲大陆在国家理财学上，主要是以德国或德语学者为主。他们一方面改造亚当·斯密的“平等原则”为“正义原则”或“租税分配原则”；另一方面创造出亚当·斯密所未说过的“经济原则”和“财政原则”。关于“正义的原则”，最有贡献的是赫尔德（Held）、纽曼（Neumann）、瓦格纳（Wagner）。关于“经济原则”和“财政原则”，最有贡献的人是瓦格纳和施泰因（Stein）。瓦格纳把社会经济组织分为“个人的经济组织”“共同的经济组织”和“慈善的经济组织”三种。他认为财政是“共同的经济组织中由权利共同体构成的强制共同经济”，并据此提出了新的国家职能观，认为国家的职能应有纠正收入分配不公平，发展文化教育和增进社会福利的职能，国家应为“社会国家”。在此基础上，瓦格纳创立了近代财政学。

阿道夫·瓦格纳（1835—1917）是德国社会政策学派财政学的集大成者和资产阶级近代财政学的创造者，其代表作有《政治经济学教程》（1876年）、《财政学》（1877—1901）、《政治经济学原理》（1892—1894）。瓦格纳根据其所处政治经济及社会背景，通过吸收、整理、总结以前社会政策学派代表洛伦茨·冯·施泰因（Lorenz von Stein，1815—1890）、阿尔伯特·伊伯哈德·费里德里希·谢夫莱（Albert Schaffle，1831—1903年，提出社会有机论）等人的思想及观点，逐步形成了自己的以社会财政、税收思想为核心的理论体系。他综合后创立的税收原则一直影响到现在，即：第一，财政政策的原则。1. 充分的原则，2. 弹力的原则。第二，国民经济的原则。3. 税源的原则，4. 税种的原则。第三，正义的原则。5. 普遍的原则，6. 平等的原则。第四，税务行政的原则。7. 确实的原则，8. 便利的原则，9. 最少征税费的原则。

1882 年，瓦格纳通过对 19 世纪的许多欧洲国家和日本、美国的公共支出增长情况的考察，提出了“国家公共支出不断增长法则”，或称“政府活动扩张法则”，又称瓦格纳法则①；即对政府公共服务的需求的收入弹性大于 1②。这个法则也一直影响到现在。

此外，瓦格纳的财政学还强调：财政学的研究不仅包括国家财政也应包括地方财政；财政学的出发点应为强制共同经济与国民经济的关系论；财政设施应以社会政策为指南，比如租税不应以应付支出为目的，而是应当兼有调剂国民财富及收入分配不均；财政学应注重比较，如比较租税学等。关于财政学与其他学科的关系，瓦格纳认为，财政学，在实质上是经济学的分支，在形式上是国家学的分支，因而是兼有两者的一种科学，与国家学、宪法学、内务行政法、经济行政学、司法行政学、军务行政学等关系密切，其中经济政策学与财政学尤为密切；私经济学（农学、林学、矿学、工业学、商业学、银行论、保险论、交通论等）、政治算术（行政上之应用算术者，如彩票、公债等偿还及死亡率等计算）和财政史及财政统计是财政学的辅助学科。③

阿道夫·瓦格纳指出：

“最近之经济学，以为私经济与共同经济，必互相系赖，互相扶持，国家之对于私人经济，非必可执秦越不相关之态度。且以为今之社会，以私有

① 注：另一种说法，巴塞尔大学的 Peter Bernholz 认为乌芬巴赫（Umpfenbach）先于瓦格纳提出这个法则。参见詹姆斯·M. 布坎南、理查德·A. 马斯格雷夫：《公共财政与公共选择：两种截然对立的国家观》，类承曜译，中国财政经济出版社 2000 年版，第 69 页。

② 李俊生：《盎格鲁—萨克森学派财政理论的破产与科学财政理论的重建——反思当代“主流财政理论”》，《经济学动态》2014 年第 4 期。

③ 过耀根、汤一鹗、沈逢甘、孟昭常、杨志洵译：《财政渊鉴》，民友社 1911 年版，第 1688—1689 页。

权为基础。如社会阶级间之势力消长，一以财产之多寡而分。国家亦得由其收支制度之如何，影响于各所得分配之上。于是财政遂有两天职：(一) 改良经费支出、国有财产、租税、国债之制度，去其社会上之弊害；(二) 苟有其必要，则虽稍增经费，或增加国有财产，亦足行适度之社会政策，而无踌躇。

既认此新天职以后，财政学之进步，遂一日千里。较之斯学泰斗拉乌氏之所论，似更有进。……德以外如意大利，深受德国学说之影响，可不置论。其余诸国，就社会政策以论财政学者至少。此盖一由不甚解国家之意义；二由拘于斯密氏之教义，遂生茨隙，至足憾也。

财政学今后之进步，固必为社会之实际状态所影响。世之财政学者，纵于理论上反对我之主张，若国家社会主义，盛行于各种方面，财政亦行社会的财政策，则斯学之一大变革，亦所不免。夫国家社会主义之政策，正当而不可避，无俟深论。近者德国率先从事此方面之设施，为诸国之冠，使人取范，深可欣幸。所谓社会的租税策，为余所倡导，屡受人之攻击。然德帝国灾害保险法提出理由书，及 1881 年之诏敕，亦既明容余说，财政学者，殊不宜玩忽视之业。”①

瓦格纳的国家社会主义政策观进一步推进和强化了官房主义学派的政府观，即政府作为社会的一个有机组成部分参与社会的活动，而不是像盎格鲁—萨克逊学派主张的政府观——政府外在于经济与社会，政府主要通过干预经济与社会实现自己的目标（Adoff Wagner，1883）。瓦格纳认为，政府像企业一样，只是社会经济中的一个内在成员，只不过政府是有别于普通企业的一个特殊的企业组织。②

① 过耀根、汤一鹗、沈逢甘、孟昭常、杨志洵译：《财政渊鉴》，民友社 1911 年版，第 1694—1696 页。

② 李俊生：《盎格鲁—萨克逊学派财政理论的破产与科学财政理论的重建——反思当代“主流财政理论”》，《经济学动态》2014 年第 4 期。

新古典国家理论

道格拉斯·C.诺斯（1920—2015），当代美国新制度经济学和新经济史学派的代表人物。在1981年出版的《经济史中的结构与变迁》中，诺斯专门讨论了新古典国家理论。

西方政治学中关于国家的理论有掠夺论（或剥削论）和契约论。诺斯认为国家的“暴力潜能”存在两种分配的可能性。若暴力潜能在公民之间平等分配，便产生契约性的国家；若暴力潜能在公民之间不平等分配，便产生掠夺性（或剥削性）的国家。在“暴力潜能”分配论的分析基础上，诺斯从经济人假说出发，提出国家具有三个特征：一是国家为取得收入而以一组被称为“保护”和“公正”的服务作为交换；二是国家为使收入最大化而为每一个不同的集团设定不同的产权；三是国家面临其他国家或潜在统治者的竞争。基于这三个特征，国家的存在表现出两面性：它既要使统治者的租金最大化，又要降低交易费用以使全社会总产出最大化，从而增加国家税收。这种两面性之间存在着持久的冲突，并导致对经济的双重影响，甚至决定国家的兴衰。诺斯特别强调，在竞争约束和交易费用约束下，国家可能会允许低效产权的存在，从而导致经济停滞。①

诺斯的这个新古典国家理论综合了西方多方面的理论学说，具有集成的典型特征，在学术上具有重要的意义。

后来，诺斯与沃里斯、温加斯特在《暴力与社会秩序：解释人类有记录历史的概念框架》（2015）一书中把人类社会归纳为三种状态，即原始的无秩序状态、有限准入秩序的自然国家状态、开放准入秩序的现代社会状态。他们认为，自然状态国家比原始状态更有利于经济发展。因为国家垄断的暴

① ［美］诺斯：《经济史中的结构与变迁》，陈郁等译，上海人民出版社1994年版，第20—34页。译者的话，第14页。

力阻止了无秩序的暴力，这使得社会比较有秩序，有利于人们的生产激励。但在自然国家状态下，国家不受限制而个人受限制，因此私有产权在本质上是不安全的，市场竞争也不公平，经济发展因此受限。在现代社会状态下，由于国家权力受到制约，私有产权得以免受国家的侵犯，由此私人有激励进行投资和生产，市场公平竞争，经济得以快速发展。①

诺斯等人的这个理论框架，无法解释今天发达国家的低增长、停滞性增长，大型企业逃离本国去避税天堂注册。所谓国家权力受到制约也仅是上层精英的权力游戏。现代社会的私有产权都是法权下的有限产权，因为立法的改变、政府权力（尤其是税权）的扩张而不断受到侵蚀。所以有企业逃税去避税天堂，跨国公司试图超越国家的税权。

布坎南与马斯格雷夫关于国家理财理论的争论②

现代西方公共财政与公共选择理论基础上的国家理财学主要研究或争论：一是用财政来控制政府，二是用规则来运转财政。

1998 年 3 月 23—27 日，布坎南和马斯格雷夫在德国慕尼黑 Ludwing Maximilians 大学连续举行了 5 天学术辩论。论题包括财政的本质，财政的

① 参见钱颖一：《钱颖一院长谈经济历史学家诺斯》，《财新周刊》2015 年 12 月 8 日；[美]诺思、瓦利斯、温格斯特：《暴力与社会秩序——诠释有文字记载的人类历史的一个概念性框架》，杭行、王亮译，格致出版社、上海三联书店、上海人民出版社 2013 年版。

② 本节主要参考［美］詹姆斯・M. 布坎南、理查德・A. 马斯格雷夫：《公共财政与公共选择：两种截然对立的国家观》，类承曜译，中国财政经济出版社 2000 年版。

经济学上的公共选择理论主要是公共支出理论。魏克塞尔的《公平税收新原理》（1918）和林达尔的《公平税收：一个积极的方案》（1919）被认为对公共选择理论作出了基奠性的贡献。肯尼斯・约瑟夫・阿罗所著的《社会选择与个人价值》（1951）、布坎南的《社会选择、民主政治与自由市场》（1954）、唐斯所著的《民主的经济理论》（1957）、布坎南和图洛克《同意的计算——立宪民主的逻辑基础》（1962）、奥尔森所著的《集体行动的逻辑》（1965）等被认为是该学派的经典之作。

任务，对政治行动的约束，财政联邦制，道德、政治和制度改革，诊断和处方，形成了《公共财政与公共选择：两种截然对立的国家观》一书。他们都认同国家作为复杂的制度既能做大量的好事也能做大量的坏事，都把国家当作个人契约的集合。他们从人们如何对待他人的角度，集中辩论了国家与市场、政府与个人在社会经济利益分配上的四种道德模式[①]。由于当代西方发达国家公共财政的本质就是“一部分人如何通过民主机制花费另一部分人的钱的问题”[②]。所以，布坎南和马斯格雷夫的讨论具有十分重要的理论和时代意义，兹述如下。

一、布坎南的国家理财理论

布坎南（James M. Buchanan，1919—2013），出生于美国田纳西州，是新政治经济学（公共选择理论和宪政经济学）的先锋和领导人物，1986 年获诺贝尔经济学纪念奖[③]。布坎南早前是一名自由社会主义者，后来转变为新自由主义者，受“成王败寇”观念的影响，形成了反对权力机构、反政府、反国家为主要特征的观点，对政府失灵有深入理论研究。

在国家和政府理论上，布坎南把瑞典的维克塞尔尊为自己理论体系的先驱，经常说自己一生大部分时间都在论证维克塞尔的三个假设，即个人主义方法论、经济理性人假设和“作为交易过程的政治”。这种思想观点认为：

---

① 即：道德无政府状态、道德共同体、道德秩序、道德义务（责任感）。

道德的无政府状态，是指社会的相互交往中所有的或大部分人表现出来的狭义上的机会主义行为；这种认识把人当动物，不把其他人看作是值得彼此相互尊重和信任的独立个人。

道德共同体，是指把其他人当作自己的扩展部分，共同体是一个密切相关的道德单位，通过这个共同体代表了更高的利益，共同体内没有个人冲突。

② The core of public finances is that some people spend other people’s money. 参见 Jürgen von Hagen: Political Economy of Fiscal Institutions.Revised, November 2005.the Oxford Handbook on Political Economy.Wittman.Donald,Weingast.Barry R.（Editor）, 2008. Published to Oxford Handbooks Online: September 2009。

③ 获奖理由是“为了他对经济和政治决策理论的契约和制度基础的发展”。

“独立存在的个人走到一起只是为了做那些互惠互利的事”。

公共选择理论认为，能从社会成员的利益来推断不同政治和行政组织的行为；企图通过政治和行政手段来校正不同的经济协调或“市场失灵”的尝试可能反而会引发新的、后果可能更严重的“政策失灵”；两个人之间的自愿交易可以推广和延伸至一个社会契约，契约中没有一个人会遭到损失。这种国家契约观点后来发展成宪政经济理论。在这种理论中，通过权衡全体一致同意的高决策成本和一致同意的要求降低时，不同的人们将要遭受的亏损，然后决定最优决策。① 宪政经济学探讨议会民主制度下的政府财政行为，把政府关于财政的政治决策过程看作类似于市场的交易过程。因为，在代议制民主政治下，政府财政收支往往表面具象化为基于政党和选民互动博弈后形成的“社会共同需要”的公共选择科学。据说布坎南的研究“使人们更容易解释许多巨额财政赤字迭生的政治现象”。“赤字使得所有经济利益的当代人（及今天的投票人和政治家）所得，而后代人——有些在当时的决策中还没有投票权——却要承担大部分成本。”② 布坎南认为，政治家都是自私的，因此需要用宪法约束政客。“规范性地说，法制政治经济学家的任务是帮助个人不断寻求最好地服务于他们的目的（无论何目的）的政治博弈规则，这些个人，作为公民，最终控制着他们自己的社会地位。”③

布坎南指出，政府规模的扩大主要是由于公共财政效应。税基被认为是公共财政，以税收作为融资来源的政府特定支出项目是特定集团消费的私人产品，所以总是存在一种过度扩张政府部门的倾向。那些关于政府有益职能的美好理论在现实中却没有一个美好的经验基础。家长主义的政府行为并

① 罗汉主译：《诺贝尔获奖者演说文集·经济学奖（1969—1995 年）》，上海人民出版社 1999 年版，第 694—695 页。

② 罗汉主译：《诺贝尔获奖者演说文集·经济学奖（1969—1995 年）》，上海人民出版社 1999 年版，第 694 页。

③ 罗汉主译：《诺贝尔获奖者演说文集·经济学奖（1969—1995 年）》，上海人民出版社 1999 年版，第 709 页。

没有基本的哲学基础。例如：公共产品仅仅揭示了 GDP 的 10%，所以公共产品的供应不能真正解释我们观察到的政府部门的规模。① 也就是说，市场失灵不能真正解释财政行为的大部分。

布坎南在论证政府行为时采用了新古典经济学家论证私人市场所采用的同样方式。他论证了政府的职能就是确立并强制实施一定的规则以确保看不见的手能正常发挥作用，以及私人机构能做正确的事情。他希望更高级别的政府做同样的事：发现规则，宪法规则，这种规则可以引导政府做正确的事。但是他的答案是否定的。他说不可能发现这样的规则。②

布坎南指出，财政竞争总会赋予人们（生产要素）一定的退出权，这会对这个国家 / 地区形成约束，从而保证任何国家都不可能效率非常低。③ 财政再分配如采用税收融资的福利转移支付形式，就会出现机会主义行为。在转移支付部门迅速扩大的情况下，人们会按照自己狭隘的阶层、集团、地理区域、职业或产业的利益行事。一方面要求转移支付，另一方面又抵制税收，这种矛盾更多地由目的性强的分配目标引起而不是出于对公正或争议的一般性考虑引起。现代福利国家中发生财政危机在很大程度上都是由这种矛盾造成的。由于对天赋权利似的转移支付的需求可能超过了人们（纳税人）愿意支付的税额。在这种意义上，现代福利国家有可能毁灭。

布坎南认为："在私人行为和公共行为中，我们观察到大量的败坏现象，究其根源就是相对于整个经济，公共部门规模过度膨胀，过度膨胀的福利——转移支付国家是冷战造成的。我们没有注意到：公共部门本身的外部不经济。"因此，"改革的目标在于全面削减公共部门的相对规模，或至少降

① ［美］詹姆斯 · M. 布坎南、理查德 · A. 马斯格雷夫：《公共财政与公共选择：两种截然对立的国家观》，类承曜译，中国财政经济出版社 2000 年版，第 193—194 页。

② ［美］詹姆斯 · M. 布坎南、理查德 · A. 马斯格雷夫：《公共财政与公共选择：两种截然对立的国家观》，类承曜译，中国财政经济出版社 2000 年版，第 194 页。

③ ［美］詹姆斯 · M. 布坎南、理查德 · A. 马斯格雷夫：《公共财政与公共选择：两种截然对立的国家观》，类承曜译，中国财政经济出版社 2000 年版，第 195 页。

低公共部门的增长速度。改革的方式或措施就是：私有化、权力下放、分权化”。布坎南认为：从标准的经济效率的角度看，现代经济的集体部分的规模过大了，因此，通过目的在于约束集体化部门的制度——立宪改革，不但能创造更多的经济价值，而且还可能提高道德——伦理水平。作为公地的公众——“公共地的悲剧”在公众行为中上演。①

不受限制的资本主义总是倾向于破坏共同体。我们如何才能修改市场经济的制度以便不仅使追求私利的行为受到奖励，而且公平的行为也应该受到奖励而不是惩罚。布坎南认为：“斯密的整个体系建立在可接受的一套法律和制度基础上”，但“如果人们严格按照什么是合法的什么是不合法的标准来决定自己行为的取舍，那么我认为市场一天都坚持不下去”②。“一条狗不能和另一条狗交换骨头。人与人之间的交易需要相互尊重、信任。这是最低限度的市场的道德。”③就此，布坎南提出了一个“工具体的道德定义”。他指出：“并不是道德本身具有（经济）价值，而是因为道德能够使交换成为可能，所以道德间接地具有价值。由于人们之间相互作用的方式的客观存在，共同体的道德得以形成，每个人都愿意与具有市场道德感的人来往。”④

布坎南认为：“新世纪的开端，我们面临的情况是：1. 过度膨胀的公共部门，政府面临着无穷无尽的人们认为是应该得到的各种各样的要求权，同时政府无法获得足够多的税收收入去满足这种要求权，政府甚至不能满足最低水平建设基础设施的需要。2. 政治机构和政治官员不能获得公众的尊敬和

① ［美］詹姆斯·M. 布坎南、理查德·A. 马斯格雷夫：《公共财政与公共选择：两种截然对立的国家观》，类承曜译，中国财政经济出版社 2000 年版，第 163—164 页。

② ［美］詹姆斯·M. 布坎南、理查德·A. 马斯格雷夫：《公共财政与公共选择：两种截然对立的国家观》，类承曜译，中国财政经济出版社 2000 年版，第 180—181 页。

③ ［美］詹姆斯·M. 布坎南、理查德·A. 马斯格雷夫：《公共财政与公共选择：两种截然对立的国家观》，类承曜译，中国财政经济出版社 2000 年版，第 182 页。

④ ［美］詹姆斯·M. 布坎南、理查德·A. 马斯格雷夫：《公共财政与公共选择：两种截然对立的国家观》，类承曜译，中国财政经济出版社 2000 年版，第 183 页。

信任。尊重和信任的缺乏，随后，在政治权力的代理机构和代理人中产生了道德堕落现象。这种现象既是由于内在动机也是由于自我选择的过程。”[①]

二、马斯格雷夫的国家理财理论

马斯格雷夫（Richard Abel Musgrave，1910—2007），是德国出生的犹太[②]财政学家和经济学家，具有欧洲知识分子的传统，尤其是受德国财政学家瓦格纳、Pfleidever、Sax等为代表的欧洲财政学传统的影响，后吸纳萨缪尔森等新古典经济学家的分析成果，成为横跨盎格鲁—萨克逊与欧洲大陆学派的财政学综合大家，是社会民主的思想家，被誉为现代财政学的真正开拓者之一，是“现代财政学之父”。主要论著包括：《预算决定的多重理论》（1939）、《比例税与风险承担》（1944，与多玛合作）、《财政学理论》（1959）、《财政理论与实践》（1973）。他创造性地将财政学从描述性的和制度性的研究，转化为使用微观经济学和凯恩斯宏观经济学工具的研究。马斯格雷夫是政府积极干预主义的倡导者。他坚定地认为政府是社会正义的工具和有效的宏观经济政策的制定者。但他也自称承接了维克塞尔对公共产品的研究方法（根据这种方法可以推导出公共产品应免费供应）思想，发展出自己的公共产品理论。

马斯格雷夫认为：“履行国家职能需要财政资源，财政资源提供的方式决定个人和国家的关系。……国家可以被看成是个人参加而结成的合作联盟，形成该联盟就是为了解决社会共存的问题并且按照民主和公平的方式解决问题。简而言之，国家就是以个人成员的共同利益为基础并且要反映这种共同利益的契约性组织。”[③]他指出，关于国家的作用：既有消极的作用，又有伟

---

① ［美］詹姆斯·M.布坎南、理查德·A.马斯格雷夫：《公共财政与公共选择：两种截然对立的国家观》，类承曜译，中国财政经济出版社2000年版，第168页。

② 马斯格雷夫的母亲是犹太人。

③ ［美］詹姆斯·M.布坎南、理查德·A.马斯格雷夫：《公共财政与公共选择：两种截然对立的国家观》，类承曜译，中国财政经济出版社2000年版，第24—25页。

大的成就。国家具有三种基本职能：资源配置、分配和稳定经济的职能。瓦格纳法则[①]是随着工业化程度的提高而提高的客观需要的产物。政府基本上提供了人们需要政府提供的东西。[②]

马斯格雷夫认为，财政竞争将侵蚀税基，特别是对资本课征的净税收不可能维持下去，还将不得不对资本进行补贴。他称财政竞争是一种为通过资本进行寻租而作出的糟糕的制度安排。

马斯格雷夫不相信政府机构以追求收入最大化为目标；认为“为了使政府行为正确，必须对政府行为进行约束”。他认为，在绝对公平和有益物品上，在某些时候，社会也应该采用家长主义的态度。

关于布坎南对现代政府的悲观认识。马斯格雷夫认为：“布坎南论证了福利国家和扩张性预算已经破坏了社会道德，因此，削弱预算和公共部门的规模，道德将被恢复。对此，马斯格雷夫表示怀疑。”[③]他指出：“市场经济是建立在利己思想基础上的一种体制，自利的行为受到奖励而固守伦理原则的行为就会受到惩罚。亚当·斯密认为，市场体制虽然有效率，但是将使得人们忘记责任感和人与人之间的合作关系。这也正是斯密认为应该有一个国

---

① 瓦格纳法则，即随着人均收入的提高，政府的公共支出在 GDP 中的份额也在上升。

坦齐（Tanzi）和 Schuhknecht 在（1998）一份世界银行的探究报告中明确指出：“政府支出占 GDP 的比重越高，这个国家经济增长速度就越慢。稳定的民主（奥尔森式的民主）的时间越长，经济增长率就越低。”参见[美]詹姆斯·M. 布坎南、理查德·A. 马斯格雷夫：《公共财政与公共选择：两种截然对立的国家观》，类承曜译，中国财政经济出版社 2000 年版，第 179 页。

上述对于资本主义国家的现象观察，可能符合发达国家的某种特征，但不一定符合现代中国的转型特征和东亚国家的特征；把经济增长速度仅仅与政府支出和稳定民主挂钩，似乎忽视了经济增长由技术和生产力决定其高度，领导人、组织和制度决定过程快慢，并且在不同国家表现不同，甚至在同一国家的不同时段也表现不同。

② [美] 詹姆斯·M. 布坎南、理查德·A. 马斯格雷夫：《公共财政与公共选择：两种截然对立的国家观》，类承曜译，中国财政经济出版社 2000 年版，第 193 页。

③ [美] 詹姆斯·M. 布坎南、理查德·A. 马斯格雷夫：《公共财政与公共选择：两种截然对立的国家观》，类承曜译，中国财政经济出版社 2000 年版，第 169 页。

家，作为产生利己行为的市场制度的制约力量的原因之一。”①

关于现代社会。马斯格雷夫认为：“仅仅从互利的交换过程的背景中人们才关心其他人的福利。这一点在我看来无论怎么说都是不符合道德标准的。我本人的看法是，现代社会是个‘好社会’。现代的社会将作为一种有效率制度，建立在自私基础上的市场原则与作为道德因素的相互关系结合起来。我的观点是市场可以解决社会关系的主要方面，但是无论如何无法解决社会关系的全部问题。道德哲学家认为：分配问题是完全不同的问题。——必须超越帕累托的约束条件。”②他认为：“以罗斯福新政为契机，不受政府控制的资本主义以及由政府承担更多的社会责任是向前迈出的可喜一步，在社会中引入医疗保险也是一种积极的变化。为了自身生存的需要以及建立一个美好的社会，在美国需要资本主义的社会化。”③

“在改进政府以及提高政府信誉方面还有很多事情要做，最迫切需要的措施就是改革政府的融资手段而不是改革投票规则。猛烈地抨击政府也是于事无补，他们这么做恰恰增加了人们对政府的不信任，而他们本身想要提高人们对政府的信任。布坎南（1975）发表了一篇‘助人为乐的人的困境’是一种令人焦虑不安的思想：建议助人为乐的人最好抽回自己行善的手。此处‘困境’就是一个人本意是想做好事，但是有可能产生坏结果。这种思想直

① ［美］詹姆斯·M.布坎南、理查德·A.马斯格雷夫：《公共财政与公共选择：两种截然对立的国家观》，类承曜译，中国财政经济出版社2000年版，第180页。

② ［美］詹姆斯·M.布坎南、理查德·A.马斯格雷夫：《公共财政与公共选择：两种截然对立的国家观》，类承曜译，中国财政经济出版社2000年版，第170—171页。

③ ［美］詹姆斯·M.布坎南、理查德·A.马斯格雷夫：《公共财政与公共选择：两种截然对立的国家观》，类承曜译，中国财政经济出版社2000年版，第172页。

市场侵蚀政府行为、宗教行为、家庭解体等一系列相互作用导致道德水准有目共睹的滑坡。John Komlos也认为：“美国罗斯福新政是对人们认为市场竞争的结果特别令人失望而做出的反应。进而，福利国家在某种意义上是对人们特别不喜欢市场结果而做出的反应。”［美］詹姆斯·M.布坎南、理查德·A.马斯格雷夫：《公共财政与公共选择：两种截然对立的国家观》，类承曜译，中国财政经济出版社2000年版，第190页。

刺西方道德和传统的要害。不容否认，在助人为乐的人积德行善时，他是在帮助一个遭到抢劫的人还是在支持帮助不想工作的懒汉，这两种行为是有差别的。但是现实情况是处于上述两者之间，必须根据实际情况制定政策。好的社会应该倾向于帮助需要帮助的人，或者更好的情况是，在可能的情况下，创建一种制度使人们不需要别人的帮助。对于低收入的阶层而言，收入效应也许会超过替代效应；高收入的阶层而言，增加税收的替代效应也许多超过收入效应。过分关注物质方面的社会福利，忽视其他方面的事情。这难道不是我们社会问题的一个重要方面吗？把道德崩溃归结为大政府（公共部门的增长）未免有些牵强附会。”①

马斯格雷夫认为，变幻莫测的市场和经济周期的变化大大超过了天气的变化。家庭的联系越来越弱，因此生产的单位改变了，不确定性增加了，公共部门的扩大反映了由于大众民主程度的提高导致的人们需要的改变，反映了公众愿望和阶层的变化。熊彼特担心征收累进性税收的公共部门的扩张在最终丰裕社会到来之前就会扼杀企业家的创新精神。布坎南教授则用同样担心歧视性的投票过程将逐渐成为道德社会的毁灭性因素。在绝大部分领域，可以通过实施普遍性的非歧视原则来消除这种歧视。但也不应该禁止称心合意的区别对待。②

马斯格雷夫的结论是：市场虽然有效率并且有助益，但自身却不能构成一个道德秩序。仅仅建立在自利基础上的道德观是不合适的。道德水平高的好社会这个概念不能仅仅建立在自利和便利的基础上，这种社会是由关系密切的个人组成的，人与人之间的关系也应是符合道德标准的。具有利己之心的人相互尊重是好社会的基本前提，这个前提对于建立好社会虽然有用，但

① ［美］詹姆斯·M. 布坎南、理查德·A. 马斯格雷夫：《公共财政与公共选择：两种截然对立的国家观》，类承曜译，中国财政经济出版社 2000 年版，第 173—174 页。

② ［美］詹姆斯·M. 布坎南、理查德·A. 马斯格雷夫：《公共财政与公共选择：两种截然对立的国家观》，类承曜译，中国财政经济出版社 2000 年版，第 175 页。

是仅有这一条还不够。还要包括政府建筑和商场大厦。马斯格雷夫评价布坎南的认识说：道德无政府状态，既没有效率也不美好，不可取。道德共同体在不被需要的场合总是过度地侵犯个人自由，同时也是危险的。① 马斯格雷夫认为："代际公平是市场无法解决的问题，所以需要政府干预。" ② 这暗含政府调节收入分配的各种政策的合理性和必要性。

马斯格雷夫指出："在全球化的经济中，因为对流动性的要素课税变得更加困难，所以福利国家的财政也更加困难。全球化必须考虑国内效果和全球效果之间进行的权衡。" ③

马斯格雷夫认为："形式意义上的结果与具体意义上的结果是完全不同的""社会生活不是一场游戏""罗尔斯的最大最小原则很有吸引力，虽然可能有点儿趋于极端。我希望将天赋的财产权也包括在考虑的范围内"。④

这一阶段，欧美国家理财学主要有下列一些特征：

理全民财

财务 + 政务 + 政治财 + 公共财

以支定收

官用 + 民用

20 世纪 50 年代后，社会主义国家在世界的兴起，福利国家和民主普遍

---

① ［美］詹姆斯·M. 布坎南、理查德·A. 马斯格雷夫：《公共财政与公共选择：两种截然对立的国家观》，类承曜译，中国财政经济出版社 2000 年版，第 176 页。

② ［美］詹姆斯·M. 布坎南、理查德·A. 马斯格雷夫：《公共财政与公共选择：两种截然对立的国家观》，类承曜译，中国财政经济出版社 2000 年版，第 178 页。熊彼特认为，资本主义也破坏了社会的道德基础。他在 1942 年的《资本主义、社会主义和民主》中指出，资本主义体制，由于它具有如此的创造性以及通过不断的创新获得发展，也是一个破坏性过程。

③ ［美］詹姆斯·M. 布坎南、理查德·A. 马斯格雷夫：《公共财政与公共选择：两种截然对立的国家观》，类承曜译，中国财政经济出版社 2000 年版，第 184 页。

④ ［美］詹姆斯·M. 布坎南、理查德·A. 马斯格雷夫：《公共财政与公共选择：两种截然对立的国家观》，类承曜译，中国财政经济出版社 2000 年版，第 186、187、188 页。

化后，随着公民普选权的落实，公共财政和民生财政在边际上获得新发展

财政收入以所得税、营业税、增值税为主，新增彩票、社会保障、基金、全球铸币收入等新来源

博弈主体包括：社会不同等级之间；政党利益集团之间；政府与利益团体

中国的国家理财学

一、晚清民国时期的国家理财学

由于晚清以来国家屡受外敌蹂躏和国内战乱，承负巨额赔款和军费支出，政府一直处于财政困境之中，又有晚清东南诸省互保割据，民国期间军阀混战、列强入侵、国内战争等，中央政府和地方政府为解财政之困都十分重视财政学教育和财政理论的研究，不仅大学堂要求学生学习理财学知识，中学堂也要求学生学习近代理财知识①。

1903 年，清政府对科举考试进行改良，开考了“经济特科”，其中财政问题占有重要地位，这极大地推动了国家理财学的发展。1904 年颁布的《奏定学堂章程》规定政法科大学政治学门必须学习《全国人民财用学》《国家财政学》《各国理财史》《各国理财学术史》等课程；法律学门要学习《全国人民财用学》《国家财政学》；农科大学农学门也要学习《理财学》和《国家财政学》。② 其他专科学校也要求学习《国家财政学》或《全国人民财用学》。除 1911 年陈焕章在美国哥伦比亚大学出版英文的《孔门理财学》外，目前没有找到有关国家理财学的具体教材和专著。因此，写作此书仍以当时的财

① 《奏定中学堂章程》规定，中学堂第十科为法制及理财，第 4 年开设，内容为“当就法制及理财所冠之事宜，教以国民生活所必须之知识，据现在之法律制度讲明其大概，及国家财政、民间财用之要略”。参见舒新城：《中国近代教育史料》（中），人民教育出版社 1961 年版，第 511 页。

② 转引自邹进文：《民国财政思想史研究》，武汉大学出版社 2008 年版，第 29 页。

政学著作为主要参考资料。

1904年梁启超的《中国国债史》出版，几乎全部使用我们今天所见的现代财政学术语。如财政、财政学、地方财政、国债、公债、地方公债、外债、关税、专卖、预算等。梁启超认为公债也是一种赋税，所不同的是“租税直接以赋之于现在，而公债则间接及赋之于将来”，“不过将吾辈今日应负之义务，而析一部分以遗诸子孙云尔”。但他承认公债对经济建设具有积极意义，“租税尽其力于一时，公债将纾其力于多次”，因此他认为公债虽然增加了后代的负担，但也有利于后代。此外，他在担任财税总长时，主张赋税的征收必须以便民为原则，实行轻税、平税政策，而反对与民争利的“固民所急而税”的传统观点。他提出应仿效英国实行平税政策，便民利民而后求富强。

1905年，胡子清[①]根据自己在早稻田大学课堂（冈实先生）上听课笔记加以整理编著了《财政学》，作为当年在日本东京留学的留学生编译出版的“法政萃编”的一种。全书分为总论、经费论、收入论、收支适合论和地方财政五编。这种体例开创了中国财政学著作的新范式。[②]该书开宗明义，认为财政学是为国家谋利益；财政根本出发点是政治团体以维持公共之安宁秩序及增进公共之幸福为目的，为达目的财政必须采用特别必要之系统手段当中关于资财的各种设施举措。[③]该书认为财政上的经费是“政团为谋公益所需一切之费用”，主要做“私人所不能为之事”“不可使私人为之事”和“私人所不欲为之事”。也就是说，胡子清的书区分了财政学与经济学、财政与私人经济的定位不同，这是对墨子公共财政论的新发展。同年，宋育仁著

① 胡子清早年以《理财论》策论中举，其后留学日本，毕业于日本早稻田大学，后任职中华民国财政部赋税司。

② 许康：《百年前中国最早的〈财政学〉及其引进者——湖北法政学堂主持人胡子清》，《财经理论与实践》2005年第6期。

③ 胡子清：《财政学》，日本东京井木活版所1905年版，第1页；转引自史卫：《人类财政文明的起源与演进》，中国财政经济出版社2013年版，第36页。

《经世财政学》由上海新民书局出版，该书主张“理财必重农”，“工业必重商”，强调要健全货币制度。

1906—1907年，《民报》刊登了留日学生朱执信等人介绍德国华格纳（即瓦格纳）的《财政学》和日本小林丑三郎的《比较财政学》的连载文章。1908年，清政府派唐绍仪[①] 率随员9人专门出国考察日欧八国财政，为行将试办的国家预算提供参考。唐绍仪不仅带回了大量财政资料，而且提供了详细的考察报告，提出了“划一币制、定虚金本位、造币、修改税则、保护民间财产、国有营业”等7项“经营财政最要点”。[②]1909年，张锡之翻译了小林丑三郎的《比较财政学》。

1911年，共和党的民友社组织过耀根等五人翻译了日本学者田中穗積的租税论，田尻稻次郎的公债论、会计论（预算论）、货币论、银行论和瓦格纳的财政学，合编成《财政渊鉴》，由上海中新书局印刷，中国图书公司、商务印书馆、文明书局发售。1914年，陈启修在日本帝国大学期间，用白话文翻译了小林丑三郎的《财政学提要》，由上海科学会编译部（商务印书馆前身）出版发行，开创了用白话文翻译经济学著作的先例。

到1919年五四运动前，我国已有十余部财政书籍问世。可以说，基本完成了财政学的近代转型。

1924年，陈启修的《财政学总论》出版开启了我国近代公共财政论的先河，该书以英文和德文财政学文献为基础，同时参考日文文献。他给“财政”下的定义是：“财政者公共团体之经济或经济经理也；易词言之，即国家

---

① 唐绍仪（1862—1938），生于广东香山县，自幼到上海读书，1874年成为第三批留美幼童，赴美留学，后进入哥伦比亚大学学习，1881年归国；1885年，到天津税务衙门任职；随后被派往朝鲜办理税务，成为清政府驻朝鲜大臣袁世凯的书记官和得力助手；是清末民初著名政治活动家、外交家，曾任清政府总理总办，北洋大学（现天津大学）校长、山东大学第一任校长，清末南北议和北方代表、中华民国首任内阁总理，国民党政府官员。曾为中国主权、外交权益及推进民主共和作出了重要贡献。

② 转引自邹进文：《民国财政思想史研究》，武汉大学出版社2008年版，第28页。

及其他强制团体党其欲满足其共同需要时关于所需经济的财货之取得管理及使用等各种行为之总称也”。[①] 陈启修从财政经济与新古典经济学（个人与企业经济）的差异角度，分析了财政的公共经济属性。他指出：“（一）财政自身无目的，而仅为达团体之其他目的之手段，与私经济之自身即为目的者有异；（二）财政以量出为入为原则，与个人及企业经济之量入为出者有异；（三）财政之支出之效果多属无形，不能附以价格与个人及企业经济之支出以举有形的利益为主要的目的者不同；（四）财政上的收入，系依所谓一般的报偿之原则，以强制的获得为主者有异；（五）财政之主体，生命悠久，故其规模亦甚远大，与个人与企业经济有异；（六）财政上之事务皆由于事务之成绩，无直接利害关系之吏员担任之，与个人与企业经济上之事务担任有异。”[②]

陈启修认为，财政学乃“研究财政之科学。财政学为一种科学，抑为一种策术？此在昔时，亦为学者争论之点，然居今日则财政学之为科学已成定论。盖所谓科学者，以广义言之，本指有统系的精密智识而言。而就现今财政的学问观之：（一）则有一定有限的研究范围，（二）则有特殊的系统的事实，原则及一般进展之法则，（三）则可得适用科学研究法，（四）则于说明特定的现象之外，兼可预断其将来。故财政的学问当然得为一种科学也”[③]。他认为财政学一方面可作为政治学或行政学的一部分，另一方面又可作为经济学的一部分。这是当时中国学者的普遍看法。

陈启修说：“财政学虽为一种独立的科学，然其与他种科学之关系，并不因此而减。例如欲论岁出，则不能不依据经济学之消费论；欲论租税之转嫁，则不能不利用经济学上之分配论；欲批判租税制度之是非，则不能不利用国民经济学原理；欲论公债，则不能不依一般信用之原理；欲论公有企

① 陈启修：《财政学总论》，商务印书馆1924年版，第1页。

② 陈启修：《财政学总论》，商务印书馆1924年版，第11—17页。

③ 陈启修：《财政学总论》，商务印书馆1924年版，第25—26页。

业之利弊，则不能不深通经济政策学；又如欲明中央财政与地方财政之关系，则不能不明宪法及行政法之原理；欲达财政运用之目的，则不能不通会计法；欲明租税公平之原则及公共经费之当否，则不得不引用政治学及国家学。此外如统计学、社会学、社会政策学、历史学等，皆与财政学有密切的关系，通常学者统而称之财政学辅助学科。”①

从学术史上来说，陈启修认为，“一则财政学与政治经济学及行政法学等关系极密，欲研究财政思想发达史，必不能不对此等科学，先有深淹的研究。二则财政本为政治之反映，故财政的思想，随时随地，皆有变迁，欲求搜材之详尽无遗及叙述之简明得要，实极困难也。故现代专科学者，关于财政学史之著述，为数甚少，且因见解及取材之不同，往往得相差甚远之结果，是我人迷于取舍。……有国家，即不能不有财政，既有财政，则关于财政之思想及议论，亦不能不自然地发生。故财政思想之研究，在理论上，应从古代起。惟古代及中世之财政思想，大抵漫无统系，且对于近世财政学之关系及影响，亦甚微少，故无详细研究之要。”②就历史而言，陈启修的这种认识，很适合欧洲，而不能涵盖中国。因为中国古代财政思想既有统系，也对近代财政学有直接的、关系甚大的影响。

1931 年、1935 年，李权时③在其《财政学原理》中将“Public Finance”翻译为“财政”。④李权时一方面赞同美国学者亚当士（斯）对财政学的界

---

① 陈启修：《财政学总论》，商务印书馆 1924 年版，第 27—28 页。

② 陈启修：《财政学总论》，商务印书馆 1924 年版，第 32—33 页。

③ 李权时（1895—1982），浙江镇海人。1918 年清华学校毕业，后赴美国留学，1922 年获得哥伦比亚大学财政学博士。回国后曾在大厦大学、复旦大学、吉林大学等任教。民国时期重要的经济学家、财政学家，1927—1944 年出版 35 本经济学著作，其中财政学 12 种，与北京大学的马寅初并称“南李北马”。

④ 李权时：《财政学原理》（上），中华书局 1935 年版，第 1—2 页。李权时认为：“经济学是研究人类谋生的种种活动的一种社会科学。……财政论，专门研究人类的政治团体的经济行为。财政学是国家经济学，包括国家财政学和地方财政学。”参见李权时：《李权时经济财政论文集》，商务印书馆 1931 年版，第 1、5、6 页。

定，称为较简单的定义，即“财政学就是研究任何政府的欲望及其满足此欲望的方法的一种社会科学”。另一方面又赞同英国学者道尔顿的界定，称为较详细的定义，即“财政学就是以研究国家及其管辖范围内的任何一级政府的收支上的原理及政策为职责的一种社会科学。举凡公共经费的支配，公共收入的筹划，公债的举募与偿还，公共收入款项的管理和监督等等的事实与理论，都包括在内”①。李权时的财政学只是理政府财。

关于财政学与经济学的关系，李权时认为：“财政学是介于政治学与经济学之间的一种独立社会科学。财政学既是经济学的一部分，那么二者关系的密切，当然是自明之理。不过从学术发达史一方面讲起来，财政学实在还是经济学的父亲呢！这个道理，一来因为经济学的先驱如重商主义、计臣学派（官房学派）和重农主义是无不注重财政的，尤以计臣学派为然；二来因为经济学鼻祖斯密亚丹的名著《原富论》之所以能完成，实在还应当归功于斯氏早年之讲授‘警察兵备及税收’的一个学程。这样可知是先有财政学而后继有经济学的，并不是先有经济学而后始有财政学的。不过经济学是‘后来居上’‘后生可畏’，而她的父亲，或先驱反倒屈居下风了。”②他说：“至于学理上财政学与经济学的关系，那当然是更为密切：即如（一）财政学内的岁出论或公共经费论是必须合乎经济学上消费论的原理原则的；（二）租税制度是必须合乎生产论的原理原则的；（三）租税的转嫁论事必须参酌价格论和分配论的原则的；（四）公债或公共信用论是必须合乎一般信用论及货币银行论原则的；（五）公业论事必须合乎经济政策和独占论原则的。”③他引用“美国赛力格孟（即 Seligman，又来译为塞利格曼）教授谓经济学是私人与私人之间的价值科学，而财政学是私人与政府或国家间的价值科学”。④

---

① 李权时：《财政学原理》（上），中华书局 1931 年版，第 25 页。

② 李权时：《财政学原理》（上），中华书局 1931 年版，第 28 页。

③ 李权时：《财政学原理》（上），中华书局 1931 年版，第 29 页。

④ 李权时：《财政学原理》（上），中华书局 1931 年版，第 29 页。

他认为："西方公共财政学由以往的国家学和政治学真正转变为一门经济学始于19世纪奥地利学者萨克斯（Emil Sax）和意大利学者潘塔莱奥尼（Maffeo Pantaleoni，1857—1924）等人运用边际分析理论研究财政问题。"①

1935年，何廉和李锐在其《财政学》中认为："财政学为经济学之一支流，故两者之关系，极为密切。欲论公共收入与支出，则不能不根据经济学上之生产论及消费论；欲论租税之转嫁及归著，则不能不利用经济学上之价值论与分配论。至于公债之研究，当明经济学中信用论及交易论。故治财政学者，非先于经济学之原则，具有深淹之研究，决不易探其奥。财政学与政治学之关系，其密切之程度，不在其与经济学关系之下。一国之财政政策，率与其国当日之政治学说相符合。十八世纪末叶，个人主义学说盛行于欧洲，赋税多根据利益说；其后国家有机体说勃兴，视个人为组织国家有机体之细胞，为国家整个之存在及繁荣计，富者之输纳，应较贫者为多，于是利益说衰而能力说代之以兴。此政治学说影响财政学之例也。……财政制度，率随政治组织而定。法国财政制度为中央集权，美国财政制度为地方分权，皆政治制度影响财政制度之例也。"②

最后谈一谈民国时期我国国家理财学在世界的地位。

中华民国建立后（即1911年后），随着我国留学生在欧美日获得博士学位的人数越来越多，我国经济学研究，尤其是财政学，已经在世界上有了一定影响，至少已经与世界发展同步，所用分析方法与世界趋同。

一方面，我国学者在国内外出版财政学专著已经有一定国际地位，同时1927年后财政学的本土化、中国化步伐开始加快。

比如：1911年，陈焕章③在哥伦比亚大学取得经济学博士学位，其论文《孔门理财学》作为哥伦比亚大学"历史、经济和公法丛书"之一同时

---

① 参见张馨：《公共财政论纲》，经济科学出版社1999年版，第592页。

② 何廉、李锐：《财政学》，商务印书馆2011年版，第11页。

③ 陈焕章是康有为授业弟子，晚清举人，赐进士出身，以翰林身份留学美国。

在纽约和伦敦出版，由哥伦比亚大学付费，被哥伦比亚大学列为法政专业的重要参考书。这是20世纪早期中国学者在西方刊行的第一部中国财政经济思想名著。20世纪30年代美国政府对农业的干预政策（联邦政府在农产品价格过低时以高于市场价格收购农产品）也主要是从该书中借鉴中国古代常平仓思想而推行的。[①]1914年，马寅初在美国哥伦比亚大学的博士论文《纽约市的财政》就是当时的前沿学术成果，由著名的财政学家塞利格曼（Saligman）教授指导，同年由哥伦比亚大学政治学院出版，随即被指定为哥伦比亚大学经济系一年级本科生的教科书。1922年，李权时在哥伦比亚大学的博士论文《中国中央与地方财政划分问题》由哥伦比亚大学出版。1923年，中国经济学社成立，以西方古典和新古典经济学为宗，推举刘大均和马寅初为会长，将国内经济学人联络起来。该社宗旨：（一）提倡经济学精深之研究；（二）讨论现代经济问题；（三）编译各种经济书籍；（四）赞助中国经济界之发展及改进。中国经济学社成立后不仅编译了大量书籍，而且出版了一批本国原创书籍。1930年，学社刊物由年刊改为季刊，并提出办刊的目标是“登世界学术之林”。[②]1924年，陈启修的《财政学总论》在国内出版，此后十年连出七版，影响很大。1926年，陈岱孙在哈佛大学的博士论文《马塞诸塞州地方政府开支和人口密度的关系》也是一篇相当前沿的研究成果，对当时流行的抽象理论用事实归纳法进行了严格的检验。1929年，李权时在其《经济学原理》自序中提出：“他研究经济学（包括财政学）的目的是要‘制造国货，亦即仿照洋货，去代替来路货’。他认为要达此目的，必须分三步走：‘提倡国货的最初步是在乎仿造洋货，所以提倡国货教科书的最初步是在乎翻译外国教科书。进一步则为自己监制或自己编述。再进一步则为自己能够精制以与洋货逐鹿于世界

① 邹进文：《近代中国经济学的发展——来自留学生博士论文的考察》，《中国社会科学》2010年第5期。

② 李权时：《李权时经济财政论文集》，商务印书馆1932年版，第114页。

市场，或自己能够卓立一家以与世界学术界并驾齐驱。'他认自己的《财政学原理》有的是在提倡国货的第一期，有的是在第二期，有的或已进入第三期。"[①] 同年，尹文敬在法国巴黎出版法文版《中国税制》，同年获得巴黎大学法学博士，导师是法国著名财政学家亚里克司。1935 年我国学者出版了三本有影响的畅销财政学教材，即李权时的《财政学原理》，何廉、李锐合写的《财政学》和尹文敬的《财政学》，三种教材多次再版，其中尹文敬的著作一直到 1949 年都是重要的同行参考专著。李权时分析了财政学作为一门独立科学的理由及在社会科学中的地位，他认为财政应遵循六大原则：公共原则、国民经济原则、效率原则、计划原则、公开性原则和公益事业法治原则。1935 年，崔敬伯已经开始反思西方的财政学研究方法，并提出"一个态度、两个方面、三个观点"，即"一个客观态度，时空两个方面，正反合三种观点考察"的本土研究路向以区别西方新古典的主观主义研究路向。[②]1937 年，朱伯康的德文博士论文《中国国家财政和财政制度》在德国出版，朱伯康师从法兰克福大学威廉·盖洛夫（Wilhelm Gerloff）教授。此外，董修甲的《市财政学纲要》具有相当的学术创新价值。还有贾士毅的《关税与国权》《国债与金融》和《民国财政史》，晏才杰的《公债论》，徐沧水的《国内公债史》，杨汝梅的《民国财政论》、胡均的《中国财政史》等影响较大。据不完全统计，1927—1937 年出版的财政学著作有百余部。

1927 年以后的民国时期，西化的潮流开始受到反思和实践的验证，经济学和财政学的本土化渐成燎原之势，主要以西方学成的海归学者为主体，开始超越食洋不化的发展阶段，通过整理和研究中国的历史和现实，构建中国的财政经济理论演进体系。比如前面提及的李权时、崔敬伯的

① 李权时：《经济学原理》，民智出版社 1929 年版，自序。

② 崔敬伯：《财政学方法论商榷》，《法学季刊》1935 年第 3、4 期。

探索。

再比如，1934 年，何廉在其《财政学》引言中说："近十余年来，吾国社会科学，渐已发达，然国内各大学中，所采用之教科书，仍多为西籍，即有用中文本者，亦大都取材外国事实。……则承学之士，所学与所见迥殊，结果思想易陷于纷歧，而所学易感觉隔膜。……然习用外籍，因循不变，终难使吾国学术，脱附庸而进于独立。居尝谓欲促进今日中国学术，应先提倡本国化之社会科学，拳拳服膺，矢志进行有年矣。"①

还比如，马寅初在《财政学与中国财政：理论与现实》（1948）一书中，就当时盛行的凯恩斯理论，提出构建中国的财政学经验理论和政策体系，将理论与事实结合起来。他说："余总以为中国研究经济学的青年，应多注意中国的实际情形，社会环境，与历史背景。我们生在这个社会之中，决不能离开这个真实社会，而高谈阔论。但我们同时亦生在这个时代，与这个时代的潮流亦不能脱节，故事实与理论有合冶一炉之必要。今日的新古典学派，已大受凯恩斯学派的攻讦，几乎驳得体无完肤。……以时代而论，《通论》代表时代的新潮流，吾人不能不读；但以空间而论，它是根据英美的情形而写的，与中国的情形可谓风马牛不相及。"②

民国时期，国内出办发行了一百多种经济学期刊和几千部有关中国的经济论著，经济学的研究呈现百花齐放、百家争鸣的格局。影响比较大的著作有：马寅初的《中国经济改造》，王亚南的《中国经济原论》，许涤新的《现代中国经济教程》《中国经济道路》，方显庭的《中国经济研究》，任曙的《中国经济研究》等。

另一方面，译介当时日欧美的主流财政学著作，作为我国财政学发展的养分。比如 1928 年，李祚辉翻译了日本学者马场铁一的《财政学新论》。

---

① 何廉、李锐：《财政学》，商务印书馆 2011 年版，引言第 1 页。

② 马寅初：《财政学与中国财政：理论与现实》，商务印书馆 2001 年版，第 2—3 页。

1930年，王长公翻译了日本学者阿部贤一的《财政政策论》。1931年，童蒙正翻译了德国学者瓦格纳的《财政学概要》，施复亮翻译了阿部贤一的《新财政学》。1932年，陈汉平翻译了英国学者庇谷（A.C.Rogore）的《财政学研究》。1935年，杜俊东翻译了英国学者道尔顿（Dalton）的《财政学原理》，李百强翻译了美国学者卡尔·普伦（Carl C.Plehn）的《财政学大纲》。

二、社会主义中国的国家理财学

1949年10月后，中国共产党作为中国的执政党，以马克思列宁主义为理论指导，在国家理论上遵循马克思列宁主义的国家理论，在国家理财上最大的特点是根据马克思的社会再生产理论，按照有计划、按比例、综合平衡、统筹兼顾的思想和原则进行理财。

具体又分为两个阶段：

第一个阶段是20世纪80年代前，以马克思、列宁、毛泽东的国家理论为指导，以苏联模式为参照，融合中国共产党在革命时期根据地经验的独立探索，构建起了一个以计划经济体制为核心特征的全能国家，按照社会主义计划经济的方法确定政治与经济的关系，理国家财，设计和完善国家的所有制、分配制度、财政制度等，特征是在综合平衡和突出重点之间摇摆。这一阶段又分为两个时期，1960年以前是全面学习模仿苏联的时期，之后开始对苏联发展模式进行反思修正。当时，人们普遍认为“苏联的今天，就是我们的明天”。特别是“一五”期间（1953—1957）苏联援助建设的156个项目，使我国开启了全面工业化建设的新阶段。这一时期，马克思主义现代国家建构的理论预设与实践逻辑成为塑造中国国家治理模式，特别是国体和政体的典型特征。

在国家理论上，马克思主义认为，国家是一个历史范畴，是经济上占统治地位的阶级为了维护本阶级的利益而对被统治阶级实行专政的工具，国家是依靠暴力进行统治的，同时国家本身就是维持阶级社会存在和发展的一种社会共同事务。因此，国家与社会（市场）的冲突是由国家的二重性（即社会性与阶级性）引起的：一方面，国家是社会的中心，产生于社会的公共职能；另一方面，国家并不完全是中立的，它照例是最强大的、在经济上占统治地位的阶级的国家[①]。在国家建构的实践上，1949年10月成立的新中国，整体上直接由军事管制体制转身为国家治理体制与机制。

根据历史唯物主义，生产力决定生产关系，经济基础决定上层建筑的基本原理，财政是政治的物质基础，也是国家意志的集中体现，是贯彻党的基本路线的主要工具。列宁说："如果我们在财政政策上不能获得成效，则我们的一切彻底的改革，都会遭到失败的命运。"毛泽东指出："政治工作是一切经济工作的生命线""预算里边规定着政府的活动范围和方向"。陈云说："中央的政治权威，要有中央的经济权威作基础，没有中央的经济权威，中央的政治权威是不巩固的""一个县宁肯暂缺一个组织部长，也要配备一个税务局长"。并说："税收最要紧，神圣不可侵犯""财政没有钱，什么事也干不了"。李先念指出："财政工作是一项综合性的工作，并且具有很大的政治性。财政工作体现着党的各个方面的政策，关系到国家建设的各个方面，关系着各个阶级、各个民族的切身利益。"[②]因此，财政与政治的关系是互为表里。

在1949年之前，毛泽东等中国共产党的第一代中央领导集体在国家理财实践中形成了一系列理论思考，包括：发展生产、保障供给，生产第一、分配第二的理财思想；统一领导分级管理的理财体制；统筹兼顾、适当安排，收入第一、支出第二的理财工作方针；开源节流，节约资源、力戒浪费的理财管理思想等。

后来，毛泽东通过研究欧洲资产阶级革命，发展了马克思、列宁的国

---

① 林岗、张宇主编：《马克思主义与制度分析》，经济科学出版社2001年版，第24页。

② 以上参见王丙乾：《中国财政60年回顾与思考》，中国财政经济出版社2009年版，第49、2、4、6页。

家理论。毛泽东在论生产关系[①]对生产力的先导作用时指出："首先制造舆论，夺取政权，然后解决所有制问题，再大大发展生产力，这是一般规律。一切革命的历史都证明，并不是先有充分发展的新生产力，然后才改造落后的生产关系，而是要造成舆论，进行革命，夺取政权，才有可能消灭旧的生产关系，消灭了旧的生产关系，确立了新的生产关系，这样就为新的生产力的发展开辟了道路。""生产力和生产关系之间、生产关系和上层建筑之间的矛盾和不平衡是绝对的；平衡总是相对的。从世界的历史看资产阶级工业革命，不是在资产阶级建立自己的国家以前，而是在这以后；资本主义的生产关系大发展，也不是在上层建筑革命以前，而是在这以后。都是先把上层建筑改变了，生产关系搞好了，上了轨道了，才为生产力的大发展开辟了道路，为物质基础的增强准备了条件。生产关系的革命，是生产力的一定发展所引起的。但是，生产力的大发展，总是在生产关系改变以后。在英国，是资产阶级革命（17 世纪）以后，才进行工业革命（18 世纪末 19 世纪初）。法国、德国、美国、日本，都是经过不同的形式，改变了上层建筑，生产关系之后，资本主义工业大发展起来。"[②]因此，中国共产党在取得政权后，如何建立科学的所有制和财税制度，使生产关系上轨道，就成为生产力大发展和实现现代化，特别是国家治理体系和治理能力现代化的关键。这不仅是一个经济体制改革问题，更是一个生产关系和政治权力归属划分问题。

1956 年 4 月 25 日，在中央部委的调查研究的基础上，毛泽东形成了著名的《论十大关系》一文，对国民经济的综合平衡发展提出了理论上的系统思考，就新中国处理好政治经济关系，经济内部的结构性关系，国家、集体、企业、个人之间的分配关系，中央与地方的利益关系等提出了总体性的

① 生产关系包括生产资料所有制、劳动中人与人的关系、分配关系这三个方面。

② 毛泽东：《读苏联〈政治经济学教科书〉的谈话》（节选），参见中共中央文献研究室编：《毛泽东文集》第八卷，人民出版社 2009 年版，第 131—132 页。

认识框架，或国家理财框架。

关于处理重工业和轻工业、农业的关系，提出农轻重协调发展的思想，认为农业是国民经济的基础，重工业是我国建设的重点，必须优先发展生产资料的生产。

关于沿海工业和内地工业的关系，认为我国全部轻工业和重工业，都有约百分之七十在沿海，只有百分之三十在内地，这是历史上形成的一种不合理的状况，因此，提出沿海的工业基地必须充分利用，但是，为了平衡工业发展的布局，内地工业必须大力发展。

关于经济建设和国防建设的关系，认为国防与财政、经济建设是辩证发展关系。提出国防支出的比例问题，认为可靠的办法就是把军政费用降到一个适当的比例，增加经济建设费用；只有经济建设发展得更快了，国防建设才能够有更大的进步。他说："一九五〇年，我们在党的七届三中全会上，已经提出精简国家机构、减少军政费用的问题，认为这是争取我国财政经济情况根本好转的三个条件之一。第一个五年计划期间，军政费用占国家预算全部支出的百分之三十。这个比重太大了。第二个五年计划期间，要使它降到百分之二十左右，以便抽出更多的资金，多开些工厂，多造些机器。经过一段时间，我们就不但会有很多的飞机和大炮，而且还可能有自己的原子弹。""因为还有敌人，我们还受敌人欺负和包围嘛！我们一定要加强国防，因此，一定要首先加强经济建设。"

关于国家、生产单位和生产者个人的关系。毛泽东提出：国家和工厂、合作社的关系，工厂、合作社和生产者个人、国家和农民，合作社和农民的关系，都必须兼顾，都要处理好，不能只顾一头，必须兼顾国家、集体和个人三个方面，要"军民兼顾""公私兼顾"。无论只顾哪一头，都是不利于社会主义的。

关于中央和地方的关系。毛泽东认为这是一个矛盾。解决这个矛盾，目前要注意的是，应当在巩固中央统一领导的前提下，扩大一点地方的权力，给地方更多的独立性，让地方办更多的事情。这对我们建设强大的社会主义国家比较有利。我们的国家这样大，人口这样多，情况这样复杂，有中央和地方两个积极性，比只有一个积极性好得多。我们不能像苏联那样，把什么都集中到中央，把地方卡得死死的，一点机动权也没有。中央要发展工业，地方也要发展工业。就是中央直属的工业，也还是要靠地方协助。至于农业和商业，更需要依靠地方。总之，要发展社会主义建设，就必须发挥地方的积极性。中央要巩固，就要注意地方的利益。

其他关于党和非党的关系、革命和反革命的关系、是非关系、中国和外国的关系都是政治或政局相关的问题。

毛泽东认为，十大关系，都是矛盾，是对立统一的关系。他对这些矛盾进行了辩证的一分为二的分析后指出：我们的任务，就是要把国内外一切积极因素调动起来，正确处理这些矛盾，把我国建设成为一个强大的社会主义国家。①

这个认识，既是对新中国成立初期发展的经验和教训的总结，也成为指导中国后来发展的国家治理体系建设的总纲。

毛泽东之外，有系统国家理财学理论的首推陈云。陈云作为党内一直主管财经的领导，经过在苏联学习马克思的社会再生产理论和计划经济理论，在战争年代和国民经济的恢复时期的理财实践中，逐渐形成了国家理财的理论体系，1956 年整合成为系统的国家理财综合平衡理论。

陈云的国家理财理论是建立在生产供给不足的经济大背景之下，在时间维度上以短期或短线为主，在理论上运用马克思关于社会再生产四个环节相互关系的原理，以国民经济有计划按比例发展为基础，认为财政收支平衡是国民经济稳定发展的基础和国民经济综合平衡的关键，认为物资、财

① 以上参见毛泽东：《论十大关系》，中共中央文献研究室编：《毛泽东文集》（第七卷），人民出版社 1999 年版，第 23—49 页。

政、货币信贷三平衡和物资、财政、货币信贷、外汇四平衡是综合平衡的基本条件，在不同阶段提出紧张综合平衡理论和短线平衡理论，国家理财要充分利用计划与市场两种手段，国民经济的主要供给要以计划发展为主，满足人民的多样需求要以市场为主，把计划与市场比喻为笼子与鸟的关系。陈云认为，综合平衡发展要抓国民经济的主要矛盾，要重视“打好基础”，尤其要抓住农业、能源、交通、科教四条短线或四个薄弱发展环节。陈云认为物资平衡，即保障供给是第一位的，这在供给不足的发展背景下无疑是正确的主张。他主张财政平衡，反对赤字；主张信贷平衡，反对通货膨胀；认为赤字和通货膨胀都有害于经济可持续发展。① 陈云认为：财政状况的好坏直接关系到国家经济和人民生活；财政分配在国民收入分配中居于主导地位，直接制约着其他分配形式，如信贷分配、工资分配、价格分配、企业财务分配等；财政分配制约生产，包括财政投资总额制约建设规模，财政投资结构和分配结构制约生产结构；财政分配制约交换；财政收支直接关系农民收入和职工工资收入。在研究方法上，陈云主张“不唯上、不唯书、只唯实，交换、比较、反复”的十五字方针。在国家理财原则上，陈云坚持以人民利益为出发点和归宿，主张发展社会主义经济的根本方式是“一要吃饭、二要建设”，即人民生活是第一位，“搞经济建设的最后目的，是为了改善人民生活”“经济体制改革，是为了发展生产力，逐步改善人民的生活”。在财政预算上，陈云提出预算不是单纯的收支计算与管理问题，而是国家政策的体现，必须体现国家的政治路线、军事政策、经济政策和文教、卫生、科技政策；预算分配要实事求是、量力而行，要统筹规划、全面安排、分清主次、按比例分配投资，同时要收支平衡、厉行节约、反对浪费，反对冒进和保守。

此外，薄一波提出了国家理财的适度命题，即财政收入占国民收入的

① 《陈云文选》，人民出版社 1995 年版。

比例问题。这个财政格局影响经济发展和整体政治生态，决定个人、家庭、企业对国家现行经济制度和政治制度的态度，具有十分重大的理论和实践意义。薄一波在管理国民经济的实践中，总结1953—1956年以来安排积累和消费之间比例关系的经验基础上，在中共八大会议上作了《正确处理积累和消费的关系》的讲话，提出“二、三、四”的制约界限的国家理财命题。即在通常情况的下，积累在国民收入中的比例不低于20%，或略高一些；国家预算收入在国民收入中的比例不低于30%，或者略高一些；基本建设投资支出在国家预算支出的比例不低于40%，或者略高一些。认为这样既能保障我国工业特别是重工业的发展，又能保障人民的生活逐步提高。[①] 在计划经济时期供给不足的短缺经济情况下，这个国民经济发展的比例制约界限，有利于保持财政经济发展的可持续，防止积累和消费的失衡。这是国家理财学的重要理论成果。

在学术界，1949年新中国成立后，与我国在政治、经济和教育等领域都参照苏联模式探索一样，当时主要是引进和学习苏联政治经济学教科书。将苏联政治经济学等同于马克思主义政治经济学，将苏联尚不成熟的特殊的社会主义政治经济学作为社会主义的一般。按照苏联教科书的公有制理论论述中国应该实行什么样的所有制制度。政治经济学是基础理论，也是其他经济学科的理论基础。财政学是部门经济学、应用经济学，是一个经济学的一个分支，用马克思主义的阶级国家观念来分析财政问题，在马克思主义政治经济学的基础上，论述适应社会主义建设需要的财政学。20世纪50年代，财政学理论主要以苏联的“货币关系论”为主流，主要是A.M.亚历山大洛夫的《苏联财政》（中国人民大学，打印本，1953年）和吉雅琴科的《财政理论问题》（中国财政经济出版社1958年版）；20世纪60年代主要以国家分配论为主流，主要代表人物是许廷星、许毅和邓

① 王丙乾：《中国财政60年回顾与思考》，中国财政经济出版社2009年版，第84、178页。

子基[①]。此外还有“价值分配论”“国家资金运动论”“剩余产品价值决定论”等。一个共同的特征就是，都把财政学作为经济学的分支来分析，把政府当作国家。

第二个阶段，包括20世纪80年代提出社会主义初级阶段理论开始，到1992年明确建设社会主义市场经济理论以来。这是中国当代民族国家建构的第三个阶段[②]。这个阶段的主要特征是：改革开放（向美国学习），市场经济背景下国家与社会、市场关系的调适与互动，政府与企业、个人关系的调适与互动。具体来说，一方面是基于对苏联模式和教条的矫正，对全能国家政治体制的反思和修正，政党—国家主动收缩自己的权力触角和职能边界，在保持国家对社会、市场，政府对企业、居民，特别是涉及政党执政和政治稳定等关键领域进行有效控制的同时，放权给地方、企业、居民，还权于社会，最大限度地发挥地方和人民的发展积极性，激发整个社会的活力。

在政府方面，主要是形成邓小平理论和中国特色社会主义理论。邓小平提出：社会主义的本质是解放生产力、发展生产力，消除贫富差距，实

---

① 许廷星（1913—1997），西南财经大学教授。他在1957年出版的《关于财政学的对象问题》一书中比较系统论证了国家分配论的观点。

许毅（1917— ），财政部财政科学研究所研究员、所长。20世纪50年代，许毅提出了“财政学是研究不同社会制度下以国家为主体的分配关系发展规律的科学”的命题。之后，在他的代表作《财政学》中运用国家分配论的基本观点，对财政学理论体系进行了革新，突破财政学传统的收、支、平（平衡）、管（管理）模式，系统提出了建立社会三大基金（补偿基金、积累基金、消费基金）实现六项扣除的宏观财政分配论，探讨了财政平衡和国民经济综合平衡的问题，探索了财政分配与社会经济结构的关系，以积累和消费为基本矛盾。

邓子基（1923— ），厦门大学教授。1962年，邓子基先后发表了论财政本质的三篇文章，提出了财政的本质是以国家为主体的分配关系。他在“关于社会主义国家财政的本质与范围问题”一文中比较系统地阐述了国家分配论的观点。

② 前两个阶段分别是资产阶级革命国家建构和社会主义计划经济国家的建构。

现共同富裕。政治上，提出坚持四项基本原则①，重点是坚持党的领导，以稳定统领改革与发展；经济上，提出坚持一个中心（经济建设）两个基本点（改革与开放），把计划和市场都作为国家发展的手段，聚焦一心一意谋经济发展。在具体发展路径上，实行改革开放，设立经济特区和开放地区，实行双轨制，优先安排增量发展带动存量发展，引进发达国家的资本、技术和管理，在政策取向上以效率优先为导向，扶优扶强，提出"让一部分人先富起来，带动整个社会富裕起来"的发展方针。

在国家理财上，邓小平认为，社会主义国家是人民当家作主，财政收入和支出要以人民群众为价值主体，以人的全面发展为价值目标，要减轻人民的负担，满足人民的物质需要。政府理财也要按照经济规律办事，坚持实事求是，把量力而行与尽力而为相统一，在理财中正确处理"量入为出"与"量出为入"的关系。邓小平强调发展生产力是建设社会主义的一项根本任务，要求财政必须围绕经济建设这个中心，财政工作要有财有政，运用科学的财政政策促进经济发展，建立经济与财政的双向性量力而行和综合平衡的理念，把国家财政建立在经常、可靠、稳定的基础上，坚持收支平衡，略有结余的方针，为社会经济协调发展服务。在财政执行收入分配的原则上，邓小平提出按照统筹兼顾的原则，调动好多方面的积极性，处理好国家、集体和个人之间的利益分配关系，中央与地方、集中与分散的关系；为了打破平均主义和大锅饭，他提出"效率优先、兼顾公平"的国民收入分配原则。邓小平还提出财政经济工作，必须树立持续、稳定、协调发展和速度、比例与效益相统一的指导思想。所谓持续，是指发展的渐进性，就是要长期保持正常的发展速度，坚持迈稳步，不停步。所谓稳定，是指发展的均衡性，不能大起大落，力求减少震荡。所谓协调，是指各方面发展的同步性，要求经济

① 1979年3月，邓小平在党的理论工作务虚会上的讲话：《坚持四项基本原则》。四项基本原则包括：坚持社会主义道路，坚持人民民主专政，坚持中国共产党的领导，坚持马克思列宁主义、毛泽东思想。

结构，特别是产业结构有合理的比例关系。关键是要争取在按比例，保持一定速度的前提下，获得最佳的经济效益和社会效益。因此，重视效益是财政经济工作的出发点和归宿。邓小平重视利用适度规模的国债加速现代化建设，善于利用外债发展经济。邓小平说："对借外债要作具体分析……我们要借鉴两条，一是学习他们勇于借外债的精神，二是借外债要适度，不要借得太多。"在具体确定国债规模时，应当考虑如下因素"国民的承受能力；政府的负债能力取决于国民收入和财政收入，国民收入的绝对增长率和相对增长率，财政收入占国民收入的比重，国债发行额占财政收入的比重；国债资金的使用效益，实际上是国债收入的投资效益问题，如果投资效益不高，就会发生偿债困难，国债的累计额度会越来越大，给国债的继续发行造成困难"。他指出，借外债"主要要用于发展生产，如果用于解决财政赤字，那就不好"；国债收入要用于基础设施等方面的投资，而不能用于填补财政的经常性支出亏空。……否则必将出现国债规模逐年递增的惯性膨胀，使财政陷入危机。①

1992年以后，我国进入建设社会主义市场经济时期，这一时期主要是江泽民的国家理财思想。江泽民提出：第一，财税工作不仅要算经济账，还要算政治账、社会账的理财原则，提出把握和处理好财政工作的"三个有利于"根本标准，即"衡量财税工作做得好不好的根本标准，就是要看是否有利于我国社会主义市场经济的发展和社会主义制度的巩固，是否有利于维护好、实现好和发展好广大人民群众的根本利益，是否有利于维护国家统一和安全、促进民族团结和社会稳定"。第二，要坚持"一是吃饭，二要建设"的原则，必须坚持量力而行、量入为出、勤俭节约、开源节流，有所为有所不为。第三，要逐步解决"两个比重的问题"，即财政收入占国内生产总值的比重，中央财政收入占全国财政收入的比重。第四，坚持依法理财，依法

① 参见《邓小平文选》第三卷，人民出版社1993年版；冷溶、汪作玲主编：《邓小平年谱》（1975—1997），中央文献出版社2004年版。以上参考了孙学文主编：《中国财政思想史》，第十六章"社会主义市场经济条件下的财政思想"相关内容。

治税。①

在学术界和教育界，20 世纪 80 年代改革开放后，我国开始全面向美国为代表的发达国家学习。一部分人认为“美国的今天，就是我们的明天”。到现在，我国把经济学分为理论经济学和应用经济学，政治经济学和西方经济学属于理论经济学，财政学属于应用经济学。也就是说，政治经济学和西方经济学是财政学的基础理论。这个时期又分为两个阶段。第一阶段是 20 世纪 80 年代，我国经济学和财政学界呈现难得的百花齐放的学术争鸣状态，当然这个争鸣也是以马克思主义经济学作为理论基础，属于马克思主义经济学内部的争鸣。当时，除了国家分配论（邓子基的《财政学原理》，1989 年），还有社会共同需要论（何振一的《理论财政学》，1987 年）、剩余产品决定论（王绍飞的《财政学新论》，1984 年；《改革财政学》，1989 年）和再生产决定论（侯梦蟾）等。当时的争鸣中关于财政的本质形成三大类不同的观点：一类主张财政属于经济基础，仅是经济学的一个分支，认为只能从经济的角度去分析财政问题；第二类主张财政属于经济基础，但又兼有上层建筑的性质，这就不能仅从经济角度来看待财政；第三类主张财政属于上层建筑。②一般认为，社会共同需要论的观点与国家分配论截然不同。何振一教授在《理论财政学》中以历史唯物主义和辩证唯物主义为方法论，对财政关系的质、量、现象形态和效果进行了较为深入的研究，提出社会共同需要论、客观数量界限论、财政调节论与控制论、社会效益论，这些研究都具有原创性。这里需要指出的是，国家分配论把政府理论和国家理论相混淆，社会共同需要论又没有建立科学的国家理论。不过，两者的争鸣推进了人们对财政学的进一步思考和认识，为后来的公共财政论的兴起奠定了思想基础。

这一阶段，关于国家理财，尤其是在宏观上，如何将货币、价格、资

---

① 《江泽民文选》第二卷“建立稳固、平衡、强大的财政”，人民出版社 2006 年版，第 509—517 页。

② 转引自张馨：《西方财政学理论基础的演变及其借鉴意义》，《东南学术》1998 年第 6 期。

金、财政、金融等统筹起来，实现综合平衡形成了一系列新成果。比如黄达1981年出版的《社会主义财政金融问题》，1984年出版的《财政信贷综合平衡导论》，运用系统论、信息论、控制论等思维方法，建立综合平衡基本模型，提出许多富有创见的观点，在新的条件下，为建立中国经济控制理论和国家理财学进行了较为深入的探索。

第二个阶段是20世纪90年代以后，我国经济学和财政学教育与研究一边倒地倾向英美主流经济学和财政学，全面引进英美学术教育资源①（理论、专著、课程体系、教材、教法）和研究方法，一度放弃创建基于中国经济和财政实践的本土经济学和财政学。学术界出现全面移植英美的学术标准和学术规范，甚至把在国外期刊发表成果作为高级人才评价和评聘的最高标准，局部呈现主动殖民化和去中国化的病态特征，研究领域和研究问题出现脱离中国本土倾向的国际化特征，研究的问题和所寻求的解决思路越来越远离财政经济问题的本质属性，尤其是脱离中国的政治经济决策过程和财政经济运转实践。

在经济与政策上，主要是多种所有制和分配制度共同发展，形成国家财政收入的多元化来源；1994年之前是充分发挥地方政府的积极性，中央政府处于弱势；1994年分税制和1997年国有企业抓大放小后扭转了中央与地方财政收入的倒二八格局，中央政府又牢牢控制了国家财政和经济的主导

① 比如中国财政经济出版社1983年出版了美国经济学家艾克斯坦的《公共财政学》、1987年出版了美国著名财政学家理查德·A.马斯格雷夫、佩吉·B.马斯格雷夫的《美国财政理论与实践》；1990年上海三联书店出版了阿特金森和斯蒂格利茨的《公共经济学讲义》。1990年以后，西方有影响的财政学（公共经济学）教科书基本上都被引进，其中中国人民大学出版社组织翻译了一批英文教材，如英国布朗和杰克逊的《公共部门经济学》、美国罗森的《财政学》、斯蒂格利茨的《公共部门经济学》、加拿大鲍德威和威迪逊的《公共部门经济学》、美国迈尔斯的《公共经济学》。此外，全面接受西方财政理论的教科书开始兴起，起先是引介，比如平新乔的《比较财政制度》（1992）和蒋洪等编写的《财政学教程》（1996）；再后来甚至直接使用英文原版教材。

权，财政集权。进入21世纪，关于我国公共预算的透明化、财政的民主化、地方财权与事权支出责任的对称性、营业税改增值税等都成为国家理财上重大的时代课题。

在理论上，王绍光、胡鞍钢的《中国国家能力报告》《政府与市场》《第二次转型：国家制度建设》，王丙乾的《中国财政60年回顾与思考》等一大批著作对当代国家理财的问题、理论和实践进行了较为深入的研究。

小结：国家理论与国家理财学

从历史的维度看，我国在家族自治联邦国家、家族行政集权国家、社会主义政党国家三个阶段对国家理论与国家理财学都有历史性贡献。

在19世纪以前，人类社会主要以农业和牧业为主，以自然力和手工动力为基础，技术长期停滞在手工铁器制造阶段，社会组织以家庭、家族及其基础上形成的政府与国家为主要组织，经济的组织形式以政府和家庭为主，企业还没有成为社会的主要经济组织形式。所以，经济理论主要研究和讨论的是国家与人民、政府和家庭的经济行为关系，其中国家与政府的理财学是经济文献资料的绝大部分，研究的目的主要是为帝王的政治经济决策服务。所以，中外古典政治经济学的先行探索者都把自己的学问定格在研究国家财富的创造及其分配上，也可称之为国家的理财学。

在家族自治联邦国家和家族行政集权国家时期，我国的周公、管子、孔子、孙子、李悝、商鞅、韩非子、荀子、桑弘羊、司马迁、杜佑、王安石、叶适、马端临、邱濬等一大批先贤，在总结古今治国历史与实践中，总结形成了中国的古典国家理财学家理论。他们已经明确地认识到，国家的经济权力是奠基在所有制和财税制度基础上的，进一步说，是奠基在制定并执行产权和税权的基础上。而所有制和财税制度是一个国家最基本的经济制度，也是最主要的资源配置制度，是所有国家控制经济的最主要工具。两者都是通过国家强制力下的政治规则来配置资源，进而决定社会利益群体的分享格局，同时又因时空条件的变化而演进。因此，所有制和财税制度作为资源配置制度具有政治和经济两种属性，不仅关乎经济效率和经济发展演进，更关乎公平正义和政治发展演进。所以，他们提出“以民为本、民富国实”的政治主张，提出“所有制、财税制度、分配制度”等要促进生产发展、维护社会公平。比如：管子创立了国家理财学的完整体系；孔子创立的儒家学派最早提出了“财聚财散论”“不患寡而患不均”等国家理财学命题；孙子提出的战时国家理财理论和“以民为本的所有制与税制决定国家存亡”的理论命题；商鞅提出并建立“农战合一”理论和战时国家政治军事经济体制；司马迁提出的市场经济理论和民富国富理论；桑弘羊创立的战时国家财政货币政策和专营专卖理论与政策；王安石创立的一整套宏观调控理论体系；叶适对功利思想与经济发展之间关系的探讨；等等；这些学术思想在世界经济学术史上都居于开创先河的地位。尤其是春秋战国时期的百家争鸣奠定了中国文化、中国哲学、中国经济学的底色，可以称为世界第一次经济学理论创立高潮期。

近代民族国家建立以来，西方的国家理财学——政治经济学对于国家的认识一般追溯到亚当·斯密。斯密在《国富论》里曾对国家的作用和政府的动机表示极大的怀疑，认为自由市场制度通过“自私的动机、私有的企业、竞争的市场”这三根支柱，可以成为增加国民财富的最好办法，经济活动无须政府干预，政府的义务只是“保护社会，使之不受侵犯；保护社会上的每个人，使之不受其他人的侵犯；建设并维护某些公共事业及设施”，至于政府的经济职能，如果有的话，也只能限于“提高分工程度，增加资本数量，改善资本用途”。斯密的这种认识一直是自由主义经济学的思想灵魂。西方首先崛起的国家，几乎都把“自由放任”政策作为处理国际政治经济关系的主宰原则。但后发国家和不断扩大着的市场中周期性爆发的经济危机一直挑战着自由市场理论。美国、德国等后发崛起的国家都在早期实行国家干预主义和经济贸易保护政策，等到足够强大才开始主张自由市场原则。特别是 20 世纪 30 年代的世界经济危机终于导致了西方经济学的重大转变，凯恩斯国家干预思想体系的诞生标志着宏观经济学的建立。在学理层面，市场经济的缺陷——失业、两极分化和有效需求不足，只有扩大政府职能才能加以解决，没有政府干预，市场根本就不可能实现资源的有效配置。从此，国家经济发展要处理好政府和企业两个方面的职能，就成为现代经济学的核心思想。

斯密式的国家职能界定深刻影响了以后的经济理论和实践，在当下的世界和中国也很有市场，信众甚多。比如韦伯的认识在中国就广泛被引用和宣传。韦伯认为，“国家是一种某个给定地区内，对合法使用强制性手段具有垄断性的制度安排。国家的基本功能是提供法律和秩序，以保护产权，其得到的代价是税收”。一部分中国学者甚至主张，在处理中国政府和市场的关系上回到亚当·斯密的思想认识。而这些主张罔顾经济发展的事实——市场经济已经发展到垄断竞争阶段，以寡头垄断为主，国家垄断和国际垄断已经是世界经济生活的常态，而中国尚处于工业化中期阶段的崛起当中。

20 世纪中叶以来，随着工业化、社会两极分化与阶级矛盾激化、社会主义与资本主义的竞争，对人本身的关注越来越受到重视，国家职能的边界不断扩展，福利国家成为当代社会的典型特征。当代一些新制度经济学者也认为：“从合约结构的角度看国家，历史有载的准则需要包括三项：其一是处理收入分配与再分配；其二是处理产权与人权的界定；其三是人民要共享一个共同的文化。”①

就国家理财学而言，自从有了国家，有了政府，所有制和财税制就成

① 张五常：《经济解释卷四：制度的选择》，第五章“收入分配与国家理论”之第四节——国家理论：什么是国家？中信出版社 2014 年版。

为国家控制、动员、组织推进社会发展的核心工具。国家借着这些工具，既是经济社会发展的发动者，又是经济社会发展的推动者、参与者。在从古到今的演进中，国家不断被异化为国王、官吏、政府、政党以及人造的各种理念、意识形态。国家因此被认为存在“悖论”，是矛盾的统一体。

现在，人们普遍认为，政府的行为和企业、个人的行为本质上都可能是机会主义的，国家和市场都不能保证及时、适当地矫正新出现的社会问题。对个人、企业与经济发展而言，国家与市场都具有两面性，国家既可能扮演“援助之手”发挥正面作用，也可能扮演“掠夺之手”发挥负面作用；市场既可能成为“建设性力量”，也可能成为“破坏性力量”。同时，国家与市场的关系在发展中呈现对立统一的关系。一方面，国家和市场是互相排斥的。由国家控制资源和权力，就压缩了“市场”里企业的调节范围与功能的发挥。另一方面，国家和市场又是伙伴关系，而非对手。只有国家能够为一个良好运转的市场提供制度性上层建筑和基本运转工具。这是因为，现代国家和市场都是建立在个人、家庭、企业、政府、政党这些行为主体的合作、分工和竞争、博弈的共生关系之上；国家和市场中的制度、规则和秩序安排、运行机制都是在这些行为主体博弈中动态演化。

一个国家有什么样的政治结构，就有什么样的财政经济结构。所有制和财税制度作为生产关系中的核心经济制度，由国体、政体这些核心政治制度所规定，是国家管理社会经济所制定的核心制度工具。

从政治经济学的意义上讲，财政是一个政治经济范畴，是以国家——共同体共同需要为主要驱动力的经济行为。从经济制度本质的角度讲，一切经济制度最后都可以归结为分利制度，是关于利益的取予、往来的制度。而财政制度正是整个社会利益分割取予的顶层枢纽，被称为国家治理的基础，也是支柱，因此是一切经济制度的核心。1988 年，诺贝尔经济学纪念奖获得者莫里斯·阿莱在获奖演说时指出：“根据基本的不变的过程，无论经济学考虑什么，无论是过去还是现在，整个经济活动就是寻求、实现和分配剩余。”[①]那么，作为有强制力的国家机器——政府无疑处于整个经济活动的顶层，而财政制度无疑是政府寻求、实现和分配经济剩余的最重要支柱。同时，财政是政府运转的物质支撑，是国民经济运转的总枢纽决定的。一方面，财税处于社会再生产的总体性分配环节，能综合调控经济全局的发展状态，决定经济全局的繁荣和衰败；另一方面，财税是国民收入分配的总枢纽，能全面调控国民经济收入在不同利益主体之间的分配，决定民心的向背和执政的基础。

因此，财政是国家治理体系和治理能力的关键枢纽和核心支柱，是中国实现现代化的核心推动力和关键稳定力。财政能力决定了国家的发展和建设能力。财政制度与政策对民族共同体和国体、政体的坚定维护，构成了整个国家财经工作的轴心。

人类社会是一种合作分工与竞争博弈的共生关系，是一种不断扩展演进的集体组织体系。正如人的身体的各种功能有分工但不可分割一样。社会科学也无法通过政治、经济、法律、社会、文化的割裂分析来得出恰当的认识。经济与政治是不可分的，财政恰恰是联结政治和经济的最重要管道。财政不仅是一种国家的经济行为，更是一种国家的政治行为，甚至是国家的意识形态[②]。国家的意识形态不在于国家说的是什么，而在于国家财政收支的流向。

在和平时期，一个国家的财政架构决定她的政府架构。在这个意义上说，国家财政就是国家本身。更重要的是，财政与国家是同生互构的关系。国家一天也离不开财政的支持，财政也须臾不能离开国家的强制力保障而存在。因此，财政首先是政治的延续，首先要保障国家——这个人类族群发展共同体的整体存在性、凝聚力、向心力，而不被分散、破碎化，也就是财政

---

① 罗汉译：《诺贝尔获奖者演说文集——经济学奖（1969—1995）》，上海人民出版社 1999 年版，第 775 页。

② 经济学家熊彼特说：“一个国家的财政支出是她的意识形态。”

首先要满足政治的正当性，赋税要在公民和企业的可承受范围内，同时国家财政要提供国防、安全、秩序、应对个人无法抗拒的自然灾害等社会集体生存的共同需要。其次，按照政治的角力，财政要保障执政阶层（制胜联盟）的利益与“官员的薪酬和政务开支的需要”。最后才是应对公共产品、市场失灵、社会保障等公共经济诉求。因此，建立一个科学的适合我们这个时代的国家理论，就成为建立科学国家理财学理论基础的迫切任务。因为，有什么样的国家理论，就有什么样的国家理财理论。

就此，国家理财学这门科学的核心任务，又要回到本章开头提出并界定，即“研究如何在确保大众可以接受的收入分配的条件下，使国家效能（尤其是经济发展和政府能力）和国家尊严（尤其是社会公平与社会福利）得到最大限度的提高”。

由于财政与政府之间的同生共构关系。财政收支的文明程度反映一个国家的实质文明程度。近代以来，在独裁国家、集权国家，甚至民主国家，随着政府的异化，财政的逻辑首先不是经济逻辑，更不是公共需要的逻辑，而是政治的生存逻辑和权力的博弈逻辑，即统治联盟（大联盟、小联盟）中致胜联盟决定的逻辑。暴力征服、掠夺、公然抢劫是国家的典型野蛮特征，也是国家之下的公民的典型特征。因而，管住了政府的钱袋子（财政收支），才能管住政府，尤其是官员的执政文明。资本主义民主社会之所以比封建社会有所进步，从财政上说，就是因为代议民主制对政府与官员的收支进行了较为“文明”的约束。

现代民主理论都强调公民之上的国家是文明社会的选择，国家利益要得到公民集体的认同，同时，国家利益也是建立私人利益的基础。现代国家表现为一种在一定外在约束下，一群人在分工合作与竞争博弈关系中形成的共生关系联盟。政府作为一种这个联盟的中枢，在各种利益集团博弈中按照权力大小和共同需要公约数而运转，因此财政规律完全不同于市场价格机制下的经济规律。财政作为国家嵌入企业、家庭和个人的一条中枢神经，代表着国家对社会的全面干预和强力整合，或者说全面控制，是国家的首要特征——收入的分配与再分配——的集中体现。也就是说，市场理论（竞争性价格理论，即假设个人、企业的平等对称博弈）不能回答政府配置资源的机制和规律。尤其是新古典理论把政府作为自己最大化利益的理性人，而政府恰恰不能只最大化参与者的个人利益。因此，西方一些学者才主张将财政学改称为公共经济学，也就是将财政问题作为一门相对独立的学科，专门研究财政在政府配置资源中的特殊作用及其运行规律。

总之，目前国内外的主流财政学仅仅是研究政府财政本身的收支。而我们迫切需要一门国家理财学，是关于财富生产和分配的政治经济学，尤其是个人、家庭、企业、政府之间关于财富如何生产、如何分配的利益权衡学，而不仅仅是政府财政收支的运转。

我们的国家理财学要研究在国家理论的基础上，研究国家在确保个人、家庭、企业和政府可以接受的收入分配的条件下，使国家效能和国家尊严得以最大限度提高的科学。要体现共同需要、公共价值，社会的正义性等生命共同体的属性，尤其是四个经济主体的财务平衡。要重点研究国家财政如何通过国家的政治经济机制来提高国家的效能和国家的尊严，实现政府的经济社会职能及其形成的运转规律。

本书第一章前面已经指出，建设一个良政善治的国家，从财务财政的角度看，收支平衡、有序、可接受、可持续；从政务财政的角度看，行政和国防支出都要取之有度、用之有节、用之有止；从政治财政的角度看，政治税收、民生财政、公共财政等要取之于民、用之于民；从国家治理的政治经济关系看，“善为国者，必先富民，然后治之”，因为民富易治，民贫难治。因此，国家理财首先要讲政治，谋政局，富民为先。

第二章

社会等级秩序格局下的财局与政局[①]

等级是人类社会自然形成的差序格局。社会等级制度是人类后天人造设计的社会运行秩序。第一章论述了，在家族自治国家、家族行政国家、民族行政国家、民族民主国家这样的历史演进中，社会等级秩序是不同的，国家内部的政治经济关系是不同的。而社会等级制度一旦建立，就成为社会秩序运转的制度框架，成为影响财局与政局、整个社会政治经济的游戏规则和外在强制力，甚至在一段时间内会形成路径依赖。因此，建立社会等级内部的秩序是国家治理体系和治理能力的重要内容，是不同形态国家共有的治理现象。本章将对社会等级制度的一般理论和中国的特殊形态进行理论上的探讨，也为后面的具体分析提供一些理论支撑。

① 本章奠基在作者发表在《改革》2002 年第 2 期上的《社会等级制度与三农问题》；发表在《中国改革报》2002 年 10 月 31 日头版上的《市场等级制度是市场化的最大障碍》；发表在《社会科学战线》2003 年第 1 期上的《社会等级制度与乡村财政危机》；发表在《管理世界》2004 年第 4 期上的《等级制度、市场经济与城乡收入差距》；在中国政治经济学第一届年会（2007）上的发言：《论社会等级制度、收入分配差距与深化改革》。

第一节　社会等级制度的一般理论

社会等级秩序和等级制度的存在与发展是人类有国家以来的一种客观必然现象，是随着分工与合作、竞争与博弈、生产力与生产关系、经济基础与上层建筑的互动演进关系而发展演进的。

社会等级关系格局是一国在一定的社会历史传统下，通过一系列政治、经济与社会安排不断交互作用所形成的社会秩序，它构成一国财局与政局的制度前提与背景。

社会并不仅仅是功能上相互依赖的制度安排，而且是各社会经济阶层中不平等分配财富和权力的等级。

等级是指根据一定标准而确定的差别、等次。在政治上，等级是指按社会政治地位的高低划分并被法律确认的不同社会集团，因而形成一种政局。比如我国古代的爵位制（公、侯、伯、子、男）、礼制（一、三、五、七、九的等级规制安排）和“三纲五常”（即君为臣纲，父为子纲，夫为妇纲），现代政府、政党等组织内部的科层制（总理、部长、司局长、县处长、科长等），就是一种典型的等级政治秩序建构。

制度是控制、组合与变迁社会资源的契约，是体制内人们行为的规范。人类每建立一种制度，就是确立一种标准、一种秩序。制度本质上内含了资源配置的结果，因而成为财局与政局形成的关键性机制。

社会等级制度就是按照等级来控制、组合与变迁社会资源的契约。社会等级制度在组织和协调人类活动、配置资源、控制冲突、分配负担和利益、信息传播等起着重要的制度作用。等级的功能至少包括：协调、预期、选择三大功能。

法国思想家皮埃尔·勒鲁（1838）认为，社会等级原来指某种关押和分离的做法；在东方，等级阶层的本义实质上就是划分；人类社会存在着三种不平等的等级制度，即家庭等级制度、国家等级制度和所有制等级制度。[①]

第二节　社会等级制度的两种不同认识

在人类历史进程中和学术史上，一些学者认为等级制度及其形成的等级社会是人类演化的结果，是保持繁荣和秩序的关键。

在我国，法家的管子就提出“德有六兴，义有七体，礼有八经，法有五务，权有三度。……所谓八经者何？曰：上下有义，贵贱有分，长幼有等，贫富有度，凡此八者，礼之经也。故上下无义则乱，贵贱无分则争，长幼无等则背，贫富无度则失”（《管子·五辅》）。儒家的孔子、孟子及其后来的学者就认为，社会等级制度是社会稳定和发展的必要条件。他们强调尊尊卑卑，三纲五常，认为礼崩乐坏会导致社会秩序混乱，人类之间相互残害，甚至连禽兽也不如。

荀子会通儒法，提出“以等级名分确立统治秩序”，并从人的欲望、社会秩序与资源稀缺的匹配关系来论证。在“王制”中他论证说：“名分等级拉平了就不能有所统属，势位权力相同了就难以统一，大家平等了就无法役使。自从有了天地就有了上和下的差别，贤明的君主一登上王位，治理国家就有了一定的等级制度。同样高贵的两个人不能互相侍奉，同样两个卑贱的两个人不能互相役使，这是必然的现象。人们的权势地位相等，爱好与厌恶也必相同，而财物不能满足需要，就肯定会发生争夺；相争一定会引起混乱，社会混乱就会导致国家危机。古代圣明君王痛恨这种混乱，所以制定了礼义来加以区分，使人们有贫穷与富裕、高贵与卑贱的差别，使自己能够凭借这些差别来全面统治他们，这是治理天下的根本原则。《尚书》上说：‘要做到整齐划一，关键在于不

① ［法］皮埃尔·勒鲁：《论平等》，商务印书馆 1996 年版，第 246—247 页。

整齐划一。’说的就是这个道理。”① 又说：“故人生不能无群，群而无分则争，争则乱，乱则离，离则弱，弱则不能胜物，故宫室不可得而居也，不可少顷舍礼义之谓也。”②在“礼论”中，荀子在逻辑上对等级与政治经济秩序的起源又做了进一步的论证。荀子认为礼义统治秩序起源于人们的欲望导致的争乱。他说：“人生来就有欲望，有欲望而得不到，就不可能不去寻求；寻求而没有限度和界限，就不能不争夺；争夺就会产生混乱，混乱则导致无法收拾的局面。过去的圣王憎恨这种混乱的局面，所以制定礼义以区分等级界限，以调节人们的欲望，满足人们的需求，让人们的欲望一定不会因为物质的不足而得不到满足，物质也一定不会因为欲望的无穷而耗尽，欲望与物质相互制约而长久地保持协调，这就是礼的源起。”③ 因此“不同级别的人着装各有规格，住房各有标准，侍从各有定数，丧葬祭祀用的器具各有等级”④。同时，荀子强调按照礼义标准，等级之间应该具有流动性。“即使是帝王公侯士大夫的子孙，如果不合乎礼义，就把他们归入平民。即使是平民的子孙，如果积累了文化知识，端正了行为，能合乎礼义，就把他们归入卿相士大夫。”⑤

---

① 《荀子》，安小兰译注，中华书局 2016 年版，第 80—81 页。原文：分均则不偏，势齐则不壹，众齐则不使。有天有地而上下有差，明王始立而处国有制。夫两贵之不能相事，两贱之不能相使，是天数也。势位齐而欲恶同，物不能澹则必争，争则必乱，乱则穷矣。先王恶其乱也，故制礼义以分之，使有贫富贵贱之等，足以相兼临者，是养天下之本也。《书》曰：“维齐非齐。”此之谓也。

② 《荀子》，安小兰译注，中华书局 2016 年版，第 96 页。

③ 《荀子》，安小兰译注，中华书局 2016 年版，第 166 页。原文：“礼起于何？曰：人生而有欲，欲而不得，则不能无求，求而无度量分界，则不能不争。争则乱，乱则穷。先王恶其乱也，故制礼义以分之，以养人之欲，给人之求。使欲必不穷乎物，物必不屈于欲，两者相持而长，是礼之所起也。故礼者，养也。”

④ 《荀子》，安小兰译注，中华书局 2016 年版，第 89—90 页。原文：“衣服有制，宫室有度，人徒有数，丧祭械用皆有等宜。”

⑤ 《荀子》，安小兰译注，中华书局 2016 年版，第 76—77 页。原文：“虽王公士大夫之子孙，不能属于礼义，则归之庶人。虽庶人之子孙也，积文学，正身行，能属于礼义，而归之卿相士大夫。”

在欧洲，1789 年法国国民大会上，贵族特权和等级制的捍卫者组成的右派声称，一个好社会必须具有等级制的社会关系。没有充分的等级关系，社会就不能激励公民们向上奋斗，就会流于沉闷平庸，并使社会陷入经济停滞，缺乏生气、黯然无光。右派还认为，等级制是组织复杂社会过程，保持繁荣和秩序的关键。正如军队需要依靠等级制的指挥系统进行战争一样，公司、学校和家庭等组织也需要有等级制的结构才能实现其目标。与此相反，要求更大平等和个人自由的左派断言，当个人处于合作的、相互尊重的关系之中，人类就会繁荣昌盛，而只有消除过大的地位、权力和财富差距，才能产生这种关系。按照左派的观点，在一个存在巨大不平等的社会，不仅被剥夺者的发展受到抑制，拥有特权者的动机也会弱化并缺乏社会责任感。人的发展受到抑制以及内在的不满和尖锐的阶级冲突共同作用，最终降低经济效率。①

19 世纪初，许多自由主义者认为，个人追求自由产生于等级制之中，这种等级制对经济繁荣是至关重要的。自伯克以来，保守主义一直强调和谐的社会对塑造有道德的人的重要性，但他们同时认为，要让具有高超能力的人领导社会就必须有等级制。等级制的社会不仅能够建立激发公民们忠诚和爱国精神的权威和传统，而且能够使个人发现其生活意义和目的的社会环境。②

19 世纪的保守主义代表人物托马斯·卡莱尔（1795—1881）认为，一个等级制的、权威主义的社会可以促进秩序、纪律、凝聚力和目的感。这种社会将成为大国，增进公民们物质和精神的享受。他担心，由于资本主义是以财富为基础的新等级制取代以美德和智慧为基础的传统等级制，因而会损

① ［美］巴里·克拉克：《政治经济学——比较观点》，王询译，经济科学出版社 2001 年版，第 42—43 页。

② ［美］巴里·克拉克：《政治经济学——比较观点》，王询译，经济科学出版社 2001 年版，第 44 页。

害自由和秩序。传统的等级制是稳定性力量，因为每个阶级都承认各自的责任和角色，贵族明智地进行统治，其他人则平和地生活和劳动。而资本主义则会造成追求私利的个人之间的竞争，从而产生了一个以财富为基础的、没有任何社会责任感的统治集团。成功者不承担为社会利益行使权力的责任，失败者丝毫不尊重也不忠诚于社会及其领导者。①

著名经济学家帕累托在《心灵与社会》（1916）中认为，任何社会都会自然地、不可避免被精英所控制。他甚至提出了一个被称作“帕累托定律”的数学公式，用以解释一个社会中自然存在的不平等程度。为论证等级制的必然性，帕累托提出，权力会交替地被两类不同性质的精英集团所掌握。他将狡猾、富有灵活性和冒险精神的精英称作“狐狸”。狐狸们多为具有创新精神的资本家，他们兴起于社会发展迅速的时期。与此相反，“狮子”则抵制变革，倾向于利用权力维持现状。狮子们多为贵族和从前发了财，现在靠财产收入生活的那部分资产阶级。②根据帕累托的认识，等级制是能够遵循人们自然差别的唯一社会结构形式。

保守主义的基本理论认为，社会是以自然的等级秩序为基础的有机体。社会的质量是个人利益和行为的基本决定因素。好的社会维持着一个稳定的等级社会关系，使个人能够为自己找到一个特定的角色和身份。没有等级，所有的人都是同质的，就无以形成个人的个性。他们认为，在一个健康的社会中，等级制的权威遍及所有组织，很少有需要政府去做的事。等级制的共同体本身便有利于维护社会秩序和传统，因而在很大程度上是自治的。③

法国学者费尔南·布罗代尔认为：“历史事实表明，等级制度普遍存在

---

① ［美］巴里·克拉克：《政治经济学——比较观点》，王询译，经济科学出版社 2001 年版，第 94—95 页。

② ［美］巴里·克拉克：《政治经济学——比较观点》，王询译，经济科学出版社 2001 年版，第 96—97 页。

③ ［美］巴里·克拉克：《政治经济学——比较观点》，王询译，经济科学出版社 2001 年版，第 150 页。

于按照所谓‘经济世界’的格局实行地区划分的经济之中。”他认为早在史前时代的原始社会中，不平等就作为“社会兽性”的一个基本问题被提了出来。因为人是社会的动物，人在一定程度上是社会集体的受害者；没有不平等，没有等级制，集体也就不可能存在。经济不平等是社会不平等的必然结果。根据费尔南·布罗代尔的见解，早在工业革命以前，殖民主义、帝国主义业已存在；而且今后还将存在，因为这些东西都是联系在一起的：“资本主义始终是等级制的反映，而等级制又并不局限于经济方面。”①

一些技术学者认为，等级制度是管理公司的有效手段，并且是解决市场失灵的必要手段。G.J.米勒在《管理困境：科层的政治经济学》中分析了市场失灵的存在导致了等级科层作为解决办法的必要性。当代经济学上的等级理论是用于解释典型的公司组织形式，这种公司是按照从上到下的命令式的形式管理。比如塔洛克的《等级制度与经济组织》。

另一些学者认为，等级制度及其形成的社会是导致财富分配的不平等，进而形成社会不平等的根源。

马克思在《共产党宣言》中说：“在过去的各个历史时代，我们几乎到处都可以看到社会划分为各个不同的等级，看到社会地位分成多种多样的层次。”②这种等级结构把财产制表征为不同的社会属性，形成生产与收入分配关系的不同特征。现代分配制度是趋于根据权利而不是根据劳动者的实际能力。建立在平等关系基础上的交换最终导致了不平等，这是由于财富分配不平等的根源在于等级权利与所有制权利的不同。因此，马克思提出要建立人人平等的理想社会：社会主义社会和共产主义社会。

马克斯·韦伯认为：“任何对机会、尤其是对统治（权力或获益）机会的固定的占有，都会倾向于导致等级的形成。而任何等级的形成，都倾向于

---

① ［法］费尔南·布罗代尔：《资本主义论丛》，顾良、张慧君译，中央编译出版社1997年版，第6、9、14页。

② 《马克思恩格斯选集》（第一卷）之《共产党宣言》，人民出版社1995年版，第272页。

导致对统治权力和获益机会的垄断性占有。"[①] 法国经济学家西耶斯认为："特权的危害极大，它犹如盗窃：'让某一个人对属于大家的东西拥有独一无二的特权，这等于为了某一个人而损害大家。'特权排斥竞争。特权已经成为公共利益的真正敌人。"[②] 英国经济学家穆勒及其追随者凯恩司（J.E.Caires）和马歇尔强调，阶级分层是阻挠流动性的根深蒂固的障碍，是贫困代代相传的根源。[③] 凡勃仑认为，资源配置和收入分配是由整个制度决定的。因此，社会等级关系格局制约着生产、收入与分配。社会等级制度必然产生财富分配和收入分配的不平等。因此，这些学者主张削弱等级差距、限制垄断、建立累进税制加强收入分配调节，提高社会的流动性，保障社会的活力。

第三节　社会等级理论的分类

个人等级理论

个人等级理论分为自然的等级秩序理论与人为的社会等级制度理论。自有国家以来，等级无处不在，人类社会就是在个人禀赋不同、资源占有禀赋不同、权利拥有不同的条件下，所形成的一种自然等级秩序格局。社会资源与自然资源的有限性、个人禀赋的不同、在社会中的地位与权力不同、信息的不对称以及社会分工的客观存在，共同决定了物质及社会等级秩序存在的客观必然性。

人与人之间由于出生背景、地理、知识、信息等不同所形成社会能力不同，导致人与人之间的自然等级秩序。而人与人之间的社会权力与权利不

① ［德］马克斯·韦伯：《经济与社会》，商务印书馆 1998 年版，第 339 页。

② ［法］西耶斯：《论特权第三等级是什么?》，商务印书馆 1997 年版，序言第 3 页。

③ 《新帕尔格雷夫大辞典》，经济科学出版社 1992 年版，第 306 页，分割的劳动市场。

同所形成的等级秩序，是一种人为的等级秩序。

个人等级理论受到卢梭、卡尔·马克思、马克斯·韦伯的高度重视，他们对此进行了深刻剖析。

企业等级理论

企业等级理论分为企业内部等级理论和企业外部之间的等级秩序理论。

作为组织的企业，其内部运行也必然按照科层的等级秩序来进行。马克斯·韦伯首先提出：对官僚组织（政府、企业）的分析，其中每一个部门都隶属于它的上一级，每个行政人员的角色由它的部门而定。艾尔弗雷德·钱德勒在对美国大公司的行政职能的研究中对上述问题进行了更深层次的探讨，并指出，一个组织的科层制的运行是由它的战略目标决定的。企业等级链或管理的等级制度是由传递的需要和统一指挥的原则决定的一种路径，但它并不总是最快捷的。

企业之间的外部关系，在国内市场和国际市场上，在垄断市场、寡头垄断市场和垄断竞争市场上，都事实上存在不同的等级。一部分企业可以利用垄断地位，通过实行垄断低价和垄断高价，剥削其他企业。马克思在资本论中已经有所论及，后来的马克思主义经济学者对这个进行了详细的论证。

西方关于企业等级理论的探讨方式基本上有两种：一是以美国经济学家梅耶为代表，将等级制度视为一种生产组织形式，这种形式可以提高社会生产力，因为生产要素的结合，有较高天赋的人将知识转移到其他人那里。该理论揭示了这样两个原理：(1) 在一个均衡体系中不同规模的公司可以共存；(2) 最有本领的人如果不与其他较没有本领的人共事，他就不可以得到更多的收入，因此，现代分配制度是趋于根据权利和平等而不是根据劳动者的实际能力。另一种理论，其前提假设是，为了保证经营的正常进行，监督是必要的。一个人之所以到公司就业，是因为公司的工资水平比他干个体要高。但同时也说明公司的劳动效率要比个体高。但为了使工人的效率提高，就必须有较好的设备等，同时要保证工人充分发挥其积极性，否则公司就要受损，而这样做，就必须有监督人员。监督人员作为一个阶层的出现说明，监督带来的收益大于监督成本。经济学中的企业等级制度说明了该制度的合理性。①

约翰·肯尼斯·加尔布雷思在其“二元体系论”中认为，像美国这样的现代资本主义经济，是由一千多家大公司所构成的计划体系与数以万计的小企业和个体经营者所构成的市场体系两部分组成；并且两大体系的权力是不平等的，因而导致收入上的不平等。市场体系不得不按照计划体系所规定的价格来采购投入品，而在向计划体系出售自己的产品时也只能被动接受由该体系操纵的价格；市场体系受到计划体系的掠夺。也就是说，在收入分配上，大企业或大公司处于强势地位，对小企业存在掠夺行为。据此，加尔布雷斯认为，应该减弱计划体系的权力，扩大市场体系的权力；应该对计划体系实行价格管制，限制大公司通过哄抬物价的方式来损害小企业和消费者的利益。他指出，现代资本主义社会应该把权力均等化和收入均等化作为目标。权力均等化就是限制大公司的权力，提高小企业的地位，而权力均等化又被认为是收入均等化的前提。②

加尔布雷思关于大公司凭借垄断地位，操纵价格、游说政府、控制消费者和小公司的分析，充分显示了现代市场经济中经济组织的等级地位差异。现代市场经济体系中的所谓“价格”，其实不过是被垄断组织或大公司背后控制的价格而已。

在我国，企业也存在明显的等级秩序格局。几千家大公司主导市场上的主要价格，其他几千万家小公司只是价格的接受者，处于从属地位。而

① 梁小民等编：《经济学大辞典》，团结出版社 1994 年版，第 759 页。

② ［美］约翰·肯尼斯·加尔布雷思：《加尔布雷思文集》，沈国华译，上海财经大学出版社 2006 年版，译者序第 4 页。

且，企业在不同等级的市场上运转，政治经济等国民待遇都不大相同。比如有国家级经济特区、开放城市、高新技术开发区、自贸区、省市级开发区、县级开发区等。这个作为一种增量改革突破的策略，在客观上促进经济发展的同时，也形成企业之间的不平等竞争和歧视，需要加快调整，建立统一平等的竞争环境。

市场等级理论

市场等级理论主要国家及其企业在经济关系中的等级地位理论。已有的研究包括国际经济等级秩序理论、普雷维什的“中心—外围理论”、国际市场上水平分工理论与垂直分工理论、主导国与从属国理论等。当前，国家和企业在世界市场上的等级评定也是一个重要方面，本书略作介绍。

市场等级评定理论。首先是国家市场自由化评定理论。这是美欧主导的国际经济秩序与游戏规则。对想加入他们自由贸易体系的国家进行市场自由化评估。这个评价不仅仅是市场自由化的评估，更主要的是利益关系与政治体制的评估，“非我族类”难以加入。2001 年，我国加入了世界贸易组织（WTO），这标志着我国已是一个市场经济国家。但美国、欧盟等国一直没有给我国市场经济国家地位，仍然维持对我国实行冷战期间的技术禁止出口政策。按照世界贸易组织（WTO）规则，中国将在 2016 年底在全球范围自动获得市场经济国家地位。但 2016 年 5 月 12 日，欧洲议会通过一项决议，不承认中国的市场经济地位，并且声称要在将来“强化反倾销措施的有效性”。该决议得到 546 名欧洲议员赞成，只有 28 票反对，77 票弃权。[①] 这是

① 《欧洲议会投票反对给予中国市场经济地位》，参考消息网，2016 年 5 月 13 日，http://www.cankaoxiaoxi.com/finance/20160513/1158497.shtml。

欧盟在“市场经济地位”认定上设置了尊重财产权、独立于国家的金融部门、保护股东等 5 项自主标准。

欧盟为了保护自己的经济利益所进行的一系列工作的一个前奏。20世纪90年代，俄罗斯已经按照美欧的规则进行了市场化的彻底改革，但仍没有获得自由市场经济国家地位。由此可见，所谓的自由市场也不过是国际政治的延伸而已，发达国家对国际经济规则都是有选择地遵守和执行而已；国际经济领域的所谓“普世价值”都是以国家利益为核心。

其次是企业信用和政府信用评级理论。现代国家有各种各样的信用评级机构，每年对企业按照产品和服务的市场竞争力、技术和研发的能力、盈利能力、风险控制与管理能力、承诺兑现能力、未来可持续发展能力、社会责任等，进行信用评级，评级结果会影响企业的无形资产价值、融资能力等。对政府的财政收支能力和资产状况进行评估，评级结果能影响政府发债筹资的能力。目前，美国的穆迪、惠誉、标准普尔三大评级机构约占全球评级市场90%—95%的市场份额，处于寡头垄断的地位。这些评级机构在国际和国内政府信用评级、企业信用评级上拥有话语权，对资本市场有很大影响。三大机构所公布的评级是海外投资机构在固定收益投资上的重要参考依据，对债券发行的成本有很大的影响。对企业的评级会影响到企业在资本市场的交易和走势，甚至会造成资本市场的动荡。我国近年来也大力发展评级机构，比如大公国际资信评估有限公司① 等一大批信用评级机构如雨后春笋般发展起来。正在建立的纳税信誉等级制度与国外的企业信誉评级有类似之处，信誉好的企业在生产经营有困难时，会得到政府等各方面的帮助。

4. 社会组织等级理论

社会组织等级理论目前系统的理论成果不多。可以从政府——企业——个人三个层次分析不同组织与个人在社会经济中的地位，它们之间的等级化关系对经济生产、分配、消费形成制度化影响，尤其是对社会财富的初次分配和再分配的影响。国内马克思主义经济学家王亚南教授在《中国官

---

① 1994年经中国人民银行和国家经贸委批准成立。

僚制度研究》中对此有一定研究。

第四节　我国社会等级秩序格局下的财局与政局关系

中国社会等级制度的一般特征

在不同发展阶段，随着各种因素的变迁，社会等级制度也会发生相应变化，但整个社会的等级化建构一直是社会结构的本质所在。

概括起来说，中国传统社会的等级制度有以下几个特征：

第一，资源配置按等级进行。中国的社会资源和经济资源的分配是按照等级序列高低的顺序进行的，所有国民的基本权利、生存条件与发展空间都深深依赖于这种社会等级关系，特别是所有制和财税制度。等级高低与个人、阶层的生存发展休戚相关。等级的高低决定了个人与阶层享有的政治地位、经济地位、法律地位、社会地位和文化地位。高等级的人拥有许多超越他人的特权，处于统治者的地位，享有普通民众得不到的优厚待遇与物质利益。等级秩序下，吃什么饭、穿什么衣、住什么房、用什么车、看什么书、获取什么信息、在什么规格上行事，配备什么秘书、保姆与司机，享受什么医疗待遇等等，都有明确的等级标准。中国原来的计划经济体制是军事等级制度的放大。在原来计划等级体制下，国家财富与福利的分配采用等级严格的单位形式，单位之间与单位内部又分为不同的等级并按照等级原则分配。

第二，对加官晋爵和特权的追求，是等级社会的价值取向。因此，由民变官成了社会各阶级各阶层最具吸引力的向往和追求。官职不仅是一种职位，更是一种身份和权利。所以公务员考试持续是社会最关注的热点问题。几千年来，政府的钱袋子和官员的权力没有被有效约束是我国停滞在官僚社会的根本原因。

第三，通过层层行政隶属执行国家管理。等级制通过一级臣属一级，一级忠于一级的关系，不断加强中央集权，因此办事唯上意唯圣旨唯文件是从，法律规则形同虚设，社会的裁判权按等级高低划分。建立在等级制度之上的官僚机构是社会秩序运转的最重要支柱。比如，在我国法院系统，不论是一个法院内部还是上下级法院之间，等级观念森严，行政色彩浓厚，遇事请示汇报，疑难案件裁判之前事先沟通的情况在实践中极其普遍，某些情况下甚至使上诉毫无意义。这种权力集中于上级法院，集中于各级法院领导的体制，背离了司法活动的特点。司法活动以事实为依据，以法律为准绳，是一种独立的裁判活动。在中国等级制度下荡然无存。①

第四，社会经济负担主要由低等级承担。高等级的阶层总是尽量把社会经济负担转嫁到低等级阶层的身上，主要表现为超载的税费与徭役，这就造成不断对社会再生产的侵蚀与破坏，引发经济波动和社会危机。

第五，社会财富按等级分配。等级的高低决定享有国家财富分配的多少和社会福利的多少，而且等级高低和享有国家财富分配的多少与社会福利的多少成正比。高等级的阶层享有各种社会福利、优越的生活环境、接受高质量教育的优先条件和各种自主权利，而低等级的阶层则受到各种限制。

第六，社会的决策权按等级赋予。低等级的阶层在一些关系自己命运的重要决策上没有发言权，生活容易受到天灾人祸、传染性疾病、经济萧条、政治军事动荡等因素的冲击，缺少机会参与经济和社会事务的决策。

第七，社会中介组织稀缺。在官本位的等级制度下，等级规章渗透于社会生活的各方面，这就必然抑制政府以外各行各业各个阶层社会中间组织的形成与职能的正常发挥，给生产力的发展和社会进步带来消极影响。

第八，政府管理机构与人员的膨胀是必然趋势。官僚机构不断扩大，冗官沉吏越来越多并消费再生产所需的建设资金从而阻碍经济发展，抑制人

① 周汉华：《分拆司法》，《经济观察报》2003年8月11日。

才的公平竞争，激化社会矛盾，这是中央集权社会的历史规律。

第九，市场等级化特征明显。在社会等级制度和计划经济体制的影响下，中国的市场是等级市场，特别是城乡二元等级市场，同时也是双轨市场。一方面，我国的市场按行政级别进行分割，最明显的是条块市场。市场中的企业处于国家级、省部级、厅局级、县处级、乡镇级、村办级等不同的等级层次，它们在商品市场、资本市场、金融市场、信息市场以及其他生产要素市场上处于不同的地位，享有不同的差别极大的待遇，因此，企业之间是十分不平等的关系。另一方面，我国的市场还按政策级别进行分割。有特区市场、对外开放城市市场、特殊城市高新技术开发区与经济技术开发区市场、一般城市市场、农村市场；有国有企业的市场（又有大中小企业之分）、外资合资企业的市场、城市私营企业的市场、农村乡镇企业的市场等，他们处于不同的等级，在政策优惠、资金筹措、从业范围、就业政策、公共服务、税费减免、出口贸易、产品价格等各个方面都享有不同的待遇。一些短期的政策因为利益所在而长期化、固定僵化。因此，国内市场等级化是中国建立现代市场经济和国内统一大市场的最大障碍。

历史上，中国是一个典型的社会等级制度国家。等级制度不仅历史悠久，而且连绵数千年，从未中断。可以说，中国古代社会发展最充分、最完备而又世代相沿的核心制度就是等级制度，其特征是以“官”为本位的社会秩序，表现为呈金字塔式的、以宗法等级结构为基础的官僚系统是中国古代等级制度的典型特征，同时中国的等级制度变化和解体异常缓慢①。

建立在等级制度上的官僚政治，造成了社会的严重弊端，对中国的现代化进程产生了观念上和制度上的消极影响。目前，官僚等级政治仍有广阔的市场，渗透在社会的各个领域。

---

①　更详细论证参见葛承雍:《中国古代等级社会》，陕西人民出版社 1992 年版。

我国社会等级秩序格局下的财局与政局关系

首先，社会等级制度是中国社会问题的总根源。

社会等级制度就是按照等级来控制、组合与变迁社会资源的契约。中国自古就是一个等级社会，一切按等级划分。在社会财富的分配上按等级高低依次享有，财政的收支也按等级进行征收和分配。而社会负担则与等级高低成反比，主要由低等级承担，高等级阶层总是尽量把社会经济负担转嫁到低等级阶层的身上，主要表现为超载的税费与赋役。当高等级阶层人口增长达到一定数量时，税费的超载就是一种必然的趋势，这就造成不断对社会再生产的侵蚀与破坏，两极分化的鸿沟就会越拉越大，农民、普通市民等低等级阶层的经济生活就开始相对下降，局部地区逐步走向破产，引发财政危机、经济危机和社会危机。这是中国 2000 多年农业等级社会发展的一般经济特征。“文景之治”“光武中兴”“贞观之治”“开元盛世”“康乾盛世”等等，农民的好光景也就二十年左右，因为这受高等级阶层人口增长与就业周期的制约。例如，康熙十四年（1675）以来，大小官员为了维持其家庭及在社会上的体面，便只好出之于需索，于是上官索于属下，属下转而索于民，或索于商，各种私派、陋规非常盛行。①

其次，社会等级制度是财政危机的体制原因。

在中国历史上，很多优良的制度，比如什一税、两税法、摊丁入亩等税收制度，初始都设计良善，但运行一段时间后就扭曲变形，不得不改弦更张。根本原因就在于制度是人制定的，也是人来操纵运转的。在社会等级制度下，政府、豪强地主和普通民众三者之间及其内部的利益博弈，让良善的制度无法正常运转，制度不得不随着利益博弈变革创新。

① 转引自王业键：《清雍正时期（1723—1735）的财政改革》，《20 世纪中华学术经典文库 · 历史学 · 中国古代史卷》，兰州大学出版社 2000 年版，第 19 页。

在社会等级制度下，由于税费的征收和财政的支出通常按等级进行，即资源和财税的分配不公，因此，其结构常常无法合理安排，往往是头重脚轻，即使中央财税状况表面上良好，能保障国家上层经济生活的正常运行，却无法保障基层财税的正常运行，所以往往不能遏止政府衰败的颓势。

中央政府在人口增长的情况下，首先遇到了支出扩大与机构膨胀的压力。因此，中央政府不断向地方增加税收上缴数额，省级政府据此向基层政府相应增加税收上缴数额，层层如此，结果是基层财政不堪重负。如在地方财政没有保障的情况下，中央从地方进一步抽取，会减少地方财政收入，必然引发地方财政危机，从而导致地方乱收费、乱摊派、乱索取。又由于社会等级制度下的政府行政管理权力没有外在的制衡力量，人民的权利无法得到有效的保护，所以政府的财政是量出为入，税费因而呈刚性增长。同时，等级社会各级解决财政困难的办法往往会导致危机的再生。其逻辑是：中央抽取省级优质财源，省级再抽取地市优质财源，地市再抽取县级财源，县级再抽取企业与乡村财源，企业乡村只能向工人农民加码，当基层企业和村级经济生产不抵支出时，工人农民的收入就会呈负增长，乡级财政必然走向赤字，进而县级也无法避免赤字，这样基层政府的职能只能以收税为中心，政府的社会公共职能丧失无几，收税的合法性遭到质疑，从而会引起社会风气的腐化堕落、人民对基层政府的不信任，官民对立，阶级对立，在人民对赋役负担无法忍受的时候，如遇天灾人祸，一般会发生社会危机，就可能导致政府更迭。所以，等级之间的财税分配不均和财富分配不均是导致基层财政危机的关键原因之一。

最后，社会等级秩序的政治格局与财富分配格局。

人类生存中的相互依赖性决定人类对共创财富的共享性，但社会的财富分配格局依赖于业已形成的社会等级关系格局。资源配置和收入分配所形成的财富分配格局是由整个制度决定的。一个社会的财富格局既是一个分配问题，更是一个制度问题，它不仅仅是国民收入的分配与再分配问题，更主要的是国家资源、社会机会、基本权利和国民的生存与发展空间的社会安排问题。

按照马克思的认识，一定的分配关系只是历史规定的生产关系的表现[①]。萨伊也认为：社会财富的基础是交换与财产权受到承认，而这二者产生自社会制度[②]。穆勒也认为，财富的分配完全是人类的制度问题，它取决于社会的法律和习惯；决定分配的法则是统治着社会的那部分人的意见和感情制造出来的[③]。凯恩斯认为，财富的分配取决于大致为永久性的社会结构，并在长期中变动缓慢[④]。威廉·汤普逊提出：对于一个社会来说，重要的不是仅仅拥有财富的问题，而是财富的正确分配问题。因为，在形成人类的性格，影响人类幸福的一切原因中，最重要的是财富的分配，一切条件和关系几乎都取决于财富的分配。对于社会来说是如此，对于个人来说也是如此。和社会利害攸关的，主要是财富的使用和分配问题，而不是财富的多寡。因此，在研究财富问题的时候，就有必要不仅从它对于生产和再生产的作用上着眼，而且要考虑到财富的道德和政治效果，考虑到它影响人类幸福的一切方面。目前的财富分配状况趋向于牺牲广大生产者的利益使少数人致富，使穷人陷入更绝望的贫困深渊[⑤]。

一般而言，财富分配的基尼系数越大，收入分配的不平等就会加剧，达到一定程度后，社会秩序往往处于森严壁垒的对立状态，混乱与失序不可避免。

我国的财富分配格局主要是按社会等级秩序进行的，财富的初次分配

---

① ［德］马克思：《资本论》第三卷，人民出版社 2002 年版，第 997 页。

② ［法］萨伊：《政治经济学概论》，商务印书馆 1997 年版，第 16 页下注。

③ ［英］坎纳范：《影响人类命运的七位经济学大师》，河南人民出版社 1991 年版，第 153 页。

④ ［英］凯恩斯：《就业、利息和货币通论》（节选本），商务印书馆 2002 年版，第 44 页。

⑤ ［英］威廉·汤普逊：《最能促进人类幸福的财富分配原理的研究》，商务印书馆 1997 年版，第 15—20 页。

与再分配在各等级之间、城乡之间存在巨大的差距。等级的高低决定享有国家财富再分配的多少和社会福利的多少，而且等级高低和享有国家财富再分配的多少与社会福利的多少成正比。

作为一个人口、政治和经济大国，地区、城乡、行业之间发展呈现梯度层级特征，特别是在我国多重等级结构条件下，收入分配差距的存在及其“自发”地扩大趋势都具有一定的必然性。近几十年，所有制结构发生的变化，客观上形成了我国收入分配的多样化与分化，更重要的是不同所有制与不同等级的企业的经济待遇与收益有很大的差距，农村经济组织的待遇与收益一般是最低的。社会等级制度严重阻碍了等级、阶层、单位与地区、城乡之间相对的自由流动，其中最突出的是户籍制度、资源配置与占用制度、发展机会的分配制度，使广大底层公民陷入结构性的机会不公平、规则不公平、权利不公平的状态。

在我国，社会等级制度和市场经济制度相互作用形成的分配关系是形成整个社会财富格局的两个车轮，也是收入分配差距扩大的根本原因。社会等级制度与市场本身有不断扩大收入差距和财富分配的趋势，而国家执行扶强扶优的政策，使国家宏观调控烫平收入差距的政策发生错位与缺位，加快了收入差距的扩大。所以，全面建成小康社会，实行民生导向的财政政策，加快建立普通公民的社会保障制度，实行精准扶贫，对国家的发展和稳定就显得尤其重要。

中国财富分配格局和收入差距扩大的发生机制与根本原因是社会等级秩序格局、失衡的财富与收入分配格局、资源的流动性障碍格局与市场等级化格局等一系列社会安排相互作用，在计划机制与市场机制双重的游戏规则下，形成了一种“收入差距不断扩大的自我强化机制”。

因此，财富分配格局和收入分配的公平深深地依赖于政治和社会安排，根植于所有制和财税制度之中。

现在，我国正在向建设一个富强、民主、文明、和谐、自由、平等、公正、法治的现代化国家前进，对不合理的人造社会等级制度需做更彻底的研究和变革，以利于废除政治、经济、社会、文化等一系列社会等级特权，这是一个时代的课题，也是建设美好社会的基本前提。

第三章

家族中国的财局与政局

财局与政局的互动演进关系是多种因素综合发力的结果。总的来看，我国财局与政局的互动演进关系没有超越《大学》中“财聚人散、财散人聚”的历史规律总结。在国体和政体一定下，除了战争、灾荒与等级制的因素外，所有制和税制及其之上的治国方略是影响财局与政局变化的核心因素。

先秦的夏商周是我国家族自治联邦国家的发展阶段，实行分封制，财局与政局博弈的主体是宗主国和诸侯国。秦始皇统一六国后，建立了中央集权的行政管理制度，开创了家族行政国家的历史发展新阶段①，这一阶段贵族的力量还很强大，皇权与贵族豪强共享天下，因此有魏晋的士族门阀垄断政治以及举孝廉、九品中正制这样小圈子选官制度②。东汉的豪族和隋代的关陇贵族等都是左右当时政局的关键性力量。直到隋唐建立科举制度，开始

① 许倬云先生认为：自秦汉时代以来，中国基本上是编户齐民的社会，没有永久的阶级。《许倬云说中国》，《东方历史评论》2015 年 5 月 30 日。参见许倬云：《说中国：一个不断变化的复杂共同体》，广西师范大学出版社 2015 年版。

② 后人把士族门阀政治总结为“上品无寒门，下品无士族”。

从更广的范围选官，贵族豪强垄断政治的局面才逐渐被打破。因此，唐以前的财局与政局的博弈主体仍是皇权与贵族豪强之间。唐以后，我国开始逐渐变成一个通过科举选拔官吏为主的官僚社会，官僚成为国家治理的主体。但唐代实行府兵制，藩镇屯重兵，藩镇有租税权，同时拥有兵权、财权、行政权，所以可自成一个独立王国。因此，唐代的政治和军事最后都被藩镇所颠覆。宋明两朝，汲取了唐代和五代十国的教训，取消了州县藩镇的兵权和财权，任用文官担任地方和军队领导，武将不掌帅印，设置直属中央的转运使管理诸路财赋，即地方上的兵权和财权都上收中央。因此，宋明实现了全面的中央集权制度，主要是皇帝与官僚共治天下，经济博弈主体是皇族、官僚阶层与豪强地主之间，经济上主要是争夺人口、土地和租税收入。元朝和清朝由人口较少的蒙族和满族建立中央政权，又倒退回到皇室贵族、官僚、豪强地主这样三个主要的统治阶层，同时又有蒙汉、满汉的种族区分。在历朝历代，至于普通小民和老百姓，都是被动接受租税赋役，摇摆在政府与豪强之间寻找一些生存的空间，被压迫、被剥削得实在无法生活，直到走投无路时才选择暴力反抗。

在一定的国体和政体之下，历史常常惊人地重演。杜牧有“秦人之哀后人复哀”之说。黑格尔说：“人类从历史中所得到的教训就是：人类从来不记取历史教训。”这就是利益集团的博弈规律？黄炎培的“历史兴亡设问”对今天国家的治理也是极大的考验。从中国的历史演进中，似乎背后有某些规律，或者说，人类治乱循环背后有不可抗拒的发展规律。这个规律可能正是毛泽东所揭示的：世界是由矛盾构成的，矛盾无法消灭，旧的走了，新的又来了。所以，人类社会的历史演进就是在矛盾的不断涌现中承前启后，继往开来，没有所谓的各种历史终结和价值观的终结。

国家统治集团内部以及与被统治的力量相互转化，积极因素和消极因素的动态演进，都证明没有永恒的执政。就像没有永远上涨的价格一样。价格总要围绕价值上下波动。古代叫王朝更替。王朝更替的内在原因究竟是什么？包括哪些因素？各个国家在发展的不同阶段都有所不同，但分利不均矛盾至少在中国历史轮替中贯穿始终，是一个基本因素。因为，个人、家庭和政府的财务格局，即物质利益关系，决定个人、家庭和政府的行为取向，决定人们的政治取向和对政府的认同度。

第一节　税是政权的象征

税收在人类文明进程中有着重要的影响。国家如何征税和用税，在很大程度上决定着国民是富裕还是贫穷、自由还是被奴役，社会是正义还是邪恶。税收被认为是我们为文明社会所支付的代价。一些国外学者甚至提出，"税收是历史的主要推动力的假说"①。

在家族自治国家阶段，赋税是天子与诸侯，宗主国与藩属国的政治经济关系的纽带，决定财局与政局的变化。诸侯与藩属国正常缴纳赋税则政治和畅，行政顺畅；少缴赋税则政治受阻，行政阻滞；不缴赋税则政治争执，行政阻断；抗缴赋税则征战不可避免，政治军事上你死我活在所难免。

在古代，对粮食、土地、人口的管理构成国家治理的主要政事。古人说："谷者，人之司命也；地者，谷之所生也；人者，君之所治也。有其谷则国用备，辨其地则人食足，察其人则徭役均，知此三者，谓之治政。"②

《禹贡》书序说："禹别九州，随山浚川，任土作贡。"贡，《广雅·释古》说："税也"。这反映了至少到舜时，宗主国（天子）已开始向藩属诸侯邦国征税的事实。近年出土西周中期的《遂公盨》云："天命禹敷土，随山濬川，乃别方设征。"这是我国有明确记载的税的起源。《史记》对舜命禹勘定国土、

① ［美］查尔斯·亚当斯：《善与恶：税收在文明进程中的影响》，翟继光译，中国政法大学出版社2013年版，序论第8页。

② 王文素等注：《十通财经文献注释》，中国社会科学出版社2015年版，第3页。

制定我国最早的税制做了更加详细的记载。这个前文已述，不再累述。

税最能体现财局的变化，也往往是政局变化的试金石。

比如，禹杀防风氏。《国语·鲁语》记载："昔禹致群神于会稽之山，防风氏后至，禹杀而戮之。"禹仅仅是因为防风来迟了就要杀他吗？这显然不符合基本的国家治理逻辑。

当代学者翁礼华认为主要是"防风抗税所致。""有年终，大禹在今绍兴柯桥召开会议，亲自审计税收收入时，防风仍我行我素，既不补缴税收，也不出席会议，大禹三番五次派人到德清催请，他才姗姗来迟，而且态度也十分傲慢，藐视作为国家领导人的大禹，在势不两立的情况下，大禹为振纲纪不得不下令将身材十分高大的防风氏当场处以死刑。""同时当年为了纪念国家财政年度审计会议的召开，大禹还下令把附近的茅山改名为会稽山，以示国家重视会计工作，因此古代'会稽'与当今'会计'是同义词。"① 翁礼华关于禹杀防风的解释明显更符合逻辑。

司马迁在《史记》中说："或言禹会诸侯江南，计功而崩，因葬焉，命曰会稽。会稽者，会计也。"韩兆琦先生这样翻译为白话文："有人说禹在江南召集诸侯，考核诸侯功绩时去世，因此安葬在那里，将该地命名为会稽。会稽，意即会计，就是会集诸侯核计其功绩的意思。"②

可见，会计最先产生于政府理财和考核地方首长政绩的需要，是人类发明出来用于记录地方政府缴纳赋税的工具。尤其需要指出，4000多年前，我国就有了考核地方诸侯政府政绩的政策和工具，其中税负是主要内容。这个一直延续到今天。

税是政治主权，是政权和治权的象征。

商汤欲伐桀，先以不缴贡赋的办法试验夏桀的政局坚固与否。《说

① 翁礼华：《纵横捭阖：中国财税文化透视》，中国财政经济出版社2010年版，第5页。

② 司马迁：《史记》，韩兆琦主译，中华书局2008年版，第38—39页。

苑·权谋》这样记载："汤欲伐桀，伊尹曰：'请阻其贡职，以观其动。'"即伊尹建议商汤用不缴贡职的办法激怒夏桀，以观察他是否还有能力动用诸侯兵源。结果"桀怒，起九夷之师"讨伐商汤，因此商汤认为伐夏的时机尚未成熟，连忙"谢罪请服，复入贡职"。[①]

可见，诸侯国向中央政府缴纳贡赋不仅是经济上维持社会秩序稳定应尽的义务，更主要的是政权上的象征，表示臣服或服从中央政府的政治与行政管理。

从这个历史记载中，可以生动地展示财局与政局的相互依存，互为依赖的关系。

第二节　财聚财散的夏商案例

《左传·庄公十一年》记载："禹、汤罪己，其兴也勃焉，桀、纣罪人，其亡也忽焉"。财富与权力聚散导致了政权更替。

夏桀的历史案例

大禹创立的夏朝，到了桀，时局发生了转折性的变化。历史上有桀奢侈而夏亡的说法。实际上就是财局在夏朝内部失衡以及夏与诸侯之间外部失衡，导致政局失控，政息人亡。

根据古本《竹书纪年》说："夏桀作顷宫、瑶台，殚百姓之财。"[②]即政府

① 杜勇：《中国早期国家的形成与国家结构》，中国社会科学出版社 2013 年版，第 60 页。

② 原出处方诗铭、王修龄：《古本竹书纪年辑证》（修订本），上海古籍出版社 2005 年版，第 19 页；转引自杜勇：《中国早期国家的形成与国家结构》，中国社会科学出版社 2013 年版，第 98 页。

与人民之间的财局失衡。

夏桀好女乐，讲排场，对歌舞者有“无不服文绣衣裳者”的奢侈需求。夏桀的奢侈消费——高大宫室、精美玉石雕、酿制美酒、织造文绣等，需要消耗大量的人力、物力和财力，导致王室财政支出远大于财政收入。结果是尽敛百姓之财，人民经济负担异常沉重，而超负荷的劳役使百姓荒废农耕，“田无立禾”（《淮南子·览冥训》），又枯竭了国家的财源，致使“桀霸有天下而用不足”（《管子·地数》）。①

同时夏桀又采用暴力维持奢侈消费。当时，大臣关龙逢曾进谏夏桀说：“今君用财若无穷，杀人若恐弗胜，天殃必降，而诛必至矣。”②《尚书·汤誓》说：“夏桀对本土国的统治，役事繁多而民废农事，赋税沉重而民不安居，人民再也无法忍耐下去，宁愿与这个太阳王一道灭亡。”夏桀的统治方式让国内人民无法维持简单再生产的循环，农事被徭役所废，家庭财务首先失衡，王室财政的税基和税源旋即被破坏。而政府的赋税不仅没有减少，反而不断增加，是典型的竭泽而渔的自杀式自我毁灭行为。人民看不到生活的希望，没有奔头，心有异动，统治的政治经济认同基础就不复存在。

政府奢靡必致经济与财局失衡。《说苑·反质》说：“桀以奢亡，纣以淫败。”这是夏桀在自己的直辖土地上的财聚民散，导致财局失衡，民心思变。

更关键的是，夏朝的政局也失衡，即中央王朝与诸侯国的关系也恶化了，失去了对诸侯国应有的统驭能力，致使早已预备的商汤等诸侯纷纷想取而代之。

根据历史记载，桀的奢侈需求就被夏的诸侯商汤所利用。商汤根据伊尹的计谋，组织本国没有固定职业的游女，生产锦绣一类高级丝织品，去换

---

① 杜勇：《中国早期国家的形成与国家结构》，中国社会科学出版社2013年版，第97—99页。

② 《韩诗外传》卷四，转引自杜勇：《中国早期国家的形成与国家结构》，中国社会科学出版社2013年版，第72页。

取夏桀的谷物。[①]这种以绣易粟的办法，既可削弱夏的经济实力，又能在不加重农民负担的情况下，增加了商国的粮食储备。在距今3600多年前，粮食是国家财政的最主要收入。当时的历史条件下，政府一般将每年收入的三分之一要储藏起来，以备不虞。根据《礼记·王制》的记载，当时治国的常识是：国无九年之蓄，曰“不足”；无六年之蓄，曰“急”；无三年之蓄，曰“国非其国”。因此，三年之蓄是保障国家稳定的最低限度。

仓廪实，财用丰，水旱之灾可防，战时之费可供。所以“商固旱，汤犹发师”。[②]征夏，即与诸侯国商具有充足的粮食储备有关。[③]又如前面所说，夏桀尽敛百姓之财，人民超负荷的劳役使百姓荒废农耕，“田无立禾”。不仅断绝了国家的财源，也失去了战略性工具——粮食的自给能力。《管子·地数》说：“昔者桀霸有天下，而用不足。汤有七十厘之薄，而用有余。天非独为汤雨菽粟，而地非独为汤出财物也。伊尹善通移轻重，开阖决塞，通于高下徐疾之策，坐起之费时也。”通移轻重就是指善于利用贸易和流通领域的物价关系来聚敛财富。这是我国史料记载的最早的经济贸易战，产生了商汤与伊尹这样一对政治经济黄金组合。

夏桀的统治行为，导致中央政府统治区域内的财局与政局同时失衡，而且中央政府与地方诸侯政府的力量对比在此消彼长中发生显著变化，也处于失衡的状态。这样，在遇到水旱灾害的时候，无农不稳，粮食恐慌，内忧外患，夏就被长期积蓄力量的商所取代。

因此，历史上王朝更替的第一个教训就是：执政者喜好奢靡，政府用财无度，又不守农时，导致简单社会再生产无法正常循环，就会导致家庭和政府的财局失衡，进而导致政局失衡，直至失控，结局就是政息人亡。

---

① 《管子·轻重甲》说：“伊尹以薄之游女工文绣纂组，一纯得粟百钟于桀之国。……故伊尹得其粟而夺之流，此之谓来天下之财。”

② 《吕氏春秋·慎大》。

③ 杜勇：《早期国家的形成与国家结构》，中国社会科学出版社2013年版，第100页。

商纣王的历史案例

领导人奢靡亡国，非夏桀独例，这在中国历史上可谓前赴后继，络绎不绝。

人的欲望真是环环相扣，往往得寸进尺，得陇望蜀，没有止境。君王的贪欲，更为可怕，因为他拥有至高无上的权力，没有人可以对他的权力形成有效制约，可以阻止他的非分行为。据记载，商纣王即位不久，命人为他琢一把象牙筷子。贤臣箕子说："象牙筷子肯定不能配瓦器，要配犀角之碗，白玉之杯。玉杯肯定不能盛野菜粗粮，只能与山珍海味相配。吃了山珍海味就不肯再穿粗葛短衣，住茅草陋屋，而要衣锦绣，乘华车，住高楼。国内满足不了，就要到境外去搜求奇珍异宝。我不禁为他担心。"（冯梦龙）

《诗》云，"商鉴不远，在夏后之世。"这里所说的商鉴就是商纣王重蹈夏桀的覆辙。据记载，纣王"厚赋税以实鹿台之钱……益收狗马器物，充仞宫室。……以酒为池，悬肉为林，使男女倮相逐其间，为长夜之饮"。

商纣王横征暴敛，将搜刮来的粮食贮藏在钜桥，就是今天河北省曲周县东北。《尚书·武成》有周武王"散鹿台之财，发钜桥之粟"的历史记载。后人总结出"钜桥盈而殷丧，成皋溢而秦亡"[①]的历史教训。由于王室与家庭之间的财局失衡，中央与地方之间的财局失衡，导致百姓怨、诸侯叛的政局失衡、失控。公元前1046年，商亡其国，纣王自身"赴火而死"。

因此，商的更替重蹈了夏的覆辙，在财局政局失衡后，被自己的诸侯国周所取代。

---

① 王文素、孙翊刚、洪钢注：《十通财经文献注释》，中国社会科学出版社2015年版，第39页。

第三节　财局与政局互动博弈的周厉王改革案例

周朝延续夏商的体制，政治经济上仍实行分封制。分封制实际上是国王与贵族、诸侯共治共享政权治权的体制。周朝到了第十代，到了周厉王执政的时候，由于前期王室人口的膨胀、宫廷生活的奢靡和持续战争形成的巨额开销，国力已经呈现衰败的趋势。周王室的国库空虚，财政支出持续增长，而财政收入却越来越少，形成入不敷出的困难局面，所谓“财政悬崖愈演愈烈”，到了不改革，中央政府的日子就无法有效运转的地步。

下面就财政收入减少先做一点具体分析。

周王室的收入主要是两部分。

第一部分是周王室直接拥有的领地收入，这是主要的来源。这部分收入由于贵族官僚的“偷税漏税”而不断减少。在周朝的土地分封制下，贵族和官僚占有绝大部分土地。但随着高等级人口的增长，再加上上行下效，生活都向王室攀比，他们的生活开销也越来越大，于是不得不想办法增加收入或减少上缴的税赋。增加收入的途径有三条，一是提高生产技术，增加产出。这个因技术进步极其缓慢而效果不好。二是扩大土地的占有面积，增加劳动力，也可以增加收入。这是历朝历代的主要办法。因此，贵族和官僚兼并土地、恩荫人口的现象就越来越严重，不断蚕食王室的财政税基，导致王室的财政收入直接减少。这个在现代有所变形，比如地方政府的税收隐匿，越级减免等，本质上都一样，就是中央与地方、豪族大姓的税收博弈。三是贵族官僚想方设法获得减税免税等税收优惠的特权，如不行或不满足，就创造各种方法“行贿受贿”“偷税漏税”，以达到减少上缴税款的目的。这个在古今中外都普遍存在，花样百出。2006 年，陕西省扶风县出土了西周时期的一件青铜器——一口大锅，叫绸生鍑，上面的铭文就记载了周厉王时期的大贵族大官僚召公家族行贿收税官吏的故事。铭文的内容意思大致如下：

有一天，召公妇人给前去收田租的税官针织品五件、壶两个，并传达召公的话说："我老了，不管事了，我家族下面的那些搞农业生产的人也活得很不容易，能不能允许我们的收入也增长一点，生活改善一点？比如（该上缴的粮食）我押下三成，给你两成回扣，剩下的五成上缴公家。"召公的弟弟惠赐税官一枚玉璋。作为答礼，税官回赠了夫人一匹束帛、一枚玉佩。[①] 想想看，周朝是国王与贵族共治，并且是层层分封代理制，召公也是当朝贵族集团的两大首领之一，甚至能决定税官的职务和命运。从他开始就设法偷税漏税，上行下效，偷税漏税必然成为整个国家的普遍现象。这样王室财政的税基、税源和税收都呈现逐年下降的趋势在所难免。在财富蛋糕既定的情况下，官员和贵族的腰包鼓了，政府和平民的收入就会减少了。所谓"损公肥私"大概就是这个意思。国王，作为贵族集团的领导，面对高等级人口增加下的这种生存博弈该怎么办呢？如何凝聚贵族和国人？是与贵族决裂还是另想他法？结局相当不同。留待下文。

第二部分王室收入来源是各诸侯国的朝贡。这是统治权和政权的象征。但随着西周在平叛三监、征伐犬戎与鬼方、与南方的战端持续中，国力衰减。打仗就是打人、打粮、打钱。西周的国势在战争中消耗太大，导致与诸侯的力量对比，即政局，发生转折性的变化，朝着政局失控的方向发展。据《史记·楚世家》记载：到周夷王时，王室衰微，诸侯或不朝见进贡，并相互征伐。也就是说，诸侯国已经出现脱离周朝控制的局面。这个周夷王就是周厉王的父亲。到了周夷王的晚年，不仅边远的诸侯或不来朝见进贡，甚至中原的一些异姓诸侯国，也乘周王室衰微之际，不来朝见进贡，反而趁火打劫、起兵叛逆，十分嚣张。

因此，到了周厉王执政，内忧外患，已到了非改革不可的地步。可以说，不改革亡国，改革可能亡身。反正是执政的风险越来越高，控制不好就

① 参见程一凡：《琱生簋与厉王事件》，《湖南大学学报》2013 年第 4 期。

会人亡政息，王朝更替。

就在这样的被动背景下，公元前 9 世纪中叶，周厉王推行了一次全面的变革性改革。说变革性，是因为周厉王的政治、经济、军事、法治四位一体的改革想打破王室与贵族、宗主国和诸侯国的分封共治、世卿世袭的旧制度，调整两者之间的财权和政权分配关系。因此，也是一次深刻的政治经济革命。

在政治上，周厉王的改革举措：一是加强王权，改革旧制。没有按照周朝的惯例任命周公和召公为卿士，而是起用荣夷公和虢公长父为卿士，分别掌管经济和军事事务，不仅与周公、召公两个最大的既得利益集团形成政治上的正面冲突，更重要的是剥夺了贵族“世卿世袭”的垄断特权，打破王室与贵族共治的旧政局。这涉及众多贵族的官位和权力，形成王室与受损贵族群体的政治对垒，是一场你死我活、惊心动魄的权力博弈。二是分解大诸侯国，把诸侯国层层细分、往小里分，缩小领地；并直接任命封国的地方长官，设立“牧”官，管理四方诸侯，制定诸侯君臣应行的职责、确定各诸侯国应缴纳的贡赋①。这就直接与诸侯抢地盘，削弱诸侯的实力，与诸侯阶层也形成政治上的正面冲突，也是你死我活的政权斗争。这样，周厉王同时剥夺世袭贵族和诸侯的特权，大幅削减了他们的“奶酪”，犯了四面出击的战略性错误。

在经济上，实行“专利税”政策。对原来名义上周王所有、实际上被诸侯管理占用的山泽林池出土的物品征收“国土资源税”，目的是挽救中央王室的财政悬崖。这种收回已经被诸侯私占的收入，无疑是虎口夺食，导致双方发生正面的直接利益冲突。

在军事上，周厉王主动作为，用霹雳手段，严厉打击有异心、尾大不

---

① 《周礼·夏官》记载：“凡邦国千里，封公以方五百里，则四公；方四百里，则六侯；方三百，则十一伯；方二百里，则二十五子；方百里，则百男，以周知天下。”又“王设其牧，制其职，各以其所能；制其贡，各以其所有”。

掉的诸侯国。连周厉王父亲执政时擅自称王的楚国国君熊渠也主动取消王的称号。《史记·楚世家》记载："当周夷王之时，王室微……熊渠甚得江汉间民和……乃立其长子康为句亶王，中子红为鄂王……及周厉王之时，熊渠畏其伐楚，亦去其王。"诸侯们对此又恨又怕，又心有不甘。

在政法上，淡化礼制、强化法治，建立监察机构，来保证政治、经济方面的改革。为了保障改革的进行，周厉王不惜使用了简单、粗暴、高压的手段。周厉王下令，成立了一个以卫巫为首的执行法律的特别检查机构，在国都中监视公众场合攻击改革的"国人"，试图以强势高压的方式消除对改革的各种异见，统一舆论。这被反对派夸大为"防民之口，甚于防川"的暴君形象。那些抨击改革的人，往往与贵族有着千丝万缕的联系，是贵族既得利益集团派出来制造舆论的人。这个战术上的错误，让周厉王在舆论上处于被动，形成不利于改革的社会舆论氛围。

周厉王在历史上可以称为"果敢刚毅，胸怀远大"的国王，推行上述四位一体的全面改革举措非有超强个人魄力而不可为。改革的初衷也是为了扭转西周江河日下的财局与政局，可以说也顺应了时代发展的潮流，没有什么可厚非的。但这个国家治理结构与治理体系的变革，即建立中央集权的行政国家，是一种千年变局，伤筋动骨。直到宋代中央政府上收了地方政府的军权和财权，才正式完成，差不多持续了1800年。

周厉王的改革举措是在改变实行千百年来的分封制政治经济结构，探索建立中央集权的行政国家，可以称为"千年之变局"一点也不过分。因此，他事实上低估了改革的阻力，错误地估计了形势、没有掌握好改革的轻重缓急，在战略战术上缺乏政治智慧。更重要的是，他没有看清自己统治和改革依靠的阶层本来就是同姓贵族集团，现在他要对自己赖以生存的同姓贵族集团动手术，首先造成改革的核心权力圈出现对立格局。没有贵族集团的支持，就失去了改革的最大同盟军，周厉王无疑是孤军奋战，最后变为孤家寡人。因为家族自治国家阶段的周朝，中央政府的军队和行政管理靠同姓贵族来统领、执行、维持，对诸侯的权威也需要靠同姓贵族集团的支持才能树立起来。他事实上没有足够的权威和力量与整个同姓贵族集团闹翻，也没有足够的财货和手段补偿利益受损的同姓贵族。因此，改革存在先天性供血不足。

周厉王的“四位一体”改革无异于向全体贵族和诸侯宣战。改革注定要受到贵族和诸侯的全力阻挠和凶恶反扑。

公元前 841 年，商的国都——镐京里出现了小贵族、小商人、手工业者聚集起来有组织的声讨国王的暴动，人们冲向王宫去找厉王算账。起初厉王还想把民众镇压下去，可调来的军队中的兵士有的平民出身、有的属于贵族的封户子弟，更重要的是，指挥者大部分是贵族子弟，他们见国人造反，很多人也参加进去了。周厉王眼看大势已去，只好带了一些随从，偷偷溜出了王宫，一直逃过黄河，逃到彘（山西霍县东北）这个地方才停下来。就这样被贵族和诸侯联合起来反攻倒算，落得个被流放的命运。14 年之后，公元前 828 年，周厉王在山西霍县过世。

历史都是胜利者书写的。周厉王的改革在历史上不断被“污名化”，成为贵族官僚和国王博弈的历史经典案例，被一代又一代所传承渲染。

一些后来的研究表明：周厉王改革明明是把当时流失的“国土资源税”重新“颗粒归仓”，却被污名化为贪得无厌实行“专利”；明明是打破高级贵族的世袭垄断，却被污名化为亲小人远贤臣；明明是打击尾大不掉的诸侯割据势力，却被污名化为穷兵黩武动摇国基；明明是要强化法治，却被污名化为推行暴政；明明是系统性改革，却被污名化为西周的“周扒皮”；明明是贵族诸侯联合发动政变放逐了周厉王，却被粉饰为平民百姓揭竿而起推翻了周厉王。①

总之，先秦的夏商周是我国家族自治国家的发展阶段，实行分封共治

① 以上参考了李仕权：《改革的教训：打捞中国历代沉没的改革》，中信出版社 2015 年版。

政治体制。天子是全国土地和人民的名义主宰，但要与贵族共享政权和治权，诸侯国君拥有自己封地内的政权和治权以及对中央政策的贯彻、落实和执行权。因此，财局与政局互动博弈的主体是国王与贵族、宗主国和诸侯国。夏桀、商纣、周厉王三个案例说明，家族自治国家阶段，往往是统治集团内部的博弈或斗争决定政局与财局的互动演进，进而决定政治和历史的更替演进。

在分封制下的权力代理体制机制下，中央政府往往强不过三代，随代际延长而权威递减的趋势总体上具有典型性。一些励精图治的诸侯、封疆大吏，在中央与地方实力的此消彼长中不断坐大，出现“尾大不掉”“割据称王”的局面在宋朝以前可以称为历史规律。

由于分封制下的权力代理体制机制的内在缺陷，王室衰微、诸侯坐大具有历史的必然性。

周厉王之后，名义由诸侯共伯和短暂执政，实则仍是周公和召公支配西周的中央权力中枢。在国王与贵族共治共享的政体恢复后，西周中央王室的财政悬崖危机仍是执政者面临的主要政治经济问题。周厉王实行的“专利”税制和重视农业的政策被部分继承下来，用于缓解中央财政危机，其他剥夺贵族与诸侯特权的改革都被废除，诸侯对中央的纳贡制度事实上名存实亡。因此，中央政府的财政危机一直没有有效缓解。西周又延续了70年，直到公元前771年周幽王被申侯和犬戎所杀，西周终止。

公元前770年，诸侯拥立原先被废的太子宜臼为王，史称周平王，建立东周，把国都从现在的陕西西安迁到河南洛阳。东周的前半期，诸侯争相称霸，称为“春秋时代”；东周的后半期，周天子名存实亡，各诸侯相互征伐，称为“战国时代”。

周平王东迁以后，管辖范围大减，形同一个小国，加上有弑父之嫌，在诸侯中的威望已经大不如前。据《左传》记载，春秋时共有140多个诸侯国。面对诸侯之间互相攻伐和兼并，边境的外族又乘机入侵，天子不能担负共主的责任，经常要向一些强大的诸侯求助。在这种情况下，强大的诸侯便自居霸主，中原诸侯对四夷侵扰则以“尊王攘夷”口号团结自卫。

第四节　秦国后发崛起和迅速亡国的案例分析

在第一章，我们已经对管子改革让齐桓公称霸诸侯和李悝改革让魏国率先富强进行了理论分析。这一章，我们重点先讲讲秦国崛起中的两次改革，如何使秦国的财局与政局在互动中越变越强。然后分析，秦始皇的治国方略如何让秦国很快走到最强并迅速崩溃。

秦献公的改革

秦国的祖先是颛顼帝的后代。根据《史记·六国年表》记载：“秦始小国僻远，诸夏宾之，比于戎翟，至献公之后常雄诸侯。”也就是说，秦国开始开的时候很落后，甚至被中原诸侯国视同为落后的少数民族，从秦献公开始，秦国才真正强大起来，尽管此前有秦缪公称霸诸侯，被周天子封为“方伯”。

秦献公是如何让秦国富强起来的呢？当然是励精图治，通过一系列改革和发展举措实现的。那改革和发展的加减乘除法是怎样改变秦国的政局与财局的呢？下面做一扼要归纳性分析。

首先是减法，废除不合理的制度。比如用活人殉葬的制度。秦献公之前的人殉制度规定，国王和贵族死后都要用活人殉葬，殉葬的规模少则数十人，多则上百人。关键是把人口中的善人、能人也给殉葬了，导致秦国的人口一直增长缓慢，人才时有中断。比如，根据历史记载，秦缪公死后，殉葬的活人高达177人，其中有当时秦国的良臣子舆氏三兄弟——奄息、中行、鍼虎。后人作了一首诗歌《黄鸟》，谴责秦缪公不顾及后人，让贤能的臣子为他殉葬。[①] 因此，秦献公废除了秦武公以来实行了300多年的人殉制度，不仅赢得民心，而且为秦国走向富强开了个制度改革的好头。

其次是加法，鼓励生育，招揽人才，汇集人口与人才红利。一方面鼓励已婚妇女多生，奖励多生儿子的母亲。另一方面采取鼓励政策吸引周边国家和部族的人到秦国来种地、放牧，移民与本国居民一视同仁，享有同等待遇。在古代农业社会，人口是富国强兵的首要条件。正如《大学》所说："有人此有土，有土此有财。"有更多的人种地，才能生产出更多的财富。同时，秦献公礼贤下士，招揽人才，特别是以墨家的人才为主。墨家擅长技术和军事，这对提高秦国的科技与军事能力很有助益。有了财富，有了人才，有了正确导向的奖励措施，民富国强，兵强马壮，就不会太远了。秦献公的这些举措提高了秦国的综合国力。

再次是乘法，抓住战略机遇期，做增量改革。先进行迁都，后设立特区，改革土地所有制和税制，实行郡县制和奖励军功政策，加强中央和国王的财权和治权。秦献公是被贵族干政推上国君宝座，他汲取周厉王改革被流放的教训，没有在贵族势力聚拢的首都直接推行改革，而是先选择在贵族势力薄弱的地方入手。公元前383年，秦献公上任第二年，修筑栎阳城，并以提振国威，与魏国决战到底，夺回河西之地为执政目标和口号，将秦国的国都从秦地的中部雍（今陕西凤翔县）迁都到东部、靠近河西之地的栎阳（今

---

① 司马迁：《史记》，韩兆琦主译，中华书局2008年版，第118—119页。《左传》文公六年也这样记载"秦伯任好卒，以子车氏三奄息，仲行、鍼虎为殉，皆秦之良也，国人哀之，为之赋《黄鸟》"。

诗经・秦风——《黄鸟》

交交黄鸟，止于棘。谁从穆公？子车奄息。维此奄息，百夫之特。临其穴，惴惴其栗。彼苍者天，歼我良人。如可赎兮，人百其身！

交交黄鸟，止于桑。谁从穆公？子车仲行。维此仲行，百夫之防。临其穴，惴惴其栗。彼苍者天，歼我良人。如可赎兮，人百其身！

交交黄鸟，止于楚。谁从穆公？子车鍼虎。维此鍼虎，百夫之御。临其穴，惴惴其栗。彼苍者天，歼我良人。如可赎兮，人百其身！

陕西西安临潼区北）。栎阳类似于改革开放之初的深圳和珠海。因为魏国在李悝改革的引领下，在战国中率先富强，侵占了秦国的河西地区，并在河西实行土地私有化和新税制。同时栎阳地区是秦魏两国交战的前沿地区，土地归属变更频繁，不属于秦国贵族的私产，又远离秦国贵族的大本营雍。因此，秦献公较为稳当地在秦东部地区设立改革特区，推行“初租禾”①改革，实行农村土地所有制改革，适应土地私有化的潮流，把原来井田制的国家授田机制改为按照实际占有田地面积征收租税制，把劳役税制改为实物税制。初租禾的实施，使大批占有私垦田地的人成为土地的合法主人，不仅使农户解除了私田被没收的后顾之忧，而且可以名正言顺地扩大私垦，得到了实实在在的实惠。这样，秦国东部地区的经济快速发展，国家财政收入也随着土地开垦数量的增加和偷税漏税的减少而明显增加。根据历史记载，迁都和实施初租禾后，秦中和秦西地区的老百姓甚至包括周边国家的老百姓也纷纷涌向秦东地区，越来越多的人投奔秦献公，来到栎阳干事创业。栎阳很快就成为秦国新的政治和军事中心，代替了旧都雍的地位。②秦献公做大做强增量改革的第一步成功了，连秦国的旧贵族都想得到一块秦东的富饶封地。为了捍卫增量改革成果，秦献公将秦东地区的蒲、蓝田、善、明氏等地改为县制。不再分封，自己直接掌控管理。这可是政治体制和治权机制的重大变革。县制与封邑制在治权上有很大的不同。封邑制是分封给卿大夫的，国君并不直接管辖，而是委托卿大夫代理管辖。县制是直接隶属于国君的地方行政区域，直接对国君负责，有利于国君对地方的控制。尤其是战国时期，诸

---

① 初租禾，类似鲁国的“初税亩”，是秦简公在公元前 407 年推行的土地改革制度，核心是按照实际占有的土地面积征收农作物实物税。当时这个改革受到贵族的强力抵制没有真正在秦国推行。因为井田制的授田机制下，耕地名义是国君的，但实际被贵族占用，一旦推行初租禾，许多耕地就会为地主、自耕农所有；贵族们打着井田制的旗号无偿占有农户们的劳动成果就被取消，这对贵族来说是直接的利益损失。

② 以上参见李仕权：《改革的教训：打捞中国历代沉没的改革》，中信出版社 2015 年版，第 41—42 页。

侯争霸，层层委托代理制，当然没有直接的科层控制效率更高，因此成为战国时期各国普遍推行县制的原因。当时秦国旧贵族的实力仍很强大，废立君主的事干了不止一两回。因为家族自治联邦国家阶段，是国王与贵族共享政权与治权。所以秦献公推行县制，剥夺贵族共享的政权与治权，得有靠谱的理由支撑。当时，战国的格局是战端四起，诸侯争霸，发展壮大军事力量是各国在形势倒逼下的自觉选择，奖励军功，按照军功授予爵位的做法①已经比较普遍。秦献公告诉贵族们，国难当前，大片国土还被魏国、晋国等占领，需要收复，因此，要奖励军功，在增量上实行军爵制，把改革特区和收回的土地作为实行县制、奖励军功的试点，以巩固城防，富国强军。这个符合当时的国际形势，贵族们难以辩驳。秦献公的这些改革措施，使秦东部地区面貌焕然一新，不仅经济繁荣起来，而且成为秦国的主要税源和兵源的基地，也让秦献公有了政治资本，在与贵族的博弈中处于优势地位。

最后是除法，建立户籍制、实行连坐制、兵农合一制。为了巩固自己的政权，建立忠于自己的队伍，整军图强，防止被贵族和官僚所左右，秦献公采纳墨家的建议，把墨家“什伍 + 连坐”的军事城防办法扩大到民间，在秦东部的改革特区建立户籍制，实行连坐制。具体做法是：每五户为一伍，这五户农忙时相互帮助，农闲时进行军事训练；如果其中一户的人犯了法，其他四户也要负连带责任。也就是倒逼机制，督促五户之间相互监督，遵纪守法。而且，户籍组织与社会行政的编组是统一的，县连着乡，乡连着里，里连着伍，伍连着户，户连着口。于是就构成了以户籍为纲的一条完整的治理链条或治理体系。②

这种在军队和社会上实行的户籍连坐制度和兵农合一的体制，把全国

① 比如魏国李悝变法，提出“有饭吃的人是通过劳动得到，拿国家俸禄的人是对国家有功的人”，不再以“亲、故”而以“功劳作为赏赐的标准”。

② 以上参见李仕权：《改革的教训：打捞中国历代沉没的改革》，中信出版社 2015 年版，第 44—45 页。

的农民都变成了国家的军队，又把军队和人民都变成君王的耳目，极大地加强了秦国的国家组织能力和治理能力，使秦国的治理体系和治理能力后来居上，超越了其他诸侯国。比如，在与当时的强国晋国的战争中不断取得胜利。根据《史记》秦本纪卷五记载：公元前364年，即秦献公二十一年，在石门与魏国交战，秦国斩首魏国的士兵六万人，周天子赐黼黻与秦献公以示祝贺。公元前362年，与魏国战争中俘获了魏国的将领公孙痤。二十四年，秦献公去世，他的儿子秦孝公即位，当时秦孝公已经二十一岁。

秦孝公与商鞅变法

秦献公生前没有完成收复国土的愿望，他的儿子秦孝公即位后继承父志，有称霸的雄心壮志，更加发愤图强，决心改变"六国卑秦，不与之盟"的国家地位。秦孝公对内广施恩惠，赈济孤寡，招募战士，明确论功行赏的政策；对外广泛招揽人才，并提出"宾客群臣有能出奇计强秦者，我将任用他为高官，封他爵土"。这种高官厚禄的"千人计划"人才政策，吸引了大批"六国食客"[①]来秦国效力。卫国人公孙鞅[②]（约前395—前338）听到秦孝公发布的招贤纳士命令后，向西来到秦国，通过孝公近臣景监的引进，见到了秦孝公。这又引出一个全面深化改革的强国历史经典案例。

1. 全面深化改革与群众参与

公元前359年，秦孝公三年，公孙鞅劝说孝公实行变法，修改刑法，主

① 食客是各种怀有一技之长的治国人才。

② 公孙鞅，是前卫国国君的远方后代，年轻时喜好刑名之学，在魏国丞相公叔痤手下当侍从官中庶子。公叔痤死后听闻秦孝公的求贤令，便携带李悝的《法经》投奔秦国，通过秦孝公的宠臣景监见孝公。公孙鞅先以帝道、王道之术说孝公，孝公听后直打瞌睡并通过景监责备商鞅。商鞅再以霸道之术说孝公，孝公听后改变态度但没有重用商鞅。商鞅最后畅谈富国强兵之策，孝公听后大喜。可见，公孙鞅的霸道改革主张只是迎合秦孝公的胃口，而帝道和王道不被秦孝公看好。

张对内大力发展农业，对外设立鼓励战士勇猛杀敌的赏格。秦孝公对他的建议很是欣赏，但害怕天下人议论自己。尤其老臣甘龙、杜挚等旧贵族对变法不以为然，甚至坚决反对。秦孝公左右权衡，举棋不定，于是主持召开了一次关于变法图强的公开辩论会。

公孙鞅以历史进化的思想驳斥了旧贵族所谓“法古”“循礼”的教条主张，征服了秦孝公，并为实行变法作了舆论准备。于是，秦孝公任命公孙鞅为左庶长①，并很快地确定了变法的条令。②

变法之争结束后，秦孝公以坚定的态度采纳了公孙鞅的变法主张。在策略上，公元前359年，秦孝公命商鞅在国内颁布了《垦草令》，作为全面变法的序幕。《垦草令》制定出二十种重农和开垦荒地的办法，其主要内容有：刺激农业生产，重塑社会价值观，提高农业的社会认知度，削弱贵族、官吏的特权，让国内贵族加入到农业生产中，实行统一的税租制度 等改革方略。

开始时不仅官僚贵族不认肯这个“外来和尚”念的经，而且老百姓对新法也心里没底，政府说话到底算不算数也不知道，处于迷茫状态。改革遇到了两方面的阻力，需要逐一化解。

于是，公孙鞅先从化解百姓的疑虑和不解出发，发动群众参与到改革变法当中，让百姓知道改革是言而有信、有法必依、说到做到。这就有了历史上著名的城门“徙木立信”③ 的故事，以表明政府说话是算数的。通过这样一些言而有信、取信于民的措施，改革开始获得群众的广泛参与。公孙鞅

① 秦国将爵位分为二十级，第一级最小，第二十级最大。左庶长是第十级。

② 以上参见司马迁：《史记》（三），商君列传卷八，韩兆琦主译，中华书局2008年版，第1397—1399页。

③ 据司马迁《史记·商君列传》记载：孝公已经任用了公孙鞅实施变法图强政策。当年商鞅恐怕百姓不信任，于是在国都市场南门立下一根三丈长的木杆，招募百姓有能够搬到北门的就赏给十镒黄金。百姓对此感到惊讶，没有人敢去搬木杆。就又宣布命令说：“有能够搬过去的就赏给五十镒黄金。”有一个胆大的人搬木杆到北门，立即赏给他五十镒黄金，以表明没有欺诈，昭示自己言而有信。

抓住机会公布了改革的新法。过了三年，百姓们都转过来认为新法好了。

公孙鞅在秦孝公领导下推行变法分为两个阶段。

2. 变法的第一阶段

第一个阶段是从公元前 356 年，即秦孝公六年开始。变法以秦律的形式颁布，采用了稳一头、打一头、激励一头的改革策略，即稳住新兴的土地所有者，打击旧的世袭贵族，激励想要建立军功的爱国青年。

主要内容包括：

一是编定户籍，实行“连坐”。为了掌握秦国的真实人口数量，更好地控制税源，公孙鞅在秦献公十年（前 375）时制定的“户籍相伍”基础上，进一步整顿、编制了户籍，核实人口基数，把五家编为一伍，十家编为一什，实行什伍连坐制。即十家相互监督，相互检举，若不揭发，十家连坐。凡是不告发的人，就要处以腰斩；告发者，与正在战争上杀敌立功者同赏；窝藏奸人的与降敌同罪。为了防止奸人逃匿，旅店不准擅自留客人过夜；旅客住店必须持有官方凭证。这就进一步限制和打击了旧贵族既得利益集团势力搞团团伙伙的阴谋串联活动。又推行禁止父子兄弟同室而居，凡民有二男劳力以上的都必须分居，独立编户。同时按军事组织把全国吏民编制起来，这样国家就直接控制了全国的劳动力，保证了赋税收入。统一后秦国将此推广至全国。类似的保甲制度和户口制度一直到中华民国和中华人民共和国时期仍然采用。这种制度，本质上是军事管制制度。

二是明法令，以吏为师。立有军功的人可以根据规定加官晋爵；为私仇而打架斗殴的，要根据情节轻重给予惩罚。为了限制和打击不事耕战、游手好闲的游民，公孙鞅下令“燔诗书而明法令”，禁止游说求官，禁止私人请托和私通外国，限制自由迁徙。如果要做官，只能去学习法律，拜官吏为师，务求真才实学。这一举措进一步提高了官吏在国家治理体系中的地位，限制了旧贵族的社会等级特权。

三是用军爵制度取代贵族世袭制度。在变法前，旧贵族的爵位和俸禄都是世袭的，他们世世代代享有政治和经济特权，这就阻碍了社会的流动性，使政治生态像“一潭死水，长久必臭”。公孙鞅规定，凡是没有为国家建立军功的旧贵族，都要把他们从宗室贵族的簿籍上除名，不许他们无功受禄，继续享有特权[①]。同时，根据军功的大小制定出高低不同的爵秩等级，实行奖励军功、按军功大小赏赐田宅的办法。有军功的人才能显贵荣华，没有军功的人即使有钱也没有社会地位。公孙鞅不仅把对外战争兼并得来的土地实行县制，而且由于军爵制度的执行，不少贵族因为没有军功而失去爵位和采邑，这些采邑根据改革政策被整合成县的建制。这就直接触动了没落旧贵族的金饭碗，改变了国家内部的所有制和行政治理结构。实际上就是逐步废除世卿世禄的旧的等级制度，代之以新的不再世袭的行政科层等级制度。而且封邑内的行政权掌握在国家手里，各级官吏由国家任免，受封者只能食其租税，不能再权倾一方，山高皇帝远了。这对于加强中央集权，限制没落旧贵族的反扑，促进经济发展，提高军队战斗力都有正向的激励作用。

四是“农战合一”的强国政策。公孙鞅继承法家思想，认为“农战合一”是治国之本，国家要兴旺发达，主要靠农战，“国家要靠农战而安，国君要靠农战而尊”。这在农业经济的历史条件下，是相当先进的思想。所谓农战合一，就是农民平时耕种生产，战时打仗，立功授爵。农战合一的治国策略迫使一般人想要富贵就必须投身到农战中去，养成一种“喜农乐战”的社会风气，把农业视作“本业”，把商业看成“末业”。公孙鞅实行重农抑商，制定一系列鼓励发展生产的政策措施。比如通过税收制度的减免和优惠来扩大农业生产，保障农产品供给，稳定农产品价格。具体方式：一是新法规定鼓励农民好好发展农业，对那些在生产粮食布帛方面做出成绩的百姓，

① 司马迁：《史记·商君列传》记载：“宗室非有军功论，不得为属籍。”

可以免除他们的劳役；凡是弃农经商或因懒惰而贫困的，就连同妻子儿女没入官府为女婢。这是商鞅为限制商业同农业争夺劳动力，防止商人和高利贷者乘机牟取暴利，冲击农业生产而实行的管制性措施。二是实行税收优惠政策，吸引国外地少人多的三晋地区百姓移民入秦。优惠政策规定，凡是迁入者不仅可以无偿分配住房、土地，而且可以免除三代的徭役；如果到山区和丘陵地带去垦荒，可以免除 10 年赋税。这是商鞅为了防止战争导致的秦国农业劳动力减少，进而农业生产减少可能引起粮价波动的又一个措施。三是改变家庭赋税模式。新法规定，一家如有两个以上的成年男人而不分开过的，要加倍地缴纳赋税。分家以后，各家都要积极生产，不准再相互依赖。这样做，事实上确立我国一家一户为单位的个体农业经济模式，让年轻人独立承担责任，进而提高全国的劳动生产率。通过这些税赋制度，能够起到扩大农业生产，提高农业产出的作用。

五是依法治国，树立权威。公孙鞅认为，政府要树立权威，就必须坚持“轻罪重刑”的原则，这样才能确立政府的权威，使令行禁止、法出奸息，政府决策得到贯彻落实，政府运转得以顺畅无阻。具体案例是：在新法公布实行的第一年，受到许多获益者的拥护，也遭到利益受损者旧贵族的群起反对，秦国有上千的人跑到首都反映新法不好。太子驷的老师公子虔和公孙贾是反对变法的首领，他们自己不敢公开出面，便利用太子驷年幼无知，故意唆使他触犯新法。这直接挑战新法的权威与诚信。公孙鞅说：“法令之所以行不通，关键就在于上头有人破坏。”于是他准备依法处置太子。但太子是国家未来的继承人，不能对他施刑，于是就处罚太子的太傅公子虔，给太子的太师公孙贾处以脸上刺字的黥刑。结果第二天，秦国人就都按着新法办了。在杀一儆百的基础上，公孙鞅又动用了激进手段对社会反对变法者进行镇压，雷厉风行地推行新法，取得了“令行而禁止，法出而奸息”的巨大成效。但杀的人越多，反对者的数量就会越来越大，他们带着仇恨的种子转入地下，等待时机。

通过公孙鞅的第一阶段变法改革，政治经济相对落后、内患频发的秦国在短短的十几年便后来居上，在政治、经济、军事、法治等方面都赶上和超过了其他诸侯国，尤其是在国家治理体系和治理能力改革的深度和广度上大大超越了同时期的国家。按照农战合一和军功授爵的军事体制来构建社会管理体制，这让秦国的国家权力更加集中，有利于集中力量办大事，特别是在战争持续的背景下。可以说，秦国基本上被整合为一个战争的机器。

公元前355年开始，即秦孝公七年，秦国又有了参加诸侯国会盟的资格。公孙鞅因变法有功，在秦孝公十年（前352）被越级擢升为大良造，在秦国属于第十六级爵位，相当于国相，并兼有军事长官的身份。

3. 变法的第二阶段①

公元前350年，即秦孝公十二年，公孙鞅又在第一次变法基础上，根据形势的发展，开始了第二次变法，陆续颁布了一些法令，主要内容包括：

一是废除分封，普遍设县。新法规定，秦国废除分封制，普遍推广县制，在没有设县的地方，把乡、邑（小市镇）、聚（村落）合并起来设了31个县。每县户口在1万以上者设县令，万户以下者设县长，以及县丞（副县长）、县尉（武装部长兼公安局长）等朝廷命官，共同管理全县事务。这些官吏都由国君统一任命，受中央政府直接管辖，享有以谷物计算的俸禄待遇，免职离任，不再世袭。县内不仅有一套政治组织和军事组织，而且还实施一种征收军赋和征发军役的制度。公孙鞅把推行县制同什伍制结合起来，形成了比较完善的新的官僚行政制度。后来，秦始皇在县制的基础上推行郡县制到全国，并最终固定成为中国地方政权的基本组织形式，一直延续到今天。这是一种了不起的制度创造。

① 本部分参考了翁礼华《运财帷幄》（浙江文艺出版社2016年版）相关内容。

二是废井田，开阡陌，以赋予民。新法又废除了原来田埂地界，让人们重新认领土地，承认土地私有，按照土地多少公平地向国家缴纳赋税。

三是统一度量衡。随着土地私有化和经济大发展，国内经济流通的度量衡不统一，不利于经济贸易的交换和发展。于是，公孙鞅统一了秦国的度量衡，具体办法是：制定全国度量衡的统一进位制度，即把升、斗、丈、尺作统一规定；制造统一的标准度量衡器发到全国各地。比如公元前 344 年颁布的标准量器“商鞅方升”，其容积是 201 立方厘米。度量衡的统一不仅有利于加强秦国各地的经济贸易往来，有利于维护中央集权，而且也为未来统一全国的度量衡奠定了很好的基础。

四是迁都咸阳。一国的政治经济中心对全国的辐射作用强。秦献公是为了推动改革把秦国的政治经济中心由雍城迁到栎阳城。栎阳离前线近，又不在秦国的中心，不利于实行县制以后的国家管理。于是，公孙鞅便说服秦孝公将国都迁到秦国的中心咸阳。咸阳位于八百里秦川腹地，渭水穿南，嵕山亘北，山水俱阳，交通便利、物产丰饶，有利于全国的物质交流和对各地的控制，而且直通函谷关，有利于秦国向东发展。公元前 349 年，秦国在咸阳建造了高大富丽的城阙宫殿，把国都迁到了咸阳。

五是统一征收军赋。公元前 348 年，秦孝公十四年，公孙鞅根据战争的需要，制定了统一的按壮丁征收军赋的办法，将原来仅向贵族征收的军赋扩大到向全体百姓征收，为秦国的扩军备战进一步奠定了财政基础。

在军事上，公孙鞅作为统帅，率领秦军收复了河西。破魏后，秦孝公把於、商一带的十五邑封给他，并封公孙鞅为列侯，号称商君。后人因此称他为商鞅。

公元前 338 年，秦孝公去世，太子驷即位，即秦惠王。公子虔等人告发公孙鞅“欲反”，秦惠王下令逮捕公孙鞅。公孙鞅逃亡至边关，欲宿客舍，客舍主人不知他是商君，见他未带凭证，告以商君之法，留宿无凭证的客人是要治罪的。公孙鞅想到魏国去，但魏国因他曾生擒公子印，拒绝他入境。

公孙鞅被迫潜回封邑商，发动兵变，战败而亡。其尸身被带回咸阳，处以车裂后示众。按照连坐法，公孙鞅全族被诛灭。

公孙鞅虽然被五马分尸，但新法并未被废除。

4. 对公孙鞅变法的评价

汉代的蔡泽这样评价公孙鞅："夫商君为秦孝公明法令，禁奸本，尊爵必赏，有罪必罚，平权衡，正度量，调轻重，决裂阡陌，以静生民之业而一其俗，劝民耕农利土，一室无二事，力田稸积，习战陈之事，是以兵动而地广，兵休而国富，故秦无敌于天下，立威诸侯，成秦国之业。"①

毛泽东这样评价公孙鞅："商鞅是首屈一指的利国富民伟大的政治家，是一个具有宗教徒般笃诚和热情的理想主义者。商鞅之法惩奸宄以保人民之权利，务耕织以增进国民之福力，尚军功以树国威，孥贫怠以绝消耗。此诚我国从来未有之大政策。商鞅可以称为中国历史上第一个真正彻底的改革家，他的改革不仅限于当时，更影响了中国数千年。"

可以说，公孙鞅的"圣人苟可以强国，不法其故；苟可以利民，不循其礼"不仅成为秦国政治的指导原则，而且也成为我国历代改革的政治指导原则。他在历史上创造了"农战合一"的国家治理体系，尤其是推行的土地私有制、行政县制、户籍制、军爵制，极大地提高了秦国的国家治理能力，使秦国最先从家族自治国家分封制过渡到家族行政集权国家体制，为秦国统一六国准备了政治上、军事上和经济上的条件，并奠定了中华两千年的国家治理模式的雏形。他主张的重法、重农、尚武和统一民众的心智，制定统一的制度，实现统一的目标等都是"王道与霸道"的杂合，成为后世帝王称霸的政治基础。一些评价说：公孙鞅"既为秦开帝业，也替秦致亡道""既为法家创功业，也替法家致亡道"②。

① 司马迁：《史记》（第三册）范雎蔡泽列传第十九。

② 翁礼华：《运财帷幄》，浙江文艺出版社 2016 年版，第 51 页。

秦始皇①治国方略下的政局与财局

1. 秦始皇完成了中国政体的“千年之变局”

公元前238年，秦王政在雍城举行冠礼，除嫪毐叛乱；次年秦王政免除吕不韦的相职，吕不韦被放逐到巴蜀后饮毒酒自杀，秦王政正式掌权。其后，秦王政先是听从秦国贵族所言，下了《逐客书》，想逐出六国食客，但被李斯的《谏逐客书》所劝阻。后来重用了军事家尉缭、法家李斯等人，积极推行统一战略。

秦国从公元前230年起，到公元前221年灭齐时止，首尾10年，陆续兼并了六国，在占领的区域设置郡县，直属于秦王，从此结束了中国贵族王侯专政的家族自治国家时代，把中国整体带入君主集权的家族行政国家的帝国时代。

为了有效地管理国家，秦始皇吸取了战国时期国家治理的具体经验，建立了一套相当完整的中央集权制度和政权机构，完成了我国政体上的第一个“千年之变局”。

在政体上，秦始皇继续执行商鞅的“农战合一”的军事集权体制，加强君主专制，削弱旧贵族势力，提拔由军功而上升起来的新贵族。

在行政管理体制上，建立从中央到地方的官僚制度体系。在中央层面，实行三公九卿制度。中央设丞相、太尉、御史大夫。丞相有左右二员，是百

① 秦始皇（前259—前210），嬴姓，赵氏，名政。秦庄襄王之子。出生于赵国都城邯郸，十三岁继承王位，三十九岁称皇帝，在位三十七年。中国历史上著名的政治家、战略家、改革家，首位完成华夏大一统的铁腕政治人物。建立首个多民族的中央集权国家，曾采用三皇之“皇”、五帝之“帝”构成“皇帝”的称号，是古今中外第一个称皇帝的封建王朝君主。他又规定：自己死后皇位传给子孙时，后继者沿称二世皇帝、三世皇帝，以至万世。秦始皇梦想皇位永远由他一家继承下去，“传之无穷”。为了使皇帝的地位神圣化，秦始皇又采取了一系列“尊君”的措施，包括取消谥法、天子自称曰“朕”、文字要避讳、制作皇帝专用的“玉玺”大印。

官之首，掌政事。太尉掌军事，不常置。御史大夫是丞相的副贰，掌图籍秘书，监察百官。丞相、太尉、御史大夫以下，是分掌具体政务的诸卿，其中有掌宫殿掖门户的郎中令，掌宫门卫屯兵的卫尉，掌京畿警卫的中尉，掌刑辟的廷尉，掌谷货的治粟内史，掌山海池泽之税和官府手工业制造以供应皇室的少府，掌治宫室的将作少府，掌国内民族事务和外事的典客，掌宗庙礼仪的奉常，掌皇室属籍的宗正，掌舆马的太仆等。丞相、太尉、御史大夫与诸卿议论政务，皇帝作裁决。此外，还设置博士备皇帝咨询，同时负责图书收藏；典客与典属国主管少数民族事务；詹事管理皇后和太子的事务。秦王朝建立的这套中央集权机构的政权机构，以后一直被历代王朝所仿效。在地方层面，全面实行郡县制，郡县主要官吏由中央任免。郡设守、尉、监（监御史）。郡守掌治其郡。郡尉辅佐郡守，并典兵事。郡监掌监察事宜。县，万户以上者设令（县令），万户以下者设长（县长）。县令、县长领有县丞、县尉及其他属员。县令、县长主要管政务，县尉掌握军事，县丞掌管司法。县以下设乡，其主要职能有四：摊派徭役；征收田赋；查证本乡被告案情；参与对国家仓库粮食的保管工作。乡设三老掌教化，啬夫掌诉讼和赋税，游徼掌治安。乡下设里，是最基层的行政单位。里有里典，后代称里正、里魁，以“豪帅”即强有力者为之。里中设置严密的什伍户籍组织，以便支派差役，收纳赋税。并规定互相监督告奸，一人犯罪，邻里连坐。此外还有掌管治安、盗贼的专门机构，叫作亭，亭设亭长。亭除了主要管理治安，还负责接待往来的官吏，掌管为政府输送、采购、传递（文书）等事。两亭之间，相距大约十里。初分全国为36郡，以后随着土地的扩大增至46郡。郡县制初步打破了两千多年血缘关系的宗法制，以科层制、官僚制代替了贵族的世袭制。唐朝思想家柳宗元在名著《封建论》中指出秦始皇废除分封制、建立郡县制，符合了历史发展的客观必然趋势，所谓“秦之所以革之者，其为制，公之大者也；公天下之端自秦始。非圣人意也，势也。”

在经济制度上，统一土地所有制、度量衡制度和货币制度。在土地所有制上，实行“国家所有，私人耕种，允许流转”的制度；并规定6步（合今230厘米）为尺，240步为一亩[①]。并于公元前216年进行全面核田定赋，命令全国农民自报占有田地的实际数额，以便征收赋税。统一全国的度量衡制度，以原秦国的度、量、衡为单位标准，通过在原商鞅颁布的标准器上再加刻诏书铭文，或另行制作相同的标准器刻上铭文，发到全国；与标准器不同的度、量、衡一律禁止使用。车同轨，定车宽以六尺为制，一车可通行全国。统一货币制度，由国家统一铸币，严惩私人铸币，将货币的铸造权掌握在国家手中；规定货币分金和铜两种：黄金称上币，以镒为单位；铜钱称下币，统一为圆形方孔，以半两为单位，即秦半两。金币主要供皇帝赏赐，铜币才是主要的流通媒介。从此珠玉、龟贝、银锡之属为器饰宝藏，不为币。

在交通等基础设施上，建立全国的交通情报网络。从公元前222年开始，秦始皇开始大幅修筑以国都咸阳为中心，向四面八方延伸出去的驰道，类似现代的高速公路，以便于秦军快速到达全国各地。驰道均宽五十步。著名的驰道包括：上郡道、临晋道、东方道、武关道、秦栈道、西方道及秦直道。根据一些研究，驰道至少有5000公里[②]。秦始皇在扫灭六国后，为方便运送征讨岭南所需的军队和物资，于是命史禄开凿河渠以沟通长江水系的湘江和珠江水系的漓江。运河最终在秦始皇二十年至二十三年（前219—前215）修成。这个灵渠是世界上最古老的运河之一，它自贯通后，两千多年来就一直是岭南与中原地区之间的水路交通要道。

在文化上，实行书同文。春秋战国期间，各国文字存在着区域中的差异，这种状况妨碍了各地经济、文化的交流，也影响了中央政府政策法令的有效推行。于是，秦统一六国后，秦始皇下令李斯等人进行文字的整理、统一工作。李斯以战国时候秦人通用的大篆为基础，吸取其他国家的文字

① 这一亩制以后沿用千年而不变。

② 李零：《我们的中国》（1），生活·读书·新知三联书店2016年版，第44页。

优点，创造出一种形体匀圆齐整、笔画简略的新文字，称为“秦篆”，又称“小篆”，作为官方规范文字，同时废除其他异体字。此外，一位叫程邈的衙吏因犯罪被关进云阳的监狱，在坐牢的10年时间里，他对当时字体的演变中已出现的一种变化进行总结。此举受到秦始皇的赏识，遂将他释放，还提升为御史，命其“定书”，制定出一种新字体，这便是“隶书”。隶书打破了古体汉字的传统，奠定了楷书的基础，提高了书写效率。秦始皇下令统一和简化文字，是对中国古代文字发展、演变做了一次总结，也是一次大的文字改革，他对中国文化的历史传承创新起了重要作用。

总之，秦代，我国出现了国家治理上的政治、经济、社会、文化的全面革命。秦始皇集合创造的中央集权的一整套制度——农战合一政体，军爵制、三公九卿制度、郡县制，统一语言、文字、度量衡、财政货币、法律，以及修筑全国范围的交通主干线，形成了国内统一的行政与经济治理，出现国内统一的大市场，把中国推向大一统时代。因此，可以说秦始皇开创中国政治、经济、社会、文化、军事制度和国内市场的新局面，建立了世界上第一个中央集权的家族行政国家。这对中国和世界历史产生深远影响，奠定中国两千余年政治制度的基本格局。他被明代思想家李贽誉为“千古一帝”，被毛泽东誉为“百代都行秦政法”。

秦始皇开始，我国进入尚不稳定的官僚社会，从此官僚政治和官僚理财成为社会常态。表现为：政府权力把握于官僚手中，政务、财务、事务统一由官僚处理。官僚政治从此成为决定中国政局与财局的最主要体制机制。在官僚政治的条件下，皇帝强则国家强，皇帝弱则国家弱。即君强则臣强，君臣强则国家强。皇帝昏聩，政治不昌明，官僚队伍就会把公权力变为私权力，就会把一切政治措施作为自己图谋利益的勾当。比如赵高操纵了秦二世，让秦朝加快了灭亡的进程。

2. 秦帝国的财局与短暂命运

战争就是打人、打财、打物。据不完全统计，从商鞅变法开始到秦始皇完成统一大业，即从公元前 359 年秦孝公命商鞅在国内颁布《垦草令》开始，到公元前 221 年秦始皇灭齐统一六国，前后 139 年，秦国共发动战争 108 次。秦始皇从公元前 238 年亲政开始，基本上是在战争中开始自己的执政历史。公孙鞅的农战合一的军事管制政体，为秦国提供了源源不断的将军、战士、财物和粮草。秦始皇不仅灭了六国，还南征百越、北击匈奴、开发北疆、开拓西南、修筑长城①、驰道、直道、宫殿和大型水利工程。这些战争和工程耗费了数额巨大的人力、物力、财力，都是加诸人民身上的赋税徭役，不仅打残了、消耗光了秦帝国的财政基础，而且失去了民心这个国家治理和稳定的基础。即儒家的“财聚人散”理论或历史规律，又开始发挥作用了。

比如，公元前 218 年，秦始皇命大将屠睢和赵佗率 50 万大军，发动了征服岭南越族的战争。秦军兵分五路向今天两广地区的越族进军。越人一度获胜，秦军粮道被断，供给不足，主帅之一的屠睢也被杀害。由于粮食匮乏、主帅被杀、数十万的秦军伤亡，使战争陷入了对峙阶段，前后相持达三年之久。其间兵力不足、粮草供给十分困难，到公元前 217 年，灵渠修好后，秦军才取得胜利。

再比如，秦始皇即位不久，便开始派人设计建造秦始皇陵。骊山墓从秦王登基起即开始修建，前后历时 30 余年，每年用工 70 万人。留存的墓从外围看周长 2000 米，高达 55 米。内部装修极其奢华，以铜铸顶，以水银为河流湖海，并且满布机关，顶上有明珠做的日月星辰。仅看秦始皇陵的兵马俑，就可看出当年修建这座陵墓的百姓负担之重。并且，建造陵墓的工匠在陵墓造成之后全部被活埋。这种奢侈耗财无数，这种残酷尽失人心。

还比如，又修建后世皆知的阿房宫，每年动用民工 70 多万人。而当时全国总人口不过 2000 万。朝宫可以容纳 10 万人，在里面运送酒菜要用车和

① 修筑和连接了西起临洮（甘肃岷县），东到辽东的万里长城。

马才行，仅一个前殿的面积就达到了东西长693米，南北宽116米，台基高达11.65米，上面可以坐上万人。但阿房宫仅完成地基而已。

此外，秦始皇又迷信长生不老和喜欢“封禅”典礼等奢华活动。从公元前219年到前215年，连续到东方沿海，江淮流域以及北边等地巡游，所到之处，无不刻石颂其功德，耗民财无数。秦始皇三十七年（前210），秦始皇死于他第五次东巡途中的沙丘宫（今河北广宗）。

秦二世即位后，继续大量征发全国的农夫修造阿房宫和骊山墓地，调发五万士卒来京城咸阳守卫，同时让各地向咸阳供给粮草，而且禁止运粮草的人在路上吃咸阳周围三百里以内的粮食，必须自己带粮食。更残忍的是，秦二世把建造陵墓的工匠在陵墓造成之后全部活埋。除了农民的赋税负担日益加重外，常年的无偿劳役和徭役也让人民喘不过来气，在严刑峻法下，人民恍如牛马，最终导致了陈胜吴广起义的爆发。

此外，秦始皇统一全国后，将六国的贵族全部迁到关中集中管理，防止贵族复辟；又收缴全国的兵器铸成金人。这种“马放南山，刀枪入库”的措施在家族集权体制下一直施行。人民不知兵器，失去了尚武精神，导致大一统的帝国其实国防很脆弱，人民的军事素质一代不如一代。这似乎也是一种规律性的现象。

司马迁在《史记》中这样总结秦帝国的覆亡：“秦王怀贪鄙之心，行自奋之智，不信功臣，不亲士民，废王道，立私权，禁文书而酷刑法，先诈力而后仁义，以暴虐为天下始。”“始皇既殁，胡亥极愚，郦山未毕，复作阿房，以遂前策。云‘凡所为贵有天下者，肆意极欲，大臣至欲罢先君所为’。诛斯、去疾，任用赵高。痛哉言乎！人头畜鸣。不威不伐恶，不笃不虚亡，距之不得留，残虐以促期，虽居形便之国，犹不得存。”

贾谊在《过秦论》中将秦亡的原因归纳为“仁义不施而攻守之势异也”“今秦二世立……而重以无道：坏宗庙与民，更始作阿房之宫；繁刑严诛，吏治刻深；赏罚不当，赋敛无度。天下多事，吏不能纪；百姓困穷，而主不收恤。然后奸伪并起，而上下相遁；蒙罪者众，刑戮相望于道，而天下苦之。自群卿以下至于众庶，人怀自危之心，亲处穷苦之实，咸不安其位，故易动也。是以陈涉不用汤、武之贤，不借公侯之尊，奋臂于大泽，而天下响应者，其民危也。”

实际上，到秦始皇末期，国家的财局已经处于完全失衡的状态，从政府财政和家庭财务上看，都处于崩溃的状态。班固在《汉书》把秦朝覆亡的原因归纳为：“至于始皇……竭天下之资财以奉养其政，犹未足以澹其欲也”，导致“海内愁怨，遂用溃畔”[①]。秦始皇和秦二世四处征伐、大兴土木，耗尽民财，尽失人心。《汉书·食货志》记载，秦朝“田租、口赋、盐铁之利二十倍于古”。马端临在《文献通考·自序》中认为秦亡的根本原因在于“以一千八百国之民自养，力罢不能胜其役，财尽而不能胜其求”“寡助之至，亲戚叛之”。瞿同祖在《中国封建社会》中认为，“秦亡于暴政，重税聚财失民”[②]。

对于秦统一后的短暂命运，后来史学家一般认为是“秦失其政”所致，即失去民心，亡于人心向背。

第五节　西汉从自由放任到中央集权的案例分析[③]

自由放任下的财局与政局变化

关于汉初的政治经济格局可以用纷乱和放任来形容。

在政治军事上表现为纷乱。战国以来，天下已经战乱数百年，承接秦

① 班固：《汉书》，中华书局 2007 年版，第 159 页。

② 瞿同祖：《中国封建社会》，上海人民出版社 2013 年版，第 204—205 页。

③ 以下参见司马迁：《史记》(平准书第八)，韩兆琦主译，中华书局 2008 年版，第 624—651 页。

朝凋敝的政局和战乱的格局，刘邦为了打败项羽夺取天下，大封同姓宗室和有功的异姓将领为王为侯，又加上原来六国的贵族大姓在战乱中割据一方，汉初名义上是一个国家，实际上又回到了秦朝前的“王室与诸侯”共享天下的分封制的旧政治格局。因此，异姓诸侯想独立建国而谋反或被迫谋反的事件一个连着一个地发生，直到汉高祖刘邦去世前①，尚未完全平定异姓诸侯王的叛乱。对外政策也只能是怀柔和亲为主。安内攘外是家族国家阶段的基本治国方略。

在经济与社会上表现为放任。由于持续的战争，汉初壮年男子都参加了军队，年老体弱的也被征去运转粮饷，社会经济再生产艰难维系，国土满目疮痍，物资匮乏，长期的战争耗光了人口红利和物质财富。中央政府财力极度羸弱，即使天子的车子也凑不齐四匹同样毛色的马，平民百姓都几乎一无所有。因此，汉初吸取秦朝速亡的历史教训，放弃法家的治国理念，采用道家的黄老之术，实行休养生息、无为而治、自由放任、轻徭薄赋的治国方针与经济政策。《史记·货殖列传》记载：“汉初，海内唯一，开关梁，弛山泽之禁，是以富商大贾周流天下，交易之物莫不通，得其所欲。”从高祖到文帝、景帝，一直推行了70年的宽松政策：轻税、鼓励农耕，政府厉行节俭；解除管制，实行工商业自由的经济政策。因此，国家经济开始复苏和繁荣。

根据《史记·平准书》记载：“汉兴七十年间，民间和国库粮仓皆满，府库余货财。京师之钱累巨万，贯朽而不可校。太仓之粟陈陈相因，充溢露积于外，至腐败不可食。”又说：“普通百姓住的大街小巷里都有马匹，田野里更是骡马成群，谁要是骑着一匹母马就要受到歧视，不许参加体面人的聚会。给里巷看门的小吏都吃的是细粮和肉，做官的一做就是几十年，子孙都

---

① 刘邦（前256—前195），公元前202年2月28日即皇帝位，在讨伐淮南王英布时被流矢射中，返回首都长安的途中因不治而亡，当政12年。

长大了也还没有被调任……当时人们都个个自爱，不敢轻易犯法；人人都争着讲道义做好事，而不愿干那些不光彩的事。在这段时间里，法律宽松，百姓富足，而占有财产的人则骄奢放纵，有些豪强恶霸，甚至依仗势力横行乡里。皇室宗亲、有封地的王侯、公卿大夫以下的官员们，都争相攀比奢侈，居宅、车马、服饰的豪华都超出了他们的名分，没有限度。”司马迁最后说：“物盛而衰，固其变也。”即凡事达到鼎盛，就要开始衰败，这是必然的变化规律。[①]这个后来被汉代的历史所验证。

这种自由放任的经济政策与共享天下的分封制政体相结合，使政局与财局出现了不利于中央集权的结构性变化。

首先，地方诸侯的崛起与割据倾向。根据《史记》之“汉兴以来诸侯王年表第五”的记载，汉朝建国以后，把功臣封为王、侯两个等级。到了高祖晚年更是明确规定出，不是刘姓的如果做了王，或者没有军功未经皇帝特别封赏的如果做了侯，那么普天下的人就都应该起来讨伐他。当时汉高祖的子侄兄弟被封为王的一共九人，异姓人被封为王的只有长沙王吴芮一个，大臣们因有军功而被封侯的共一百多人。其中大的封国有的竟占据着五六个郡，几十座城池，他们那里的政府建制以及宫殿的规模，有的比皇帝还要排场。所谓“置百官宫观，僭于天子”。而汉王朝中央政府直接控制的地盘，只有十五个郡。而且还有许多公主、列侯的领地在里面。分封的目的当然是帮着镇抚四方，拱卫王室。根据《史记》之“高祖功臣侯者年表第六”的记载，当时建国初年，天下刚刚安定，大城市里的人口因战争逃亡严重，国家掌握的户口数字只有十分之二三，因此当时一个大诸侯的封地也不到万家，一个小的诸侯也就五六百户。但过了几十年后，逃散的人口都渐渐回到了故土，新出生的人口就更加多了，这样封地上的人口越来越多。像萧何、曹参、周勃、灌婴等人的封地上有的已经达到四万户，那些小诸侯们的封地的

① 司马迁：《史记》，韩兆琦主译，中华书局2008年版，第626—627页。

户数也比初封时增加了一倍，财富的增加又和人口增长的比例大致相当。尤其是在自由放任的经济政策下，政府轻税，豪强地主重租，一些封地迅速崛起。比如吴王刘濞的封地有矿产资源优势，他利用铸币、盐铁等产业经济迅速发展壮大，财可敌国，钱遍天下，富得可以与天子相比了；加上个人有雄心壮志，开始在政治军事上图谋发展，利用经济优势与各王侯封地合纵连横，逐渐成为可以与中央政府分庭抗礼的势力。这种政治经济格局使诸侯国的割据倾向日益明显，严重影响中央政府的政令畅通，甚至威胁到中央的权威，直接左右政局。

其次，商人集团的崛起与左右国民经济。由于经济政策的自由放任，西汉初期的商人集团迅速崛起，成为一股强大的势力，甚至一度控制了国民经济的支柱性行业。根据《史记·货殖列传》列举的西汉初期的21位富豪，特别是详细记载事迹的8位"豪强大家"，前4人都是冶铁业者，其余则分别从事粮食、流通、种植和金融业。这些豪强商人基本上控制了国民经济的关键性支柱产业，开始操纵市场上的交易和价格，甚至完全不顾国家需要和人民的疾苦。比如邓通因铸币而巨富。《史记·平准书》中记载了富商大贾横行市场、控制经济交易，甚至连诸侯都"低首仰给"。这样的经济格局不仅不利于国家经济均衡稳定发展，而且威胁到中央的经济政策的贯彻，尤其是汉武帝对外战争需要大量钱粮的局面。

最后，权贵和商人的相互渗透与吏治的败坏。生意做大了，经济行为本身成为一种政治行为。《史记·货殖列传》中的刀闲、南阳孔氏等人"连车骑，交守相"，与地方诸侯互动频繁，政治与商业相互勾连。汉朝虽有禁止官吏经商的法令，但执行并不严格，许多官员与商人勾结、利用制度漏洞和执行制度的便宜从中谋取利益。官场风气开始出现官僚政治特有的利益勾兑格局。用人制度无序混乱，廉洁的人和无耻的人都交互混杂在政府。汉武帝时，出现因国家缺钱而卖官爵的情况，买爵位最高可以买到第九级"乐卿"，升官的路子越来越杂，买爵的可以优先录用或享受同等待遇。一些犯罪的人交钱就可以免罪。

在这种背景下，到了汉景帝后期，贾谊、晁错等都提出“强中央、削诸侯、分而治之”“重农业、抑工商”等改革主张。贾谊有《论积贮疏》，晁错有《削藩策》。晁错主张削减犯有过错的诸侯王的郡县，只保留一个郡的封地，其余郡县都收归中央政府直接管辖。汉景帝采纳了晁错的建议，先后下诏削夺楚、赵等诸侯国的封地。中央集权和分封共治之间形成不可调和的利益矛盾冲突。这时吴王刘濞就联合楚王刘戊、赵王刘遂、济南王刘辟光、淄川王刘贤、胶西王刘昂、胶东王刘雄渠等刘姓宗室诸侯王，以“清君侧”为名发动叛乱。由于梁国的坚守和汉将周亚夫所率汉军的进击，叛乱在三个月内被平定。于是七个封国被撤销，中央集权得到巩固和加强。这场叛乱再一次说明分封制下中央政府与地方诸侯仍是西汉初期政治经济的博弈主体。后来中央政府又进一步撤销了一些骄横奢侈、胡作非为、违反国法的诸侯封地。

到汉武帝，参照上古的制度施行推恩令，缩小诸侯直接控制的封地。让诸侯们把国土普遍地分封给自己的子弟，因而齐国分成了七国，赵国分成了六国，梁国分成了五国，淮南分成了三国。再加上皇帝的庶子被封为王的，和诸王的庶子被封为侯的，总共就有一百多个了。……而齐国、赵国、梁国、楚国职内的名山大湖又都全部收归朝廷管辖。这样一来，诸侯们的势力渐渐地弱了下去，大国不超过十多个城邑，小国只剩下几十里的地盘。……中央政府控制的地方达到八九十个郡，这些郡与诸侯们的封国犬牙交错，把全国险要的军事重地都控制了起来，从而形成了一种强本弱枝的形式，于是尊卑的等级鲜明，国家的万事也各得其所了。到汉武帝太初年间（前104—前100），总共才过了一百来年，汉初的封侯就只剩下五个，其余的都因为犯法而丧身亡国。为了加强对郡县的控制，汉武帝还设置了刺史，负责对郡县首长进行行政监察。

至于商人集团对国民经济的垄断，在汉武帝时代，被武帝任命的商人官僚们通过货币中央统一铸造、资产税（算缗令、告缗令）和政府专营专卖政策给彻底改变了。

货币自由发行与国家发行下的财局与政局

司马迁在《史记·平准书》中对我国西汉前期货币制度的演进进行了经典的政治经济学研究，科学地说明了货币的非国家化到国家化的历史演进过程，是一篇分析西汉经济从自由放任到中央集权的经典文献。

从财局与政局的角度，大致经历了这样几个阶段的演进：

阶段一：无为而治，实行自由放任经济制度。

汉朝初期实行自由铸币制度。当时因为秦朝的钱币太重，国家就改令百姓铸造轻便的钱币，又规定一锭黄金为一斤，并简化了各种法令条文。而那些不遵守法度，唯利是图的家伙们，就趁机积累资金，囤积货物，使得物价大幅度上涨，一石粮涨到了一万钱，一匹马则更高达一百锭金子。这段史实说明，百姓铸钱会产生的第一类问题是物价疯涨、严重的通货膨胀问题。也即金属铸币条件下，也会发生通货膨胀。

阶段二：货币自由铸造影响到中央政府的权威，开始起草禁止私人铸币的法令。

到孝文帝时，民间铸造的小钱越来越多，分量也越来越不够，于是国家下令改铸一种实重四铢，而前面上标着“半两”的钱，允许百姓们可以随便自行仿造。这样一来，吴国虽然只是个诸侯，但他因为靠近铜山，能够就近开矿铸钱，所以富得可以与天子相比了，以至于后来终于造了反。邓通，不过是个大夫，也是因为靠着铸钱，财产富得超过了当时的诸侯王。当时吴国和邓通铸的钱几乎遍布天下，于是朝廷禁止私人铸钱的法令就产生了。《汉书·食货志》也说：“富商大贾，冶铸煮盐，财或累万金，而不佐国家之急，黎民重困。”这些都是真实发生的历史。也就是说，私人铸钱产生了第二类问题：劣币驱逐良币，少数人富可敌国、权欲膨胀，不仅对国家的经济困难不施援手，反而蓄谋造反，危害国家稳定和安全；至于大多数人，不仅没有成为私人发行货币的最大受益者，反而生活因此困顿。

阶段三：豪强富商不仁，政府利用财政货币政策与豪强富商博弈。

汉武帝时，一度由于战争和水灾造成民贫国空的局面，富商大贾们趁机囤积财物，奴役贫民，赶着成百辆的车子到处买进卖出，有土有爵的王侯们都要向他们借钱。他们炼铁煮盐，有的财产累积万金，却不肯救助国家的困难，百姓们日益贫困。于是天子和公卿们商议，决定另造新的货币来满足需要。同时与货币政策相配合，西汉政府创立资产税（算缗令、告缗令）来增加国库收入，抑制社会两极分化，巩固中央集权政策。政策效果中央政府很满意。《汉书·食货志》说："得民财物以亿计，奴婢以千万数，田大县数百顷，小县百余顷，于是商贾中家以上大率破（产）。"商人在与政府的博弈中彻底失败，商人从此对西汉政权的干预和威胁几乎消失。当时皇帝宫苑中有的是白鹿，而少府的仓库里有许多银锡，有铸新币的条件。这时孝文帝铸造四铢钱已经用了四十多年。私人铸钱产生了第三类问题：货币供给不能满足国家和普通人民的需求，富商大贾们不仁，货币的交易功能、媒介功能都下降。因此，需要币制改革。这说明没有一劳永逸的货币经济制度。

阶段四：官民博弈升级，政府采用暴力机器打击私铸。

从汉武帝建元（前 140）以来，国家由于缺少钱用，便开始到一些产铜的山里去开矿铸钱，民间也偷着私自铸钱，人多得没法数。而钱越多就越贬值，东西则越来越少越来越贵。于是中央政府不得不创造大额货币，规定王侯宗室进京朝见天子时，必须用"皮币"（每张价值四十万）才行。又冶炼银锡做成"白金"，分为三等。……下令各级官府销毁过去的半两钱，改铸三铢钱，钱上标的字样与实际重量相等。规定私下铸钱的人都是死罪，但是官吏和百姓中私铸"白金"的人还是不可胜数。

这时有关的官员又说，三铢钱分量太轻，容易伪造，他们请求让各郡国改造五铢钱，在钱的外沿铸上厚边，让人不能磨取铜屑。但商人们趁着币制的改变，大量囤积物资以求图利。自从造“白金”和“五铢钱”以来的五年中，光是因为盗铸金钱而被处死的就有几十万，至于那些罪该死而未被发现的，就没法计算了。由于自首而被赦免罪行的有一百多万，这个数字估计到不了实际犯罪者的一半。天下差不多人人都在私铸钱币。由于犯罪的人太多，法官们也不能全部把他们逮捕杀头，于是便派了博士褚大、徐偃等人分路到各郡国稽查，检举揭发那些贪财枉法、侵吞他人财物的郡守和诸侯国相。这个阶段，由于技术、制度和原材料等限制，政府铸钱也伴随着盗铸猖獗，官民博弈升级。中央政府开始懂得治国重在治吏，首先加强了对地方官吏腐败渎职的治理。公元前 106 年（武帝元封初），废诸郡监察御史，在全国十三郡（州）设刺史①，监察地方官，维护中央皇权，澄清吏治。

阶段五：中央政府与地方政府之间的博弈，货币规律开始呈现出来。

由于各郡国的铸钱多不守法，所以钱的分量、质量都有问题，因此公卿们提出在京师仿照钟官署所造的钱来另铸一种赤侧钱，每一文相当于其他五文旧钱的价值，规定向官府交纳赋税必须使用这种钱。由于“白金”的实际价值较低，百姓们都不重视，政府尽管用法令干预，但无济于事。过了一年，“白金”最终还是废止不用了。这个阶段，政府铸钱产生的问题是：中央政府铸钱违背货币价值功能，百姓弃用，使用法令强制也最终不得不废弃。这说明经济规律大于政府法律。

阶段六：中央政府全面收回铸币权，统一货币发行权。

又过了两年，赤侧钱也贬值了，百姓们变着法地从中倒腾，对国家不利，于是也废止不用了。这时国家便禁止地方政府再铸钱，而专门让上林苑

① 孝成帝时期刺史改称州牧，职权进一步扩大，由监察官变为地方军事行政长官。掌握军事和行政权（尤其是财权）后，刺史的政治军事实力开始不断坐大，隋唐时期，出现藩镇割据的局面。到宋代，取消刺史等地方官掌控的军权和财权，设置转运使管理地方财政，监察地方，转运使直接隶属中央。

里水衡都尉下属的三官来铸钱。等到这种钱多起来后，便下令全国非三官铸的钱不得通用，各郡国以前所铸的钱都通通销毁，熔出的铜都上交水衡三官。从此，百姓们私铸钱的渐渐少了，因为成本高，得不偿失，只有那些真正精通此道的大盗才继续偷铸。这个阶段，官民博弈继续，但政府铸币技术提高，统一铸币机构，统一流通货币，控制铸币材料，提高了百姓铸币的技术和成本门槛，但大盗偷铸自古至今延绵不绝。

从上述司马迁关于西汉货币制度的演进过程分析：民铸——各级官府郡国铸——中央政府统一监铸。实际上就是中央政府和人民、商人、豪强、诸侯、地方政府的一个长期博弈的结果，是中央政府在执政中用排他性的强权巩固政权的过程。所以，铸币权是财权、执政权的一部分。

中国2100多年前的这一段货币的非国家化到国家化的历史说明，经济制度、财政货币制度的发展都是制度、技术、人才、社会阶层互动博弈等日积月累的进化结果，其间充满无数斗争和血腥，是用人民的血汗浇铸的，不是凭空产生的；是政治经济逻辑下有秩序的主动设计，而不是自发演进的结果。可以说，《平准书》是世界上最早的制度经济学和货币经济学经典文献。

钱穆研究后指出："西汉统一币制后，武帝以后100余年之西汉，共铸造铜钱280亿枚，使国家财政得以安定富实。汉自武帝以后，以五铢钱最为普遍流通。……历经东汉、三国、南北朝及隋朝，仍继续铸用五铢钱。……自秦2000年来，此种传统之优良币制使金融稳定，是中国一种了不起之货币制度。"①

全面战争下财局与政局的变形失态

汉武帝执政一段时间后，对外采取强硬政策，"外事四夷"，四处征伐，

① 钱穆讲述，叶龙记录整理：《中国经济史》，北京联合出版公司2013年版，第40—41页。

“内兴功利，役费并举”。大将军卫青和霍去病在与匈奴的战争中夺回了河套地区和河西走廊；在东北方，派兵灭了卫氏朝鲜，设置乐浪等四郡；在南方，让夜郎和南越政权归附汉朝。

由于对匈奴的战争持续时间过长，规模过大，导致国家财政入不敷出，国库亏空，财局与政局出现了严重的变形失态。

《史记·平准书》记载，仅大将军卫青（公元前124年、前123年）两次出击匈奴，杀死和俘虏了敌兵的战士得到的赏赐黄金就有二十多万斤。汉代货币的折算率是：一斤黄金折合10000钱，二十余万斤黄金就是20余亿钱。之前供养百官公卿只需要3000万钱，而一次战争的赏赐就达到了中央官吏俸禄的67倍，实在过于巨大。这个赏赐已经超出了政府的财政能力。因而政府有心无力，许多人的赏赐没有兑现；被俘虏的几万匈奴人也得到了厚赏，他们的衣食也都靠国库供应。在这两次战争中，汉军的人马就死了十几万，其家属抚恤需要巨大开支。其他装备和水陆运输的消耗就更不用说了，每年运送粮食到北部边塞耗费几十亿乃至上百亿。国家的府库越来越空，大司农府库里的存钱全部用完，收上来的赋税全部用光，还不够供给军队的需要，战士们有时连每月的薪水都不能按时拿到。政府不得不想方设法募集财货，主要的举措是实行战时经济管制体制，垄断盐、铁、酒等重要经济产业的专营专卖、统购统销，增加税源和税种，实行货币中央政府垄断发行。此外，向朝廷交羊而被任命为郎官的事从这时就开始了；交钱的可以赎罪。武帝甚至下诏卖爵，实施大批量卖官鬻爵筹措军费，获得三十余万斤黄金的收入。这说明，长时间大规模的战争导致国家治理体系和行政管理机制出现整体性紊乱。

公元前119年，骠骑将军霍去病讨伐匈奴，斩杀敌人首级十万。同年秋天，匈奴的浑邪王率领四万部众前来投降，汉朝出动了两万辆车子去迎接他们。匈奴人到达长安后，受到了朝廷的封赏，再加上骠骑将军部下的立功将士的赏赐，这一年总共又耗资一百多亿。这个数字甚至超出了前几次战争的总和，是中央政府一年正常财政收入的数十倍。

汉武帝为了讨伐匈奴而大量养马，光在长安一带养的马就有好几万匹，养马的马夫在关中地区征集不够，就又从附近各郡征调。这需要消耗大量粮草。而公元前 119 年一次战役战死的马匹就高达十多万匹，不管采取什么政策鼓励养马，花多少钱，都禁不起战争的消耗。匈奴的降兵降将也都靠国家养着，国库供养不起了，连皇帝也都降低自己的伙食标准，减少自己御用的车马，并拿出内廷府库的钱来供养他们。

此外，边屯需要大量劳力，边塞上的军事工程花费也以亿计。又水旱灾害交错而至。西汉前期的繁荣局面很快就因为战争和自然灾害而消耗一空，经济萧条乃至出现危机的情势，财政处于断崖式的困局。可见，战争既能让将军成名，皇帝扬威，名著青史，也能让国家财政破产，生灵涂炭，人民坠入贫困深渊。

这时，汉武帝还到各郡国视察，视察的队伍庞大，消耗甚巨，让郡县的财政无法承受。当他渡过黄河来到河东时，河东太守没有想到，无法招待，畏罪自杀。皇帝又向西越过陇山，来动陇西。陇西太守也因为皇帝来得太突然，没法供应皇帝从人的吃喝，而畏惧自杀。

可见，战争和皇帝讲排场是财政的绞肉机，始终是导致财局快速失衡的最重要原因，并进而导致官场秩序和政府行为的变形失态。

在古代，只要是国与国之间的全面战争，几乎没有不导致财政局促紧张的，甚至一些国家因此而衰败、亡国。战争不论胜败，打胜仗要奖励军功，打胜打败都需要对死者家属抚恤；至于粮草、车马、武器弹药、军事工程、供养俘虏等消耗更是不计其数。战争对财政来说是无底洞，再多的钱粮也经不住全面战争的消耗。

在战争、好大喜功、封禅、讲排场巡视、奢侈消费，对经济实行全面战时管制等多种因素下，到汉武帝晚年，出现了“天下困弊，盗贼群起”的景象。公元前 89 年，68 岁的汉武帝颁布《轮台罪己诏》，说：“朕即位以来，所为狂悖，使天下愁苦，不可追悔。自今事有伤害百姓，靡费天下者，悉罢之。”“当今务，在禁苛暴，止擅赋，力本农，修马复令，以补缺，毋乏武备而已。”①此后，汉朝政策又趋于宽松，降赋税、减徭役，放松了部分管制与专营专卖，经济又开始恢复，避免了政治动荡。司马光在《资治通鉴》中这样评价汉武帝，“有亡秦之失，而免亡秦之祸”。

后来，隋炀帝又重演了秦始皇、汉武帝的覆辙。隋炀帝即位之初，田野垦辟倍增，“户口易多，府库盈溢”，其后“大纵奢靡……兵车屡动……数年之间，公私罄竭，财力既殚，国遂亡矣”（《旧唐书·食货志》）。具体包括：大兴土木建东都洛阳，历时一年，每月征用民夫200万，死者近半；外出巡游扬州，场面壮阔，“所役工十万余人，用金银钱财物巨亿计”；三次攻高丽，用兵100万，服劳役者亦达100万，军费支出巨大。②隋炀帝没有汲取历史教训，在没有整合好国内政治、经济、人心、思想的情况下，错误地发动大规模的战争，在奢靡中被关陇贵族集团利用农民起义很快地取代了。

由此可见，尽管历朝历代政府的覆亡各不相同，但战争都是催化剂，甚至是直接的原因。

第六节　家族行政国家稳定时期的财局与政局综合分析

本部分主要从人口增长（尤其是高等级阶层的人口增长）、政府机构膨胀、所有制与租税制内部结构变化这样四个角度对家族行政国家中央集权制度下的财局与政局进行实证与归纳分析。

---

① 参见《汉书·西域传》和《汉书·食货志》。

② 钱穆讲述，叶龙记录整理：《中国经济史》，北京联合出版公司2013年版，第188页。

人类社会政治经济的发展和人类本身数量与结构的发展变化存在着密切的关系。在古代，战争往往使人口骤减，和平时期人口往往快速增长。因此，国家治理体系中的政府机构、所有制和税制安排也呈现与人口数量和结构变化相适应的特征。

我国家族行政国家主要的社会阶层划分为皇帝与皇族宗室、贵族、官僚、地主、商人和平民等这样的金字塔结构。在和平时期，人口增长的速度也是按照金字塔阶层等级的秩序递减。这是由生活条件和多妻制的基本状况决定的。人口结构的这种变化，决定了政府机构、所有制和税制也跟着变化演进，典型的就是政府机构膨胀、土地兼并、富人逃税或赋税转嫁、贫民租税负担增加，进而社会政治经济两极分化。

人口增长与机构膨胀下的财局与政局

根据历史学家和人口学家的研究，我国家族行政国家期间的人口增长总体上非常缓慢。从统计数字看，自公元 2 年（西汉平帝元始二年）到 1840 年鸦片战争，全国人口从约六千万增加到四亿一千多万，平均每年仅递增 1‰。[①] 但战乱时期，人口是急剧减少，和平时期是快速增长。

具体到汉朝，西汉初的人口略高于 1500 万，到西汉末年约为 6000 万，年均自然增长率为 7‰；而其中西汉前期的数十年间，年平均增长率约为 10‰。到公元 75 年（东汉明帝永平十八年，东汉已经建国 50 年）人口也仅有 5860573 人，不到西汉末年的十分之一；和平发展 83 年，到公元 157 年（东汉桓帝永寿三年）人口增加到 56486856 人，增加了近 10 倍，年均增长率为 6‰。

① 葛剑雄：《略论我国封建社会各阶级人口增长的不平衡》，参见《我们应有的反思：葛剑雄编年自选集》，中信出版社 2015 年版，第 55 页。原载《历史研究》1982 年第 6 期。

以西汉宗室为例，汉初刘邦兄弟三人，到平帝元始五年（公元5年），宗室已多达十万余人①。假设刘邦兄弟加上他们的妻妾子女以50人计，则从汉初（公元前201年）至汉平帝元始五年（公元5年）的206年间，人口增长了2000倍，年平均增长率高达38‰。

葛剑雄教授指出："在西汉二百余年间，总人口由约一千五百万增加到约六千万，粮食产量大致也增长了四倍。刘氏宗室在汉初约五十人，占总人口的三十万分之一；到汉末约十万人，占总人口的六百分之一，比例增大了五百倍。当然西汉的宗室还没有太多的特权，但即使只是一部分宗室保持贵族地主生活，对农民来说负担也已经大大加重了。西汉期间总人口的年平均增长率约7‰，地主阶层人口的增长率以高出一倍即14‰计算，则二百余年间总人口递增了四倍，而地主的人口要递增十六倍。以至于多递增四倍的产量来负担递增十六倍以上的非生产人口，劳动人民的负担怎么能不加重呢？农民与地主的阶级矛盾又怎么能不尖锐呢？"②汉武帝时董仲舒说："秦用商鞅之法，改帝王之制，除井田，民得买卖，富者田连阡陌，贫者无立锥之地，汉兴，循而未改。"③在技术没有大的突破的条件下，国民经济的总产出一般会低于人口增长的速度，诸侯贵族地主的人口快速增长不仅要消耗更多的经济产出，而且导致封地或所在地的经济结构失衡，土地兼并，平民租税增加、家庭的财务破产，甚至被迫为奴，产生人身依附。这进而会引起社会再生产的停滞或收缩。

西汉前期处理经济发展与人口增长后财局与政局的经验。

汉承秦制，不断将贵族后裔、地主豪强、官僚家属强制迁入关中，加

---

① 参见《汉书》卷一十二《平帝纪》。

② 葛剑雄：《略论我国封建社会各阶级人口增长的不平衡》，参见《我们应有的反思：葛剑雄编年自选集》，中信出版社2015年版，第60页。

③ 王文素、孙翊刚、洪钢注：《十通财经文献注释》，中国社会科学出版社2015年版，第7页。

强控制，限制他们的兼并发展，使之不易形成世袭的地主大家族或豪强；对官吏则实行严刑峻法，动辄诛杀，甚至灭族，虽贵为三公也难幸免。汉初的功臣，封邑或达万户，但一般传不了几代，子孙即降为平民，持续几代的官僚家庭屈指可数。汉武帝时更是强制剥夺了大批贵族（包括宗室）、地主的封邑和财产。到武帝太初年间（前104—前100），总共才过了一百来年，汉初的封侯就只剩下五个。这些都在客观上限制了贵族和地主阶级人口的增长，缓和了人口不平衡增长的矛盾，对于社会的稳定和经济的发展起了积极作用。①

这种做法只是解决了贵族、官僚、豪强、地主的肉体存在与人口短暂增长问题，没有改变人口增长的基本面，在制度创新上和体制机制设计上没有寻找到解决利益矛盾的根本办法，对经济扩大再生产发展没有促进作用，容易导致低水平发展循环。因为这种人口的阶层结构和增长结构是由家族行政国家的政治经济制度内生决定的。同时，这些贵族、官僚、豪强、地主等又是社会精英分子。社会精英的周期性减少属于存量去优，会中断社会累积性发展甚至形成低水平循环陷阱，只会降低社会发展的质量，而不可能提高社会发展的质量。

再以唐宋明三朝的高等级人口膨胀与财局失衡为例加以说明。

唐代，从公元705年（中宗神龙元年）至公元755年（玄宗天宝十四载），全国人口自37140000增加到52919309，年平均自然增长率为7‰。再看贵族特权阶层——“食封”特权阶层的人口增长。唐初，只有二三十家功臣才享有“食实封”的特权，封户最多不过2000。中宗时，受封的贵戚幸臣达140余家，封户多者上万，遍及54州，丁男在60万以上，当时国库每年征入的庸调不过100万匹，而封家得绢布却有120多万匹。韦嗣立曾上疏指出：“臣窃见食封之家，其数甚众，昨略问户部，云用六十

① 葛剑雄：《我们应有的反思：葛剑雄编年自选集》，中信出版社2015年版，第63页。

余万丁，一丁两匹，即是一百二十万以上匹。臣顷在太府，知每年庸调绢数，多不过百万，少则七八十万已来，比封家所入全少。倘有虫霜旱涝，曾不丰在，国家支供，何以取给。”“国家租赋，大半私门。私门则资用有余，国家则支计不足。”（《全唐文》卷 236 韦嗣立《清减滥食封邑疏》）也就是说，高等级阶层人口数量的急速膨胀，导致贵族的收入与政府国库的收入失衡。[①] 所以，杜甫有诗说：“朱门酒肉臭，路有冻死骨。”这还是盛唐时期。

再看唐代的官吏膨胀与支出膨胀。显庆二年（657），唐代的官僚（九品以上）人数已经从最初的 730 人（唐太宗）扩张到 13465 人，比起太宗初年已经增加了 20 倍，而且每年新增 1400 人进入官僚队伍（《旧唐书·刘祥道传》）。武周（武则天）时，“斜封”滥官资俸，大批录用官员，造成官僚机构空前膨胀，而这些官吏全是靠国库支俸，这必然带来政府支出扩大。李峤《请减员外官疏》说：“为人择官，虚请俸禄，在京则府库之财殚竭，在外则黎庶被其侵渔。”（《全唐文》卷 247）卢怀慎《陈时政得失疏》云：“臣窃见京诸司员外官，所在委积，多者数愈十倍，近古以来，未之有也。……俸禄之费，岁巨亿万，空竭府藏而已，岂致理之基哉。方今仓库空虚，百姓凋敝，河渭漕輓，西给京师，公私损耗，不可胜记。”（《全唐文》卷 275）中宗时国库更空虚，为补充国库收入，于是卖官鬻爵，交钱三十万，就给予皇帝的墨敕，斜封副中书，叫“斜封馆”。当时封授官吏多达几千人。这种一次性的国库收入，却给国库带来长期支付的负担。韦嗣立《谏滥官疏》说当时大量提拔官吏：“补授无限，关阙不供，遂至员外置官，数倍正阙，曹署典吏，困于祇（只）承。府库仓储，竭于资俸，国家大事，其甚于此。”（《全唐文》卷 236）[②] 此外，武则天大肆崇佛，广建庙宇，

① 葛承雍：《唐代国库制度》，三秦出版社 1990 年版，第 189 页。

② 葛承雍：《唐代国库制度》，三秦出版社 1990 年版，第 190 页。

构筑明堂、天堂，花费以亿万计，“府藏为之耗竭”（《资治通鉴》卷205）。中宗时，营造寺观数字更多，以致“盛兴佛寺，百姓劳敝，帑藏（国库里的钱财）为之空竭”（《旧唐书·辛替否传》）。许多朝臣纷纷上疏指出：“造寺不止，枉费财者数百亿，免租庸者数十万，是使用家所出加数倍，所入减数倍，仓不停卒岁之储，库不贮一时之帛。”（《全唐文》卷272）因此，这一时期“公私俱竭”，“十室九空”，国库濒于崩溃的边缘，制度涣散不堪。到开元二十一年（733），官员数量达到了17686人，其他吏更是多达57416人，还有许多有了官员资格，但还没有授官的人（《资治通鉴》开元二十一年相关记载）。

安史之乱后，唐代财政的由盛而衰、由治而乱有其深刻的政治经济原因。第一，官僚机构空前膨胀。比如，内外文武官员18805人，包括流外官在内，全国官吏达368668人，巨额的俸禄支出日益增高。第二，由于战争不断，国家赡养的职业军队增至60多万，军费耗资十分巨大，由开元初每年约200万贯，到天宝末增加到1400万—1500万匹缎。第三，皇室、官僚极端浮华，生活奢靡，上行下效，财政耗费剧增。玄宗时期仅宫女就达到了4万人，带品的宦官已达3000人，更高级别穿紫衣的也有1000人。玄宗曾把全国各地一年进贡的物品都赏给李林甫。杨（贵妃）氏家族获得赏品更是不计其数，仅每年脂粉钱就上百万，每建一堂，花费千万计。争奇斗富，挥金如土。政府与官员上行下效，国家财政纲纪紊乱，弊端丛生，时间一久，“天子骄于淫乐而不知节，大抵用物之数，常过其所入”（《新唐书·食货志》）。财政失衡在所难免。①第四，财政纲纪的软约束也与财政管理格局的变化有关。天宝年间，财政大臣王鉷推行了一项财政改革，把国家财政收入当中的一大部分，直接纳入了皇帝个人的小金库——内库，而没有经过正规的渠道（即太府寺）。这种做法在安禄山叛乱期间以及叛乱之后都在继续，

① 葛承雍：《唐代国库制度》，三秦出版社1990年版，第193—194页。

由于皇帝的个人私藏内库与大盈藏都是由宦官来掌管，这就导致了接下来数十年间宦官干政的日益严重。①

到中唐，有李绅诗："四海无闲田，农夫犹饿死。"

陆贽对中唐社会的两极分化进行了详细的分析说明："国之纲纪，在于制度，商、农、工、贾，各有所专，凡在食禄之家，不得与人争利。……天下之物有限，富家之积无涯。养一人而费百人之资，则百人之食不得不乏；富一家而倾千家之产，则千家之业不得不空。……今兹之弊，则又甚焉。……且举占田一事言之。……今制度弛紊，疆理隳坏，恣人相吞，无复畔限。富者兼地数万亩，贫者无容足之居，依托强豪，以为私属，贷其种食，赁其田庐，终年服劳，无日休息，罄输所假，常患不充，有田之家，坐食租税，贫富悬绝，乃至于斯，厚敛促征，皆甚公赋。今京畿之内，每田一亩，官税五升，而私家收租，殆有亩至一石者，是二十倍于官税也；降级中等，租犹半之，是十倍于官税也。夫以土地，王者之所有，耕稼，农夫之所为，而兼并之徒，居然受利。官取其一，私取其十，穑人安得足食？公廪安得广储？风俗安得不贪？财货安得不壅？"又"有中央统治之剥削，有贪官污吏之剥削，更有豪门、地主之剥削，剥削愈多，人民愈苦，则反抗生焉。""此外更有因钱币价涨，税负不加调整，使民间负数倍之损失者。如李翱元和末《疏改税法》云：'建中元年初定两税，至今四十年矣，当时绢一匹为钱四千，米一斗为钱二百，税户之输十千者为绢二匹半而足矣。今税额如故，而粟帛日贱，钱益加重，绢一匹价不过八百，米一斗不过五十，税户之输十千者为绢十二匹然后可。……假令官杂虚估以受之，尚犹为绢八匹，乃仅可满十千之数，是为比建中之初税加三倍矣。'（《李文公集》九）耕地卖牛几相同，隔三四十年，生产不会增多，纳实物却增三四倍，折征而不随币值为升降，

① ［英］杜希德：《唐代财政》，丁俊译，上海中西书局2016年版，第105—106页。原文引自《旧唐书》卷118；《唐会要》卷59。

民困乃如水益深、如火益热矣。”①

从上述唐代史实，我们分明看到了，家族行政国家的等级制度下，高等级人口快速增长、政府机构膨胀、豪强兼并土地和通货膨胀，让人民生活在困苦煎熬的水深火热中。正所谓“财聚人散”，割据叛乱，人民造反，都是历史的必然现象。

陆贽的政策建议是：“昔之为理者所以明制度而谨经界，岂虚设哉！斯道浸亡，为日已久，故欲修整顿，行之实难，革弊化人，事当有渐。望令百官集议，参酌古今之宜，凡所占田，约为条限，裁减租价，务利贫人。法贵必行，不在深刻。裕其制以便俗，严其令以惩违，微损有余，稍有不足，损不失富，优可赈穷，此乃古者安富恤穷之善经，不可舍也。”②

再看宋代，自 1006 年（真宗景德三年）至 1100 年（徽宗大观四年），户数自 7417570 增加到 20882258，年平均增长率为 10‰。自秦汉以来，一般把五口之家作为标准，故 1100 年，我国人口就已经过亿。

与人口增长相比较，再来看北宋部分时期的财政收入。

表 3.1　北宋的财政收入

年度	岁入缗钱（贯）	与上次之间年增长率（‰）
太宗至道中（以 996 年计）	12000000	—
真宗天禧末（以 1021 年计）	26500000	32.20
仁宗嘉祐间（以 1060 年计）	36800000	8.45
神宗熙宁（以 1072 年计）	50600000	26.89
神宗熙宁、元丰间（以 1077 年计）	60000000	34.67

资料来源：葛剑雄根据梁方仲《中国历代户口、田地、天赋统计》乙表十七改编。参见葛剑雄：《我们应有的反思：葛剑雄编年自选集》，中信出版社 2015 年版，第 61 页。

① 岑仲勉：《中唐后理财之言论及方法》，参见王国维等：《国史 100 讲》，中国华侨出版社 2014 年版，第 253—257 页。

② 岑仲勉：《中唐后理财之言论及方法》，参见王国维等：《国史 100 讲》，中国华侨出版社 2014 年版，第 254 页。

从表3.1可以看出，996—1077年81年间，北宋政府的财政收入递增了5倍，平均年增长率达到20‰。而同期的人口递增了3倍，平均年增长率14‰。可见赋税的增长率远快于人口增长率（代表劳动生产率）。

再看宋代的官员队伍膨胀与租税博弈①。宋代采取军事赎买政策，通过“杯酒释兵权”，在经济上优容官僚地主的政策，给予他们种种政治、经济上的特权。大臣被杀的几乎没有，被剥夺财产的也极少。官僚地主拥有大量的土地财产，利用他们的政治特权和经济力量，隐匿了大批户口、劳力，占为自己直接的剥削对象。地主阶级子孙繁衍，人口剧增，为了安置日益增多的地主后代，官吏队伍大量扩充。自太平兴国初（977）至天圣元年（1024），四十余年间中央官吏增长了五倍多。②仁宗时宗室吏员受禄者15000余人，不受禄但允许贪污受贿的吏员数量更多。政府三班院最初吏员不到300人，到真宗时4200余人，到仁宗时11000余人。真宗时一次裁减各路冗吏就有195800多人，未裁者当然要几倍于此。③地方官吏甚至有十年内增加六倍的纪录④。恩荫制度使官僚的子孙从小就能得到入仕的资格，这又反过来刺激了官僚地主大量增殖人口，形成恶性循环。北宋立国不久就遇到严重的财政困难。正如欧阳修指出的：“方今天下凋敝，公私困急，全由官吏冗滥者多。”⑤司马光认为：“国用不足，在用度大奢，赏赐不节，宗室繁多，官职冗滥，军旅不精”（《宋史·食货志下一（会计)》）。现代史学家钱穆指出：“《水浒传》说林冲是八十三万禁军教头，实际上太祖开国时只有二十万军队，太宗时有六十六万，到仁宗时已经有了一百二十五万。……养

① 另外，宋代为防止藩镇军事格局，中央政府养军，成为财政最大开支。宋太祖开国时只有二十万军队，太宗时有六十六万，到仁宗时已经有了一百二十五万。参见钱穆：《中国历代政治得失》，三联书店2012年版，第98页。

② 《宋朝事实》卷九。

③ 蔡美彪等：《中国通史》第五册，人民出版社1978年版，第121—122页。

④ 《宋史》卷二百九十三《王禹偁传》。

⑤ 《欧阳文忠公全集》卷九十七《再论按察官吏状》。

了武的又要养文的，文官书目也逐渐增多，待遇亦逐渐提高。弄得一方面是冗兵，一方面是冗吏，国家负担一年重过一年，弱了转贫，贫了更转弱，宋代政府再也扭不转这形势来。”[①] 此外，隐匿户口、逃避赋役的现象历代如此，但像宋代那样严重恐怕是绝无仅有的。通检宋代历年的户口统计数，每户平均人口最多的不足 2.6 人，最少的元丰三年（1080）竟只有 1.42 人。户口最多的大观三年（1109）有 4600 多万，而一般估计当时的实际人口已接近一亿，即隐匿人口几乎与登记人口相等。如果不是从上到下的官僚地主都这样做，是绝不可能出现这种现象的。地主人口的恶性膨胀使农民不胜负担，王安石变法无法解决这个基本矛盾，当然只能以失败而告终。[②] 可见，在宋朝的家族行政国家制度下，皇族与官僚豪族共享政权，社会严重两极分化，政府与官僚豪族围绕租税的博弈处于有利地位，人民在没有更多选择的情况被迫成为官僚豪族私人的依附。所以，王小波、李顺起义就提出“均贫富”的主张，回应社会的两极分化。

明代，我们以皇族宗室人口增长与支出膨胀加以说明。

明代吸取历代皇室的教训，削弱皇族子孙的军事特权，加强了政治控制，但皇族宗室获得了前所未有的经济与租税特权。在财政制度上，明代皇室财政与政府财政没有严格划分，皇族宗室的费用全由政府承担，英宗之后财政日渐缺乏。因此，成为明代财政经济上的主要矛盾之一。

朱元璋有 26 个儿子，除一个当太子，一个一出生就死了，其他无一例外都封了王，哪怕有一个只活到三岁的也封了王，而且还都是一字王。在明朝 300 年里，只要是朱家的子孙，从一生出来开始就白白享受国家的财政供养，不需要也不可以从事任何工作，而且是生多少孩子拿多少补贴。那些历代皇帝的直系子孙则可以享受更多，直接有封地并享用整个封地的

---

① 钱穆：《中国历代政治得失》，三联书店 2012 年版，第 98—99 页。

② 葛剑雄：《我们应有的反思：葛剑雄编年自选集》，中信出版社 2015 年版，第 64 页。

税收福利。以万历儿子福王为例，他在封地的时候，万历一下就打算给他四万顷良田的税收作为福利，后经过群臣反对才降为两万顷。《明史·诸王传》称：“明制，皇子封亲王，授金册金宝，岁禄万石，府置官属，护卫甲士少者三千人，多者至万九千人……亲王嫡长子，年及十岁，则授金册多宝，立为王世子，长孙立为世孙，冠服视一品。诸子年十岁，则授涂金银册银宝，封为君王，嫡长子为郡王世子，嫡长孙则授世孙，冠服视二品，诸子授镇国将军，孙辅国将军，曾孙奉国国将，四世孙镇国中尉，五世孙辅国中尉，六世以下皆奉国中尉。……禄以终身，丧葬予费。”因此近支宗室几乎能无限增长，亲王、郡王子女众多，甚至有上百个儿子长大袭封的记录。[①]在这种制度下，明代的宗室的人口迅速膨胀，从洪武元年（1368）至隆庆三年（1596）的201年间，由数十人增加到28000多人[②]。若明初仍以50人计，则增长了560倍，年平均增长率也有32‰。另据张德信的研究，明代宗室人口到万历二十二年（1594）达到62000人，万历三十二年（1604）达到80000人，万历四十二年（1614）达到103200人[③]。另一方面，总人口的增加却甚微。据《明实录》记载，洪武十四年（1381），人口59873305，嘉靖四十一年（1562）是63654248，181年之间年平均增长率仅为0.34‰。而同期的田亩数从366771549亩增加到431169400亩，年平均增长率也仅为0.89‰。当时的户口、垦地登记可能有隐匿遗漏，实际人口的增长率可能还要高些。但赋税是根据户籍征收的，成百倍增长的宗禄等开支就只能由仅仅增加了6%的纳税人来负担。[④]

近支宗室除了日常俸禄外，还可以得到大量额外的财务和田地，采用

---

① 《明会要》卷四，《帝系四》载晋王第三子庆成王百子俱袭爵。

② 《明会要》卷四《帝系四》。同书引王世贞说，嘉靖二十九（1550）年宗室已近三万。正德年间（1505—1521），宗藩中已有皇室亲王三十，郡王二百十五，将军、中尉二千七百。见钱穆讲述，叶龙记录整理：《中国通史》，天地出版社出版2017年版，第209—210页。

③ 张德信：《明代宗室人口俸禄及其对社会经济的影响》，《东岳论丛》1988年第1期。

④ 葛剑雄：《我们应有的反思：葛剑雄编年自选集》，中信出版社2015年版，第58、60页。

种种手段直接对农民剥削榨取。[①]一般的朱氏子孙也有“宗禄”供养，所有支出都由地方财政解决。随时间推移，朱氏一族的人口飞速增长，到了明朝中后期，宗禄问题已经成为拖累明朝财政的巨大包袱，甚至成为和国家边防等同的重要大事，所谓“外之边防，内之宗藩”是也。

明朝当时上亿的农业人口，辛苦耕作也架不住这帮贵族胡吃海喝，甚至可以说明朝的财政在很大程度上就是被这个贵族群体给活活拖垮了的。嘉靖、隆庆年间，皇室雇佣之厨工多达4100余名，其奢侈可见一斑了[②]。根据《明史·食货志》记载，嘉靖四十一年（1562），御史林润言：“天下之事，极弊而大可虑者，莫甚于宗籓禄廪。天下岁供京师粮四百万石，而诸府禄米凡八百五十三万石。以山西而言，存留百五十二万石，而宗禄二百二十万石。以河南而言，存留八十四万三千石，而宗禄百九十万石。是二省之粮，借令全输，不足供禄米之半。”[③]皇室消费，1565年为860万石，到1615年超过3967万石，增长超过4.6倍；关于明代宗室人口、岁需禄米、田赋收入的演进关系详细研究见表3.2。

表3.2 明代宗室人口、所需禄米与田赋收入的演进关系

年号	年份	现存宗室人口	岁需禄米（石）	田赋收入（石）	比例	备注
嘉靖四十四年	1565年	28840	8600000	28850595	37.655%弱	《宗藩条例》《世宗嘉靖实录》卷516

① 葛剑雄：《我们应有的反思：葛剑雄编年自选集》，中信出版社2015年版，第64—65页。

② 钱穆讲述，叶龙记录整理：《中国通史》，天地出版社2017年版，第209—210页。

③ 《明会要》卷四十三《职官十五》引御史林润言。又嘉靖时，大臣刘体乾上疏道：“历代官员数目：汉代七千八百名，唐代一万八千名，宋代冗官极多，至三万四千名。但到了明代，成化五年，武职已逾八万，合文武官员达十余万，比宋代多数倍矣，使夏、秋粮不足支付甚巨。”参见钱穆讲述，叶龙记录整理：《中国通史》，天地出版社2017年版，第209—210页。

续表

年号	年份	现存宗室人口	岁需禄米（石）	田赋收入（石）	比例	备注
隆庆三年	1569 年	28452	8478696	26817845	31.616%弱	《穆宗隆庆实录》卷 32、40
隆庆五年	1571 年	28924	8619352	26817845	32.140%弱	《穆宗隆庆实录》卷 58、64
万历二十二年	1594 年	62000	18476000	28369247	65.127%弱	《徐文定公集》卷一；《神宗万历实录》卷379
万历三十二年	1604 年	80000	23840000	28369247	84.0355弱	同上
万历四十二年	1614 年	103200	30753600	28369247	108.405%弱	
天启四年	1615 年	133128	39672144	25793645	143.338%强	梁方仲《中国历代户口、田地、田赋统计》

注：1615 年与 1614 年相比，宗室人口一年竟然增长近 3 万人，似乎有问题。

资料来源：张德信：《明代宗室人口俸禄及其对社会经济的影响》，《东岳论丛》1988 年第 1 期。

钱穆认为："（明皇室、宗藩、冗官）以上数端，使王室欠缺禄米，卫所欠缺月粮，边疆缺军饷，各省缺俸银，且冗官日多，募兵日增实减，因此民穷财尽，遂成亡国致命之伤。"[①]政府财政实际上已破产。在这种财政破产情况下，转嫁到农民身上的实际负担也必然越来越重。

高等级（地主阶级）人口的恶性膨胀必然导致对农民剥削量的急剧增加。一方面地主对农民直接的剥削量增加了，另一方面封建国家的赋税也必

① 钱穆讲述，叶龙记录整理：《中国通史》，天地出版社 2017 年版，第 210 页。

然增加。[①] 遇到水旱蝗灾、战争巨额军费支出等，首先是农民破产，如若政府不救济反催税，官逼民反的格局就不难形成。明末李自成、张献忠等农民起义就是在这个政局与财局下的结果。有明一代，政府官员工资很低。皇室奢靡和官员的低薪对比，使得明王朝的官僚体系低效、缺少凝聚力和向心力，政府的政权相当脆弱。加上“马放南山、刀枪入库”，政府对官吏与人民的军事禁闭和特务监察，官吏群体和人民尚武精神一代不如一代，因此，到崇祯皇帝的时候，在农民起义和外敌入侵中明王朝很快就解体了。

葛剑雄教授对这种赋税增速超过人口增速的不可持续状况提出过四种设想与推断：第一，迅速增殖农民人口，增加劳动力，扩大耕地，增加产量，使统治者能增加剥削量。这是统治者极愿意采取的。自汉代开始，不少皇帝发布过奖励生育、限制婚配的各种诏令。但人口的增加不是统治者个人意志所能决定的，在一定的生产力和生产关系的条件下，只能有一定的人口增长率。更何况前面已经论述，农民的人口增长速度无论如何也赶不上地主阶级的人口增长速度。第二，提高劳动生产率，以便用同样多的劳力生产更多的粮食来满足地主人口增加的需要。但多数时期是不具备这些条件的。第三，缩减地主阶级的人口，降低地主阶级的生活水平。这是解决问题的最根本的办法，但这又是地主阶级绝不愿意采用的。第四，在生产力并无增长的情况下加重对农民的剥削量，这是统治者最常用的、最基本的办法。但这无异于杀鸡取卵，因为加重剥削毕竟是有限度的。如果劳动人民连最低限度的生活都无法维持，那么一方面会出现人口大量死亡、出生率下降，生产力受到破坏，可供统治者剥削的数量会更少；另一方面农民在无路可走的情况下，必然会以暴力方式反抗统治者。可以说，地主阶级与农民人口增长的不平衡是中国封建社会无法根治的癌症。必须指出，最高统治者的政策和措施尽管不同，却都是为了本身的利益而采取的。只是他们的客观条件、考虑问题的

① 葛剑雄：《我们应有的反思：葛剑雄编年自选集》，中信出版社 2015 年版，第 60—61 页。

角度和政治判断能力不同，因此对官僚地主、宗室、中小地主或限制，或拉拢，或压缩，或扩充。在杀鸡取蛋或者养鸡取蛋的方法上会有不同，但他们在需要蛋这一点上是完全一致的，而且说到底都想多取蛋。他们不愿意也不可能真正限制地主人口的增殖，使需要“蛋”的数量与可能提供的数量保持平衡。所以这一因素的作用也是有限的，更不可能从根本上解决问题。①

在明朝，体制上不让皇室贵族染指政治军事，但享受优厚经济待遇，由于政府财政与皇室财政没有界限，在皇室贵族人口急剧膨胀导致开支也急剧扩大的情况下，皇室开支严重挤压政府支出，成为导致中央和地方政府的财政严重失衡的首要原因。而明代官吏薪俸是历代中最低的（见表3.3），两相对比，心态难免失衡，官僚政治下的利益交换和吃拿卡要等陋规则不可避免。在朱家的天下，对官员还实行严酷的特务监察制度，不允许官吏训练家丁，发现就是谋反的死罪。所以，明朝末期整个官僚队伍死气沉沉，缺少活力和凝聚力，官僚操控的政府财政货币等经济政策都处于消极应付状态，相比宋代有很大的退步。比如，在对外贸易上消极管制；整个官僚队伍软弱涣散，经不起大风大浪的考验。

表3.3 明代各项支出比例统计表

年份	皇室消费（万两）/占比	军费支出（万两）/占比	俸禄支出（万两）/占比	赈济支出（万两）/占比
1480	146/23.37%	307/49.15%	164/26.25%	7.67/1.23%
1490	209/24.44%	398/46.55%	245/28.65%	3/0.35%
1552	426/34.86%	496/40.59%	294/24.06%	6.1/0.50%
1571	517/30.17%	833/48.61%	358/20.89%	5.73/0.33%
1602	1526/52.895%	936/32.44%	409/14.18%	13.8/0.48%

资料来源：刘昀：《14—17世纪中英财政收入与支出结构比较研究》，东北师范大学2011年硕士学位论文，第73页。

① 参见葛剑雄：《我们应有的反思：葛剑雄编年自选集》，中信出版社2015年版，第61—62、65页。

总结汉唐宋明的历史，在总体上，秦以后，我国由贵族控制的社会过渡到官僚控制的社会。在人口与国家治理上，每逢连年战争改朝换代，人口骤减。比如秦末战乱，汉初休养生息；南北朝直至隋末战乱，唐初休养生息；五胡十六国战乱，宋初休养生息；元末战乱，明初休养生息；明末战乱，清初休养生息。战乱土地大面积荒芜，所以新建立的政权往往有一个黄金发展期。这可以称为一个治乱的规律。

一朝或一届政府执行休养生息一段时间后，由于金字塔式的等级人口数量增长的严重不均衡，形成整体人口比例结构失衡，社会两极分化，直接导致政治经济制度运转的内在变化，使财局与政局在互动发展中无法保持相对的平衡。因为经济发展与增长的速度按照自然速度增长，而高等级人口几乎按照几何级数增长。这种不平衡的人口结构与利益结构发展，随着时间的推移，所有制、财税制度都会发生内在的变化，高等级阶层将土地最大限度地攫为己有，官吏把财税制度作为谋取自身利益的发财工具，尤其是政府机构的扩大成为安置高等级阶层人口就业需求的必然选择，这导致贵族和官吏数量或吃财政饭的人口成倍地增长，进一步加剧整个社会——平民、地主、官僚、皇族宗室四个社会利益主体之间的财局失衡。

从王朝内部前后期的治乱循环看，利益格局的失衡是主要的原因。一是人口数量与结构增长是一个重要的原因，它会引发所有制与税制的内在结构的变化。利益失衡的原因首先是皇族、官僚和豪族地主等高等级人口的增长和消费增长过快，使得非生产性消费过度膨胀，在没有生产技术的大突破下，政府长期被大官僚、豪族把持，政策始终向他们倾斜，导致社会阶层关系利益分配失衡，两极分化严重。按照葛剑雄教授的研究，“封建社会中普遍存在的地主与农民两个阶级人口增长的不平衡”。[①] 同时也存在人口增长与土地有限的不平衡。比如汉代的黄河中下游某些地区、宋代以后的江南地

① 葛剑雄：《我们应有的反思：葛剑雄编年自选集》，中信出版社2015年版，第54—55页。

区曾出现耕地不足、人口增殖超过生产力发展的现象。[①] 二是官僚社会的权力制衡始终无法形成均势。除了生老病死、自然灾害和战争动乱，政治和政策是执政者遏制官僚豪族尾大不掉、割据一方的主要措施。但受中央集权执行能力与官僚政治体制生成机制的内在限制——官僚贵族化与贵族官僚化成为社会的典型特征。

到清代也没有丝毫变化。从人地关系看，人口增长导致人均耕地越来越少。1673年，康熙十二年，全国人口1939万，人均耕地27.92亩；1753年，乾隆十八年，人口10275万，人均耕地缩减到6.89亩；到1766年，乾隆三十一年，人口20809万人，人均耕地仅为3.56亩。[②] 再看皇室人口与俸禄。从努尔哈赤辈到乾隆辈，满清宗室人口总数不到8300余人，其中皇室：努尔哈赤时6人（男5）、皇太极时80人（男44人）、顺治时271人（男141人）、康熙时872人（男469）、雍正时2423人（男1377）、乾隆时4607人（男2498人）。皇室人口呈几何级数增长，乾隆时比努尔哈赤时增加了768倍。宗室贵族的平均年俸为白银4633两，其中亲王1万两银+1万斛[③]米，世子5000两银+5000斛米，郡王3000两银+3000斛米，长子2000两银+2000斛米，贝勒2500两银+2500斛米。[④] 以乾隆2498男丁计算，每年按4633两白银，宗室贵族仅一年俸禄合计11573234两白银。顺治时每个男丁宗室贵族人均占良田1万亩。这还没有算皇帝与后宫的开销。因此，整个

---

① 葛剑雄：《我们应有的反思：葛剑雄编年自选集》，中信出版社2015年版，第54页。

② 资料来源《东华录》康熙卷13、108，乾隆卷64；《清通考》。转引自陈勇勤：《中国经济史》，中国人民大学出版社2012年版，第280页。又据陈振汉、熊正文、萧国亮编：《清实录》（经济史资料农业编，北京大学出版社2017年版，第89—90页），1673年，全国人口1939万，是人丁户口，全国有5415627.83（顷）（含田、地、山、荡、畦）；1753年，民数183678259口；1766年，民数208095796口。

③ 唐朝之前，斛为民间对石的俗称，1斛=1石，1石=10斗=120斤。汉朝许慎的《说文解字》："斛，十斗也。"宋朝开始，改为1斛=5斗，而1石=2斛。明朝张自烈的《正字通》："斛，今制五斗曰斛，十斗曰石。"

④ 江桥：《清朝前期总是人口的状态的初步统计与分析》，《人口研究》1986年3月。

社会的收入分配完全呈金字塔的结构，就是现在所谓的 1%与 90%的关系。

所有制与租税制度下的财局与政局

所有制和税制是国家实现治理支配权的两大重要管道，所有权和税权的实施都以国家暴力机器为后盾。因此，没有完整的所有权，只有法定的所有权及其承载的税权。所有制和税制安排既是政局决定财局的管控手段，也是构成财局的两根支柱，制约政局的演进变化。这是家族行政国家财局与政局的一般关系。

土地是农业社会的经济中心。正如大禹勘测全国土地物产以定赋税一样。每个王朝开国的时候，中央政府都要以国家暴力机器为后盾，多方设法清查丈量土地，核定户籍人口，以便更好地确定赋税徭役，筹措施政的费用，实现政治统治，驾驭社会与人民。

我国马克思主义经济学家王亚南提出一种重要的学术观点，认为“封建社会的经济权力，归根到底是建立在田制税法上”。“在那种社会中，田制税法不但体现着支配阶级对被支配阶级之间的剥削榨取深度，同时也体现着支配阶级内部对于那种榨取物的分配的实况。与初期贵族封建社会比较，官僚封建社会财富在全社会各阶层之间的分配，毕竟是有更大的变动性或更不易刻板固定下来的。也许就因此故，中国秦代以后，每个王朝在田制税法上，就围绕着各种各色的斗争。大约在每个朝代之末，都有被支配阶级的农民起来，要求改变土地的分配关系并反抗租税，而在这以前，则是支配阶级——贵族、官僚、地主们相互不绝由整理田制税制而掀起内讧。支配阶级中贵族官僚化的成分加重，乃与全部赋税逐渐集中到中央的事实相照应。就被支配阶级的农民说，究是把赋役直接贡献到专制君主于他们有利，抑是以私属的名义，把赋役贡献给强豪于他们有利，他们似乎很不易抉择，因为他们始终就不曾由任一统治方式得到负担比较轻松的好处。可见，在支配阶级方面，那种转变，就关系很大了：门阀或强豪对赋税多一分的控制，那就不仅意味着中央经济权力的削弱，且意味着政治里新局面的造成。”①

王亚南认为，“有许多事实证明，隋代王朝的短祚，正如同秦代王朝的短祚一样，都是缺乏统治新局面的经验，在秦，我们已指明它是太不善于应付新起的官僚，而在隋，则是太不善应付新起的贵族。汉惩秦之弊，在学术仕途的统制上收到了极大的成功，唐惩隋之弊，在更有组织的科举制上，在灵活运用的赋税政策上，分别收到了稳定统治并使官僚政治进一步发展的结果。”②

田制税法所反映出的官僚阶层内的倾轧（博弈），在汉代已表现得很明白。“今汉民或百一而税，可谓鲜矣，然豪强占田逾限，侈输其赋大半。官家之惠，优于三代，豪强之暴，酷于亡秦，是上惠不通，威福分于豪强也。”（荀悦：《汉纪论》）③即政府的税收优惠，被豪强变相获得。在争夺民众中的博弈，豪强处于地头蛇的有利位置。

在“威福”已经“分于豪强”的魏晋及其他诸王朝，为了招收流亡，垦辟战乱之余的荒野，曾分别由政府统制土地分配的种种田制税法，曹魏的屯田制、晋代的占田制、北魏乃至隋唐的均田制，均富有向豪强抢救土地、人民的深意。但除屯田制系属带有军事性质的临时办法外，晋代的占田制是毫无结果的，像石崇、王戎型的大官僚、大地主的出现，正好说明“广收八方田园”，或“豪强兼并，孤贫失业”（《晋书·刘颂传》），是对于占田制的强烈讽刺。东晋而后的宋梁诸代，每况愈下。其在宋为“主威不树，臣道专行；国典人殊，朝纲家异；编户之命，竭于豪门；王府之蓄，变为私藏”（《宋书·王弘传》）。在梁则为“顷者豪家富室，多占取公田，贵价僦税，以与

① 王亚南：《中国官僚政治研究》，商务印书馆 2010 年版，第 89 页。

② 王亚南：《中国官僚政治研究》，商务印书馆 2010 年版，第 89—90 页。

③ 王亚南：《中国官僚政治研究》，商务印书馆 2010 年版，第 90 页。

贫民”（《梁书·武帝纪》）。①

其实，晋室南渡以后不久，阻制一般贵族豪右的占田制，固然无法施行，就是专门向北方南渡豪族争夺财源的所谓土段制度，亦不曾收到多大效果。原来西晋户籍，在北方称黄籍，在江南称白籍。北方豪族率领丁荫户南渡，仍侨立寄寓郡县，享有不输不纳特权。但此暂时权宜办法，一旦永久化，不但负担上太不公平，许多规避服役人士，都相率由白籍变为黄籍，于是政府为了收入，乃不得不对一切享有上述特权人士，依其所居之土，断其户籍所属，以为税役张本，是谓土段制。由桓温以至刘裕，虽认真设法“大阅户口，令所在土段”，但其结果，只把那些小民细户的户籍清查了一下，至于名宗大族，依旧依“本注”，持黄籍，享特权。②

土段制度是政府迫不得已的政策创新。从利益博弈无限循环的角度看，政府关于所有制和税制的创新永远在路上，要不断与时俱进，推陈出新。从博弈双方的信息优势来看，豪强始终处于有利位置。更主要的是，政府的官吏在贵族豪强举孝廉等制度下，都是豪族推荐而上。所以有一门四代出了三位宰相——东汉末年的袁家“四代三公”，东晋的“王谢治天下”这样的古代“美称”。

王亚南认为：在今日研究来看，均田制的最后目的，实在增产而非均产。经过八王叛乱、五胡纷扰的北方局面，土地荒芜，人民流散，如何招收流散人民，以垦殖荒芜土地，就是均田制度实施的本质要求。我们始终不曾发现“均”豪右之田的记载，而所见到的，却是“主将恭僚，专擅肥美；瘠土荒畴，分给百姓”（《魏书·贺怀传》）。这就是说，均田制是在豪右占有以外的荒瘠地面上，依劳动生产力的大小而配给以可能耕垦的土地数量，而由获取可能提供的赋税定额的田制和税法。所以，除一定的永业田而外，授

① 王亚南：《中国官僚政治研究》，商务印书馆2010年版，第90—91页。

② 王亚南：《中国官僚政治研究》，商务印书馆2010年版，第91页。

田的主体并不限于主男，有劳动能力的妇女、奴婢乃至耕牛，都在其例。像这样依靠劳动生产力配给耕地的办法，在当时的情况下，确有助于经济的恢复，且曾在相当范围内，阻止了农民对于税役的逃避。所以，均田制又近一种强制执行的半徭役制或立役制。北周、北齐沿袭魏制，略有损益。隋文帝混一宇内，推广均田制实施范围。到隋炀帝即位之初田野垦辟倍增，“户口易多，府库盈溢”，其后“大纵奢靡……兵车屡动……数年之间，公私罄竭，财力既殚，国遂亡矣”（《旧唐书·食货志》）。李唐惩隋之弊，然仍在半徭役的均田制的基础上确立起中央集权的专制官僚统治。均田制及其相伴而行的税法更系统化，并且推行得更彻底。授田的对象集中在男丁方面，统一多了；其税法，“有田则有租，有家则有调，有身则有庸”，条理系统多了；除某些特殊场合，原则上禁止田地买卖，又规定“诸田不得贴赁及质，违者财没不追，地还本主”，而“诸在官侵夺私田，一亩以下杖六十，三亩加一等，过杖一百，五亩加一等，罪止徒二年半，园圃加一等”（《唐律疏义》第十三卷），其严厉、彻底更可想见。[①]

公元624年，唐初高祖颁布的均田制和租调庸，即土地制度和配套的税制，仅从经济制度设计上应该说已经很完备了。钱穆在《国史大纲》中恰当地指出：“此田制用意并不在求田亩之绝对均给，只求富者稍有一限度，贫者亦有一最低之水准。”均田制和租调庸制度使唐初经济大发展，经济发展后人口大增，物质丰富后流通经济与贸易、商业资本大发展，使得把土地人口定在一定秩序下的体制，显出异常的窄狭性，而破绽百出；结局，原来用以限制或禁止王公百官特别是豪右们侵占公家税役源泉的租税体制，就由他们这些在政治上、社会上的优越权势者，利用它露出破绽的机会，开始破坏了。其所采用的破坏方式：（一）使农民开垦荒地，迨其变为熟田，乃横夺地租；（二）违法收买口分田与永业田；（三）涂改籍书，以便隐漏隐占户口；

① 王亚南：《中国官僚政治研究》，商务印书馆2010年版，第91—92页。

（四）依典贴等方法而行使收夺。所以，延至“开元天宝以来，法令废弛，兼并之弊，有逾汉成哀之间”（《通典》）。而前此用以限制兼并者，反促起更猛烈的兼并。特别是安史之乱以后，各地方权势者，相率招收流亡，隐漏户口，横夺租赋。唐室依均田制和租庸调税法而建立的中央集权的物质基础乃根本发生动摇。①

从上述史实可以看出，唐代中央政府想通过所有制和税制限制土地兼并，防止两极分化。应该说在初期取得成功，促进了社会稳定和经济繁荣。但在官僚政治的格局下，一方面，制度贯彻执行得不好，不到20年就扭曲变形，官僚们并没有让均田农民得到规定的土地，贵族、官僚、豪强地主商人还凭借政治经济特权相互勾结，仍然大肆兼并土地。公元644年，唐太宗在京兆府临潼县零口视察时，发现每丁实际授田只有30亩，仅仅是规定授田数量的三分之一，至于老人和小孩授田数就更少②。另一方面，租庸调制度仅针对存量土地和人口进行了土地分配。而经济发展后新增的土地和人口，制度建设没有与时俱进地跟进。在政治体制上的藩镇割据政局下，原有的经济制度和格局自然被破坏殆尽。可见：一是制度创新没有止境，永远在路上，要随着经济发展变化和矛盾的变化而不断推陈出新；二是政治体制决定经济制度的执行与变化。

唐高宗以后，官僚地主和豪强大姓兼并土地的现象日趋严重，使愈来愈多的农民丧失了土地，或沦为佃户，或变成逃户。到唐代中期，均田制终因均田农民逃亡太多而无法实行，逐渐遭到破坏。公元757年，唐肃宗至德以后，天下兵起，人口凋耗，版图空虚，赋税之征收，不能统筹划一，纲纪荡然，国库收入无几。户籍中如富户多丁口，因官宦及信佛、道得免，贫困无所凭借，丁口因死亡或迁走者，而户籍仍存，仍须征税。天下且多残瘁，

① 王亚南：《中国官僚政治研究》，商务印书馆2010年版，第92—93页。

② 张永禄主编：《唐代长安词典》，“均田制”词条，陕西人民出版社1990年版，第25页。

造成乡居原住之土著，不足一成。[①]

这说明均田制与租庸调制度的制度效率和效益都不能实现制度的目的，而中唐以后的中央政府的集权能力和行政控制能力都无法通过强制力来统驭藩镇、门阀、豪族，不得不放弃对土地分配权的中央垄断，从长期控制税源转向改进税制，以提高中央政府的财政收入。这个中国税制历史的重大转变就是杨炎的两税法。从此，由国家名义上统一分配土地制度的"普天之下，莫非王土"就走入历史。

公元780年，唐德宗建中元年，杨炎根据旧土地制度和税制的弊端，奏请实行"两税法"[②]。两税法按照"量出以制入"的原则，采用"以资产的多少作为课税标准"，代替了以前"以人丁为课税标准"的租庸调制，改变了唐代长期存在的贫富负担赋税的不合理现象。两税法"认田不认人"，简化了税制，便利了征收，节约了交易费用，免去了官吏在原有制度下的设租寻租，不仅增加了国家的财政收入，而且也减轻了人民负担，实现了"赋不加敛而增入"。这在当时是极具震撼和毁誉参半的重大政治经济改革。

从积极的方面讲，两税法公开免除了徭役，使中国政府治理从徭役制向赋税制和预算制转变，加强了中央财政。两税法应时达变，如不考虑正确计算资产，至少在形式上符合赋税平等负担的原则，更主要的是解除了对人民流动、迁徙的限制，解放了生产力，有利于商业经济的发展，为宋代出现商业革命和城市革命奠定了制度基础。两税制度一直推行到民国时代。可见也是一种千年巨变，完全可以称之为一种了不起的制度创造。

---

① 钱穆讲述，叶龙记录整理：《中国经济史》，北京联合出版公司2013年版，第206页。

② 具体办法是：凡百役之费，一钱之敛，先度其数而赋于人，量出以制入。户无主客，以见居为簿；人无丁中，以贫富为差。不居处而行商者，在所郡县税三十之一，度所取与居者均，使无侥利。居人之税，秋夏两征之，俗有不便者正之。其租庸杂徭悉省，而丁额不变，申报出入如旧式。其田亩之税，率以大历十四年垦田之数为准而均征之。夏税无过六月，秋税无过十一月。逾岁之后，有户增而税减轻，及人散而失均者，进退长吏，而以尚书度支总统焉。

王亚南认为，唐以后，宋元两代虽格于豪右阻挠，对全国土地的统计成效甚微；明朝以户为主的“黄册”和以土田为主的“鱼鳞图”，并行互证，成效甚大；清代沿袭明制，于征收稽核方面，更增详备。明清两代官僚政治的高度发展，在经济基础的确立上，得益于此税制者甚多，而迹其发端，则不能不溯之于两税法。①

从社会两极分化方面看，两税法虽然以资产多少为课税的依据，对兼并侵夺者来说增加了税负，但是又从法律上默认了兼并侵夺的已有行为，实际上是使兼并获得了合法的保护。此后，土地兼并和大庄园获得了合法的发展地位，唐宋开始迅速增多。明初由官家所占的官庄，其亩数已达全部民田的七分之一。元清两朝王公勋官皆有采邑，军队亦有禄田，皇庄、官庄、寺庄、军功田庄等远多于明朝。②

唐代杜佑在《通典》中指出：“自秦孝公用商鞅计，乃隳经界，立阡陌，虽获一时之利，而兼并逾僭兴矣！降秦以后，阡陌既弊，右谓隐核在乎权宜，权宜凭乎簿书。簿书既广，必藉众功，藉众功则政由群吏，政由群吏则人无所信矣。夫行不信之法，委政于众多之胥，欲纪人事之众寡，明地利之多少，虽申（不害）商（鞅）督刑，挠首总算，亦不可得而详矣。不变斯道而求理者，未之有也。夫春秋之义，诸侯不得专封，大夫不得专地。若使豪人占田过制，富等公侯，是专封也；买卖由己，最专地也。欲无流窜，不亦难乎！”③

可见，在土地私有化与自由买卖合法化后，在官僚政治的体制下，政府的税收并不能因此而增多，而社会两极分化已成为历史必然。王亚南进一步指出：统治阶层的这批人分途占有大量土地，形成各种各色的庄园，把“浮游的地客”用各种各色的方式和条件束缚在他们的大地产山、庄园上，

① 王亚南：《中国官僚政治研究》，商务印书馆 2010 年版，第 95 页。

② 王亚南：《中国官僚政治研究》，商务印书馆 2010 年版，第 95 页。

③ 王文素等：《十通财经文献注释》，中国社会科学出版社 2015 年版，第 3 页。

那就是无异为这种社会的整个统治，平添了一些安定着的力量。可是土地的过分集中、庄园的无限发展，又将引起政治上否定集权官僚统治的作用和经济上倒退往自然状态的不利倾向，所以，把极有弹性的租税体制作为一个调节的杠杆：在原则上不让步，有土斯有税，有人斯有役；而在实施上不坚持，择其可税者而税之，就其可役者而役之。那就成了恰到好处和面面兼到的灵活妙用。①

第七节　两宋的财政经济革命

官僚社会与土地私有制的结合，形成官僚操纵社会运行的政治格局。私有制下的土地买卖自由又导致土地兼并成必然之趋势，官僚与豪族巨商的相互联合、相互渗透，使得社会两极分化在所难免。但王亚南关于“土地私人集中化引起政治上否定集权官僚统治的作用和经济上倒退往自然状态的不利倾向”的认识，在两税法以后的历史并没有发生。

反倒是，两税法后，规模经济与专业化分工出现，在人口迁徙自由和商业自由的背景下，经济更加繁荣。到两宋，中国甚至出现了经济商业化、市场化、货币化、城市化、工业化、契约化，社会流动化、世俗化、平民化与福利化，思想功利化，政治上文官化、法治化以及农业革命和科学技术革命等近代化特征。

历史学家黄仁宇认为：“公元 960 年，宋代兴起，中国好像进入了现代，一种物质文化由此展开。货币之流通，较前普及。火药之发明，火焰器之使用，航海用之指南针、天文时钟、鼓风炉、水力纺织机、船只使用水密隔舱等，都于宋代出现。在 11、12 世纪内，中国大城市里的生活程度可以与

① 王亚南：《中国官僚政治研究》，商务印书馆 2010 年版，第 96、97 页。

世界上任何其他城市比较而无逊色。”另一位美籍华人历史学家唐德刚认为：“吾人可以大胆地说一句，北宋的朝政，是近古中国政治现代化的起步，亦不为过。可惜的是，传统中国这种有高度现代化和民主意味的开明文官制度，在宋亡以后，就再次复古回潮了。”①

首先，商业革命与城市化。

唐宋之际，在土地所有制上，计口授田的均田制在两税法后被土地私有化和自由买卖制度所取代；在行政上，科举制度的流动性选官制度，让门阀世家逐步瓦解，被平民社会取而代之；在社会经济上，人口的自由迁徙让人身依附和奴婢制度收缩在很小的范围，雇佣制、契约制和分成制成为农业和工商业的典型用人分利制度，宋代的佃户和地主的关系是租佃契约关系，奴婢和主家之间一般也是自愿的雇佣关系；在商业上，限制商业自由的坊市制度被街市制取代。

这些制度性的变革首先带来的是人口快速增长，到北宋末，人口差不多翻了一番，达到1亿多人，超过了汉唐的6500万—7000万人。

人口增长与商业革命，使得宋代城市人口和城市化达到家族行政国家阶段的最高水平。明代学者陶宗仪说：宋代“通都大邑，不耕而食者十居七八”②。学者的研究显示，北宋的城市人口占20.1%，南宋时达到30%。日本学者波斯信义认为，南宋鼎盛时期的城市化率可能达到30%。而清中叶（嘉庆年间）的城市化率约为7%，民国时才升至10%左右，到1957年，城市化率也不过是15.4%。如果以1亿人口计算，宋朝的城市市民超过2000万。在户籍上还出现了独立的城市户口——“坊郭户”。根据《宋史·地理志》，“宋代十万人口以上的城市有近50个；北宋徽宗崇宁年间（1102—1106），开封府户二十六万一千一百一十七，口四十四万二千九百四十”。

① 以上转引自吴钩：《宋：现代的拂晓时辰》，广西师范大学出版社2015年版，自序。

② （明）陶宗仪：《说郛》。

口指男丁，按每户6人计算（保守估计），开封有156万人之多。而同时期的伦敦、巴黎、威尼斯等西欧最大城市，人口不过10万，被欧洲人称为“世界上最大的城市”的大马士革，人口也不过50万人。今天开封市的市区人口也才80万人。《东京梦华录》这样记载汴梁人口：“其阔略大量，天下无之也。以其人烟浩穰，添十数万众不加多，减之不觉少。每一日从汴梁城郊赶进城内屠宰的生猪，即有万头之多。”南宋临安的人口规模更加惊人。《梦粱录》记载：“杭州人烟稠密，城内外不下数十万户，百十万口。”《都城纪胜》也说临安“户口蕃息近百万余家”。赵冈在《中国城市发展史论集》中推算，如果计入郊区的人口，临安的总人口“应有250万人左右”。后来的元明清都没有超越。①如此庞大的城市从管理的角度看，也需要治安、工商、金融、税务、消防、卫生等配套的制度基础设施。宋代的国内外贸易也达到家族行政国家的顶峰，繁华程度和商业创新层出不穷。“自大街至诸小巷，大小铺席连门俱是，既无空虚之屋，每日凌晨，两街巷门上行百市，买卖热闹。”与西洋南洋诸国发展商业贸易，“市舶司（海关）每年从海上贸易中抽税近200万贯，进出口贸易总额超过2000万贯”。为了便利商业贸易流通，商业信用创新不断，陆续出现了便钱（类似于银行汇票）、现钱公据（类似于现金支票）、茶引、盐引、香药引、矾引（类似于有价证券）、交子与会子（纸币）等商业信用。政府采用市场机制获取政府所需的消费品、调拨公用物资，甚至使用经济制裁的威慑来维持与邻国的和平。②

为了满足商业贸易的货币需求，宋代经济的货币化和政府的货币铸造发行达到了家族行政国家的顶峰。不仅市场上的交易以货币结算，而且官吏与雇工的工资、政府的税收等都以货币结算为主。北宋的最高铸币量则达到

① 以上参见吴钩：《宋：现代的拂晓时辰》，广西师范大学出版社2015年版，第131—133页。

② 以上参见吴钩：《宋：现代的拂晓时辰》，广西师范大学出版社2015年版，自序。

570 万贯，平常年份都维持在 100 万贯至 300 万贯之间；而明代近 300 年的铸币总量，宋人两年时间便铸造出来了。[①]

其次，财政革命。

商业革命使宋代的财政也出现革命性变化。在财政收入数量上，唐代的最高财政收入是唐玄宗天宝八载（749）的 5230 万（贯石匹屯），含钱、粟、绢、绵、布，其中货币性岁入为 200 万贯钱，占税收总额不足 4%；北宋英宗治平二年（1065）的数字是 11600 万（贯石匹屯）——这一数字并不是北宋岁入的最高额，却已是唐代最高的一倍多，其中货币性岁入为 6000 万贯以上，比重超过了 50%。可见当时财政收入的货币化已经程度很高，王安石变法后，连力役也折成货币结算，政府税收和官员的工资都基本使用货币，货币化成大势所趋。在财政收入结构，唐代仍以农业为主，到宋代"州郡财计，除民租之外，全赖商税"[②]。从宋真宗（998）开始，来自工商税与征榷的收入超过了农业税。北宋神宗熙宁年间（1068—1075），农业税的比重降至 30%；南宋淳熙年间（1174—1189），非农业税更是接近 85%。这是历代王朝从未有过的事情。这既说明宋代工商业发达，政府善用市场手段调动财富。[③] 也说明，南宋已经是一个工商业为主的社会。明清两朝我国经济发展与经济政策有所倒退，又回到农业为主的社会，国家财政也相应大幅下降。比如明孝宗弘治十五年（1502），全国田赋正额约为 2680 万石，农业税占全部税收的 75%。再比如清朝的财政收入，从乾隆朝至道光朝，大体上都维持在 4000 万两左右的水平；道光之前，地丁银（农业税）占全部财政收入的 70%以上，关税与盐税的比重不足 30%；到光绪时代的 1885 年，田赋的比重才下降到 48%，关税收入上升到 22%，盐税为 11%，厘金为 19%。到光绪三十四年（1908），清朝的财政总额开始突破两亿两白银，

① 吴钩：《宋：现代的拂晓时辰》，广西师范大学出版社 2015 年版，自序第 8 页。

② （清）徐松辑：《宋会要辑稿 · 食货》一七之四一。

③ 吴钩：《宋：现代的拂晓时辰》，第 381—382 页。

终于超过了宋代的纪录。[①]这个财政发展的历史说明，历史演进中出现政治经济倒退和徘徊主要取决于国体和政体。因为国体和政体决定了经济制度及其执行与贯彻。

经济发展了，蛋糕做大了，财政也增多了，宋代官员的工资与待遇也远远优厚于其他朝代。“北宋元丰改制之后，官员领双俸：‘本俸’与‘职钱’，其中宰相的月薪为本俸 400 贯、职钱 50 贯，此外还有各种补贴，如餐饮补贴、燃料补贴、养马补贴、保姆补贴、‘养廉钱’（职田租金）等，加起来不会少于 600 贯。宋朝一名知府（知州）的月薪——本俸、职钱加上‘公使钱’（特别办公费）、职田租金及各种补贴，大概也有 500 贯上下，相当于年薪 40 万美元。而明代则采取极端的低薪制，并且官员的薪俸以实物（粮食）计算、发放正一品高官的月薪为 87 石大米，折合成钱的大概只有 34 贯。正四品知府的月薪为 24 石大米，折钱则不到 10 贯。”[②]

同时，人民的社会保障和国家的福利体系也达到古代历史上的高峰，快要接近《礼记》中的小康社会境界。宋政府按照居民的家庭财产的多寡，将全国人口划分为不同户等。户等既是确定人户税额的依据，也是国家划定救济对象的参考标准。比如南宋时规定，乡村五等户、城市七等户以下的家庭，如果有婴儿出生，又无力赡养，政府即给予四千文钱的补助。宋朝也开始出现了接近现代意义的“贫困线”概念：凡田产 20 亩以下或者产业 50 贯以下的家庭，即为生活在贫困线下的“贫民”。贫民可以获得某些政策倾斜，比如免纳“免役钱”，在发生灾荒时优先给予救济；城市的贫民，还可以享用一系列国家专向贫困人口提供的富力救济。宋神宗熙宁十年（1077）施行“惠养乞丐法”，由政府每年入冬给贫民发放米钱[③]。宋哲宗元符元年（1098）

① 吴钩：《宋：现代的拂晓时辰》，第 381—382 页。

② 吴钩：《宋：现代的拂晓时辰》，第 374—375 页。

③ 每年十月入冬后，各州政府“差官检视内外老病贫乏不能自存者”，每人一日“给米豆各一升，小儿半之”。参见（宋）李焘《续资治通鉴长编》卷一。

颁布实行“居养法”，由国家福利机构——各州设立的居养院收留无处栖身的贫民[①]。同时，人民的生老病死的福利体系也达到历史最高水平。实行生有所育，给国民的生育救济就有产前赈济、产后济助以及救助遗弃婴儿。符合救助条件的家庭，一名婴儿可获得4000文奶粉钱。政府又设立“婴儿局”“慈幼庄”“慈幼局”等收留弃婴。马可·波罗在游记中也记载了宋理宗设慈幼局收留弃婴的事迹，说每年所收养男女有2万人。设立福田院、居养院等收养鳏寡孤独的老人，做到老有所养。推进病有所医，政府还开设药局、设立福利医院以及针对流动人口的免费救助机构“安乐庐”，对民间和无钱买药医治的贫民进行义诊、施药和免费治疗等。政府设立福利性公墓“漏泽园”，实现死有所葬。宋真宗时，每收养一名死者，政府需要花费600文钱，包括棺木的费用；神宗时，要2000文；到南宋高宗时，大约是3000文。为了让国民在离开人世后，能够获得有尊严的安葬，政府愿意从财政中掏出一大笔钱来，这便是文明——大宋的文明。[②]所以，南宋的小皇帝宋卫王赵昺被元兵逼迫到崖山，有丞相陆秀夫等投海自尽，南宋在崖山的十万军民也相继投海殉国。这种集体拱卫性自杀，捍卫的是政府的尊严和民族的气节。

最后，货币革命与纸币滥发。

宋代国计民生问题有三件大事：一是土地问题；二是纸币问题；三是政府专营，即“和籴”与“和买”[③]问题，其中纸币和政府专营关系国计民生更为甚。

我国纸币源于唐代后期的飞钱。但飞钱的性质与现在的汇票类似，还

---

① 各州设立居养院，“鳏寡孤独贫乏不能自存者，以官屋居之，月给米豆，疾病者仍给医药”。（清）徐松辑：《宋会要辑稿·食货》六之一。

② 参见吴钩：《宋：现代的拂晓时辰》，广西师范大学出版社2015年版，第182—191页。

③ “和籴”与“和买”开始于北宋，其初由官家先给民钱，而民则输绢帛，谓之“和买”；输粟则谓之“和籴”。

没有成为经济交易中的普通媒介。到宋代就发展成为直接交易用的货币。宋真宗时，纸币的最高形态“交子”，最先由四川商人发明，用于商业交易。后来因商人屡屡发生兑付危机问题，又政府看到利益所在，收归国有，进行垄断发行，并推广到其他地方。到南宋，纸币使用已经普遍，数量甚至一度超过铜钱的数量。宋宁宗开禧以后，纸币发行的数量，急速上升，当时曾发行 14000 余万贯。宁宗嘉定间又达 23000 余万贯，到理宗绍定六年，则高达 32000 余万贯，淳祐六年，则高达 65000 余万贯。自绍定六年至淳祐六年（1233—1246），13 年间，纸币增加额达一倍以上，其后增加的情形，虽不可考，然以当时财政艰难的情形推断，当然是有增无减，一如现世的通货膨胀。①

纸币滥发，政府又不能全部兑现或兑现不足，加之缴纳赋税又不能全用纸币，所以贬值在所难免。理宗、度宗两朝，纸币贬值的具体情况不详，《鼠璞·楮卷源流》条言：“宁宗开禧间，朝廷始诏江、浙诸道，每贯必以七百七十行用，终非令之所能禁，嘉定初，顿损其半。”可见纸币贬值的严重。商贾为避免纸币贬值（低折）的损失，只有抬高物价。到了南宋末期，和买竟成了不给钱值强取，或令民输钱以代绢。和籴到南宋则成为“低估高量，几于豪夺”的情形。② 另据彭信威《中国货币史》估算：“蒙古于公元 1276 年占据江南时，纸币十六界会子要二千二百五十贯才值得中统钞一贯或四千五百贯才合白银一两。如果从第一界会子算起，不知是多少万倍了。”“十八界会子二百贯不够买一双草鞋。”③

南宋滥发纸币下的财局，又可见王文素等注《十通财经文献注释》有

① 王寿南主编，王民信等著：《中国历代思想家·宋明》（真德秀），九州出版社 2011 年版，第 143 页。

② 王寿南主编，王民信等著：《中国历代思想家·宋明》（真德秀），九州出版社 2011 年版，第 143—144 页。

③ 彭信威：《中国货币史》，上海人民出版社 2007 年版，第 359 页。

更详细的记载。

由于纸币滥发失信于民和强买豪夺自毁长城，政府的信用和权威受到了极大的削弱。宋亡也与此有极大关系。

第八节　元代的纸币通货膨胀与政局变化

我国自秦汉统一以后，商业越来越发达，货币经济的发展已经达到了一个“虽私家用度，亦非钱不行，天下之物隐没不见，而通行于世者惟钱耳”的市场经济时代。尤其到了宋代，商品经济和货币经济已经相当发达，工商业税收成为政府财政收入的主要来源，经济活动都以货币结算，而且远途交易开始广泛使用纸币、汇兑票据。元代是世界上第一个以纸币作为全国流通工具的国家，被马可·波罗称为“东方的点金术”。

由于元代蒙古人对欧亚大陆的征服。通过元政府（12—14 世纪）对欧亚大陆的治理和人员的往来，以及商业交通的畅通，宗教的传播和文化的交往，中国的国家治理体系、技术、思想、文化和经济理论直接传播到了欧洲，成为欧洲文艺复兴的重要养分，并在 16—18 世纪的欧洲掀起了中国热，对欧洲近代科学和政治经济学的发展产生了直接的影响。这个影响已经被越来越多的历史研究① 和考古文献所证实。特别是，公元 8 世纪中叶，中国造

① 比如：梁启超（1902）：《中国生计学史》，生计学即经济学，认为“我国先秦以前，原有此学”。日本经济史学家泷本诚一（1931）《欧洲经济学史》，其副标题便是“西洋近代经济学的渊源在中国的学说”。唐庆增（1936）：《中国经济思想史》，设专章研究中国经济思想对西洋各国的影响。他指出：“中国经济学说，发达确在西洋各国之先也。”并认为“中国之上古经济思想，流入西土，殆为必然之事实”（唐庆增：《中国经济思想史》上卷，商务印书馆 2010 年版，第 362 页）。谈敏（1992）：《法国重农学派学说的中国渊源》。李学增：《中国古代的社会主义》，有更全面的“东学西渐”资料，知识产权出版社 2017 年版，第 17—26 页。

纸术传入巴格达、大马士革、摩洛哥；12 世纪中叶由摩尔人传入西班牙；13 世纪末叶传入意大利；14 世纪末叶传入法国、德国；15 世纪传入英国、荷兰、瑞士。在元代，13 世纪末，雕版印刷术通过两条渠道传播到欧洲，一条经俄罗斯莫斯科传入德国，一条传入伊朗后传播到欧洲和非洲。如果没有中国造纸术和印刷术传到欧洲，欧洲文明可能还在黑暗中摸索。因为文字的记录和传播决定学术、文化、技术的发展。如果没有中国宋代航海磁针在 1180 年左右通过阿拉伯人传入欧洲，欧洲的海上殖民扩张便不知何时开始。在经济方面，元朝准许外国仿效自己的货币制度，尤其是纸币制度。如印度、日本、波斯等国就仿制了中国的纸币制度。欧洲直到 17 世纪才学习东方有了纸币。

所以，今天我们不能一边倒地看待东西方的文明交往，让西方中心论支配了我们的心智，认为一切现代学术，包括经济学理论，以及经济工具创新，都来自欧洲。

下面，就元朝的纸币发行过度下通货膨胀与政局的关系做一点简要分析。

元代纸币制度简况

13—14 世纪，中国元代以纸币为主流通货币，这又是世界之最。

元代钞法在宋、金基础上更趋完备。蒙古汗国铁木真晚年，已发行纸币，如博州伪丝会，太宗八年（1236），仿交会发行交钞，各地自发互不流通；宪宗三年（1253）发行银钞，两三年一更易或立辗钞相权法银钞并行广以稳定币值，扩大纸币流通。

1260 年，元世祖忽必烈建立了统一的纸币制度，统一发行“中统元宝交钞”。该钞由中书平章政事王文统（汉人）负责，以丝为本钱，以两为单位，丝钞二两值银二两，元宝钞以贯为单位，面值包括十文、二十文、三十文、五十文、一百文、二百文、三百文、五百文、一贯、二贯共十等。面值一贯等于丝钞一两，又可与白银兑现，二贯为一两。五十两为锭，而每钞二锭等于银一锭，全国通行。这一时期还发行丝钞、中统银货，至元年间还发行小面额的“厘钞”，分二、三、五文三种。该钞不限年月，通告诸道，可以用宝钞缴纳赋税。中统宝钞成为我国历史上，同时也是世界历史上首次通行全国的纸钞。今天我们见到的纸币面值 1、2、5 这些数字，八百多年前古人已经全部使用。

1287 年，即至元二十四年，中统宝钞发行流通后，逐步开始贬值，又正式发行“至元通行宝钞”与中统钞并行流通，面额新增五文一种，一贯当“中统元宝交钞”五贯。据载，“至元通行宝钞”发行额共达 3618 锭，流通时间长，为元代最重要的一种货币。为了推行纸币，元政府一直禁金银铜钱流通。

尤其值得挖掘的是，当时的纸币发行已经建立了币制条例，规定了法定偿付和银本位，有了现代准备金制度的雏形。

比如，叶李[①]的《至元宝钞通行条划》十四款，是当时世界上最早的纸币币制条例。如规定纸币无限法偿，设立平准库，买卖金银以维持钞价，有钞本，集中现银于国库等至为详备。纸钞的发行基本上是成功的。由于有强大的发行准备金，当市面纸币过多时，随时出银收钞，以保持纸币购买力的稳定。

1309 年，武宗至大二年，还发行过“至大银钞”，以银两计值，自二厘至二两分十二等，一两值至元钞五贯，仅行一年旋废。

1350 年，顺帝至正十年，改革纸币制度，发行交钞，钞面文字仍为

---

① 叶李（1242—1292）字太白，一字舜玉，号亦愚，杭州富阳庆护里（今环山乡）人，曾任宋国子监生；元世祖时任尚书省资善大夫、尚书左丞；资德大夫，尚书右丞，平章政事（副宰相）等。他主持制定至元钞法，又请建立太学，培养人才。对元初政治经济教育文化有贡献。

“中统元宝交钞”，新钞一贯合钱千文或“至元宝钞”二贯。

同前代比较，元钞形制有许多特点：（1）不分界，不定期限，不立年月，永久通用；（2）不限地域，可在全国流通；（3）由中央统一规定发行和管理制度；（4）既要集中发行，更注重调节钞券的流通数量。①

元代纸币过度发行引发的财局与政局变化

元代实行纸币本位，由于战争、财政和社会经济恶化、滥发宝钞，造成中国货币史上少有的一次恶性通货膨胀，也是世界第一次纸币恶性通货膨胀。

元初，治理者看到南宋、金末的恶性通胀的教训，比较谨慎，1260年发行中统钞，严格遵守银本位，有十足准备银，且准许兑现，因此通胀控制较好。但1276年后开始滥发宝钞，且禁用铜钱，还将各种发行准备库中的金银集于大都，引起各地物价飞涨。此后在1287年发行至元宝钞，五倍于中统钞，1309年发行至大钞，又五倍于至元钞，至此官方发行钞票已公开贬值25倍，实际远不止此数。

到1350年，元顺帝至正十年，又发行至正交钞来收拾残局，无任何金银准备，几是“纸本位”。通胀至此如脱缰野马，再也无法遮拦。至正十五年钞比中统初上涨六七万倍，米价比董卓时的最高米价高出六七百倍。民间交易，纸币用车载，差不多一车纸币也就买一车厕纸。纸币基本失去流通功能，百姓多进入实物交易经济状态，酒肆商铺也多自制代用货币，一下子就回到实物交易阶段。有首民谣充分反映了恶性通胀下百姓的愤怒：“堂堂大元，奸佞专权。开河变钞祸根源，惹红巾万千。官法滥，刑法重，黎民怨。人吃人，钞买钞，何曾见？贼做官，官做贼，混贤愚。哀哉可怜！”

---

① 以上参见中国货币金融博览学习网站，http://bm.gduf.edu.cn/money/fz/6/6_3.htm。

钞法大乱，人民苦不堪言。原因主要有三：（1）军费巨额支出使财局失衡。财政失衡的首要因素是军费。元代征战不止，到末年的群雄并起，政府财政只能以战争为中心运转。庞大的军费开支，使得元代的政府财政赤字越来越大，财局失衡。（2）吏治腐坏。政府为了维护高等级官僚贵族阶层的生活，在纸币通胀情况下，给官僚加薪和贵族赏赐也是加剧财政失衡的又一原因！在1284年、1286年两次为官吏增加俸给，第一次大约加薪50%，第二次再次加薪50%。1308年用至元钞照中统钞原俸发给官俸，相当于增加5倍薪水，因而全年支出5亿贯，超过当年岁入一倍。（3）靠发钞弥补财政赤字使财局更加失衡。如1311年，至大四年政府的日用、军需、土木、赏赐等开支超过2000万锭，国库只有11万锭，不及支出的两百分之一。这么庞大的赤字，只好发钞。[①] 这又引起通货膨胀，最终纸币形同废纸。

总之，尽管元代政府制定的纸币制度办法十分完备，但政府自坏制度，朝令夕改，失信于民，且有法不行，官吏从中巧取豪夺，导致元政府的执政基础越来越脆弱，最终在农民起义中被迫退出中原，回到草原。

小　结

在农业社会，农业经济基本上是吃饭经济，国家的财政自然也是吃饭财政，主要优先满足公职人员和军队的基本需要。因此，自给与给他之间就成为社会经济发展的平衡点。吃饭经济与吃饭财政互制互约。财政对农民经济是反向的向内收缩的关系。如果农民的收入在财政的影响下趋于不能自给自足，则国家的财政就是竭泽而渔，财局就不可能持续支撑，破产是在所难免的结果。财局破，则政局无不破之理。政局破，则王朝自然倾覆。所以，

① 参见中国货币金融博览学习网站，http://bm.gduf.edu.cn/money/fz/6/6_3.htm。

中国古代农业社会，轻徭薄赋是执政者合法性、正当性的首要来源。一般农业税率，从十税一到三十税一不等。这就是管子的“厚生”说，也是儒家的“财聚失民，财散得民”之说的政治经济基本原理决定的。

关于我国古代王朝周期律的理论和研究很多。美国学者斯塔夫里阿诺斯在其《全球通史》中有这样的一段总结性描述：

“这种周期性的改朝换代，可以用中国历史中反复出现的某些特点来解释。每个新王朝开始时，通常都能有效地统治国家，开创一个比较和平、繁荣的时期。新王朝促进了思想和文化生活，并通过派遣远征军对付游牧民和扩展帝国疆域，保护了国家。但渐渐地，王朝由于个别统治者本人的腐化堕落和贵族集团与宫廷宦官之间的宫廷斗争而遭到削弱。这种腐化堕落和派别活动，暗暗破坏了中央集权，助长了官僚机构的腐败。腐败加之宫廷生活愈来愈奢侈，意味着最终靠生产劳动供养整个帝国组织的农民所负担的赋税更繁重了。赋税趋于增长，还因为对外战争耗资巨大，而皇帝又采取了准许多数贵族、佛寺和庙宇免税的做法。于是，随着政府越来越懈怠，农业所必需的灌溉系统和其他公共工程往往被忽略。

因此，越来越陷入穷困的农民不得不承担起日益加重的税收负担。当农作物歉收和饥荒也不可避免地到来时，爆炸点降临；反抗政府税吏和地主收租代理人的起义爆发了。总有一天，这些局部的起义会扩大为普遍的暴动。这些普遍的暴动转而又招来游牧民的入侵，尤其是因为帝国军队本身到这一阶段已沦于勉强维持的境地。内部的造反和外来侵略相结合，通常预示着新循环的开始——旧王朝濒临灭亡，新王朝日渐来临。”①

斯塔夫里阿诺斯的这个认识可以说代表了流行的国外解释和中国20世纪传统史学的解释，并且和本书的论题——财局与政局：中国的政治经济关

① ［美］斯塔夫里阿诺斯：《全球通史：从史前史到21世纪》，吴象婴等译，北京大学出版社2006年版，第361—363页。

系，比较切合。

但是，斯塔夫里阿诺斯并没有总结出政局与财局互动演进的内在机理，停留在历史现象的粗略概括，可以说大而化之，又缺少历史分析和翔实论证。斯塔夫里阿诺斯还在论述的开头，认为中国“以农业为基础，具有内向性的社会”①特征。他的这个认识，从本书前面的论述中看，并不完全成立。至少西汉、隋唐、两宋、元朝这900年历史，就不能说是内向性的社会；明清两朝也是有禁有开，特别是郑和七次下西洋。“事实真相：中国连接西方的陆路交通，海上交通……两千多年，何曾封闭？世界六大宗教……一切在西方因教派冲突遭受迫害的宗教，都在中国获得了庇护。”②因此，斯塔夫里阿诺斯所代表的流行认识对人们具有明显的误导性。

古代王朝更替在本质上是没有民主制约机制下的治国方略衰败的结果。如果从逻辑上对历史上的王朝更替做个归纳，根据前面的研究，从国家理财学角度，笔者认为是：农业简单社会再生产条件下——新王朝的出现——人口增长的结构不平衡——所有制和税制等经济利益分配格局向高等级阶层倾斜——平民家庭与贵族官僚、皇室之间的财局失衡——社会两极分化，执政的政治基础不断收缩——皇室、贵族、官僚之间争夺租税和治权博弈不断升级，统治集团内部失序，形成政局失衡——平民家庭在基本的生存线上挣扎——在经济基础决定上层建筑的此消彼长中，政治变故、战争、自然灾害、农民起义等不确定因素，一起作用催生新的王朝。

历代政府和朝代的更替，主要原因是国家治理体系和治理能力没有与时俱进地推陈出新，在于治国方略的错误，更在于统治集团内部的内讧导致的国家治理能力下降，导致政局与财局互动恶性循环的博弈主体是上层统治阶层，比如家族自治国家阶段的宗主国与诸侯国，家族行政国家阶段的皇族

① ［美］斯塔夫里阿诺斯：《全球通史：从史前史到21世纪》，吴象婴等译，北京大学出版社2006年版，第35页。

② 李零：《我们的中国》（1），生活·读书·新知三联书店2016年版，第29页。

和官僚豪强阶层。

就财局而言，宋末元初马端临在《文献通考》自序中引用前人贾山的《至言》说："昔者，周盖千八百国，以九州之民养千八百国之君，君有余财，民有余力，而颂声作。秦皇帝以千八百国之民自养，力罢不能胜其役，财尽而不能胜其求。一君之身耳，所自养者驰骋弋猎之娱，天下弗能供也。然则国之废兴非财也，财少而国延，财多而国促，其效可睹矣。然自《周官·六典》有太府，又有王府、内府，且有'惟王不会'之说，后之为国者因之。两汉财赋曰大农者，国家之帑藏也，曰少府、曰水衡者，人主之私蓄也。唐既有转运、度支，而复有琼林、大盈；宋既有户部、三司，而复有封桩、内藏。于是天下之财，其归于上者，复有公私。恭俭贤主，常捐内帑以济军国之用，故民裕而其祚昌；淫侈僻王，至糜外府以供耳目之娱，故财匮而其民怨。此又历代制国用者龟鉴也。"①

在这段话中，马端临至少提出了两个关于财局的理论命题：一是国家的兴衰与政府聚财之间呈现反向关系，即"国之废兴非财也，财少而国延，财多而国促，其效可睹矣"。二是民富国财实，帝王及政府享乐挥霍则财匮民怨，国将衰败。

从前面对我国古代历史的教训和片段分析，我们可以得出这样一些启示：

一是财富的聚散和社会的贫富要有度，尤其是整个社会的财富格局要平衡。孔子说："古之圣王以义为利，不以利为利，宁积于人，无藏府库，百姓不足，君孰与足"②（《孔子·为政》）。《大学》中说："故财聚民散，财散则民聚""与其有聚敛之臣，宁有盗臣"。历史上，有智慧的皇帝深知此理。比如，贞观五年正月，国家经济刚有起色，深知多藏厚亡的唐太宗就夸耀财

① 马端临：《文献通考》，自序，浙江古籍出版社2007年版，考五，即第5页。

② 王文素等：《十通财经文献注释》，中国社会科学出版社2015年版，第38页。

富，“幸左藏库，赐三品已上帛，任其轻重”（《唐会要》卷 27，《旧唐书·太宗本纪》），尽力取物出库。同年，修仁寿宫完，又欲修复洛阳宫。① 这是唐太宗善于收揽人心、提高执政凝聚力的一个侧面，也是“以史为鉴，可以知兴替”的灵活应用。

关于财富的具体载体“钱”。唐代政治家、文学家张说（667—730）有《钱本草》，把“钱”的性质、利弊、聚散之道描写得淋漓尽致，特别是以钱喻药，诊治时弊，利害之论，颇富哲理，寓教深刻。特引用如下：

“钱，味甘，大热，有毒。偏能驻颜，采泽流润，善疗饥，解困厄之患立验。能利邦国，亏贤达，畏清廉。贪者服之，以均平为良；如不均平，则冷热相激，令人霍乱。其药采无时，采之非礼则伤神。此既流行，能召神灵，通鬼气。如积而不散，则有水火盗贼之灾生；如散而不积，则有饥寒困厄之患至。一积一散谓之道，不以为珍谓之德，取与合宜谓之义，无求非分谓之礼，博施济众谓之仁，出不失期谓之信，人不妨己谓之智。以此七术精炼，方可久而服之，令人长寿。若服之非理，则弱志伤神，切须忌之。”

关于财富聚散，说“如不均平，则冷热相激，令人霍乱”，既是千古名言，更是最形象的历史的真实写照。钱本身职能就是流通。“如积而不散，则有水火盗贼之灾生；如散而不积，则有饥寒困厄之患至。一积一散谓之道”，也就是说，财富的聚散要有度，对个人如是，对社会、政府、国家更如是。

现实世界的物质利益关系或纷争大部分起因于利益分得“不均”，即不均衡、不公平所致。所以，孔子有“有国有家者不患寡而患不均”的利益格局与国家理财学命题。在《论语·季氏》中，孔子说：“丘也闻有国有家者，不患寡而患不均，不患贫而患不安。盖均无贫，和无寡，安无倾。夫如是，故远人不服，则修文德以来之。既来之，则安之。”因此，孔子主张

① 葛承雍：《唐代国库制度研究》，三秦出版社 1990 年版，第 188 页。

"因民之所利而利之"的生产观；"均无贫，和无寡，安无倾"的分配观。这个不正是现代福利国家追求的目标吗！也不正是我们全面建成小康社会的目标吗！

二是仁政兴国，暴政亡国，执政要以民为本。人民对美好生活的向往和期盼就是政府施政的目标和依据。中国历代政府施行仁政、政治昌明的基本特征至少包括：停捐纳、薄税敛、举贤才、除奸佞、修学校、重农桑、固民心、培国本。经过一代人的努力，国家就会兴旺发达。人心向背是决定政权的关键性力量。而行暴政就会失民心，失民心必失政。有权不可任性。无法节制的权力、无限膨胀的贪欲，必然破坏国家治理的财局平衡，普通的生产者和民众必然成为被牺牲者、被剥夺者，因而也失去了对政府的信任和信心，这样执政的基础和正义性就荡然无存。这是历代王朝更替的根本原因。

《尚书·泰誓下》说："抚我则后，虐我则雠"，即国君对我好，我拿他当国君；国君对我不好，我拿他当死敌。儒家亚圣孟子讲："国王以士待人民，人民以士回报国家；国王以人民为草芥，则人民视国王为寇仇。"《荀子》（王制、哀公）中说："君者，舟也。庶人者，水也。水则载舟，水则覆舟。"我国这个政治认同传统一直是老百姓反抗精神的主流价值观。所以，古代君王要贵民，承认人民的这个力量。英国功利主义哲学家边沁指出："契约是由国王和人民缔结的。它的条款规定要达到的结果是：在人们方面，许诺全体服从国王；在国王方面，许诺始终以一种特定的，即有助于人民幸福的方式来治理人民。所以，当国王的行为与他的人民的幸福相抵触时，最好的办法就是不再服从他。"①这与我国古代儒家的讲的民本、道统、仁政几乎完全一样。

三是人口结构与优待政策、政府机构与官吏、所有制与税制等构成国家治理体系和治理能力的日常核心。尤其是皇权和贵族、官员、豪强之间

① 边沁：《政府片论》，沈叔平等译，商务印书馆2010年版，第152页。

的博弈决定国家治理体系和治理能力的高低、强弱。到了家族行政集权国家，尤其是科学选官后，我国进入官僚社会，官僚对政策的操弄成为决定财局与政局变化的重要原因。政府权威下降，尤其是皇权权威下降，大官僚和豪强就成为国家和社会的主导者，即政局决定着国家和社会的财局，决定政府政策的执行程度。由于大官僚往往出自豪族，特别是科举制度以前，所以皇权衰落后，豪族把持政权就成为必然。从政府与豪强的关系看，豪强地主利用自身的特权，通过将税收转嫁到平民，不仅少交税，甚至利用税制变相增加平民、丁荫户的负担，乘机捞些好处。从中央政府与地方政府的关系看，作为官僚社会的运转管道，中央与地方、上级与下级之间基本上都结成了利益共同体式的输送网络。国家规定的税负表面上什一税、十五税一，甚至三十税一，但实际税负往往是名义税负的好几倍。因为官僚豪族作为官僚社会的等级最高层，随着官僚阶层自身人口的增长，在不降低生活水平的情况下，如果薪俸没有成比例的提高，则不得不想方设法，利用掌控的政治经济权力机会设租寻租，巧取豪夺，捞取外快，以添补家用，所以历朝历代出现了花样不断翻新的各种乱收费、各种陋规。“英国经济学家希克斯在《经济史理论》中回顾了几千年人类社会里中央集权制度崩溃的原因，提出了一个基本原理——所有的大一统中央集权的瓦解一定是从中央税收来源的枯竭开始的。”[①]事实上，这个所谓的“基本原理”是我国的古今政治家和学者都早已认识并明确提出的，从禹杀防风到分税制改革。因此“轻徭薄赋，涵养税源”是我国古代思想家和精明的政治家治国的一贯主张。但我们知道，古今中外的理论主张和现实世界的实际运转都有明显的落差。“说一套做一套”一直是古今中外理想政治经济秩序和现实利益博弈丛林法则的真实写照。

四是中国的文官科举选拔制度也没有改变家族行政国家的特权统治本质。用近代民主政治的观点看，家族行政集权的专制政府不管多么开明、宽

① 转引自汪丁丁：《财政理论：西方与中国》，《财经问题研究》2009 年第 1 期。

松，它都是专制，并没有因其开明而改变了它不具有合法性的基础。因为现代民主政治是法权下的政治。而绝对君主专制，根本不受法律的制约，只有法制，没有法治。君主“超然于法权之外”“官员游列于利禄之中”。尽管中国的文官科举选拔制度使中国的权力集团对其他阶层开放，增加了社会的流动性，从而使国家权力获得了更广泛的认同，但是，这只是使权力阶层一部分成员的构成在程序上具有了正当性，却并没有使整个权力集团的构成与配备获得实质的合法性。因为这样的权力集团作为一个特权阶层，依然是建立在少数人利益的基础之上。实际上，任何一个权力集团，不管它的构成成员选拔自什么阶层，只要它的权力没有得到有效分解，它实质上都将只是一个特权阶层：它没有边界的权力会不可避免地使它去追求自身利益的最大化，而置其他阶层的利益于不顾，直至损害、剥夺其他阶层的底线利益与底线权利。①

总之，在家族国家阶段，最高统治集团的执政纲领决定财局与政局互动的基本面，所有制和财税制等又具体表现为古代官吏豪强操弄利益分配格局的管道和基本工具。这两个管道或工具在政府、豪强、人民之间博弈失控时，便是国民经济关系失序，整个社会的财局失衡，政局也会随之失衡。至于是不是改朝换代，取决于利益集团之间的博弈，尤其是最高统治者对政局与财局的调控能力，并由一系列综合因素决定的。

---

① 黄裕生：《康德为什么“不喜欢”中国》，《文景》杂志，上海世纪出版集团 2010 年版，https://site.douban.com/191728/widget/notes/12477141/note/275601523/。

第四章

政党中国的财局与政局

政党中国孕育、成长于家族中国的土壤之中。中国的家族人口和家族力量是千百年来沉积的结果，在中国政治经济社会文化中有深厚的历史基础，因此，仍是政党中国的一种基本力量。

有一则新闻说："钱姓家族，现今人口数约为 260 万，占全国人口千分之二左右。该家族名人辈出，堪称近代望族，有人总结钱家出过'一诺奖、二外交家、三科学家、四国学大师、五全国政协副主席、十八两院院士'。"《钱氏家训》[①] 中讲国家有"利在天下者必谋之，利在万世者更谋之""务本节用则国富；进贤使能则国强；兴学育才则国盛；交邻有道则国安。"[②] 这种国家治理观念应该说是中国几千年来一以贯之的主流正统主张。为其高山仰止，所以被历代中国人作为一种价值观所孜孜追求。又因现实政治经济利益格局的错综复杂而常常偏离之。

① 《钱氏家训》是先祖吴越国王钱镠留给子孙的精神遗产，分个人篇、家庭篇、社会篇和国家篇。

② 李承春：《钱氏家族与〈钱氏家训〉》，《中国文化报》2012 年 5 月 3 日，参见中国文化网，http://www.wenming.cn/wmzh_pd/yq/201205/t20120503_639629.shtml。

中国现代民族国家的一整套政治体系和民主体系是近代以来由西方引入、建构、变革和改造后形成的。1898—1949年，我国先后学习和模仿日本、德国、英国、美国和苏联等国家，经历了清朝末年的君主立宪制国家的浅尝辄止和皇族内阁闹剧，辛亥革命至北洋军阀时期资产阶级民主共和国的草创和帝制复辟、军阀割据的实践徘徊，南京国民政府时期的一党威权政治。

具体来说，政党中国在20世纪上半期分为两个阶段，第一阶段是现代政党的成长阶段，是1927年以前，这时的中国处于军阀割据混战、国家四分五裂的政治格局，1892年孙中山成立兴中会，戊戌变法后康有为成立保皇党，此后各种党派如雨后春笋般生产出来；1928年国民党名义上统一中国后，我国进入政党主导的发展阶段，标志是1928年8月21日国民党中央宣布实行训政，即以党治国，此后政党之间的路线争论构成政治格局的主轴，并付诸战争。所以，我国近代有皇族内阁（1911），袁世凯复辟（1916），张勋复辟（1917），政党专权（1928年后）。按照孙中山的建国方略设计，中国由家族行政集权国家向现代民主制度过渡，要经历军政、训政、宪政这样三个阶段。这个后来被国民党所实践，成为中国近现代史的真实写照。

1860年后的中国，尤其是1900年以来的中国，我们要用全球的眼光来看待中国的财局与政局的基本关系和互动演进。因为中国已经被动地置身于世界资本主义列强框定的世界秩序和发展框架之中，中国的内政、外交、军事、经济与财政以及政党的发展都处于帝国主义列强的监控之下。

20世纪的前半期，中国处于内外战乱的变动格局，军事上处于帝国主义侵略和军阀割据的局面；政治上受帝国主义和军阀控制，政党民主的探索性实践也在挫折中徘徊；经济财政上遭受帝国主义的钳制与盘剥，基本上服从于内外战争。所以，财局与政局的互动演进都受战争和军事形势的支配，被列强所监控。

战时财局为军阀财政。军阀为打仗已经没有从容心态顾及经济基本面，不能遵循一般的生财和理财规律，往往为了壮大自己的势力，竭泽而渔，敛财手段花样百出。大致归纳有以下几个主要方面：

第一，加重税负、提前收税、增加税种、扛枪就地收税等，并将政府财政收入偷偷摸摸转移到自己的腰包，以招兵买马，壮大私人部队；

第二，虚报军队数量等夸大军事开支，将钱赚进自己的口袋；

第三，超额发行货币，或变革货币、或铸造新币等，不仅获取铸币税，更主要的是实行超经济剥削，通过通货膨胀直接对人民“剪羊毛”；

第四，发行战时公债，发票据白条，强制要求富人和人民购买；

第五，非法贩卖鸦片、从事走私等赚取巨额利润；

第六，利用管辖权、司法权、审判权等设租、寻租；

第七，控制金融、运输、通信、矿业等垄断性行业，获得垄断利润；

第八，强买强卖，投资最赚钱的行业获利；

第九，卖官鬻爵，强迫人们捐款捐物，勒索等；

第十，强制占用，直接抢劫，没收公民的财产和土地等；

第十一，以优厚甚至丧权辱国条件，筹借外国贷款。

此外，抓壮丁，强制征兵，强制摊派徭役，“逢关纳税，遇卡抽厘”等都是战时体制下的常态现象。

以上是对我国20世纪前半期军阀割据的战争体制下财局与政局的一个扼要的归纳，后面详述之。

至于帝国主义列强，在我国不仅用军事侵略手段直接占领领土、抢掠财赋，殖民中国，划分势力范围；而且还用政治和经济手段，通过超经济剥削掠夺中国。直接赔款和把持海关等政府对外部门是明的，是可以直接看得见的抢劫。间接的手段就五花八门，有培植代理人，暗通款曲；有对军阀及政党提供军事、经费和人员的援助，获得超越国家主权的治权、领土要求、法外特权、经济独占；有强制签订借款合同，搞排他性借款和再借款限制，钳制政府财源进而控制中国政治；有通过控制中国关键产业如铁路、矿业、外贸、盐税等掌控中国经济命脉；还有暗杀封杀中国政经人士，定点清除反抗帝国主义的中国脊梁；还有控制中国的知识界、新闻界和舆论界，给他们的强盗行为披上温情的面纱，企图对中国实现全面长久的精神统治、文化统治，让中国人认同他们的强盗逻辑；等等。这些都可以从列强与我国政府、政党签订的不平等条约中以及在中国实际殖民活动中找到足够多的事实证据。

总之，在帝国主义全面侵华的1911年以前，1928年以前，1945年以前，1949年以前，中国的政局与财局都处于半独立、半依附、半被殖民的状态，因此，建立独立自主的民主国家成为几代中国人为之奋斗的国家目标。

第一节　晚清的财局与政局

晚清的中国正如历代王朝一样，处于内外战争交困的格局之中。所不同的是，资本主义列强在中国不仅驻军、划分势力范围，更主要是控制了中国的财政经济血脉。关税、盐税、外债先后为列强所管控，成为列强盘剥和钳制中国的三个正式工具。列强还实行均势外交，集体要求中国门户开放，大小列强利益均沾。中央政府面临列强的肆意欺压、地方割据势力财政截留和人民大众的不满这样三重政治经济制约。反过来说，人民也面临地方军阀、中央政府和外国列强这样三重剥削压迫。这样一来，中国的政治经济博弈和思想斗争的层次就错综复杂，不易看得清楚明了。这是前代所没有的新形势、新常态。

首先，我们从《民国纪事本末》中引几段看看全国的宏观财局与政局情况。

“晚清财政混乱，大抵以关税、盐税为主，新政兴，各省自立间接税，无不劫贫右富，民变大兴，多以思旧制恶新政起，本非反满。”①

“光宣新政于国为财政灾难，于民为告别伊甸，田赋不可易，所加者大抵为间接税，盐斤铜元路绢之属，不以财产分等，实以消费者人头共享，贫者先蹶，势之必亡。宣统朝以‘群体性事件’螺旋上升载于史册。……盖民变尽为守旧乡绅与劳民结合，集中攻击新政……新政始行(即税费更重，利归官商新军新学之义)，及军兴，清室剥贫人而养育新绅，新军借民党夺权，地丁已无分文上贡。袁公之免赋令，接受即成事实而已。”②

“前清以忠实禁烟大损地方利源，为亡国一辅因，军兴饷匮，各省以武护毒以毒筹饷，中央不能制，禁止逆转，烟毒复炎。”③

以上三段历史记事说明，晚清的财局已处于混乱失序的状态。从中央政府到普通人民几乎都处于财政失衡破产的境地，因此，财局混乱，乱象丛生。中央政府加税加费加捐，人民处于破产的困境，因而“群体性事件”接连不断，以求新生。地方政府财政失衡，各自收税，税制混乱，甚至用武力贩毒，以自杀方式维持军政平衡。中央政府在政治上已经缺乏号召力，被困于群体性事件，失去对地方税收的有效控制，自身财源断崖式下降，仅靠外国人控制的关税余额和借债维持生计。由于财政困境，政府甚至把捐纳制度，即合法的卖官鬻爵，作为财政收入来源。据信，到 19 世纪后半期，通过捐纳途径当上地方官的人已占到官员的一半④。这是典型的财局与政局相互恶化的演进。花钱买来的官职，收不回来投资是不可能收回巧取豪夺的手的，人民的负担可想而知。

具体来说，甲午战争是晚清财政的转折点。战前的借款使中央财政进

---

① 刘仲敬：《民国纪事本末》（1911—1949），广西师范大学出版社 2013 年版，第 48 页。

② 刘仲敬：《民国纪事本末》（1911—1949），广西师范大学出版社 2013 年版，第 53 页。

③ 刘仲敬：《民国纪事本末》（1911—1949），广西师范大学出版社 2013 年版，第 122 页。

④ 李弘：《图说金融史》，中信出版社 2015 年版，第 92 页。

一步恶化[①]，战后的2亿两赔款，相当于清政府近4年的财政收入，这次战争最终把清政府推向了借债活命的垂死境地。总理衙门与户部代表中央政府直接成为债务主体。《马关条约》换约后的第二天，光绪皇帝就下令组建筹措借款的"委员会"，从此清政府走上了依靠外债的道路。整个甲午战争开始因战费无着，以"汇丰银款""汇丰镑款""克萨镑款""瑞记洋款"军费外债始，到后来因赔款无法偿付，以"俄法借款""英德借款""英德续借款"三大赔款借款终，七大借款合计即达库平银3亿5000余万两，是甲午战前所借总额的6.6倍。"至1900年，这七笔外债每年本息偿付额达2490万余两，以后成为常年的财政负担。"随后的庚子赔款4.5亿两，加上年息四厘，计9.82亿两，清政府无力筹付巨额赔款，当即转化为39年期的外债，平均每年需摊付2500余万两，这使得早已捉襟见肘的清朝财政更加入不敷出，陷入"司农仰屋"的窘境。1899年赤字为1292万两，1911年赤字已上升到7939万两。[②]中央财政处于破产运行的最后状态，执政的物质基础已经不再存在。因此，1900年庚子国变后，满清政府不得不实行新政，对兵、商、学、官、法进行全面改革。中国开始从洋务运动学习西方技术器物向学习西方制度文化演进。

在政治上，1898年的戊戌维新自强运动改革仅100多天就因实权派的反对而以失败告终。体制内改革派康有为、梁启超等流亡海外成立的保皇党，在日本横滨创办《清议报》，后又创办《新民丛报》，诋毁攻击西太后，主张光绪亲政，建立君主立宪政府，并联合长江上下游体制外哥老会党。1900年，唐常才、容闳设立国会总会，企图行革命之举失败。体制内还有"国会请愿同志会"演进而成的"宪友会"，主张立宪政体。体制外，1892年孙文在美国檀香山建立兴中会，1903—1904年王嘉伟、蒋尊簋、陶成章、

① 大清对外借款始于19世纪50年代。据统计，直到1894年，外债共发生45项，共折合库平银4626万余两。参见李弘：《图说金融史》，中信出版社2015年版，第205页。

② 马金华：《外债对晚清中央与地方财政关系的影响》，《现代财经》2007年第5期。

魏兰、鲁迅、龚宝铨、章炳麟、徐锡麟等在上海建立光复会，黄兴、宋教仁、刘揆一等在湖南成立华兴会。其间零星革命暴动不断，并开始向体制内行政军警部门渗透。1905 年，兴中会、光复会、华兴会合并，成立中国同盟会，改《二十世纪之新支那》为《民报》，宣传民主革命。立宪和革命两派在理论上和舆论上进行了激烈的论战，为中国建立宪政国体奠定了舆论基础。1904—1905 年，日本与俄国为争夺对中国辽东半岛和朝鲜半岛的控制权在中国东北爆发战争，俄国战败。舆论认为是“日以立宪而胜，俄以专制而败”，宪政思想开始在体制内获得越来越多的认同。驻法国使臣孙宝琦、江督周馥、鄂督张之洞、粤都岑春煊、驻英公使汪大燮、驻美公使梁诚、尚书张百熙、侍郎唐景崇等相继以立宪上书请求改制。1905 年，直隶总督袁世凯请简派亲贵，分赴各国，考察政治，以为改革之本。清政府先后派大臣亲贵分赴欧美、日本考察宪政，1906 年 6 月，考察大臣回国后皆陈请立宪。清政府知道大势不可抗拒，乃开始筹备预备立宪。1906 年 7 月 13 日，颁行立宪之诏。于是，改内外官制，设资政院、咨议局作为国会和省会的基础等。

下面再让我们从微观的基层政府与人民看看晚清的财局与政局态势。

英国作家沈艾娣的《梦醒了——一位华北乡居者的人生》[①]，对清末民国时期的一位士人刘大鹏（1857—1942）的《退想斋日记》进行了现代研究。书中记述了一个“传统士人”（天下士）变成“乡下人”的人生观察。他所观察到的中国转型，特别是 1905 年科举制度废除后，中国、尤其是县乡的治理转型与社会群体的升降，并对新国体与政体下的基层财局与政局进行了详细的分析。兹引如下：

“为推行新政，朝廷仿照欧美与日本建立了大量的新式官僚机构，并多

① ［英］沈艾娣：《梦醒了——一位华北乡居者的人生》，赵妍杰译，北京大学出版社 2013 年版。

由新人物实际掌握。因为有新学理和新人物的支持，政府的施治方式逐步向欧美靠拢，官僚作为日渐逸出本土常规，而较少考虑民间的承受程度。轻徭薄赋长期以来都是中国本土治理体系中的正面取向，也是朝廷正当性的重要来源。……而新式朝廷只重富强，故大小臣工‘莫不讲求利权，向民间收刮财利’。如照士人的标准，京师与各省大吏所筹划的新事业多属与民争利，而操办这些事业本身即需要对民间摊派费用，以致实际办事的人想不扰民也势有不能，各地反抗因之层出不穷。士人个体也渐渐面临两难的局面——不习洋趋新即不能得官听政，而入此仕途则招民怨。中国本土治理的基本路数：停捐纳、薄税敛、举贤才、除奸佞、修学校、重农桑、固民心、培国本（基本破坏殆尽）。刘大鹏认为，中国既处于外侮交加的积弱之秋，若想奋然振兴以洗前耻，其策并不在于强征厚敛，而在于薄征税赋、省并刑罚，‘施仁政于民，俾民修其孝弟忠信’。朝廷若一味模仿西法以求自强，恐怕适得其反。……但彼时朝廷实已开始放弃本土治术。……政府推行的西式新政一定程度上使外部的‘国变’传导至内部，形成了越来越严重的‘民变’。因为行西政耗费的巨款需从民间科派，而施用则较少与民生相关，使新政扰民的面相愈益明显。刘大鹏认为，维新派办理的新政‘莫不加征厚敛，民心离散’。因为税种频加，不肖官员遂得以借端滋扰。即使在山西富庶之地，刘大鹏所闻所见都是困苦情形——民多饥馁，士皆坐困，工无所觅食，商则百物征税，日重一日。总之，新派鼓吹的‘嘉国’并未见效，而‘害民’则愈演愈烈。”①

这个新旧之间的知识分子已经观察到，不得法、不符合中国发展规律的“新政”，使国家整体的政局与财局恶性循环，积贫积弱。使得号称自强的新政，实际效果却是自弱，且隐伏了将现有体制全盘倾覆的危险。

财局变，则民变，民变则国必变。国家财政困顿，则政策难免危害国

① 薛刚：《新国中的往士》，《读书》2014 年第 2 期。

民，两者相互作用，则国与民二心局面形成，发展陷入低水平陷阱，除非改朝换代。在整个 20 世纪上半叶，中国政治经济仍受财政所困，难以走出政经、官民对立的两千年发展困局。

皇族内阁与家族行政集权国家的终结。

1910 年 9 月，各省代表在资政院会议上提出要求颁布宪法、组织内阁、开设议院等要求，而且奉天的代表要求明年就召开国会，并认为军机大臣责任不明，要求设立责任内阁。1911 年 5 月 8 日，清政府在立宪派国会请愿运动的压力下，颁布《新订内阁官制》，成立由十三名① 国务大臣组成的新内阁，其中满洲贵族九人，汉族官僚仅四人，而满洲贵族中皇族又占七人。这是一个以皇族为中心组成的内阁，人们称之为“皇族内阁”。它的成立表明清政府根本无意实行君主立宪，只是借“立宪”之名集权皇族，抵制革命。因此，在官僚集团内部，满族亲贵的统治基础已经处于全面的孤立状态。

晚清的覆亡，有历史上旧的陈陈相因，也有新的时代因素。第一位的原因是晚清的实际执政者慈禧太后缺乏政治家的时代眼光和全球视野，没有跟上时代发展的步伐。所谓兵熊熊一个，将熊熊一窝，帅熊熊一国。其次是满族执政集团整体的人才凋敝，将才凋零。想想 1648 年（顺治五年）八旗中的满族仅有壮丁 55330，按照八旗一丁对五口的比例，总人口不到 30 万②。就这5万多人，竟然利用杠杆效应征服了大明朝。应该说，在世界历史上也是了不起的奇迹。这正应了那句古话，“民之多寡不足为国之盛衰”“人心向背决定国之盛衰”。

---

① 以庆亲王奕劻为总理大臣，那桐、徐世昌为协理大臣，下设外务部、学部、民政部、度支部、陆军部、海军部、法部、农工商部、邮传部、理藩部十部，以梁敦彦、善耆、载泽、唐景崇、荫昌、载洵、绍昌、溥伦、盛宣怀、寿耆分任各部大臣。

② 另一说法：满人入关总共 34 万，满洲八旗 4 万多，汉军八旗 26 万多，蒙古八旗 2 万多；汉人占了满族总人口的 80%以上。

清末时满洲八旗壮丁总数21万，满族人口一共105万左右。满族人入主中原后，战线拉长，国家太大，治理的复杂程度让满族的各方面的人才都捉襟见肘。即使是康乾盛世，也不得不借助于汉族的人才。我们来算一笔账，就以清末105万人为假设，除去老人儿童，差不多剩55万左右，再除去妇女，也就剩20万—30万人具备军人的条件，再从中选出军事的行政的治理人才，10人中选1人，也就2万—3万人，能从事行政管理的1万人左右，至于能独当一面的就更少了。想想清朝我国的疆域，分布到每个县也不会超过10人，这样也还是不够。因为大城市需要更多的人才管理。过去，集中在一起打仗，可以说，具有集中优势兵力各个歼灭明末各派势力的军事战略胜算。但是，战争平息后，马上得天下，不能马上治理。行政管理需要有知识有文化有谋略、善于与人民打交道的人来治理。这些满清的开国功臣们被分封到全国各地，成为一方独立主政的官员。二三代后，从温室中长大的八旗子弟能打仗的越来越少。在享有特权、缺乏制约、人性贪婪、优裕生活等一系列综合因素的成长中，到太平天国运动（1851—1864），八旗子弟已经不能胜任，呈现能力不足、精神懈怠和消极腐败。不仅地方治理上不能胜任，就是军事上，僧格林沁（1811—1865）的清军精锐不仅对付八国联军溃不成军，就是迎战捻军也不敌被杀，八旗军和绿营军已经难以控制全国军事局势，不得不借助于湘军、淮军等地方军事势力。因此，1865年以后的清政府在军事上已经失去了对全局的把控，中央军权实际上已经旁落到崛起后的地方势力。在随后的洋务运动中又失去了对新兴经济和国防产业的控制。1894—1895年中日甲午战败后，1901年庚子变乱和八国联军侵华后，满清家族集权的行政国家已经被巨额的赔款所压垮，财政已经破产。中央政府在内外变故中已经失去了军权、财权和治权的控制，处于苟延残喘的癌症晚期。在1905年启动的全面深化改革的转型中，由于政治体制改革上的战略战术失误，导致政局完全失衡。到1909—1911年“皇族内阁”的政治分赃闹剧，导致统治集团内满汉之间完全失衡和失控，最后在辛亥革命的军事政变中被迫和平退位，保得善终，已属不易。

第二节　中华民国北洋政府的财局与政局

中华民国产生于清政府的母体之中，是晚清政治经济的自然延伸。

辛亥革命是清末国内外形势逼迫下全面改革的战略战术失误导致的一场体制内“革命”，是清政府自导自演的“皇族内阁”政治体制改革所引发的体制内政变，也是清政府中央的军事主力北洋军和地方军队内部的中下层联合导演的一场军事政变。所以，中华民国初期的财局与政局的基本关系和互动演进仍是晚清格局的自然延续，中国面临的大的国际国内政治、军事、经济、财政环境并没有改变。就国内政治、军事而言，事实上仍处于联省自治的政局。

关于民国初期的财局与政局。刘仲敬认为：“辛亥军政形势，滇晋军方独大、江浙士绅议会居上，他省介于其间。名之军绅政权，可得其实。以大略论，同盟会多在军中、立宪派多为议绅。私人关系、地方派系重于党派分歧、原则理念。诸军无论出身、新旧，皆受吸毒式招收游民——军饷膨胀——财政崩溃——任用私人——把持饷源——勒逼地方之经典进程驱使。”“以浙省之富，军兴旬三，藩库一空，加派鞭捶，民怨鼎沸。共和民国虚文高义，扫地尽矣。军事雅各宾主义尤其自然退化定理；不待北军，已由革命党嫡系首开其端。民国瓜瓜未落，已负重债，与财政灾难相始终。和议、内政、外事、边争无受财匮驱迫，其命也夫。”①

“辛亥军务，与其视为南北兵争，毋宁视为南北当局各自与财政崩溃社会解体进程争时。大抵士绅参政较多之省，取材有艺，缓冲有术，社会痛苦

① 刘仲敬：《民国纪事本末》（1911—1949），广西师范大学出版社2013年版，第4页。

较轻。三秦地瘠民贫，士绅发育不全，腹背受敌之势，危于南国远矣。”①

袁世凯成为大总统在当时具有必然性。在对外上，“于英，袁系唯一能维持中国领土完整（即保障英美贸易繁荣）之领袖”。在国内，“于华，袁系唯一能争取列强认同民国且取得贷款养兵的领袖。民初政局及袁氏外交路线皆定于此，英袁联盟拒日保土，日民联盟割地倒袁，内乱外患纠结连锁”。南方革命军和孙文形势窘迫。“孙文唯有之‘革命精神’不足充饷，出卖汉冶萍招商局满蒙于东瀛，条件远不及现行卖国贼盛杏荪（宣怀）川汉借款（即激成保路革命者）。（南京）临时政府日坐愁城，促袁接乎烂摊子急迫，尚速于袁氏夺权步骤，正所谓‘看人挑担不觉沉’。”②

由于财政危机，北洋政府政权频发换手，政局处于随时动荡之中。北洋军政府执政16年，共有8届元首、56任国务总理，元首平均任期仅两年，总理平均任期仅3.4个月。还有全国各地军阀林立，自立为王，划地收费。中央政府基本靠发债度日。政府的财政建立在沙堆上，随时可能倒塌。财局与政局的互动恶性循环是北洋政府时期的基本特征。

民国初期的财局与政局

1911年10月10日，武昌新军中下层军官发动政变起义。1912年1月1日，孙中山由上海到南京，就任中华民国临时大总统，宣告中华民国成立。

刘仲敬认为：“百年革命之一奇，即在革命各党并非如成说之动员民众推翻政府，实系渗透掌控中级军政要员，而后裹挟顺民问鼎中原，故革命成功无不扩大军政规模，加重赋税。……国家主义社会政府——财政——必须

① 刘仲敬：《民国纪事本末》（1911—1949），广西师范大学出版社2013年版，第13页。

② 刘仲敬：《民国纪事本末》（1911—1949），广西师范大学出版社2013年版，第37—39页。

先有城市工商业背景培植之近代型财政机构始能操作，民初尚无此条件。”①

这个认识相当深刻。军阀割据战争和列强侵华控华的政治军事格局下，决定了民国政府的政局受控于列强难以获得独立自主，财局只能靠增加税费、借款借债、发行货币作为主要理财工具。

1. 以借债开张的中华民国政府

中华民国这个新生的亚洲民主国家，还没有诞生就不得不靠借债借贷维系，还债付息是获得承认和借外债的首要条件，政府执政的物质基础一开始就建立在沙堆上，随时可能被风吹倒。

先看北方政府。1911 年 3 月 11 日，袁大总统再度求四国银行团垫款 500 万两，而四国银行团并不买账，银行团只许 200 万两，且邀日俄参加，谋六国银行团。3 月 14 日，国务总理唐绍仪以京张铁路财产及收入为抵押，借华比银行 100 万镑。②

1911 年 4 月 29 日，参议院开院于北京，议长林森主持会议，袁大总统讲演财政问题。4 月 30 日，国务总理唐绍仪要求四国银行团借款 8500 万两，预垫 3500 万两（庚款）。……少川③ 南行，用财若泥沙，始能买得南北统一，举国一致政府，皆出外债。新妇当厨，众口难调，故技不施，万无幸理。④

1911 年 6 月 18 日，英美法德日俄六国银行团签约。6 月 24 日，六国银行团递交监督中国财政计划于熊希龄。(有沦为被保护国、被监督国之势。物必自腐，国必自伐）。7 月 1 日，陆征祥、熊希龄拒绝六国银行团借款

① 刘仲敬：《民国纪事本末》（1911—1949），广西师范大学出版社 2013 年版，第 60—61 页。

② 刘仲敬：《民国纪事本末》（1911—1949），广西师范大学出版社 2013 年版，第 54—56 页。

③ 顾维钧，字少川（1888 年 1 月 29 日—1985 年 11 月 14 日），汉族，江苏省嘉定县（今上海市嘉定区）人，中国近现代史上最卓越的外交家之一；1912 年任袁世凯总统英文秘书，后任中华民国国务总理摄行大总统职，国民政府驻法、英大使，联合国首席代表、驻美大使，海牙国际法院副院长；被誉为“民国第一外交家”；1985 年病逝于美国纽约。

④ 刘仲敬：《民国纪事本末》（1911—1949），广西师范大学出版社 2013 年版，第 65—66 页。

条件。①

再看南方临时政府，也是以借款勉强维持，以度日如年形容也十分贴切。

武昌首义后，南方军政各界都盼孙中山能从海外筹得巨款维持运营，但孙中山除了主义和精神食粮，空手而归。1912 年 1 月 8 日，南京临时政府发行军需公债一亿元，以国家所收钱粮作抵押，年息 8 厘，自发行后第二年起，每年偿还五分之一，至发行后第六年还清。发行区域以民军势力所及地方为限。债票多由各省督抚预先领去，或以贱价出卖，或以抵发军饷。南京政府直接募得之款不过 500 万元，大部分是南洋华侨购买的。② 区区 500 万，连军政运转都不够。仅过两周，1912 年 1 月 20 日，南京临时政府以“军需国用孔亟，非得巨款无以解决民国之困难”，当日通过沪军都督陈其美要求招商局同意以招商局作抵押向日本邮船会社借款 1000 万两，限 48 小时内答复。1 月 24 日，陆军总长黄兴致电招商局，限期展至 1 月 27 日。日本方面积极密谋策划，力争此款成立，并于 2 月 6 日与南京临时政府签订了条件极为苛刻的借款条约。此项遭到招商局股东的强烈反对。英国也插手此项借款。英、美、法、德四国银行团还于 2 月 28 日向南京临时政府交付了 200 万两。此借款最后未能成立。但招商局还是借给了沪军都督 50 万两。与此同时，1 月 27 日，苏路公司与日本大仓洋行订立借款 300 万日元合同，年息 8 厘，以苏省铁路公司的一切动产、不动产及铁路营业权为抵押。债权者由此取得了向苏路供给材料和工程司的优先权。苏路公司于次日将此款转借给南京临时政府，其中江苏都督分得 50 万日元。1 月 31 日，南京临时政府财政部通告自即日起发行军用票 100 万元，以维持中

① 刘仲敬：《民国纪事本末》（1911—1949），广西师范大学出版社 2013 年版，第 68 页。

② 李剑农：《戊戌以后三十年中国政治史》，中华书局 1965 年版，第 124、33 页；序第 9 页。转引自王方中编著：《中国经济史编年记事（1842—1949）》，中国人民大学出版社 2009 年版，第 236 页。

枢运转。①

由于钱粮紧蹙，南方军队士气不高，各自为战，被袁世凯的北洋军打得节节败退。但南北军事双方就清帝退位达成共识。

1912 年 2 月 12 日，由于溥仪年仅六岁，无行为能力，因此由隆裕皇太后临朝称制，张謇起草了退位诏书，结束了满清 268 年的统治。退位诏书全文如下：

> 前因民军起事，各省相应，九夏沸腾，生灵涂炭，特命袁世凯遣员与民军代表讨论大局，议开国会，公决政体。两月以来，尚无确当办法，南北暌隔，彼此相持，商辍于途，士露于野，徒以国体一日不决，故民生一日不安。今全国人民心理，多倾向共和，南中各省既倡议于前，北方各将亦主张于后，人心所向，天命可知，予亦何忍以一姓之尊荣，拂兆民之好恶？是用外观大势，内审舆情，特率皇帝，将统治权归诸全国，定为共和立宪国体，近慰海内厌乱望治之心，远协古圣天下为公之义。袁世凯前经资政院选举为总理大臣，当兹新旧代谢之际，宜有南北统一之方，即由袁世凯以全权组织临时共和政府，与民军协商统一办法，总期人民安堵，海宇乂安，仍合满、汉、蒙、回、藏五族完全领土，为一大中华民国，予与皇帝得以退处宽闲，优游岁月，长受国民之优礼，亲见郅治之告成，岂不懿欤？钦此。

清帝退位后，经过南北政府和谈，1912 年 3 月 10 日，袁世凯在北京就任临时大总统。3 月 11 日，卸任大总统孙文公布《中华民国临时约法》，宣布“中华民国之主权，属于国民全体”“中华民国人民，一律平等，无种族阶级宗教之区别”。人民享有身体、家宅、保有财产、言论、著作刊行、集会结社、书信秘密、居住迁徙、信教之自由。

① 王方中编著：《中国经济史编年记事（1842—1949）》，中国人民大学出版社 2009 年版，第 237、238 页。

1912 年 3 月 14 日，华比银行代表俄、英、法、比国际银行团和袁世凯政府签订总额 100 万英镑的借款合同，年息 5 厘，以国库券及京张铁路之净利及财产为担保。银行享有 1000 万英镑借款以内之优先权。同年 4 月 6 日，续借英金 25 万镑。此项借款主要用来收买南方反袁势力。①

1912 年 4 月 20 日，财政部向奥国布拉格军火商斯柯达公司秘密借款 320 万镑；同月 22 日，袁世凯令赵总理、陆外长、周财长会签善后大借款合同，24 日合同签订。4 月 26 日，五国银行团（美国退出）签订善后大借款合同。此款以盐税担保，八四折，利息五厘，总额 2500 万镑，并要求不经银行团同意，不得借他款。以美方退出，监督财政军务条款不得不废，然利权损失亦云烈矣。此额尚需扣除垫款、赔款、各省预支，实得不过 820 万镑，亦将投入军费无底洞。4 月 29 日，参议院否决善后大借款。5 月 5 日，众议院否决善后大借款。② 尽管参众两院否决，但袁世凯借口借款事宜曾于 1912 年底由临时参议院秘密通过，拒绝将此议案交由国会表决，以解决政府的国库空虚问题。善后大借款以盐税、关税和税源较多的直隶、山东等四省的中央税作担保，分 47 年偿清，本息共计高达 67893597 英镑。

此外，还有瑞记第一二三次借款、奥国第一二三次借款、克里浦斯借款、中英公司借款、狄恩银行借款、中法实业借款、中法银行钦渝垫款等。总之，民元至民三（1911—1913），先后所借外债，凡四万万元之多。故此一时期之中国财政，可谓依赖外债之财政。而尤所痛心者，所借外债多条件苛刻，用途指定，非供还债即充购械，饮鸩止渴，几丧其邦。③

据不完全统计，1912—1922 年，中国共发生过 179 次内战战役，战争

① 王方中编著：《中国经济史编年记事（1842—1949）》，中国人民大学出版社 2009 年版，第 239 页。

② 刘仲敬：《民国纪事本末》（1911—1949），广西师范大学出版社 2013 年版，第 79 页。

③ 贾士毅：《五十年来之中国财政》，中国通商银行编：《五十年来之中国经济》，六联印刷股份有限公司 1947 年版，第 82—83 页。

不仅消耗大量的人财物，更主要是导致中央政府处于不稳定的状态。刘仲敬认为："无稳定政府必无贷款，故无论就法统或现实政治质地皆无可能。唯此事颇可印证贯穿民国全史之经济民族主义气氛。"①

2. 军阀治理下的财政税收乱象

中华民国的诞生是各路军阀"谈出来的政权"。

军阀专制下的中国，所有制和税制处于全国分裂状态，已经谈不上什么章法，人民的财富随时面临军阀们的横征暴敛和公然抢劫。地方大小军阀可以不经中央政府的许可，也无须任何申报手续，即可自定征收制度、征收税种和税率，甚至发行货币。至于拔鸡毛（政府征税）与让鸡获得体面二者之间的折中取舍，这是和平稳定时期的政府行为。

北洋民国政府财政收入主要包括税（关税、盐税和田赋等）、债、费等。由于地方割据，田赋被地方军阀截留②，主要税种关税盐税被列强控制，税收收入在财政收入中所占比重较小，有时竟以北方铁路收入及北京崇文门关税为财政唯一来源，收支差距悬殊，中央政府不得不靠借债和收费维持运转。又由于战乱，财政税基和汲取能力都趋于下降。1913 年，国家财政收入总额是 55729 万余元，1925 年则降至 43320 万余元，1925 年比 1913 年减少 12409 万余元。

让我们看看民国初期政府的财政乱局与人民所承担的税负奇观。

一是关税不能自主。1893 年以前，中英两次鸦片战争条约签订的中国开放口岸只有 5 个；1896 年，全国有海关 27 个，到 1911 年，增至 47 个；到 1914 年，中国已有 92 个城市对外开放。随着扩大开放，关税收入也大幅增加。1892 年，关税收入 2268 万两白银，1905 年为 3511.1 万余两。③1912

① 刘仲敬：《民国纪事本末》（1911—1949），广西师范大学出版社 2013 年版，第 20 页。

② 袁世凯当政初，为见好于各省督军，根据既成之事实，免除田赋解款，但仍不能制止各省扣留中央税款。

③ 转引孙翊刚主编：《中国财政史》，中国社会科学出版社 2003 年版，第 324 页。

年关税收入合计4865万余元，1921年为7684万余元，1927年为11220万余元。[①] 但民国延续晚清旧制，承认外国列强在华一切特权。晚清时，由于签订关税协定，政府赔款和债务都以关税税款为担保，由总税务司[②]直接从关税收入中拨付赔款和债息，所剩余者（称为“关余”）才交清政府使用。1911年辛亥革命爆发后，帝国主义列强为了保证自己的经济掠夺，控制中国政治走向的重要财政经济基础，防止关税落入革命军手中，于是，列强在华银行组成海关联合委员会，直接行使关税保管权。即所有中国关税收入，由总税务司代收代付，其税款一律存入英国汇丰银行、德国德华银行、俄国道胜银行、法国东方汇理银行、日本横滨正金银行等。从此，中国的海关税则制定权、行政管理权、税款保管权和关盐两税[③] 支配权都被帝国主义国家所控制。我国财政收入的四分之一被帝国主义列强所控制，财政主权被严重削弱。北洋政府时期，仍承旧制，一方面还旧款，另一方面借了大量新的内外债也都以关税担保，所以政府可支配关税收入只有一小部分。据资料统计，自1917年到1926年，关税实际收入中大约有69%用于偿还外债本息；约有13%用于偿还内债本息；再除去海关的经费开支后，真正由政府支配使用的收入已所剩无几。1917年到1920年，北洋政府的关税结余收入只占其关税实际收入的18%左右。第一次世界大战中，中国加入协约国，同时提出修订关税税则和庚款缓付，经1918、1921、1925年三次持续交涉，列强各国才最终同意，1929年起，各国承认中国享有关税自主权。

二是盐税大部分用于还本付息。盐税是管子开始、桑弘羊以后我国历代中央政府的重要财政收入来源。据统计，1912年，盐税收入为7136万余

---

① 财政部财政年鉴编纂处编纂：《财政年鉴》，商务印书馆1935年版，第430—431页。

② 英国人李泰国、赫德先后任总长。

③ 关税是1901年庚子赔款协定后被列强所控制；盐税是1913年善后大借款合同后被列强所掌控。

元；1921 年为 8232 万余元；1927 年为 5526 万余元。[①] 但是，从甲午战后赔款到民国善后大借款，盐税和关税一样，都被政府作为内外债的担保抵押物，每年的盐税收入在扣除了外债本息、抵拨内债和拨付各省协款之后，剩下的已经寥寥无几。1911—1913 年，由于盐政混乱、征管无力、地方截留，中央政府的“盐余”收入很少。1917 年、1918 年时，中央政府的盐余收入多则四五百万元，少则二三百万元；1920 年、1921 年是盐余收入最多的年份，此后，由于军事频仍，各地军事开支大增，地方政府初时要求中央政府拨款协助，继则自行截留盐税收入。由此导致中央政府的盐余收入日渐减少。到 1927 年，盐税收入总额 5526 万余元，而中央政府的盐余收入仅为 880 万元。[②]

总之，北洋政府时期的关税盐税实际被列强所控和支配，并成为列强支配中国财政经济的两大重要管道。

三是内外债务成为北洋政府的主要财政收入来源。北洋政府时期的公债发行集权于中央政府。有的年度，公债收入几乎占到财政收入总额的一半左右。

先看外债的政治性。北洋政府 15 年中，所借外债达 10 亿元之多。民国初期，由于袁世凯的北洋政府在军事上处于绝对的优势地位，帝国主义列强一致看好北京政府，愿意给大笔借款，以欧美国家为主，主要用于军事和行政开支；到袁世凯死后，北洋政府内部分裂混战，实力削弱，列强就担心投资不能收回，所以逐渐减少，变为以日本为主，主要用于借新债还旧债的本息。列强的外债具有明显的殖民特点，每笔借款的附加条件都是以获取在中国的政治经济商业特权和控制中国的经济为目的。比如 1913 年 4 月，北洋政府财政部与英国汇丰银行等五国银行团签订善后大借款合同，不仅借款

① 千家驹：《最近三十年的中国财政》，《东方杂志》1934 年第 34 卷第 1 期，第 115 页。

② 孙翊刚主编：《中国财政史》，中国社会科学出版社 2003 年版，第 346 页。

规定的条件将关税、盐税收入以及税源充足的直隶、山东等四省的中央税为担保，而且规定了苛刻条件：对担保借款的盐税，由中国政府成立盐务稽核所，设中国总办和洋会办，由洋员襄助，会同华员监理引票的发行、盐税的征收、税款的提用和经费的支出。更关键的是，各省盐税收入概由稽核所解交五国银行团指定的有关银行，由银行团支配到期应偿还的本息。如有余款，作为盐余拨交中国政府。同时，此盐余款项也必须存在五国银行，非经稽核所总、会办签字，不能动用。如此一来，我国政府的盐税征收自主权丧失殆尽。① 从此，中国的关税、盐税的主权被列强把持的海关税务司与盐务稽核所的洋会办所控制。

再看内债。由于外债不能满足政府支出的需要和财政亏空，北洋政府不得不持续发行内债。1912 年先后发行了 737 万余元的军需公债和 1229 万余元的元年公债，合计 1967 万余元；1914 年发行公债 2492 万余元和储蓄票 1000 万元，合计 3492 万余元；1915、1916 年的内债发行也保持在 2000 万元左右；1917 年至 1921 年，内债的名目大增，有公债、银行借款、库券等，数目大得惊人。1918 年发行长短期公债 1.39 亿元；1921 年发行公债 6700 余万元、库券 1400 多万元、银行借款 4700 余万元，三项合计 1.28 亿余元。需要指出的是，1914 年北洋政府成立国内公债局并任命英国人安格联（任职海关总税务司）为经理公债出纳款项的会计协理，该局所有收存款项、预备偿付本息及支付存款，都须经过安格联的签字，有关公债款项的出纳事务，也须有安格联以会计协理的资格副署后才能生效。另外，原存于中国、交通两银行的内债基金，也由安格联于 1916 年转存入英国汇丰银行。从此中国内债基金的保管权和支配权全部被外国列强所把持。②

四是田赋的地位下降与税收乱象。北洋时期的中国处于农工商全面发

---

① 参见孙翊刚主编：《中国财政史》，中国社会科学出版社 2003 年版，第 346、356 页。

② 孙翊刚主编：《中国财政史》，中国社会科学出版社 2003 年版，第 358 页。

展时期，在经济结构中，农业仍居于主体地位。据统计，1914—1918年期间，中国的国内生产总值中，农业产值占的比重为61.8%；制造业占的比重为17.6%（其中，现代制造业占的比重只有2.7%）；服务业占20.7%。①田赋包括地丁、漕粮、租税和田赋附加。1913年，田赋岁入8240万余元，1925年为8751万余元。据统计，清末时，田赋收入占岁入总额的比重在25%—34%，而北洋时期该比重则降至14%—19%。②但这并不表示人民的负担减轻。军阀割据势力无法染指关税盐税收入，但可以对田赋等巧取豪夺。民国时期的军阀割据让中国税制处于历史倒退地步。比如"'军政分府'林立，为辛亥一大景观。苏省即有五督之盛，光棍从军，野心家革命，烂羊头关内侯，无赖子佩刀雄，顺民负担倍增，尚不如文人士大夫与皇权共治，稍有章法，民国不如大清，即顺民心声"。③

首先，看税外之税。1912年北洋政府规定，地方征收的田赋附加税不得超过田赋正额的30%，但这一规定不久，就被各省相继突破，致使附加税超过田赋正税，有的地方甚至超过若干倍。以1934年为时点，江苏的附加税是正税的206%，附加税名目多达105种；安徽的附加税是正税的104%；湖南的附加税是正税的244%，四川的附加税是正税的615%，黑龙江的附加税是正税的101%，吉林的附加税是正税的203%，辽宁的附加税是正税的194%，广西的附加税是正税的95%。④田赋附加的泛滥，使人民背上沉重的负担，造成农村经济萎缩，民不聊生。

其次，看提前收税。田赋预征是当时军阀筹资的重要手段。北洋政府时期，各地军阀在所管辖区域内，按照户口和资产，把民户分等级，确定预

① 费正清主编：《剑桥中华民国史》(上)，章建刚等译，上海人民出版社1991年版，第44页。
② 吴兆莘：《中国税制史》（下），商务印书馆1937年版，第138页。
③ 刘仲敬：《民国纪事本末》（1911—1949），广西师范大学出版社2013年版，第21页。
④ 《国民政府财政金融税收档案资料》，中国财政经济出版社1997年版，第1119—1120页，转引自陈勇勤：《中国经济史》，中国人民大学出版社2012年版，第254页。

征数额，责令地方团、保限日勒缴。旧军阀垮台，新军阀上台后又重新开始预征。田赋预征成为各地军阀的重要财源。实际就是提前收税。如四川梓桐县，在1926年已被地方军阀预征到1957年，预征达30年以上。国民党政府时期，四川乐至县在1934年8月奉令开征1978年的税粮。再以1935年为例，四川各防区军阀预征的情况是：28军本年内征收6次，预征达到1991年；29军征收7次，预征达到1978年；21军征收6次，预征达到1975年；23军征收8次，预征达到1971年；新6军征收5次，预征达到1965年。①如此横征暴敛，使农民不堪重负，农村经济遭到严重破坏，维持简单再生产已经实属不易。

再次，看各种泛滥的捐税。北洋政府时期，有猪捐、牛捐、鹅捐等。吉林省甚至有住旅店每名征收铜元二枚的"人捐"。国民政府时期，有结婚要征新婚捐，死人要纳棺材捐，企业亏本关门还要缴歇业费，倒尿桶也要收粪捐。当时人们讽刺说："自古未闻粪有税，而今只有屁无捐。"②"民国万税"的夸张说话，反映了人民对民国的彻底失望。

熊彼特（1954）把现代国家称为"税收国家"。现代国家的重要特征就是具有汲取能力，这是所有现代国家其他能力的基础。根据王绍光的研究，帝制时代的中国，国家财政规模仅是整个国家经济的很小部分，政府收入从来没有超过GDP的4%。③1916—1928年期间，中国根本谈不上有国家财政系统，政府的维持主要依靠各种国内外的贷款。1928年，国民党政府进行了财政体制转型，然而，国家汲取国民收入的份额仅有少量的增长。直到1936年，整个南京政府预算也不过只有GDP的8.8%。这是中国近现代历史上治理能力极其低下、又极其腐败的中央政府时代。④

---

① 陈勇勤：《中国经济史》，中国人民大学出版社2012年版，第255页。

② 陈勇勤：《中国经济史》，中国人民大学出版社2012年版，第255页。

③ 王绍光：《美国进步时代的启示》，中国财政经济出版社2002年版。

④ 以上转引自胡鞍钢等：《中国国家治理现代化》，中国人民大学出版社2014年版，第169页。

3. 国会对政局与财局的影响

中华民国的成立一度为业已疏离的国与民提供了重新聚合的可能，即以议会为核心重新联结二者。人们一般认为，议会本为民而立，代民立言，是新建立的共和政府在制度层面的根本建制。然而实际运行层面则迥异于理想认识。

1912 年 12 月，首届国会议员选举，投票人数 4293 万余人（总人口 4 亿 680 余万）。民国众议员为 80 万人选议员一名，当选条件包括：男子，年满 21 岁，定居选区 2 年以上，且具下列三者之一：a. 有小学以上毕业或相当之资格；b. 或年纳直接税两元以上；c. 或有不动产五百元以上者，皆具当选资格。① 在大选中，各政党展开激烈竞选，发生了从政治攻讦到武力挟持等各式各样的选举伎俩，贿选更十分常见。1912 年 3 月 20 日，国民党代理党魁宋教仁在上海火车站遇刺，3 月 22 日逝世，年仅 32 岁。但选举结果，国民党依靠其掌握的地方政权，获得了两院议员的多数席位，在参众两院中均为第一大党。在众议员总数 596 中，国民党 269，占 45.1%；共和党 120，占 20.1%；统一党 18，占 3%；民主党 16，占 2.6%；跨党者 147，占 24.7%；无党派 26，占 4.3%。②

由于国民党主导的议会和大总统袁世凯在绝大部分问题上存在政治分歧，所以相互杯葛，政治处于空转的内耗状态。袁世凯复辟期间及以后，国会议员被军阀操控玩弄，被称为猪仔议员，成为必要的摆设。

尽管如此，我们也不能否定这种民主选举的正当性。相对于专制，这个选举已经是政体和政局上的实质性巨变，使中国出现现代民主政治的曙光，尽管这个曙光在现实的操作上还很糟糕，还属于上等人的政治。因为，现代民族民主国家政府的合法性就是建立在公民选举的基础上。或者说，公

① 刘仲敬：《民国纪事本末》（1911—1949），广西师范大学出版社 2013 年版，第 71 页。

② 李剑农：《戊戌以后三十年中国政治史》，中华书局 1965 年版。

民选举的权利法则是现代政府获得合法性的唯一基础。而从权利法则出发，一个正当的国家必须对最高权力进行有效分解，以达到维护、保障个人不可让度之自由权的目的。任何集行政权与立法权、司法权于一体的国家，都是背离权利法则而不合法的专制国家。

一种观点认为：民国“政变累兴，无不起于国会权重而免责，随时瘫痪行政运作而绝无合法救济，唯以宪法外力量——军人政变即革命改制——覆亡。如黎、段参战案，张勋复辟……虽以灾官满京华，军饷尽白条，唯议会职员现银绝无拖欠（鉴于预算为国会保留领域，此事毫不足怪），公然炫于八大胡同”。①

再看地方议会的作为。民国的基层议长刘大鹏认为：“民国的新人物虽然夺走了清朝政府的权柄，但仍然‘遵行外洋之政治’，且因财政奇绌而不得不剥削群民。即使自己成为代议机构的首领，也很难改变新政府的整体作为。刘大鹏作为太原县议长的见闻：在刘大鹏的心目中，设立议会原为兴利除弊起见，但议员们并无此等观念。而是借代议的名义肆（不顾一切，任意妄为）其私心，他们仿照西方议会的水准自定高薪即是一例。刘大鹏听闻山西省议会议员们为自己订立的薪水为每月一百元，闭会时也有半数，远高于前清咨议局的数目。他抨击议员虽为人民代表，却只是贪得自身用度，而不念民膏民脂，实难望治安。”②

正统的中国士人把学术和政府机构都作为社会的公器，为社会服务是首要职责。但西方近代民族国家的学术和制度都以人的私性（自利性）为立论的基础。在思想层面强调民治的共和政体，在制度层面却是耗费更高的官僚式代议制。这个问题的解决是中国现代政治转型的关键所在。

人民不仅未能体验到议会的益处，反而先受其扰害，由此产生国与

① 刘仲敬：《民国纪事本末》（1911—1949），广西师范大学出版社2013年版，第23页。

② 薛刚：《新国中的往士》，《读书》2014年第2期。

民之疏离实较晚清更甚。因此，探索建立适合中国本土特色的现代政治体制——既能体现民主的内在实质，又能符合中国国与民之间可接受的成本代价，就成为 20 世纪以来漫长转型的政治核心课题。

议会既不能发挥表达民意的作用，“不能不害民”的新政就变本加厉，其中一个重要的表现是民国税负较晚清时更重。一些西式税种在清廷治下无法推行，到民国建立后反而强制实施。民国建立后山西省税收成倍增长，尤以印花税[①] 为甚。印花税在晚清时曾多次被有司倡行，但遭到各地抵制，始终未能全面征收[②]。而民国成立不久后，政府即将税则颁行州县一级，饬令遵行。到 1915 年时，刘大鹏发现，“无论何等约据及一切账簿货折，均须贴票，无则重罚。商民莫不惊骇，怨声载道”。开征印花税只是税负加重的表现之一，所得税等新税种更层出不穷。与晚清一样，役吏借正税需索供奉，贻害地方。理论上已是民国主人的百姓仍无力反抗，民间因之日渐凋敝。到民国四年时，刘大鹏评价称“民之憔悴于虐政未有甚于此时”（北洋军阀），深恐百姓愈发穷困，而国家也将因此不支。刘大鹏曾慨叹“既成民国乃拂

① 1624 年，荷兰政府发生经济危机，财政困难。荷兰的统治阶级就采用公开招标办法，以重赏来寻求新税设计方案，谋求敛财之妙策。印花税，就是从千万个应征者设计的方案中精选出来的“杰作”。印花税的设计者可谓独具匠心。他观察到人们在日常生活中使用契约、借贷凭证之类的单据很多，连绵不断，所以，一旦征税，税源将很大；而且，人们还有一个心理，认为凭证单据上由政府盖个印，就成为合法凭证，在诉讼时可以有法律保障，因而对交纳印花税也乐于接受。正是这样，印花税被资产阶级经济学家誉为税负轻微、税源畅旺、手续简便、成本低廉的“良税”。英国的哥尔柏（Kolebe）说过：“税收这种技术，就是拔最多的鹅毛，听最少的鹅叫。”印花税就是这种具有“听最少的鹅叫”特点的税种。由于印花税“取微用宏”，简便易行，在不长的时间内，就成为世界上普遍采用的一个税种，在国际上盛行。

② 1889 年（光绪十五年）总理海军事务大臣奕劻奏请清政府开办用某种图案表示完税的税收制度。可能由于翻译原因所致，将其称为印花税。其后的 1896 年和 1899 年，陈壁、伍廷芳分别再次提出征收印花税。直到 1903 年，清政府才下决心正式办理，但立即遭到各省反对，只得放弃。1907 年度支部因禁止鸦片又请清政府开办税收业务并拟就《印花税规则》及《办事章程》，此次终获批准，再次决定 1908 年先由直隶试办，但又遭商民反对，拖至 1911 年辛亥革命至清灭亡，清政府始终没能实现征收印花税之事。

民心，则失民国之本旨”，沈艾娣即敏锐地从中读到两种政治正当性的差异——在刘大鹏心目中施治一方的正当性不在于组建程序如何，而有赖于其举措是否为民间接受。①

关于财政与政治的正当性，中国传统的民本政治衡量标准是：看政治正当性的本质和施行实际是否为民间接受，而对政治的程序正义与否重视不够。也就是说，中国自古就有重视政治的实质性是否正当的传统，也是士人和民间评判政治的基本依据。民国建立后虽然强调通过选举组织政府，但选出的官僚却不太顾及民生，这种组织方式与实际作为之间的错位是此前构想民国的读书人较少预料到的，使得新生的共和国很快处于动荡之中。

税收增加、官僚扩权是晚清以来直到民国乃至新中国一直延续的现代政治体制转型的一个显著特征。

民国成立后不久，山西省政府即在自治的口号下推行六政，即兴办水利、森林、蚕桑，同时禁烟、剪发、放足。刘大鹏认识此六政初意并非不佳，但是奉行不善，故不仅所兴之利无效，民众且被其政伤害。如在推行放足时，负责查办的差役报告某家妇女并未施行，官厅即将其传唤到县科罚大洋，认罚始能放归，初则一元二元，继则三元五元，直至十元二十元，而无钱穷民即行管押②。山西省在民初有模范省的称号，但在刘大鹏的眼里，省内新行诸政实属苛政猛于虎。③

由于财政的困难，政府的政策和施政的行为唯财是举，唯财的马首是瞻，筹财成为政府的核心工作。各级政府只能秉持上级命令搜刮民财，称为

---

① 薛刚：《新国中的往士》，《读书》2014 年第 2 期。

② 比如当代的计划生育政策，往往奉行不善，以罚代政，劳民伤财，鸡犬不宁，甚至鸡飞蛋打。再如植树与退耕还林政策，钱没少花，事办得很不如人意，层层克扣，层层虚报，枉费纳税人的钱财，植树的数量明显与统计的数字差距十万八千里。

③ 薛刚：《新国中的往士》，《读书》2014 年第 2 期。

“民之贼”，形成官吏“无一不扰民，无一不害民”，而民众受到官吏苛虐必申诉无门。这就是，国家或政府作为统治机构的二重性，仅剩分配、收取、压榨的功能。在财政困局下，制度层面的国体变更既不能解决问题，身处官场的人物难以做到与民休息。官与民二元对立的结构性困局，成为中国古今的发展陷阱。

到20世纪20年代后，官僚权力的扩张与士人功用的退缩都进一步加剧。在官吏权力全面扩大的同时，士绅的护民职志则不断消退，自身素质也持续下降。刘大鹏不无感情色彩地斥责新士绅们并无地方观念，也无国计民生思想，只是一味“媚官殃民”，已成为“县长之走狗”。官逼绅变既是士治消亡的结果，也为持续不断的民变提供了土壤，推动了新一轮的革命进程。①

在刘大鹏的思想世界里，辛丑后三十年当政的新派人物实多秉持“洋夷之学”，与先固民心后培国本的本土治理方式迥异，后世观念中更先进的“现代国家”或只是异文化的西式政府，而放弃了源自中国经义的变革主张必将矛盾重重。这正是中国政教转型的深层困境和不菲代价。②

中国近代之弱，实在于官弱。中国近代以来之病，主要在于官病。转型之曲折，实在于不时违背“先固民心后培国本的本土治理方式”。国家治理的顺序一乱，则道统乱、国横乱，国计民生成为互相制约的积贫积弱的低水平恶性发展循环。官僚阶层在欺压中产阶级后，成为孤家寡人。另一方面，现代民主社会，人民（中产阶级）强，则政府行仁政；人民弱，则政府行暴政；政府强，则企业行良治；政府弱，则企业行恶治。

4. 军权、财权与政权

民国初期，我国处于军阀割据、联省自治的邦联状态。军权的分割状

① 薛刚：《新国中的往士》，《读书》2014年第2期。

② 薛刚：《新国中的往士》，《读书》2014年第2期。

态决定了政权和治权也必然处于分割状态。同时，没有足够军饷保障，军队就会溃散，政权就会流产。这就是军权、财权与政权的基本关系。所以，筹饷、强军、夺政，成为民国政局的基本样态。

“枪杆子里头出政权。”袁世凯深谙此道。而孙中山经过多次革命失败的教训后，才开始创建自己的嫡系军队，建立黄埔军校，培育国民党的军事人才。

军权保护财权，财权支持政权实为民初政争铁例。邮传部号财神，据国有垄断企业，最便挪移资金，不似财政（度支部）审核严而多定例开支不可移。① 所以为各派争相控制笼络。

“有枪即法”，仍待革命党开其端。致公党及其总理无日不在颠沛中，每有外援必峻拒之。而国民党及其总理以日款倾袁、德款覆段、俄款之吴，绝无惭色。② 他事犹可……唯款不可敷衍。诸军终当拥戴筹饷有方者，无论其为借款（袁世凯、段祺瑞）、勒索（李烈钧、何海鸣）、鸦片（何丰林、唐继尧）、抢劫（张敬尧、孙殿英）、割地乞外援（民党）。③

勒逼亲贵，即崇祯病急求医之道，无非自乱。清亡杀戮极少，打破华史成例，末君亦得善终。幸有洋款可借，而借款必损国权，……而不得不以远劣于清室条件借款。④

军费支出是民国政府的最大支出。北洋政府时期全国正牌军队，1914年不到46万人，1918年超过85万人，1919年后超过140万人。⑤ 民初军费膨胀，各省截留地丁，洪宪后历届政府（包括训政党国）无从染指。中央政府以借款为首要岁入，还息支饷为最大开支，牵补度日，无从整顿。⑥ 有时

① 刘仲敬：《民国纪事本末》（1911—1949），广西师范大学出版社2013年版，第28页。

② 刘仲敬：《民国纪事本末》（1911—1949），广西师范大学出版社2013年版，第25页。

③ 刘仲敬：《民国纪事本末》（1911—1949），广西师范大学出版社2013年版，第36页。

④ 刘仲敬：《民国纪事本末》（1911—1949），广西师范大学出版社2013年版，第37—38页。

⑤ 陈勇勤：《中国经济史》，中国人民大学出版社2012年版，第255页。

⑥ 刘仲敬：《民国纪事本末》（1911—1949），广西师范大学出版社2013年版，第48页。

连外交经费也被挪作军费支出。拖欠驻外使馆的行政经费，以致出现“驻外使节及领事署不得不电告电催，甚至以经费无着无米为炊，拟即下旗归国者”。[①] 财经困顿下，国家和政府的颜面也无法顾及了。

我们来看看，民国北京政府的财政总体情况。政府的财政总收入每年基本上是在4亿—5亿元，财政总支出每年基本上是在4亿—6亿元，财政每年亏空，赤字在亿元左右。财政收入主要靠税收和借债，税收收入主要来自田赋、关税、盐税、烟酒税、印花税、契税、厘金等，借债收入包括外债和内债。财政支出主要是军费和债务费两项，合计占到70%。据统计，政府的军费开支占岁出比重平均为39%，债务费占岁出比重平均为31%。[②] 对于地方行政来说经常是捉襟见肘，不得不靠搜刮民财度日。在事实上的割据政局下，“中央政令不出国务院”是常态，地方军阀截留中央税款是常态。如大总统黎元洪在《政府公报》上说：“各省在前清时协解中央之款年有定额，待国体改革后，解款顿停，虽经本部累次电催而协解之金重属寥寥。”[③] 因此，北洋中央政府的财政收入实际上仅限于自己军事控制的区域。袁世凯的中央政府实际控制的只有直隶（河北）、河南、山东，及实际处于半殖民地的东北三省。

刘仲敬认为：“专制中央集团历史合法性原在慑服豪强，令顺民得以苏息。袁氏之败，实不在其专制，而在其削藩功败。”“袁氏能覆国会而不能废联省制，无怪其亡。”[④] 这个认识就当时的政治军事格局而言，有相当的深刻性。

袁称帝酝酿已久，极力主张中央集权或独裁政治，以便黄袍加身。所以，袁世凯极力排斥地方自治或地方分权之运动，以期减少复辟阻力。1913

① 贾怀德：《民国财政简史》上册，商务印书馆1941年版，第216页。

② 陈勇勤：《中国经济史》，中国人民大学出版社2012年版，第274页。

③ 陈勇勤：《中国经济史》，中国人民大学出版社2012年版，第274页。

④ 刘仲敬：《民国纪事本末》（1911—1949），广西师范大学出版社2013年版，第87、93页。

年、1915 年，袁世凯逆全国自治潮流，大幅削减全国地方自治预算，特别是大幅减少地方自治预算支出。导致 1915 年的全国地方自治经费，与 1912 年相比较，相差竟有三倍半之多。①

上溯历史，19 世纪 60 年代开始，晚清已呈现东南互保政治经济分裂割据。袁世凯既未实现军事上政治上实质统一全国，又逆潮流，削地方财政，失去地方上层人心，故称帝纯属痴人说梦，咎由自取。

1914 年 5 月 1 日，孙文致书日本大隈首相，乞助民党倒袁，以开放全国市场酬之。②1915 年，日本强迫袁世凯政府签订的“二十一条”更是使其输掉了里子和面子。

1916 年的复辟，更是直接走向悬崖。即使北洋内部的狼虎豹（冯国璋、段祺瑞等）也向往共和，已不能容忍袁氏家族独裁专政。这样，袁世凯的复辟就缺少了最主要的北洋将领的支持。因此，不仅政治上是倒退，而且军事上缺少可行性。真是昏聩之举，误国害己。

袁世凯之后北洋政府的财局与政局

政治的本质是获得政，为获得政必须有财支撑，有财才有枪有炮有兵马。所以，谈政治都离不开财政，比如控制国库。刘仲敬认为：“革命思维，暴民政治……武夫政客祸国所争不过官职国库。”③

这一阶段的财局特征主要是被外国列强所操控。

第一，军费和筹款决定北洋政府的政治博弈。北洋民国政府时期，由于各地军阀混战，军队扩充，军事费用成为财政支出的主要部分，1913 年军费支出占财政总支出的比例为 27%，这是最低的，因为南北暂时和

① 李权时：《国地财政划分问题》，世界书局 1929 年版，第 35 页。

② 刘仲敬：《民国纪事本末》（1911—1949），广西师范大学出版社 2013 年版，第 96 页。

③ 刘仲敬：《民国纪事本末》（1911—1949），广西师范大学出版社 2013 年版，第 144 页。

议休战；1914 年为 40 %，1916 年为 37 %，1919 年为 44 %，1925 年为 47%[①]。由于高额的战争费用支出，北洋政府财政入不敷出，除了实行田赋预征、加征杂税等办法，不得不举借内外债。从 1912 年至 1927 年，北洋政府及各省共举借外债 387 项，总数 12.8 亿元，实收 9.2 亿元[②]；举借内债 28 种，发行总额 6.2 亿元，绝大部分是 1914 年以后发行；还发行各种短期国库证券 88 种，发行总额 1.03 亿元。如此巨额的债务，使得政府每年用于支付债务的费用在财政总支出中的比例居高不下：1913 年为 46%，1914 年为 28%，1916 年为 29%，1919 年为 26%，1925 年为 26%。军费与债务费之和，平均占到政府每年财政预算总支出的 70%—80%[③]。因此，谁能筹到款，决定谁在北洋政府的执政地位。刘仲敬指出："1917 年 1 月 20 日，交通银行总裁与日本兴业、朝鲜、台湾三银行签订（西原）借款合同。西原借款——段（祺瑞）政府财政命脉系于此约，正以此故，倒段诸派系恨屋及乌，怨润田（曹汝霖）刺骨，乃有五四之直接反曹暗流反段运动，全不顾曹氏不任外交之职，加凡尔赛外交无功之罪于润田，辱其国贼，焚其私室，坏其父生日寿宴。"[④]

第二，军队缺饷导致政局不稳。军饷决定军队的稳定；军队的稳定决定政局的稳定。1923 年 4 月 26 日，军人代表冯玉祥、王怀庆等至国务院索饷骚扰。4 月 28 日，黎大总统与两院议长共议"万万大借款"以济财政之穷。6 月 7 日，冯、王再至公府索饷骚扰。6 月 9 日，军警代表冯玉祥、王怀庆等宣布北京军警总罢工，要求颜惠庆组阁。6 月 10 日，罢工军警至黎大总统私宅索饷骚扰。6 月 12 日，军警代表——陆军巡阅使冯玉祥、北京卫戍司令王怀庆请辞。6 月 13 日，黎大总统命李根源署理国务总理，金永

① 杨荫溥：《民国财政史》，中国财政经济出版社 1985 年版，第 13 页。

② 徐义生主编：《中国近代外债史统计资料》，中华书局 1962 年版，第 240 页。

③ 黄逸平、虞宝棠：《北洋政府时期经济》，上海社会科学院出版社 1995 年版，第 65 页。

④ 刘仲敬：《民国纪事本末》（1911—1949），广西师范大学出版社 2013 年版，第 117—118 页。

炎署理陆军总长；裁撤各省督军，巡阅使，废除厘金（统税）。简言之，释兵权，夺饷源，责令诸将集体自杀（报复军警罢工骚扰）。同日，黎大总统走天津，被直隶省长王承斌截在天津车站。6月14日，王承斌劫车夺印（总统印玺）得手，黎大总统避难于天津租界。[①]1923年12月27日，军人代表冯玉祥等至财政部索饷。1924年10月23日，冯玉祥部违命自前线返京，发动首都革命，劫持曹锟大总统；解散国务院，自立摄政内阁。11月24日，冯内阁辞职。前总理段祺瑞自认中华民国临时执政，行使大总统国务院一切职权。[②]1926年4月9日，北京冯玉祥部发动政变（背后有苏俄支持），段祺瑞逃入使馆区避难。8月8日，冯玉祥于莫斯科与俄人订约，俄以贷款军械支援冯部国民军，冯军承认外蒙独立，接受俄顾问。[③]

第三，孙文的政治外交军事都与列强的财政控制或援助有关。1919年12月5日，粤军陈炯明上书孙文：以漳州为社会主义建设模范区。苏联给广州政府军援、财援，顾问等。广州国民政府与苏联交好之根本原因。[④]1922年9月21日，苏俄代表越飞抗议中国（北洋政府）停付俄庚款。1923年9月5日，广州孙文所任外交部长伍朝枢要求公使团分享关余（关税余额）。11月5日，孙文致牒外交团，要求分享关余。12月3日，公使团不允许广州孙文染指关余。12月30日，总税务司安格联令广州海关拒绝孙文截留关余。这事实上就是欧美列强拒绝承认孙文的国民临时政府，不与之合作。1924年2月18日，广州孙文遣使至库伦商办党务（与苏），承认苏特权。4月1日—5月9日，孙文在广州建立“以党治国，以党习法，以党领军”。10月7日，俄舰运械入黄埔，步枪八千，子弹四百万发，大炮机枪不计。俄顾问洛卡契夫等9人随舰入中。1925年8月2日，广州国府任命俄人斯

① 刘仲敬：《民国纪事本末》（1911—1949），广西师范大学出版社2013年版，第159页。

② 刘仲敬：《民国纪事本末》（1911—1949），广西师范大学出版社2013年版，第68页。

③ 刘仲敬：《民国纪事本末》（1911—1949），广西师范大学出版社2013年版，第177页。

④ 刘仲敬：《民国纪事本末》（1911—1949），广西师范大学出版社2013年版，第146页。

米诺夫为海军局长，以前人鲍罗廷为政府顾问。此后有伊斯洛夫任预算委员会顾问。[①]1926 年 3 月 10 日，中国国民党申请加入第三国际，因斯大林反对而未果。但与苏俄的合作才是孙文领导的中国国民党的军事、政治的真正崛起。

刘仲敬认为："革命战争模糊国家概念，强化党派概念。"[②]"有法权而无财富者，法权与财富终将兼而有之。无法权而有财富者，法权终无而财富亦将失之。"[③] 因此，取得合法政权是革命之首要目标。

第四，列强控制中国的经济命脉，左右中国的政局。1911 年辛亥革命爆发后，帝国主义列强在华银行组成海关联合委员会，直接行使关税保管权。1913 年善后大借款合同又控制了中国的盐税主权。从 1917 年至 1927 年，中国的关税收入几乎都被列强所瓜分（见表 4.1）。1925 年的统计表明，所有华资银行只占市场份额的 37.5%，钱庄占 18.3%，而外资银行与合资银行占有 44.2%。[④] 列强除了控制我国的金融和财政，还控制了我国最赚钱的新兴工业部门铁路、煤矿等。比如，煤炭生产中，1912 年时，外资矿的煤炭产量占总产量的比重为 42.6%，中外合资矿所占比重为 49.3%，两者合计为总产量的 91.9%，到 1921 年时外资煤矿的产量仍占到总产量的 30.9%，合资矿的比重为 45%，两者合计为 75.9%。据统计，1902 年，英、美等国家在华投资额只有 78790 万美元，1914 年增加到 161030 万美元，1931 年达到 324250 万美元。[⑤]

---

① 刘仲敬：《民国纪事本末》（1911—1949），广西师范大学出版社 2013 年版，第 168 页。

② 刘仲敬：《民国纪事本末》（1911—1949），广西师范大学出版社 2013 年版，第 173 页。

③ 刘仲敬：《民国纪事本末》（1911—1949），广西师范大学出版社 2013 年版，第 175 页。

④ 张岂之主编，陈振江、江沛本卷主编：《中国历史・晚清民国卷》，高等教育出版社 2001 年版，第 237 页。

⑤ 参见费正清主编：《剑桥中华民国史》（上），章建刚等译，上海人民出版社 1991 年版。

表 4.1　1917—1927 年中国关税、关余状况

年度	关税收入（百万元）	我国政府所得偿还赔款借款本息后的剩余（关余）（百万元）
1917	65.38	10.8
1918	62.82	2.7
1919	78.68	21.7
1920	84.45	17.8
1921	91.90	0
1922	98.08	0
1923	105.05	0
1924	115.05	0
1925	116.22	0
1926	128.73	0
1927	112.99	—

资料来源：左治生：《中国近代财政史丛稿》，西南财经大学出版社 1987 年版，第 90 页；杨荫溥：《民国财政史》，中国财政经济出版社 1985 年版，第 7 页。

第三节　中华民国南京政府的财局与政局

国民革命以后，我国政治上进入政党治国时代。

南京国民政府成立时国民党将广州和武汉国民政府时期的“党治模式”进一步修订完善，我国进入“以党治国”的政治体制阶段。

1928 年 8 月 21 日，国民党中央委员会二届五中全会宣布训政开始（六年计划），训政即以党治国。国民党中央代行国民代表大会一切权力，国民政府以国民党中央政治会为法源，下设立法、行政、监察、司法、考试五院，10 月《国民政府组织法》规定，党权统一至上，五院分工不分权。

以党治国主要体现为：一是国民政府在国民党中执会指导监督下掌握全国政务，政务委员由国民党中执委推举，这是由国民党二届四中全会通过的

《中华民国国民政府组织法》规定的；二是国民党全国代表大会代表国民大会，国民党全国代表大会闭幕期间，以国民党中执会代行权力；三是国民党中央政治会议负责指导和监督国民政府的行政事务，市长以上的官员都须由国民党中央政治会议讨论决定；四是从中央到地方建立了一套与行政体系平行但却高于其上的国民党管理体制和基层组织机构，向社会各个行业和各阶层推行三民主义意识形态，强化国民党对全社会的领导。

1931年6月1日公布的《中华民国训政时期约法》，以宪法形式将国民党“以党治国”的政治体制加以确认。

由于国民党军是国民党存在的基石，所以国民党始终掌握着军队的最高权力。蒋介石以党军的统帅而成为国民党政治领袖，并进而控制国民政府。这是南京国民政府时期政治发展最为显著的特征。

但南京国民政府政治上仍受列强挤压控制，尤其是日本侵华的威胁。财局上也仍然延续北洋政府时期的增加税费、筹借外债，发行内债和发行货币这些渠道。有所变化的是：一是取消重复课征的厘金，改为一次征收的统税，降低了工商业的税负；二是中央政府获得工商界和金融界的支持比起北洋政府时期要强得多；三是由于日本全面侵华后实行全面的战时体制，政体实际上已经是商战合一的军事管制体制机制，因此政府举办的专营专卖和国有企业开始在国家经济格局中处于支配地位。

在工商业社会，无论何方当政，执政者都需要有实力的工商界团体援助，以解决执政者的财政困局。这种工商界团体对财局的贡献，决定了他们在政局中的地位，对政局形成直接的影响。蒋介石的北伐，打仗就是打钱粮。没有财政根基的战争长不了。“1927—1937年，南京国民政府需要上海商人给予强大的财政支持，虞洽卿当仁不让，积极为蒋政府贷款，认购公债，筹措各种款项，不遗余力。以至于时人往往认为南京政府的基础是‘浙江财阀’。”①

① 曹树基：《政商中国还是中国政商》，《读书》2014年第2期。

国家税收即国家本身，也是政权本身。国民党政府的税收基础强于民初立宪政府，既有革命外交的原因，也有中国人民的觉醒，北洋以来一直对列强的抗争。1929 年 2 月 1 日，南京国民政府宣告关税自主，海关新税制同日生效。《江宁条约》确定协定关税制度八十年，至此恢复国权。与此同时，盐税税权收归中央，整理外债、发债自主和民族金融业的发展都有助于南京国民政府的财政改善。刘仲敬指出："废约复权运动播种于段政府加入协约国，开化于巴黎和会，结实于华盛顿会议，收获于国府革命外交，庆功于民国三十三年（1944）盟国重订新约，拾遗补缺于苏俄韩战酬功奉还关东安西特权。"①1929 年 5 月 31 日，国际社会承认南京新政权；6 月 14 日，国民党三届二中全会决议从速废除不平等条约，举国禁烟，统一币制，革新财政，二五减租。减税减租、收拢人心是历代中国新政府成立的常规项目。

南京国民政府在政治外交上一边倒地倾向欧美，与苏日两面作战，导致在东亚的国际斡旋空间十分有限。1927 年 12 月 14 日，南京国民政府与苏俄绝交，撤销俄使领馆外交特权。刘仲敬认为："党国虽有损国权求外援而兴，得国推行革命外交（于英美及各民主国）亦有事迹，行之于俄日二邻，乃有覆国之祸，其始也民族主义，其败也民族主义。"②又"民国处虎狼之间，拒俄必先联日，拒日必先联俄，连线拒敌，则有必亡之势"③。

在财政筹措方面。1927 年南京国民政府统一全国后，1927—1937 年被称为"民国黄金十年"，国民经济大发展，但财政收支却极不平衡。"'十年之间，财政税收不过增加二倍有余'，而 1933—1936 年三年之间'有十三倍的财务费的支出'。"④其中统税、关税、盐税、发债、借款是主要来源。统税收入，1929 年初办时，收入总额为 45615677.31 元，1931 年增长

① 刘仲敬：《民国纪事本末》（1911—1949），广西师范大学出版社 2013 年版，第 196 页。

② 刘仲敬：《民国纪事本末》（1911—1949），广西师范大学出版社 2013 年版，第 49 页。

③ 刘仲敬：《民国纪事本末》（1911—1949），广西师范大学出版社 2013 年版，第 214 页。

④ 陈勇勤：《中国经济史》，中国人民大学出版社 2012 年版，第 255 页。

为 77407420.51 亿元，1933 年增至 104977964.74 元；关税收入，1931 年总额达到 314686595 元，是 1926 年北洋政府时期的 4.7 倍；1932 年，盐税达到 164615200 元，比北洋政府末期增长了 1 倍有余。① 同时，在国民政府承诺偿还列强旧债的前提下，列强答应提供新的贷款，但多为物资，因为西方正在经受经济过剩后的大萧条考验。比如 1931 年，美国借给国民政府价值 900 万美元的小麦、麦粉外债，1933 年又借给价值 5000 万美元的棉、麦外债。因此，1927—1936 年，政府为了筹资，发行有担保的内债总额高达 43.42 亿元。由于内债发行过多，政府先后在 1932 年和 1936 年，两次宣布债务信用破产，失信于民。

在财政支出中，国民政府时期军费开支占财政支出比重最大部分。1927 年，国民政府获得北伐战争的胜利，名义上统一了全国，当年其军费开支占财政支出总额的比重高达 88.4%。1928 年全国名义统一后有所下降，但仍占 30%以上。抗战期间和内战期间，军费又达到历史纪录水平。1937 年军费占财政支出的比重达到 66.4%，1945 年高达 87.3%、1946 年高达 86%，到 1947、1948 年的军费开始超过最初预算书的 3 倍到 4 倍。②

再看还债，国民政府为了获得外国列强的承认，继承了北洋政府积欠的有担保外债本息。1928 年经清理核实，列入整理范围之内的内外债合计总额为银元 16.77 亿余元。1927—1936 年，国民政府清偿旧的外债总额共计银元 10.96 亿余元。这对国民政府来说是极其沉重的外债负担。1931—1937 年，国民政府内外债务实支出合计 26.66 亿元。

最后是政务支出。以 1933 年为例，当年中央政府预算中，政务费开支总额约为 6808 万元，占财政支出总额的比重为 8.55%，其中国家机构的经费支出占到政务费的近 70%。

---

① 财政部财政年鉴编纂处编纂：《财政年鉴》（上），商务印书馆 1935 年版，第 155、195 页。

② 以上数字参见孙翊刚主编：《中国财政史》，中国社会科学出版社 2003 年版，第 408、409 页。

表 4.2 1931—1937 年国民政府支出预算数与实支数比较

单位：国币百万元

年度	军费		债务支出		经济建设		教育文化		其他支出	
	预算数	实支数	预算数	实支数	预算数	实支数	预算数	实支数	预算数	实支数
1931	297	303	343	158	14	1	19	6	220	104
1932	43	339	224	151	21	3	19	13	203	85
1933	297	386	266	333	13	8	19	13	164	152
1934	368	387	369	456	57	44	36	32	428	307
1935	373	362	277	359	89	51	40	36	307	543
1936	547	555	309	835	72	126	46	46	361	425
1937	417	1088	353	374	507	175	36	36	148	130

资料来源：《国民政府财政金融税收档案史料》（1927—1937），中国财政经济出版社 1997 年版，第 287 页。

从表 4.2，我们可以清楚地看到，国民政府的军费支出和债务支出在整个政府财政支出中始终处于最主要的地位，占最高比重。1931—1937 年，军费实支数合计 37.20 亿元，债务实支出合计 26.66 亿元，经济建设支出合计仅 4.08 亿元，教育文化支出就更少，仅 1.82 亿元。从中我们可以看出，国民政府黄金发展时期的财政其实也是军事债务财政，对经济建设、教育文化发展等贡献十分有限。

从整体上来看：“党国虽有法币改革、关税改革之利，终以间接税（关盐统三税）为重，有土而无民，上重而下轻，沪税居天下之半，津门次之，[①]抗战军兴，二埠先亡，后之国府，乃如晚期食道癌，纯以耗蓄积打点滴（华府美援）延寸阴，其亡也宜。可异者不在其亡，而在其垂绝残焰竟能拖垮强邻，复我深仇。……赵宋以降，非流氓无产者求食不入军籍，国府贸然变法，而饷恤两缺，无异行社会性屠杀于农村中坚阶级。民心怨毒，实在征夫之诡

① 这可以部分解释为什么国民政府一再签订延缓中日之战条约，为的就是保住自己政权物质基础。

道霸政，保甲奉行者不得其死。”[①]这个背景说明，穷得太久，都像饥饿的蚊子，不顾死活地吸血。这可以部分解释为什么国民政府抗战胜利后急于接收日伪产业、搜刮贪腐盛行等行为。

抗日战争中的财局与政局

由于中日间的全面战争和军事管制体制，国民政府财政收支都完全以战争为中心，为战争筹资是这一阶段财局的典型特征。刘仲敬认为：“财政崩溃为中古国家长期支持近代战争必有结局，焦土抗战本身即革命政府为争民族体面而追求与敌同归于尽。”[②]

首先，看国民政府的财政收入来源。主要是税收和借款。

税收。国民政府时期的经济重心在沿海各省，关税、盐税、统税沿海占据80%左右，由于日本侵华占领沿海各省，三个支柱性税收80%以上被日伪侵占。据统计，8年抗战中，被日伪截掠走的关税收入总额达到226亿元以上，而同期国民政府的关税收入不到30亿元，只占关税收入总额的十分之一左右。盐税的税源减少了80%。为了筹措战争经费，不得已，国民政府实行统购统销，实行食盐专卖、在食盐下增加附加税和国军副食费，仅1942年1月至1945年2月，三项收入合计则为720.39亿元，占此时期税收收入总额1458.09亿元的比重高达49.5%，成为国民政府的最主要财源[③]。此外货物税占到总税收的23.9%，直接税占到总税收的17.5%。抗日战争初期，国民政府为摆脱通货膨胀造成的财政困境，将田赋按战前的粮价，由原来的征货币改征实物。抗日战争爆发后，华东、华中等地相继沦陷，财政失去主要财源，国民政府实行战时财政政策，于1938年4月颁布《各战区粮食

① 刘仲敬：《民国纪事本末》（1911—1949），广西师范大学出版社2013年版，第48页。

② 刘仲敬：《民国纪事本末》（1911—1949），广西师范大学出版社2013年版，第229页。

③ 孙翊刚主编：《中国财政史》，中国社会科学出版社2003年版，第383页。

管理办法大纲》，开始在各地贱价征购粮食，征购价低于时价，但不全给现金，一部分价款只给粮食库券或法币储蓄券，征购办法为随赋征购，与田赋正课无异，同样限额完纳。1943 年，四川省在粮食征购时停付现金，全部以粮食库券付给，遂征购变成征借。此后有些省仿行。1944 年，中央政府宣布将征购全部改行征借，并废除粮食库券，只在田赋收据上标注粮价数额，以此作为凭证。一些地方甚至将征借改为捐献，变本勒派。据统计，1941 年到 1945 年，田赋三征（即征实、征购、征借）的粮食总额达到 33730 万石，反映了人民抗战救国热情和付出的巨大代价。据资料记载，当时四川农民每亩稻田收稻 4 石，需缴纳政府 2.38 石，税赋负担高达 59.5%。①

借款。从 1937 年到 1944 年，不算其他政府部门和机构所借的债务，仅国民政府财政部发行的公债达 18 种，总额 150 亿元，实收公债总额为 61.08 亿元，是发行额的 40%②。这其中还未包括以谷物为计算单位发行的粮食债券。由于中国参加反法西斯同盟国，获得苏美英巨额贷款。1937—1939 年，根据中苏协议，苏联给国民政府共计贷款 25000 万美元，其后又分两次贷给共计 5638.5 万余美元的易货贷款。这些贷款为无抵押贷款，利息为 3 厘，中国用茶叶折价偿还。日本偷袭珍珠港后，以美国为首的西方反法西斯同盟国形成，中国成为东方主战场的主力。美国从 1939 年到 1942 年共向中国提供 4 笔易货借款和 1 笔信用借款，共计 62000 万美元。1941 年 3 月 8 日，美参议院通过租借法案。1942 年 4 月 8 日，美军首批援华物资飞越驼峰。1942 年 6 月 2 日，宋子文、赫尔在华盛顿签订《中美租借物资协定》。英国从 1939 年到 1944 年共向中国提供贷款 5800 余万英镑。此时期内，外债合计总额达 10 亿美元以上。③这些资金为抗战持续和胜利提供了重要资金来源，

---

① 孙翊刚主编：《中国财政史》，中国社会科学出版社 2003 年版，第 400—416 页。

② 杨荫溥：《民国财政史》，中国财政经济出版社 1985 年版，第 149—150 页。

③ 以上借款数字参见孙翊刚主编：《中国财政史》，中国社会科学出版社 2003 年版，第 415、416 页。

部分缓减了国民政府紧张的财政压力和军事物资压力。

其次，国民政府的财政支出也是以军事支出为核心。军事支出成为困扰政府财政行为的主要原因。从 1937 年开始，军费支出大部分年份超过 60%，1945 年甚至达到 87.3%。见表 4.3。

表 4.3　1937—1945 年国民政府财政支出中军费所占比例

年度	财政总支出（百万元）	军费支出（百万元）	军费占总支出比例（%）
1937	2091	1088	66.4
1938	1169	698	59.7
1939	2797	1601	53.7
1940	5288	3912	74.0
1941	10003	6617	66.0
1942	24511	15216	62.1
1943	58816	42939	73.0
1944	171689	131080	76.3
1945	1215089	1060737	87.3

数据来源：财政部财政年鉴编纂处编纂：《财政年鉴》，商务印书馆 1935 年版，第 3 编第 3 篇，第 131、150 页。

最后，货币超发与通货膨胀导致中产阶级以下全面财务破产。由于国民政府的内债主要以银行垫付款给政府，这种公债发行方式的实质类似于银行透支，实际上是以货币发行来弥补政府的财政亏空，因而是造成通货膨胀的原因之一（具体货币发行和通货膨胀情况见表 4.4）。1937 年 6 月的 100 元法币到 1945 年 6 月其购买力仅剩 4 分，法币贬值达 250000%。1942 年 10 月 29 日，参政会通过物价管制方案；12 月 17 日，行政院下令冻结工资物价。无力平衡生产—消费，岁入—开支，绝不能避免恶性通货膨胀，国府及中国中流社会已入毁灭单行道，所能争者不外乎挣扎时间问题，体面退场问题。1943 年 1 月 15 日，限价令执行。此时，米价已在战前百倍以上，中产之家，大抵皆破，官商暴富与细民赤贫相对峙。不待社会革命，通胀已完成籍产任务，无此预备，社会革命亦未必能行。1943 年 9 月 12 日，国民党结束训政，实行宪政。由于仍处于战时军事体制，宪政名义意义重于实际。1944 年 3 月 15 日，重庆米价破 4000 元，上年限价令时 520 元。[①] 一年涨了近 8 倍。

表 4.4　1937—1945 年我国的货币发行与物价指数

年份	1937	1938	1939	1940	1941	1942	1943	1944	1945
法币发行数额（亿元）	20.06	20.74	47.7	84	158.1	351	754	1895	5569.1
发行指数	100	164	305	560	1076	2422	5357	13464	28289
物价指数	98.8	164	355.4	1276	2736	7766	20930	58744	213320
购买力	101.21	60.97	28.13	7.85	3.65	1.28	0.47	0.17	0.04

注：1937 年法币发行额为 12 月数据，其余为 6 月数据；1945 年法币发行数额为 8 月数据，其余为 6 月数据。其他数据为年度 12 月数据。

资料来源：中国人民银行总行参事室编：《中华民国货币史资料》第 2 辑，上海人民出版社 1991 年版，第 359 页。

国共内战期间的财局与政局

抗日战争胜利后，国民政府不仅没有践行孙中山的三民主义，平均地权、节制资本、扶助工农，而是为发动内战，继续实行田赋三征（征实、征购、征借）政策，且规模更大，地域更广，民众不堪重负。1946—1948 年，田赋三征总额达到 9240 万石。税收也大幅增加，1946 年，国民政府的统税收入接近 4360 亿元，关税收入达到 3255.5 亿余元，盐税收入为 2057 亿元，三项合计占到国税总收入的 77.87%。连印花税也超过 484.5 亿元。1945 年底，国民党政府中央银行的外汇黄金储备达到历史最高峰；折合美金达到 85805 万（其中黄金约 568 万盎司），另外，接收日伪资产也让国民党政府发了大财，这个数字后世估计大致在 4 亿—8 亿美元。如此雄厚的家底是国民党政

① 刘仲敬：《民国纪事本末》（1911—1949），广西师范大学出版社 2013 年版，第 239 页。

府下决心发动内战、军事“剿共”最大的依仗。蒋介石在纪念国父演说中就公然宣称：“本党的力量比起二十几年前，已经大过好几十倍。”后又在六届二中全会上表示：“目前财政足以支撑军事作战两年有余。”另外，从1946年到1949年，美国共借给国民政府29笔贷款，总额达60亿美元，其中以物资“援助”为主，占贷款总额的82%，主要用于打内战。

实际情况呢？财是聚在政府手里了，但人心已经离散了！根据历史的经验规律，人心向背是决定任何政府执政的最大政治因素。

一是货币政策对国民剪羊毛，竭泽而渔。

现代经济中，货币金融是财政的重要支柱，也是国民经济的血液循环系统和中枢神经。

抗战胜利，中央政府经济上面临的主要任务是恢复全国的经济秩序、接收日伪资产。其中统一货币是财经关键问题，而国统区的法币与沦陷区的中储券兑换比率又是关建中的关键。按照国统区与沦陷区物价比例计算，两者的比率大致是1∶30—1∶50。但国民党行政院与财政部公布的法币与伪币兑换比率居然是1∶200！政策一出，形势顿时逆转。1945年11月起，从沦陷区波及全国的物价重新上涨，而在沦陷区情况更为严峻。以上海为例，11月物价较9月上涨达到1.87倍，涨幅超过抗战最严峻的时期！沦陷区人民首先经受了抗战胜利后第一次政府公然洗劫，老百姓吃了大亏，对中央政府的执政政策开始怀疑甚至反抗，这导致国民党在沦陷区人心尽失。此外，在国统区，到1946年，政府共欠公债95.59亿元，在法币贬值2500倍的情况下，政府仍按照1∶1偿还，国统区人民持有的爱国公债几乎血本无归。这是政府对人民的又一场公然抢劫。

再看第二次剪羊毛。到国民政府统治末期，国民党政府又实施了号称世界最大币改的金圆券改革（1948年8月19日开始发行，至1949年7月停止流通），导致金融崩溃。

改革背景：国共内战使得国民政府军费急剧增加，引起财政赤字直线上升；为了支付军费大量印刷法币，导致物价疯狂上涨，通货膨胀达到恶性程度，法币急剧贬值。1945 年 3 月，美元对法币的战时汇率 1∶20 被改写为 1∶2020；8 月变为 1∶3350，1946 年 2 月狂飙为 1∶1.2 万，至于黑市汇率就跌得让人目瞪口呆。黄金与法币的兑换比率按天计算，1946 年 2 月 1 日，黄金与法币的比价为 1∶40.8 万，10 天后飙升为 1∶95 万元。[①] 法币币值实际上已经崩溃。国民政府为挽救其财政经济危机，维持日益扩大的内战军费开支，决定废弃法币，改发金圆券。

改革内容：一是国民政府用金圆券强制收兑法币特别是金银及外币；二是兑换比率。金圆券 1 元折合法币 300 万元，折合东北流通券 30 万元[②]。

这种货币改制实际上是国民党政府对人民的最后全面劫掠，达到了疯狂的地步，让当时的城市中上层阶级对国民党的支持化为乌有。当时的城市上层中产阶级，手中剩下的少许余财被束缚在金圆券上，平民百姓对国民党事业的最后一点支持，也同金圆券一样化为乌有。

由于国民政府财经指导思想上的根本错误，加上前线军事上的失利以及日益恶化的经济形势，导致其金圆券改革以惨败收场。一些研究者认为，金圆券改革的失败基本上就决定了国民党政权在大陆的命运。

纵观国民党政府金圆券改制政策，其中失败的因素有理论上的误区，即没有认清货币本质上仍是交易的媒介，法币的本质是政府的信用和债务凭证。在操作中对黄金白银与外汇过于关注，而物资生产、物资调配则缺乏基本的重视。实际上，任何一个经济社会，不管是稳定物价还是稳定经济——物资供应才是根本，才是王道。货币不管是纸质货币还是贵重金属甚至外汇，没有物资做兑换保障一切都是浮云，都是虚拟符号。黄金白银不能吃不

---

① 以上数据转引自张岂之主编，陈振江、江沛本卷主编：《中国历史·晚清民国卷》，高等教育出版社 2001 年版，第 418 页。

② 东北流通券是抗战胜利后国民政府中央银行在东北发行的纸币。金圆券发行后，限期收回。

能穿。国民党的“海归”财政经济领导人似乎没有搞明白这个道理。所以其金圆券改制纵有铁腕高压，也注定了失败的结局。

这两项政策导致国民政府先失民心，次失政治，最后军事上输得一塌糊涂。因为，军队的士兵都是普通国民的孩子，从农村到城市，他们的家庭遭受了政府的强制剥夺，他们还会在前线卖命打仗吗！因此，国民党的失败首先是经济上的失败，然后才是政治、军事上的失败。

二是财政赤字导致货币滥发，物价如脱缰野马。

内战中国民政府的财政一直在赤字节节升高中运行，政府明知滥发货币如饮鸩止渴，但也别无他法筹措到运转的经费。

1936 年发行的统一公债让南京政府第二次债信破产，随后，南京政府已无法通过发行公债筹措军政费用，弥补财政赤字。于是政府便更多地倾向于向国家银行垫款。为应付政府垫款，中央银行便不得不大量增发纸币。1946 年财政部长俞鸿钧就坦言，“从 1 月到 5 月……税收只 2 亿 5 千万元，约为支出的六千分之一，巨额的财政赤字，由发行补足”。抗战后，随着内战的爆发和恶性通货膨胀的加剧，摧毁了国民党政府平衡财政的可能，赤字呈几何级数上涨。1947 年以后，政府财政赤字几乎完全由发行钞票来弥补（见表 4.5）。

表 4.5　1946—1948 年政府赤字、银行垫款和钞票增发

单位：百万元法币

年份	赤字	银行对政府垫款	钞票增发额
1946 年	4697802	4697802	2694200
1947 年	29329512	29329512	29462400
1948 年 1—7 月	434565612	434565612	341573700

资料来源：张公权：《中国通货膨胀史》，文史资料出版社 1986 年版，第 110 页。

1945 年 8 月，南京国民政府的法币发行量已累计达 5569 亿元。根据秦孝仪主编的《中华民国经济发展史》，1946 年又增发 3.7 亿元；1947 年增发 33.2 亿元；1948 年 8 月 19 日施行币制改革时，又增发 604.6 亿元，此时的法币流通量相当于抗战爆发时法币年发行量的 428824 倍，相当于抗战结束时法币发行量的 1085 倍①。从 1945 年底开始，上海的物价上涨指数大大高于通货发行量及其指数，以 1937 年 6 月的发行指数和物价指数都为 100，1945 年 12 月发行指数为 73200，上海的物价指数为 88500，物价指数是发行指数的 1.21 倍；1946 年 12 月物价指数已是发行指数的 2.16 倍；1947 年 12 月为 3.56 倍；1948 年 8 月已增至 10.47 倍，1948 年 10 月 31 日，南京政府行政院不得不放弃限价政策；11 月 1 日行政院翁文灏院长和王云五财长请辞；1949 年 5 月，物价指数更是达到 25.16 倍。② 物价的上涨速率也越来越高于通货发行的增加速率，同时货币流通速度的大大加速，增加了社会有效货币供应的数量，加速了物价的飞涨。这还不考虑官吏和投机商人的囤积居奇、巧取豪夺。1949 年 7 月 2 日，南京政府行政院再改币制，发行银元券。

三是土地所有制改革的失败和农村基层行政的失控。

中华民国成立以后，中国的土地私有制没有变化，但新兴的军阀、地主、资本家都把土地作为重要的投资保值领域，土地的集中程度在不断提高。

1927 年，南京国民党中央农村部土地委员会的调查表明，占农业人口 75%的无地或少地贫雇农仅占 6%的土地，而占人口 14%的地主和富农，却占有耕地面积的 81%③。尽管 1936 年前，国民党政府试图按照三民主义推行

① 秦孝仪主编：《中华民国经济发展史》，台湾近代中国出版社 1983 年版，第 938 页。

另一说法：1945 年 8 月，法币发行额为 5569 亿元。1946 年 1 月，1.15 万亿元；8 月，2.38 万亿元。1947 年 2 月，4.8 万亿元；8 月，13.70 万亿元；12 月，33.19 万亿元。1948 年 3 月，达到 69.68 万亿元；5 月达到了 137.4 万亿元，到了 8 月份，法币供应量达到了难以置信的 663.69 万亿元！参见王巍：《金融可以颠覆历史 · 2》，中国友谊出版社 2015 年版，第 152 页。

② 各年的发行指数、物价指数参见《上海解放前后物价资料汇编》（1921—1957 年），上海人民出版社 1958 年版，第 49、47、95 页。

③ 张岂之主编，陈振江、江沛本卷主编：《中国历史 · 晚清民国卷》，高等教育出版社 2001 年版，第 244 页；转引自《第一次国内革命战争时期的农民运动》，人民出版社 1953 年版，第 4—5 页。

乡村改造政策，发了各种法规、章程、政策文件240余种，但一直无法在实践中得到贯彻。因为1928年后的国民党政府主要依靠新兴的地主、大工商业者作为自己的执政基础，而这些人都反对农村改革，平均地权，所以他们控制的政府政策不过是一纸空文。1939年，国民政府要求推广《土地法》的耕地租用条款，对租额实行限制，但在各省地主的反对下难以推广，形同空文。在战时相对稳定的大后方各省，土地成为重要的投资领域。战争抛荒、灾荒抛荒等使得土地集中过程大大加快。1944年，重庆占人口2%的地主竟占有全市土地的95.6%[①]。到1945年抗战胜利，执政的国民党政府依然没有办法推动全国的土地改革，这就导致它失去了占全国人口85%的农民中的绝大多数的支持。因为农民本来期盼抗战胜利后国家减税、改革土地制度、过上好日子，但经济领域一切如旧，税收不但没有减少，反而货币贬值速度犹如超级列车，农民甚至不得不回到以物易物的物物交换经济。

政治基本面的翻转

金圆券本来法定20亿元限额，但禁不住军政费增加速度，不得不修正发行办法、放宽发行限额，到最后取消了金圆券发行最高限额。1948年11月底，发行32亿元，12月底达到81亿元；到1949年4月，金圆券发行总额升至5万亿元，5月更增至67万亿元，6月竟达到130.3万亿元。累计发行量是原定发行量的6.5万倍，相当于币制改革前货币流通量的65万倍[②]。票额也越来越大，从100元、500元、1000元、5000元到1万元、5万元、10万元，乃至50万元、100万元的大钞，相继印行，以致有人说当时国统

---

① 张岂之主编，陈振江、江沛本卷主编：《中国历史·晚清民国卷》，高等教育出版社2001年版，第386页；转引自《四川的土地租佃问题》，《新蜀报》1944年6月15日。

② 张岂之主编，陈振江、江沛本卷主编：《中国历史·晚清民国卷》，高等教育出版社2001年版，第419页。

区百业凋零，唯印钞业“欣欣向荣，一枝独秀”。许多地方发生严重钞荒，向中央银行告急。

天文数字的货币发行量，再次刺激货币恶性贬值。金圆券“贬值速度之快按钟点计算了”。机关职员“领工资拿到金圆券后，马上就换成银元、美钞或黄金，如果稍有延迟，即要蒙受贬值损失”。普通百姓也是如此，拿到金圆券马上就兑换金银或抢购东西。抢购风潮、抢米风潮一浪高过一浪，各种商品都被抢购一空。据统计，全国有40多个城市出现抢米风潮。到1949年5月，金圆券已买不到什么东西了，500万元只能和1948年9月的1元买等量的商品。上海大米每石卖金圆券4.4亿元，若以每石米320万粒计，买1粒就要130多元。金圆券发行10个月的贬值速度，比法币发行14年的贬值速度快得多。1948年6月16日，国民政府行政院因通货膨胀，竟然提高京沪公务员工资42万倍。① 以1948年9月金圆券购买力为1计算，12月跌至0.0603，1949年2月跌至0.0000002，相当于金圆券发行伊始的500万分之一。1万元金圆券连一张纸页买不来。1948年12月23日，南京国民政府行政院宣布中央银行停止存款兑换，上海出现挤兑风潮。至此，国民政府的金融体系彻底被破坏，财政体系应声崩溃，国民政府的小船说翻就翻。

人民对国民政府的货币和物价的消极反抗转向彻底失望。政治高压下，商户虽不敢涨价，但是却可以不进货来对抗。于是，商品市场愈见枯竭，北平“所有粮食店油盐店均空空如洗，不特按照官价购不到一切，即按黑价亦无觅处”。上海“商店纷纷藉词休息，甚至民众赖以生活之食粮肉类亦均无法购置，以致造成人心空前之恐慌”。许多地区干脆拒用金圆券了。中央银行桂林、柳州、梧州、南宁、康定、宝鸡、吉安、南昌、哈密、兰州等地分行先后电陈总部：“各该地市面及机关行使银元，拒用金圆券。”连部队也不

① 刘仲敬：《民国纪事本末》（1911—1949），广西师范大学出版社2013年版，第261页。

要金圆券了，西北军政长官张治中电陈：5 月份发出薪饷金券，各部队以市场拒收，均原封退还。他请求财政部改发银元，以免运送金圆券徒增机费负担。①

刘仲敬认为："金圆券——管制经济业已完成其没收全民私有财产工作，为胜利者驱除。"②金圆券唯一的作用，只是为国民党政权败退台湾搜刮了大量金银。据国民政府中央银行统计，全国在金圆券改制期间共收黄金 1677000 两，美元 49851000 元，港币 86097000 元，银元 23564000 元，白银 8881000 两，这些金银与外汇后来绝大部分都运到台湾。

据《中华民国史史料长编》，蒋介石在 1949 年退守台湾后，在国民党七大报告中，对宋子文公开批评："民国三十六年间，行政院宋院长擅自动用中央银行改革币制的基金，打破了政府改革币制的基本政策，于是经济就在通货恶性膨胀的情势下，游资走向投机垄断，正当的企业不能生存，中产阶级流于没落。社会心理日倾浮动之中，经济崩溃的狂澜，就无法挽救。这是大陆经济总崩溃最重要的环节。"

上述这段历史说明财政货币政策是一个政府执政的物质基础，政策不良就会导致经济剧烈波动乃至秩序崩溃。

总结南京国民政府的财局与政局互动的基本关系，我们可以说，政局是执政的阶级基础，政局和军事形势决定财局与财政经费的筹措数量、可能性以及引起的后果；而具体筹措方式和使用的财政货币政策工具取决于执政者的认识水平，筹措方式和政策工具等能否综合恰当施策决定财局的可持续与经济局面的稳定。

---

① 袁浩：《蒋介石为什么失掉大陆》，中国发展出版社 2015 年版，转引《蒋介石为什么失掉大陆：1945—1949》，http://bbs.tianya.cn/post-no05-344080-1.shtml#ty_vip_look。

② 刘仲敬：《民国纪事本末》（1911—1949），广西师范大学出版社 2013 年版，第 261 页。

共产党控制地区的财局与政局

1927年南昌起义、秋收起义后，中国共产党逐渐探索走出了一条农村包围城市的发展道路。尤其是利用日本侵华战线太长、对农村控制较弱的局面，大力发展敌后抗日根据地，到1945年抗战胜利后，中国共产党实际控制的中国人口和国土面积接近全国的三分之一，拥有一亿几千万人口，正规军100万，民兵220万。

1. 土地革命使中国共产党获得政治经济军事多丰收

土地问题始终是中国近代以来最迫切需要解决的基本问题之一。在抗日战争期间，中国共产党在自己控制的区域内实行减租减息政策和自力更生大生产运动，发展经济，保障供给，克服国民党的围困和日伪的“扫荡”，夯实了自己的经济基础。

抗战胜利后，中国共产党在农村实行新的土地政策，由减租减息改为土地革命，实行耕者有其田，迎合了广大农民对土地和新生活的渴望。1946年5月4日，中共中央会议通过了《中共中央关于土地问题的指示》，提出的土地所有制基本原则是：“在广大群众要求下，我党应坚决拥护群众从反奸、清算、减息、退租等斗争中，从地主手中获得土地，实现耕者有其田。”毛泽东说：“国民党比我们有许多长处，但有一大弱点即不能解决土地问题，民不聊生，这一方面正是我们的长处。时间太长不好、太短也不行，这是我们一切工作的根本、下层基础，其他都是上层建筑。这必须使我们全体同志都明了。农民的平均主义在分配土地以前是革命的，不要去反对。要反对分配土地以后的平均主义。”① 各级党组织遵照中共中央的指示，纷纷抽调大批干部组成工作队奔赴农村，领导土地改革运动。在东北解放区，动

① 金冲及：《二十世纪中国史纲》（上），社会科学文献出版社2009年版，第616页。转引自《毛泽东在中共中央会议上的发言记录》，1946年5月4日。

员了12000名干部下乡，放手发动群众。根据新华社电讯和各地方报纸材料，晋冀鲁豫边区到1946年10月，已有2000万农民获得土地，每人所有土地可达3—6亩。苏皖边区在1946年12月初已有1500万农民分得土地，平均每人在2亩以上。东北解放区农民得到2600万亩土地，每人平均6—7亩。[①]1947年10月10日，中国共产党中央公布了《中国土地法大纲》，在法律上明确了农民的土地所有权。土地法大纲规定：在解放区内实行废除封建及半封建性剥削的土地制度，实行耕者有其田的土地制度；按乡村全部人口，不分男女老幼，统一平均分配土地；废除一切地主的土地所有权，废除一切乡村中在土地制度改革以前的债务。

土地改革使农民获得土地，极大地提高了农民发展生产和支援解放战争的积极性。晋冀鲁豫、东北等解放区出现了十多年来没有的大丰收。全面内战爆发后的四个月内，各解放区就有30万翻身农民参军。更主要的是，中国共产党的军队在各方面都得到当地农民的极大支持。战争不只是军事上的较量，如果没有民众的后勤、情报、物资等支持，在双方力量悬殊的情况下要机动灵活地以弱胜强是无法想象的。而气势汹汹地发动进攻的国民党军队，一闯进解放区，就发现自己陷入十分孤立的境地，消息不灵，情况不明，时时遭受袭击，进退失据，难以自拔。这种状况，在相当程度上是由当地贫苦农民的民心向背决定的。[②]因此，土地革命解决了中国共产党的兵源、财源和后勤保障问题。

当时上海的英文刊物《密勒士评论报》写道：“(中国) 内战战场的真正分界，是在这样两种不同的地区中间；一种是农民给自己种地，另一种是农民给地主种地”，这“不但决定国共两党的前途，而且将决定这个国家的命运”。[③]

---

① 金冲及：《二十世纪中国史纲》(上)，社会科学文献出版社2009年版，第617页。

② 金冲及：《二十世纪中国史纲》(上)，社会科学文献出版社2009年版，第617页。

③ 转引自杜润生主编：《中国的土地改革》，当代中国出版社1996年版，第208页。

2. 宏观综合平衡政策稳定了解放区的经济

由于战时军事管制经济，国民党政府的货币（法币、金圆券）滥发，加上经济封锁，解放区在极其艰苦中，创造了物资财政货币综合平衡政策组合，实现了经济有序发展。

由于国共战争，要筹集更多的军费支撑前线解放军作战，因此就必须把物资生产放到第一位，中共的财经工作基本是围绕恢复与扩大生产的工作——这与国民党政府财经工作把金银外汇放到第一位有天壤之别。粮本位体系不仅有利于恢复生产，更重要的是这种经济结构在稳定经济，防止金融动荡方面有巨大的作用。

在抗战末期，陕甘革命根据地财政收支赤字巨大，货币发行过多，物价波动较大。陈云[①] 针对这种情况，提出统筹运用贸易、金融、财政政策，促进农工生产，实现外贸出超、金融稳定、财政结余的思想，孕育了综合平衡思想的雏形。具体来说，在贸易方面，对外贸易（边区与境外贸易）实行统一管理，突破国民党的经济封锁，以输入所缺少的棉布等必需品；对边区内部实行自由贸易，以活跃边区市场，促进农工生产。在金融方面，把货币发行控制在"饱和点"以内，并灵活地开展边币[②] 与法币的斗争，利用法币币值与金价的波动，为边区银行充实了黄金储备。在财政方面，强调生产第一、分配第二，收入第一、支出第二，切实保障供给，厉行节约，增加积蓄。经过一年多的努力，竟然在敌顽重重封锁、经济水平落后的陕甘宁边区，做到了财政收支平衡有余，对外贸易出超，金融市场物价基本稳定，不仅保证了当时军民的需要，而且为大反攻积蓄了力量，给边区留足了够一年支用的家底。[③]

解放战争时期，陈云时任东北局领导人之一，并先后兼任北满和南满

① 陈云当时是中共中央组织部长、兼任西北财经办事处副主任。

② 陕甘宁边区银行发行的货币，在边区内流通。

③ 参见陈云在《陕甘宁边区的财经问题》《怎样做好财政工作》的讲话。

的党委书记，创造了“沈阳经验”，其中包括稳定粮食供应和物价，使沈阳百万市民粮食供应充足，物价稳定。

为了克服公营经济的盲目性，陈云反复强调经济计划工作的重要性，主持制订1949年工业生产计划，加强工业的计划性①。在这个经济计划草案中：财政计划收支相等，都是折合1000万吨粮食。在物价方面，争取把上涨幅度控制在60%—70%，不超过100%。陈云提出要设三道防线：一是财政开支不靠印票子；二是准备足够物资；三是征收营业税和发行公债。过去物价暴涨的原因，一是货币多于物资，二是对物资的求大于供。通过这样有计划的生产、物资控制和财政货币政策综合平衡，解放区实现了货币平衡，粮食有盈余，布匹、盐的供应都比较充足，使经济在战争中形成相对稳定的格局。这为战争的胜利奠定了稳固的后方和物质基础。

此外，在山东根据地，由于国民政府的货币滥发，在一年之内涌进来几亿元法币，而当时山东年产粮油蔬果几百万吨，本来价值几千万元法币，这等于货币增发了十倍。山东根据地为了避免在法币严重通货膨胀中遭受严重损失，1942年试图用行政手段解决货币问题，未能成功。1943年8月，山东根据地政府采纳薛暮桥②的建议，以物资为本位，把北海币作为根据地唯一法定货币，禁止法币在解放区流通，同时，在接壤地区，由银行参照黑市价格和对外贸易的供求状况，灵活规定两种纸币的兑换牌价。根据

① 陈云提出：解放区要把计划问题提到第一位。要使一切国营、公营企业，都能经过调查研究和全盘筹划，在统一领导、统一计划之下进行生产。其一，计划要具有全面性。他指出，没有总的统一计划，就等于无计划。下面各部门有计划而上面部门无计划，一切计划会统统破产。而随便制订的计划，不等于真正的计划。为了制订全面的计划，首先，要加强工业与其他行业、部门之间的配合，只有工业计划还不行，还必须有全部经济的计划，如对农业、金融、财政、贸易也都要制订计划。其次，要对工业内部“军火工业、重工业、轻工业各搞多少”也要定下个适当的比例。再次，要处理好军费开支和经济文化建设开支的比例关系。

② 薛暮桥（1904—2005），时任山东根据地工商局局长兼货币政策主持人。

地的物价随之下落。薛暮桥认为，物价下落对人民也不利，此时正值秋收季节，谷贱伤农，于是决定增发北海币。在经过几次对货币发行量的调整，并与对敌贸易斗争中的物资吞吐紧密配合后，对敌货币斗争取得了成功。山东根据地的物价不仅在抗日战争，而且在解放战争中保持了相对稳定。1945年日本投降后，一位美国经济学到山东解放区访问，发现山东解放区既无黄金储备，也得不到美元、英镑的支持，且经济条件远远落后于法币、伪币流通的地区，北海币居然战胜了法币、伪币，实现了解放区的物价稳定，认为是不可思议的奇迹。薛暮桥告诉他，山东解放区采取的是"物资本位"，政府用生活必需品充当货币发行准备，并控制货币发行量，使它不超过市场流通需要。每发行1万元货币，政府至少有5000元用来购买粮食、棉花、花生、食盐等重要物资，如果物价上升，就出售物资回笼货币，平抑物价；反之，就增发货币，收购物资。这位美国经济学家认为这是一个"新发明"。①

山东解放区的老百姓们发现，这个充满创意、独一无二的北海币，虽然没有黄金储备、外汇储备做准备金，但其币值却很稳定，市场物价也很稳定……北海币，终于成为山东根据地百姓放心持有的专属货币了，市场物价稳定，商业贸易越来越繁盛，对解放区的经济发展做出了重要贡献。

在理论上，以物资为本位的货币政策，是我国本土宏观经济政策和理论在管子货币理论上的新发展，具有极其重大的理论和实践意义。

土地所有制革命和科学的物资财政货币综合平衡政策为中国共产党取得国内战争的胜利奠定了经济基础和物质保障，成为日后完善国家经济治理体系和智力能力的一笔宝贵财富。

---

① 钱伟长总主编，张卓元、厉以宁、吴敬琏本卷主编：《20世纪中国知名科学家学术成就概览·经济学卷·第一分册》，科学出版社2013年版，第156页。

第四节　中华人民共和国的财局与政局[①]

这一节，继续以国家控制经济的两个最重要生财与理财制度——所有制和财税制度——的互动发展演进作为分析主体，对中华人民共和国的财局与政局互动演进进行历史与逻辑分析。

中华人民共和国政治经济体制的演进总体上呈现连续性。

政治上集权，实行党的一元化领导，通过中国共产党领导的多党合作政治协商制度和全国人民代表大会制度贯彻政党和国家意志；党内通过全体党员选举的中央委员会，以及由中央委员会选举的中央政治局和常务委员会管理全党和国家事务。经济上和行政上集权与分权相结合，依靠地方和群众发展生产，发挥中央和地方、政府和企业两个积极性。这是当代中国财局与政局互动演进的大背景、大框架。

具体就所有制和财税制度而言，大致经历了这样四个阶段：1949—1952年实行战时财政经济体制；1953—1978年实行公有制基本经济制度和统收统支的财税制度；1979—1993年实行了以公有制为主体多种所有制经济共存的基本经济制度和分灶吃饭的财政包干制度；1994年至今实行了以公有制为主导多种所有制经济共同发展的基本经济制度和分税制的财税制度。财政税收制度在运转上实行统一领导、分级管理的行政体制。1994年前，全国实行一个税务系统进行税收征管，实行属地化管理。1994年后，按照分税制的要求，设立国家税务局和地方税务局两套征税机构，国家税务局实行垂直领导，地方税务局实行中央地方双重领导，以地方为主。

① 本节主要基于拙作《中国财政改革的政治经济学逻辑》，《中央财经大学学报》2016年第2期。

1949—1952年的财局与政局

这一阶段，国家实行战时体制和国民经济恢复政策。财政经济也是战时体制，即执行集中统一制，通过集中体制动员财力、人力、物力支援战争；通过没收官僚资本、公私合营和集体化、合作化奠定保障财源的公有制基础。由于战时货币混乱，财政收支多采用实物制。

华北人民政府时期（1948—1949），财政收支以赤字运转为主，军费支出占到总预算的80%左右，其他支出占20%左右；农业税大约占到边区政府预算总收入的75%—80%，工商税占20%左右。[①] 由政局和财局相互制约、相互作用的关系决定，政府的政策只能以农村为中心，以农业税为切入口，实行土地改革、耕者有其田、减租减息，颁布新农业税则，废除农业统一累进税，实行扣除免税点后按常年应产量的比例征收制。在工商业上，也是改革税制，整顿税收，将原来的52种城市税减少为20种；商业税与所得税合并，统一货物税和税率，规定工业减征10%—40%；奖励合作经济，合作社完全免税。这些措施都是想通过发展工农业生产和商业流通，以扩大税基，保障税源，进而保障财源。由于财政服务战争，只能以量出为入作为收支原则，所以根据地人民的出人出钱出粮负担相当重。因此，政府不得不制定配套的政治改革措施。实行民主制度，倡导民主作风，给人民以民主权利作为纳税交粮的激励机制，制定人民当家作主的宣传政策，给人民未来良好预期等。

1949年10月后，国家管理的重心由农村转移到城市，在战争延续和百废待兴的政治局面下，财政收支捉襟见肘，财政管理的主要方针是“战时体制”和“开源节流”，由中央政府统一支配全国财权与事权。在财政收入中：农业税占40%，城市工商业税收占38%，国有企业收入（工业企业、铁路、银行等上缴利润）占17%。在战时体制下，中央政府掌握财政的绝对控

① 王丙乾：《中国财政60年回顾与思考》，中国财政经济出版社2009年版，第7页。

制权，为了让地方多上缴，提出了承包提成制等激励措施。比如，1949 年 12 月 28 日，中财委主任陈云和财政部长薄一波就划分中央和地方的财政收支范围提出了四点原则性意见："第一，税收中（除关税、盐税、货物税、工商税外）划归地方部分要规定任务，多则上缴，不足则由中央补助。超出任务部分，地方可提成 50%—70%。第二，公粮收入，除经中央或大行政区批准的地方附加归地方支配外，另拨粮食作为财政开支时，使用于各大城市的调剂，并且作为今后回笼货币的一个主要手段。第三，主力部队与地方部队的给养暂由军区后勤部供给，向大行政区报销。第四，大项目的投资属于中央各部直接掌握的，由中央各部直接管理；属于大行政区掌握的，由大行政区管理。"①1950 年 3 月，政务院《关于统一全国财政经济工作的决定》要求"统一全国的财政收支、物资调度和现金管理"，即实行高度集权的集中统一管理，地方财政收入一律上缴中央，实行收支两条线，以克服财政困难，保证军费开支、稳定物价和实现国民经济的恢复。1950 年，中央财政仍然收不抵支，预算缺口达 69.5 亿斤粮食，其中军事费和行政费两项支出合计约 60.16%（见表 4.6）。因此，1950 年 6 月，毛泽东在党的七届三中全会上做报告指出：要获得财政经济情况的根本好转，需要三个条件：（1）土地改革完成；（2）现有工商业的合理调整；（3）国家机构所需经费的大量节减。②

因此，新中国成立初的财政经济改革基本是围绕毛泽东提出的三个中心任务来进行的。经济领域是土地所有权改革和工商业国营化、集体化，以提高国家对经济的全面控制能力，即通过所有制改革控财源。在政治上配套实行社会主义教育运动、"三反""五反"运动③和大幅压缩行政管理机构减

① 王丙乾：《中国财政 60 年回顾与思考》，中国财政经济出版社 2009 年版，第 26 页。

② 王丙乾：《中国财政 60 年回顾与思考》，中国财政经济出版社 2009 年版，第 27 页。

③ "三反""五反"运动是 1951 年底到 1952 年 10 月，中国在党政机关工作人员中开展的"反贪污、反浪费、反官僚主义"和在私营工商业者中开展的"反行贿、反偷税漏税、反盗骗国家财产、反偷工减料、反盗窃国家经济情报"的斗争的统称。

少行政支出。为了规范和平衡中央与地方的财政经济权力，1951 年政务院通过了《关于划分中央与地方在财政经济工作上管理职权的决定》，提出在保障中央统一领导、计划和管理的原则下，将财政经济工作中的一部分适宜于地方政府管理的职权交给地方政府，地方政府可因地制宜。这是中央政府为充分发挥地方政府积极性所做的一次步伐很小的分权尝试。

表 4.6　1950 年新中国第一次预算情况

单位：粮食、斤

收入		支出	
收入总额	52542600000	支出总额	59490200000
公粮收入	19984000000	军事费支出	23069300000
各项税收	18780000000	经济建设投资支出	14204820000
国营企业收入	8238600000	文化教育卫生支出	2436080000
清理仓库收入	1140000000	行政费支出	12718000000
发行公债收入	4300000000	社会事业费支出	1378000000
其他收入	100000000	债务支出	84000000
		总预备费	56000000000

资料来源：王丙乾：《中国财政 60 年回顾与思考》，中国财政经济出版社 2009 年版，第 27 页。

1953—1978 年的财局与政局

1953 年以后，经过工商业的社会主义改造，全国实行公有制基本经济制度和统收统支、统购统销的财政经济管理体制。统收统支的经济管理制度在分配上以政府为主，居民和家庭、企业可支配收入较少。统收统支的财政体制实行收支两条线，地方政府负责统收，中央政府负责统支。

这一阶段，为了实现国家的独立自主，打破美苏两个超级霸权对我国的封锁和威胁，我国实行重工业优先发展战略，加快国防和工业体系建设，政府加强了财政汲取能力，同时发行经济建设公债，财政收入占国民收入比重在三分之一左右（见图 4.1）。从图 4.1 财政收入占 GDP 比重和图 4.2 所有制结构变化（国营经济在GDP中的比重）的对比中，我们看得十分清楚，公有制是政府财力的关键支撑。其背后的基本逻辑是，在公有制基本经济制度下，国家实行重工业优先发展战略，通过统收统支、统购统销机制，国有经济和集体经济给国家财政上缴的比例高，以满足资本密集型重工业体系的建立和发展。在收入分配政策上完全以政府主导，服务于国民经济建设，财政被称为建设财政。在城市，实行低工资、低福利，企业的自主性很小，职工收入长期处于满足生存性生活状态。在农村，通过工农产品价格“剪刀差”为工业化积累资金，农民收入很低，生活很困难。因此，1952—1978年，我国居民和家庭被迫“勒紧裤带过日子”，职工的实际工资收入处于长期徘徊不前的状态，农民的实际收入增长十分有限，人民生活条件改善缓慢，处于普遍的贫穷状态，同时城乡实际收入差距很大，有“农村真穷、农民真苦”的时代评论（见表4.7）。因此，邓小平后来说“贫穷不是社会主义”。

表4.7　1952—1980年实际和名义工资与农村集体人均收入

单位：元/年

年度	国家部门年度平均工资		农村集体人均收入	
	名义	实际	名义	实际
1952	446	446	—	—
1953—1957（“一五”期间）	559	522	41.75	38.3
1958—1962（“二五”期间）	546	461	42.9	35.8
1963—1965（经济调整恢复）	651	530	48.7	39.2
1966—1970（“三五”期间）	623	525	59.5	50.1
1971—1975（“四五”期间）	614	513	63.8	54.4
1976—1980（“五五”期间）	672	529	74.2	60.2

说明：职工的实际工资=名义工资/生活费用指数，以1952年的价格为基准。农村地区由于没有合适的价格指数，故代用普遍零售价格指数。

资料来源：《中国农业年鉴（1980）》，农业出版社1980年版，第41页；国家统计局：《中国统计年鉴（1981）》，中国统计出版社1982年版，第411—412、435—436页；R.麦克法夸尔、费正清编：《剑桥中华人民共和国史》（下卷）中国革命内部的革命（1966—1982年），中国社会科学出版社1992年版，第496页。

为了保持财政经济发展的可持续，防止积累和消费的失衡，1956年薄一波在中共八大会议上作了《正确处理积累和消费的关系》的讲话，总结1953—1956年以来安排积累和消费之间比例关系的经验基础上，提出“二、三、四”的制约界限，就是在通常的情况下，积累在国民收入中的比例不低于20%，或略高一些；国家预算收入在国民收入中的比例不低于30%，或者略高一些；基本建设投资支出在国家预算支出的比例不低于40%，或者略高一些；认为这样既能保障我国工业特别是重工业的发展，又能保障人民的生活逐步提高。[①] 这是我国经济发展的重要理论成果。

这一阶段，围绕分利均衡问题，中央政府与地方政府进行了多轮分权和集权的博弈，进行了多次调整，1960年后中央财政呈弱势。

“一五”期间（1953—1957），我国财政收入平均递增12.2%，财政集中度很高，财政总收入中中央占80%，财政总支出中中央占75%，中央财政处于绝对主导地位（见图4.3），中央政府具有很高的权威性。但地方政府财政收支捉襟见肘，对这种状况很有意见，要求改革。1956年，毛泽东发表《论十大关系》，探索建设中国的宏观经济管理模式，开始尝试充分放

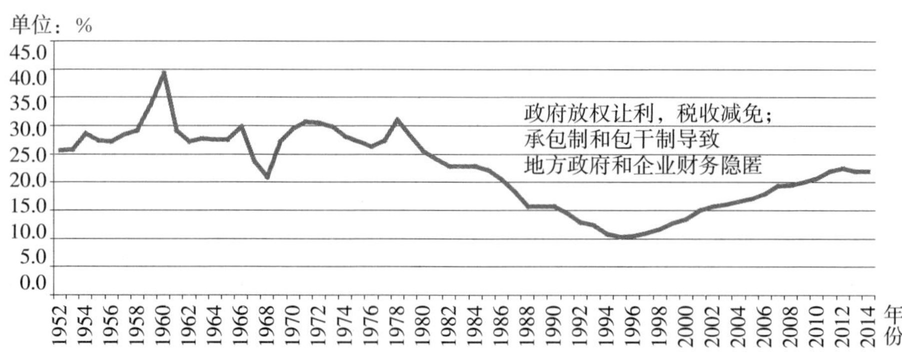

图4.1 财政收入占GDP比重

资料来源：中国统计局，中经网统计数据库。

① 王丙乾：《中国财政60年回顾与思考》，中国财政经济出版社2009年版，第84、176页。

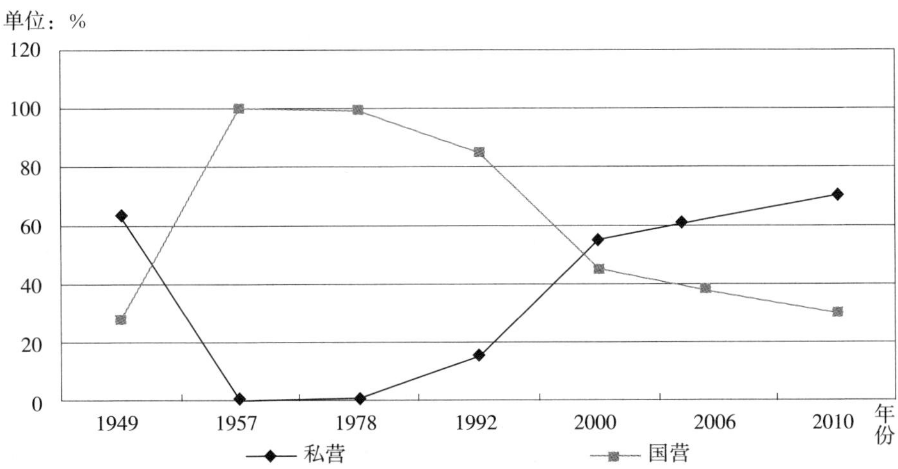

图 4.2　所有制结构变化（在 GDP 中的比重）

资料来源：《数读中国 60 年》，国民经济统计公报，第一、二、三、四次全国经济普查资料，《十五期间民营经济形势分析报告》。

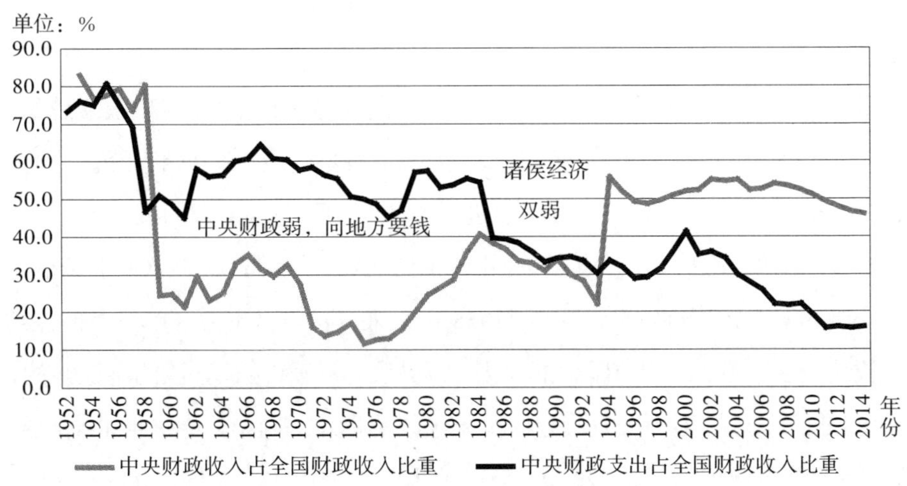

图 4.3　中央财政收入和支出占全国财政收入比重

资料来源：中国统计局网站，其中 2014 年的数据来自财政部网站。

权，发挥中央和地方两个积极性。1957 年，国务院先后出台《关于改进财政管理体制的规定》《关于改进工业管理体制的规定》《关于改进商业管理体制的规定》，财政部发出《关于1958年对地方财政划分收入的几项规定的通知》等政策措施，重点调整中央与地方的财政收支关系，扩大地方和企业的分成比例，调动地方和企业的积极性。这是第一次财政分权试验的深化。1958年，中共中央作出《发行地方公债的决定》，以缓减地方财政困难。

“二五”期间（1958—1962），我国财政收入平均递增仅0.2%，但国家财政汲取能力达到历史顶峰，财政收入占GDP的比重1960年达到历史最高的39.3%。这是因为政治冒进，“大跃进”，人民公社，在所有制上搞“一大二公”，在经济建设上大干快上等急躁冒进所致。这一时期由于政策措施失当、归还苏联债务和三年自然灾害，结果国民经济发展和人民生活不进反退，财政经济陷入困境，不得不进行政策调整。但随后的财税政策调整过猛，中央财政占财政总收入和支出的比例大幅下降（见图4.3、图4.4），收入占比从1953年的83%下降到1961年的21.5%，收入下降超过三分之二；支出占比从1953年的76%下降到1961年的45%，支出下降超过三分之一，形成中央财政支出占比是收入占比的一倍以上的不利格局。这样，集中与分散关系颠倒。中央不得不向地方伸手，要求地方政府增加财政上缴总量。在中央与地方的讨价还价的博弈中，中央的财政经济权威开始下降。为此，1961年，中央批转财政部《关于改进财政体制加强财政管理的报告》，要求把财权基本集中在中央、大区和省市自治区三级。同时，中央《关于调整管理体制的若干暂行规定》，要求“1958年以来，各省（市、区）和中央各部下放给专区、县、公社和企业的人权、财权、商权和工权，放的不适当的，一律收回”。这是第一次财政分权试验失败的标志。同年，中央批准财政部《关于调整农业税负担的报告》，使农业税负全国平均不超过10%。这样，中央财政收入和支出占全国财政收入比重又有一个小幅回升，农业和农民的负担有所减轻。1962年，中央召开“七千人大会”，强化集中制和全国一盘棋，国务院发出《关于严格控制财政管理的决定》（财政六条），再次集权。1963年国务院批转财政部、民族事务委员会《关于改进民族自治地方财政管理的决定（草案)》。这些措施，保障了三年调整期间（1963—1965）财政收入平均递增14.7%。

“三五”期间（1966—1970），我国财政收入平均递增7%，但中央财政收支格局没有改变，仍是支出远大于收入。1966年为了改变统得过死的局面，又实行放权尝试。1970年为了缓减地方财政困难，激励地方财政增加上缴，国务院批准《关于下放工商税收管理权的报告》。

“四五”期间（1971—1975），我国财政管理体上进行了第二次财政分权试验，探索和试行包干制，结果财政收入平均递增仅4.3%，中央财政收入占比继续呈下降态势。1971年，财政部发出《关于实行财政收支包干的通知》，决定实行“定收定支，收支包干，保证上缴，结余留用，一年一定”，简称财政收支“大包干”。1972年，财政部发出《关于改进财政收支包干办法的通知》，对包干办法做了部分修改，采用分成的办法，不满1亿元的收归地方，超过部分上缴中央一半。同年财政部决定在华北、东北、江苏试行新的财政体制。1973年，财政部发出《关于改进财政管理体制的意见》，又对包干办法做了修改，在部分地区实行“收入按固定比例留成办法”。

“五五”期间（1976—1980）。1975年，中共中央制定了《1976—1985年发展国民经济十年规划纲要（草案)》，属长期计划，主要是对国家重大建设项目、生产力分布和国民经济重要比例关系等作出规划，为国民经济发展远景规定目标和方向。党的十一届三中全会以后，国民经济处于全面调整时期，“五五”计划指标相应作了较大幅度的调整。在财局上，继续进行财政分权探索。1976年实行“定收定支、收支挂钩、总额分成、一年一定”的财政体制。1977年，国务院批转各地执行《关于税收管理体制的规定》。1978年，财政部发出《关于试行“增收分成，收支挂钩”财政体制的通知》，财政实行“由下而上、上下结合、块块为主、条条结合”的办法，但财政收入没有大的进展。

总的来看，20世纪70年代以集中为主、适度下放财权的统收统支管理体

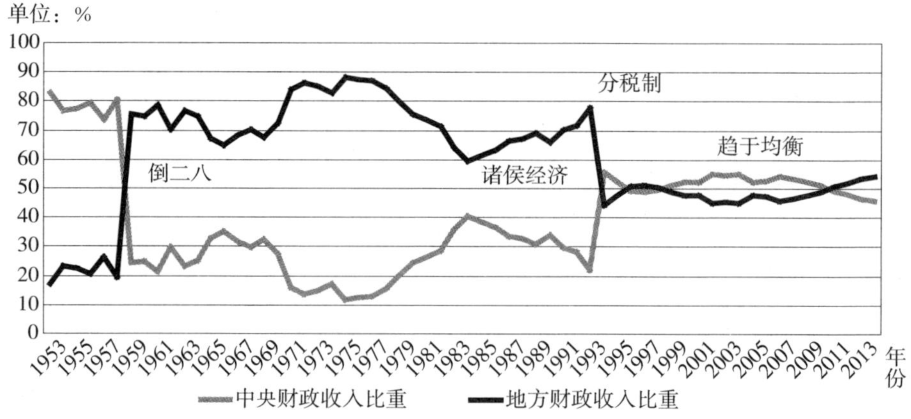

图 4.4　中央和地方财政收入占全国财政收入比重

资料来源：中国统计局网站。

制，但财政制度平均三年一变，很不稳定，中央财政汲取能力整体呈下降态势，收支格局没有大的改善。这一阶段的财政改革的主线就是平衡中央与地方的收支失衡，并以改善中央财政的收支失衡为主轴。但由于统收统支的财政制度与税收征管的属地化管理体制存在内在冲突，难以有效遏制地方政府的财政隐匿或有效调动地方政府的积极性，中央政府的财政收支格局也无法得到根本好转，并形成了"一放就活，一活就乱，一乱就收，一收就死"的财政经济困局。

这一阶段，中央政府财税改革的另一大特点是以控制税源为主，服务于国防和工业体系建设。为了控制税源，提升国家的国防和经济建设的能力，政府在城市实行国有制，在农村实行集体所有制，在新疆、黑龙江等地实行屯田制（设立独立建制的生产建设兵团、农垦兵团）。这种所有制安排一方面极大地提高了政府的经济组织能力，促进了生产；另一方面可以有效地控制税源，保障政府集中配置资源的能力，典型的说法就是——集中力量办大事。应该说，这对我国的工业现代化、国防现代化做出了巨大的贡献，至少在很短的时间就建成了完整的国民经济体系，为中国成为世界工业大国、强国奠定了得天独厚的物质和技术保障。

但实行国有制和集体所有制为基础的统收统支的经济制度和财税体制管理体制，在收入分配上过于向政府、向中央倾斜，缺乏对地方、企业和个人激励强度的背景下[①]，难以调动地方开源节流、增收节支的积极性，随着管理的官僚化和组织体系的僵化，不讲效率、不负责任和假公济私等经济行为普遍化，逐渐演变为社会普遍存在的"短缺经济""干多干少一个样"，劳动积极性和劳动效率呈现下降的趋势。自然，税源和税基也呈现下降和萎缩的趋势。

到20世纪70年代中，我国经济局面有所谓处于"崩溃"的边缘的说法。实际上就是国家财政收支入不敷出（见图4.5、图4.6），出现危机，甚至不得不举借外债来维持国民经济的运转和搞建设。比如，1973年，在国务院总理周恩来主持下，国家计委提出举借43亿美元外债的财政计划。1974年和1976年都是财政收入和支出总量减少，财政收支增速都为负，赤字逐年扩大；1976年比1975年财政收入减少达39.1亿元，财政支出也减少14.6亿元。这样形成了中央和地方双重财政压力倒逼下的财税经济改革。1977年，华国锋、邓小平为首的中央把引进外债（外资）方案扩大到65亿美元，到了1977年的10月又进一步扩大到100亿美元，1978年的2月又扩大到180亿美元，3月份又扩大到200亿美元，4月份扩大到500亿美元。[②]

① 以企业为例，1952—1957年，尽管建立企业奖励基金和超计划利润分成制度，但企业的机动财力很小；1958—1961年，实行利润留成制，四年共提取留成资金146.7亿元，约占同期企业实现利润总额的10.3%；1962—1968年，除商业部门实行利润留成制度外，其他部门均予以取消，恢复企业奖励基金制度；1969—1977年，取消企业奖励基金制度，并入职工福利基金。但就整体而言，企业的自主权比较少。企业产品由国家统一定价，企业实现利润的高低，与企业生产经营效率的高低不成正比，对企业不能形成有效激励。参见杨志勇：《新中国财税制度演进的逻辑》，史正富主编：《30年与60年：中国的改革与发展》，格致出版社、上海人民出版社2009年版。

② 韩钢：《还原华国锋：关于华国锋的若干史实》，2008年10月18日，http://www.21ccom.net/articles/rwcq/article_2010080615067.html。

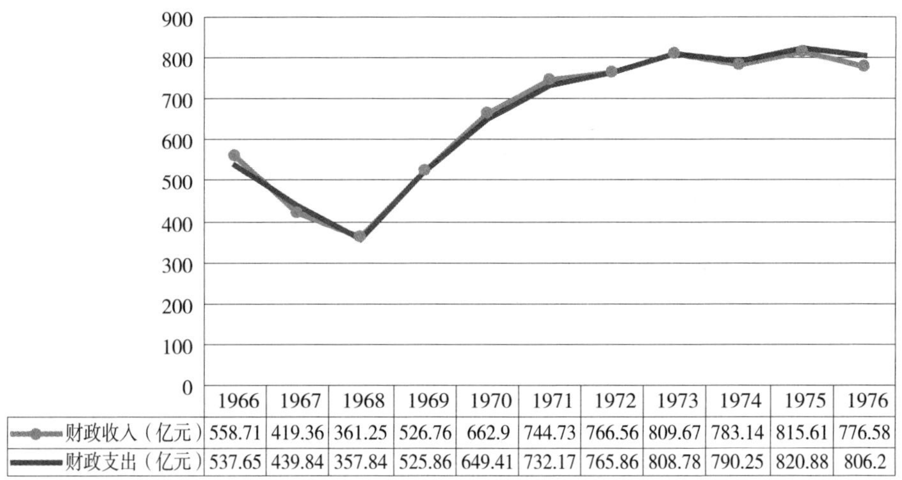

	1966	1967	1968	1969	1970	1971	1972	1973	1974	1975	1976
财政收入（亿元）	558.71	419.36	361.25	526.76	662.9	744.73	766.56	809.67	783.14	815.61	776.58
财政支出（亿元）	537.65	439.84	357.84	525.86	649.41	732.17	765.86	808.78	790.25	820.88	806.2

图 4.5　1966—1976 年我国财政收支

资料来源：中国统计局网站。

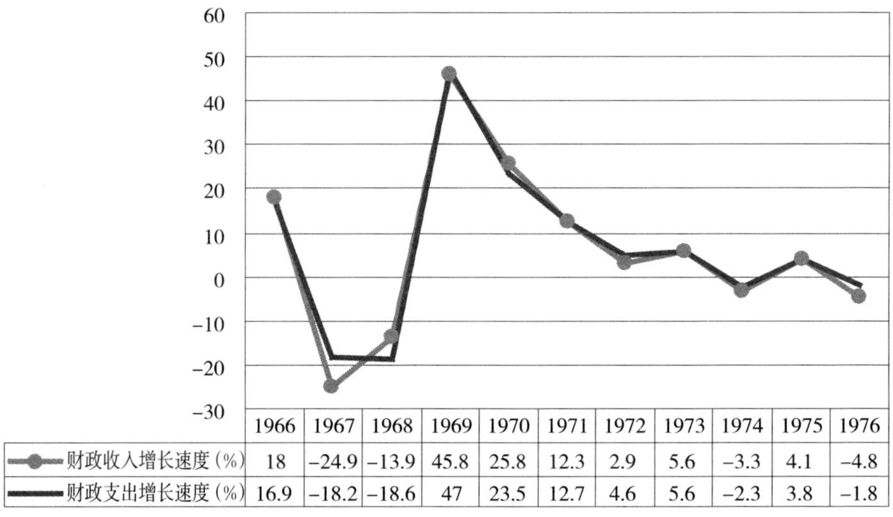

	1966	1967	1968	1969	1970	1971	1972	1973	1974	1975	1976
财政收入增长速度（%）	18	–24.9	–13.9	45.8	25.8	12.3	2.9	5.6	–3.3	4.1	–4.8
财政支出增长速度（%）	16.9	–18.2	–18.6	47	23.5	12.7	4.6	5.6	–2.3	3.8	–1.8

图 4.6　1966—1976 年我国财政收支增长速度

资料来源：国家统计局网站。

这是中国和西方，尤其是中美关系改善这样大的政治背景下，中国借助国外的资金和技术来搞四个现代化的被迫选择。

在国有企业方面，1965 年企业亏损 14.8 亿元，1974 年增至 81.3 亿元，企业亏损额和亏损面不断增加，不仅不给财政上缴，还要财政补贴，加剧财政收不抵支，日子十分难过。到 1979 年 4 月，全国有将近 10000 个工业企业亏损，商业、农业的亏损面也很大；1979 年，财政负担的企业亏损补贴和价格补贴支出合计 169 亿元，占当年国内财政支出的 14%。① 因此，国有企业改革首先是财政压力下的倒逼结果。

在农村集体经济方面，农产品收购价格偏低，多年未做调整，以致工、农产品的价格“剪刀差”扩大，农民的生产积极性受到挫伤，农业产出徘徊不前。

所以，20 世纪 70 年代后期，如何激活经济发展活力和保障财政收入已经成为政府运转和实现政治目标的头等大事，通过改革所有制和财税体制激发群众和地方的生产活力，从而扭转财政困境就成为政府工作的优先选项。1976 年，随着周恩来、毛泽东等第一代领导人相继去世以及唐山大地震等自然灾害，中国政治经社会进入世代交替的转型发展期。

这就是我国改革开放决策的财政经济大背景、大格局、大逻辑。

1979—1993 年的财局与政局

这一阶段，为了做大国民经济蛋糕，保税源、稳财源，政府进行了一系列财政经济改革探索，是财政经济大放权的“摸着石头前进”的发展阶段。在经济所有制上，实行放权让利、承包制、租赁制、股份制，允许个体、私营和合资企业发展。在财政上，实行利改税、财政包干、分灶吃饭。“大包干体制”② 成为 1979—1993 年我国财政经济制度的典型特征。为了应对

① 王丙乾：《中国财政 60 年回顾与思考》，中国财政经济出版社 2009 年版，第 384、378 页。

② 分灶吃饭的财政包干制归纳起来至少有六种：总额分成包干，总额分成包干与增长分成包干，定额上交包干，收入递增包干，上交额递增包干，定额补助包干。

财政困境，政府还采用了印钞票、发国债、借外债、引外资等一系列特殊政策。比如 1984 年设 4 个经济特区和 14 个沿海开放城市，通过给予超国民待遇（土地、税收、工商、市场、政治待遇、特事特办等）引进外资。

为了应对政府财政整体困难局面，平衡中央与地方的财政收支失衡，这一阶段政府财政管理体制经过包干制的多年讨价还价试验，仍没有解决中央财政的困境。1979 年，国务院成立财政经济委员会，并发布《关于“收支挂钩、总额分成、比例包干、三年不变”财政管理办法的若干意见》。1980 年实行“划分收支、分级包干”财政管理体制，实行“分灶吃饭”，划分中央与地方收支范围，地方财政分级包干自求平衡。1981 年国务院发布《关于平衡财政收支，严格财政管理的决定》。1982 年国务院发出《关于改进“划分收支、分级包干”财政管理体制的通知》。1985 年国务院发布《关于实行“划分税种、核定收支、分级包干”财政管理体制的通知》。

财政经济大包干制激发了地方政府和企业的经济活力，国民经济快速增长。但由于征税系统的属地化管理，企业承包经营“包盈不包亏”和地方政府税收不规范减免、化税为费的财政隐匿等现象，中央税收和财政增长乏力，“两个比重”（财政收入占国民生产总值的比重、中央财政收入占全国财政收入的比重）都逐年下降，中央财政陷入困境，不得不实行赤字财政。于是，1992 年财政部决定在浙江省、辽宁省、新疆维吾尔自治区、天津市、武汉市、青岛市、大连市、沈阳市、重庆市等 9 省区市率先实行分税制财政体制。试点取得成效后，1993 年 12 月，国务院发布《关于实行分税制财政管理体制的决定》。

为了适应改变了的所有制结构、收入分配结构和经济发展方式转型，政府进行了配套税制改革，出台了一系列政策措施，主要是利改税、工商税、所得税等改革。1981 年，国务院发布《关于调整农村社队企业工商税收负担的若干规定》，财政部发布《关于国营企业试行以税代利几项规定》《关于工业公司试行增值税和改进工商业税办法的通知》。1982 年开始对银行征收工商税。1983 年国务院批转财政部《关于全国利改税工作会议报告》和《关于国营企业利改税试行办法》，第六届人大常委会修改《中华人民共和国中外合资企业所得税法》。1984 年国务院发布《国营企业奖金税暂行规定》《产品税、增值税、盐税、营业税、资源税、所得税条例和国营企业调节税征税办法》《关于经济特区和沿海十四个港口城市减征、免征企业所得税和工商统一税的暂行规定》。1985 年国务院发布《中华人民共和国城市建设税暂行条例》《中华人民共和国集体企业所得税条例》《奖金税暂行规定》《国营企业工资调节税暂行规定》《集体企业奖金税暂行条例》。1986 年国务院发布《城乡个体工商业户所得税暂行条例》，财政部颁布《关于促进横向经济联合若干税收问题的暂行办法》《个人收入调节税暂行条例》。1987 年国务院发布《耕地占用税暂行条例》，开始征收耕地占用税。1991 年《中华人民共和国外商投资企业和外国企业所得税法》人大通过。1992 年，中共中央指出实行利税分流是国家与企业分配关系的方向。1993 年，国务院发出了《中华人民共和国增值税暂行条例》《中华人民共和国消费税暂行条例》《中华人民共和国营业税暂行条例》《中华人民共和国所得税暂行条例》《中华人民共和国资源税暂行条例》，全国人大八届四次会议通过了修订后的《中华人民共和国个人所得税法》。

这一阶段，在放权让利、承包制和分灶吃饭的财政包干制的探索过程中，由于企业和政府的利益不一致，地方政府与中央政府的利益不一致，在讨价还价的博弈过程中，企业和地方政府处于信息优势地位，同时企业“包盈不包亏”和税务系统属地化管理导致地方政府的财务隐匿（建账外账）现象比较突出，企业偷税、漏税比较普遍[①]，“地方（乱减免）请客，中央买单”的财政现象难以得到有效遏制，使中央财政收入大幅流失，累积形成中央财

① 一些研究指出，国有企业偷漏税率在五成，集体企业在六成，个体及私营三类企业在八成，个人收入调节税在九成以上。参见王绍光、胡鞍钢：《中国国家能力报告》，辽宁人民出版社 1993 年版。http://baike.baidu.com/subview/11145788/11484027.htm。

政困局。与经济承包制相适应的财政包干制由于一年一定的短期性，呈现不规范、不科学的特征，它对经济发展的短期正效应很快就迅速递减，而负效应却在迅速扩大，导致国家汲取财政能力迅速下降，政府财力极度分散，中央控制宏观经济能力下降（见图 4.1、图 4.3），突出表现为[①]：

一是“弱政府”。财政收入占 GDP 比重不断下降，从 1978 年的 31.1% 下降至 1993 年的 12.6%，已陷于“弱政府”的境地。同时财政收入增长弹性下降，1986 年至 1991 年期间，GNP 每增长 1%，财政收入仅增长 0.66%。

二是“弱中央”。中央政府财政收入占全国财政收入比重持续下降，呈现“弱中央”境况。1984—1993 年，在整个财政分配中，呈现“弱干强枝”态势，中央地方呈现倒二八的格局（见图 4.4）。1984 年，中央财政占全国财政收入的比重是 41.5%，1986 年下降到 36.7%，到 1993 年下降到 22%。中央财政收入主要用于国防和行政支出，是典型的“吃饭财政”。1993 年 9 月，朱镕基在广东省就实行分税制问题调研时指出：“目前中央财政十分困难，已经到了难以为继的地步。如果不适当地集中中央财政收入、加强中央财力，日子就过不下去，最终全国都要受害，都搞不下去。”[②] 所以中央财政的发言权就相对比较小。政治上的权威没有经济上的支撑，也达到低谷。“手中没把米，叫鸡也不来。”

三是连年财政赤字。实际财政赤字巨大，1979—1992 年累计额为 4168 亿元，平均每人负担 356 元，而 1992 年城镇居民家庭人均可支配收入 2026 元，农村居民家庭人均纯收入 784 元。与此同时，中央财政向中央银行大量透支，中央银行超额印制货币，导致通货膨胀。

四是“诸侯经济”。中央控制宏观经济能力下降，地方形成各自为政的“诸侯经济”。地方政府层层小而全，大而全，自成体系，地区封锁，

① 参见王绍光、胡鞍钢：《中国国家能力报告》，辽宁人民出版社 1993 年版。

② 《朱镕基讲话实录》编辑组：《朱镕基讲话实录》（第一卷），人民出版社 2011 年版，第 360 页。

互征高税，设置各类贸易壁垒。“诸侯经济”导致中央权威和权力不断流失。

弱政府、弱中央财政、诸侯经济与国体政体存在内在冲突，影响政治局面的统一、稳定和可持续。由于财税制度的这种政治属性，财税制度改革势在必行，政治权衡成为优先考虑的原则。

在所有制上，国有企业改革以转换企业经营机制和扩大企业经营自主权为主轴，试图通过责任制、利改税、承包制、租赁制、股份制以及转变经营机制等措施激发国有企业活力，探索国有企业实现自主经营、自负盈亏、自我发展、自我约束。农村改革以家庭联产承包制和发展乡镇企业为主。城市以“广开门路，搞活经济”为方针，允许私营经济作为公有制的有益补充进行发展。到 1987 年中共十三大正式承认私营经济的地位，明确鼓励发展私营经济，1992 年十四大后私营经济开始大发展。这一时期，国有企业所得税率高达 55%，税后利润必须上缴，还承担企业办社会等社会职能；而外资企业所得税为 30%。这种所有制税率的不平等客观上要求必须改革税制，统一税率，这样才能形成公平竞争的市场经济环境。

一些研究指出：“1980—1993 年的中国财政制度有三大特点：一是中央和地方财政关系有章可循，但是章法不明确；二是中央和地方的财政关系的章法没有宪法保障基础，中央政府可以单方面任意改变规则；三是虽然中央政府具有广泛的处理违纪行为的权力，但是没有有效贯彻财政政策的机制。”①

因此，改税制，完善章法和建立有效执行机制就成为下一步财政改革的主要议题。

① 王绍光：《变化的政府作用》，参见胡鞍钢、王绍光：《政府与市场》，中国计划出版社 1999 年版，第 46 页。

1994—2015 年的财局与政局

全国财政工作会议和中央经济工作会议成为这一阶段确定财政经济大政方针的主要工作机制。财政改革主要是改税制，扩税基，控税源，完善章法和建立有效贯彻财政政策的执行机制。具体来说，根据发展社会主义市场经济的大政方针，结合多种所有制共同发展的经济制度，中央政府实施和完善分税制，改革企业和资源所有制管理模式，控优质税源，保障中央的财政收入和经济权威。

分税制改革以提高中央财政收入为目标，在划分事权的基础上，划分中央与地方的财政支出范围，按照税种划分收入，明确中央与地方各自的收入范围；特别是分设国家税务局征收中央税，地方税务局征收地方税，共享税由国家税务局负责统一政策，统一征管，收完以后按照政策规定的比例返还给地方，建立中央对地方的税收返还制度。这个分税制和税收征管行政管理体制改革一下子彻底改变了、逆转了中央与地方的财政关系，从此，中央财政强、地方财政弱的局面一直持续到现在。

为了保障中央财政收入，规范税收征管、减免，理顺中央与地方的财政关系，这一阶段中央政府加强了财政法制化的进程，通过法律规范财政税收的基本原则和行为准则，不断硬化财税的法律约束。1994 年，国务院发出通知，取消集市交易税、牲畜交易税、烧油特别税、奖金税、工资调节税，同时将屠宰税和筵席税下放地方管理；发布《中华人民共和国个人所得税法实施条例》《中华人民共和国企业所得税暂行条例实施细则》《关于分税制财政管理体制税收返还改为与本地区增值税和消费税增长挂钩的通知》，财政部、国家税务总局发出通知，决定将减免及返还的流转税并入企业利润征收所得税。1995 年第八届人大常委会第十二次会议通过了《关于修改中华人民共和国税收征收管理法的决定》，国务院发布《中华人民共和国预算法》。1996 年国务院办公厅转发国家税务总局《关于调整国家税务局、地方税务局税收征管范围意见的通知》，初步明晰了国税和地税的征管界限，《中华人民共和国税法》正式颁布实施。1997年国务院转国家税务总局《关于加强个体私营经济税收征管强化查账征收工作的意见》，财政部、国家税务总局联合发出《关于调整金融保险业税收政策的通知》，国家税务总局发布《企业所得税减免税管理办法》。1998年财政部和国家税务总局又发出《关于制止越权减免企业所得税的通知》。1999年财政部、国家税务总局和建设部发出《关于对城市居民出售个人住房应如何缴纳个人所得税的问题通知》。2003年，国务院发布《关于改革现行出口退税机制的决定》，进一步推动我国产品“走出去”，进一步提升我国商品的国际竞争力，扩大对外贸易，做大经济蛋糕。2004年财政部、国家税务总局联合下发《关于国有土地使用权出让等有关契税问题的通知》。2005年财政部和国家税务总局发出《关于加强土地税收管理的通知》。2000—2005年，中央政府积极推进农村税费改革，逐步推开取消农业税，缓解基层政府与农民的政治经济冲突。2006年全面取消了农业税，彻底解决了2000多年来基层政府与农民在税收上的利益冲突，并且增加了对“三农”的财政投入。2008年《中华人民共和国企业所得税法实施条例》开始施行。这一阶段，土地税、房产税、车船税、个人所得税等在财政收入中的比例逐渐提高。2013年《中共中央关于全面深化改革若干重大问题的决定》提出深化财税体制改革，建立事权与支出责任相适应的制度。2014年中共中央政治局审议通过了《深化财税体制改革总体方案》，提出到2020年建立统一完整、法治规范、公开透明、运行高效，有利于优化资源配置、维护市场统一、促进社会公平、实现国家长治久安的可持续的现代财政制度。2015年国务院批转发展改革委员会《关于2015年深化经济体制改革重点工作的意见》，提出落实财税改革总体方案，推动财税体制改革取得新进展，合理划分中央与地方事权和支出责任，调整中央与地方收入。

分税制和中央地方分别征管体制的有效推进，解决了包干制以来中央与地方一年一谈判的高昂成本，降低了地方和企业的财政隐匿以及税收乱减免。在分税制改革中，中央政府将税源稳、税基广、易征收的税种大部分作为本级收入。消费税、关税100%划为中央固定收入，企业所得税按纳税人隶属关系分别划归中央和地方，流转税改为增值税后实行共享，中央拿大头，分成比例为75：25。特别是，对税收征管体制进行了改革，建立国家税务局和地方税务局两套机构，由国家税务局负责保障中央的税收，彻底改变了原来税务系统属地管理的被动局面。可以说，中央与地方财政格局发生了历史性变化（见图4.3、图4.4、图4.7），在财政收入上，1993年中央与地方之比例为22：78，到1994年该比例变为55.7：44.3；在财政支出上，1993年中央与地方之比为28.3：71.7，1994年该比例为30.3：69.7。这是一个巨变，中央财政收入占55.7%，而支出仅占30.3%，彻底扭转了中央财政收入少支出多的被动格局，中央政府从此牢牢掌控了财政的主动权。

政府层级间的财政分配关系决定国家治理体系和政局发展演变趋势。2003—2014年，中央财政收入占全国财政收入比重年均为51%左右，最高年份曾达到56%，中央财政的调控空间和能力越来越大。2014年，中央财政收入占全国财政收入的比重为45.9%，而中央本级支出只占全国财政支出的15.8%，剩下的经费通过税收返还、转移支付项目或设立其他项目让地方申请来拨付，中央政府的经济政治权威明显巩固（见图4.7）。

分税制实行后，中央政府还实行以财政收入和GDP增长为核心的政绩与干部晋升考核政策，财政收入和经济发展呈现同步增长态势，并且财政增长速度始终高于经济增长速度（见图4.8），国家税收1999年突破万亿元大关，2012年突破十万亿元大关，达到110764亿元。中央政府手里有了钱，推动改革的力度和速度就明显增强。

分税制实行后，财权重心上移，事权重心下移，各级政府财权与事权不对称，地方政府财政压力较大。财政格局发生逆转，从中央依赖地方变为地方依赖中央的格局。在财政自给能力上，中央由1993年的73%增加到

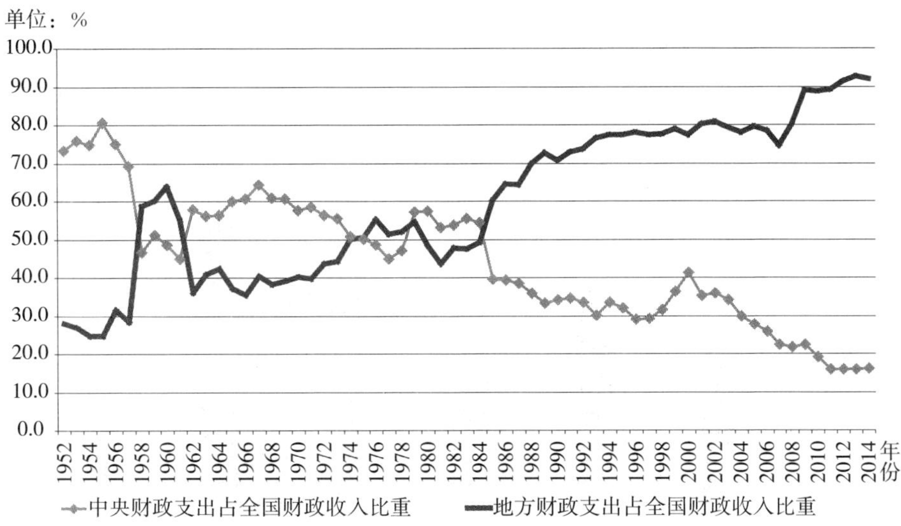

图 4.7　中央和地方财政支出占全国财政收入比重

资料来源：中国统计局网站。

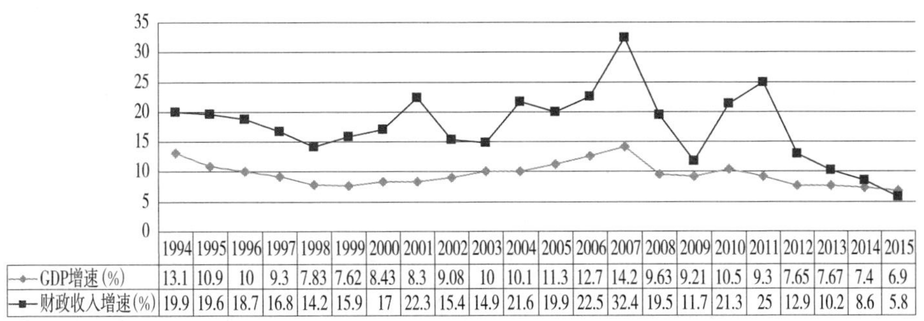

	1994	1995	1996	1997	1998	1999	2000	2001	2002	2003	2004	2005	2006	2007	2008	2009	2010	2011	2012	2013	2014	2015
GDP增速(%)	13.1	10.9	10	9.3	7.83	7.62	8.43	8.3	9.08	10	10.1	11.3	12.7	14.2	9.63	9.21	10.5	9.3	7.65	7.67	7.4	6.9
财政收入增速(%)	19.9	19.6	18.7	16.8	14.2	15.9	17	22.3	15.4	14.9	21.6	19.9	22.5	32.4	19.5	11.7	21.3	25	12.9	10.2	8.6	5.8

图 4.8　财政收入增速与 GDP 增速对比

资料来源：中国统计局网站。

2006 年的 205%；地方由 1993 年的 102% 下降至 2006 年的 61%；2005 年全国赤字县、市达 556 个，赤字面 27.5%。① 地方财政越来越依赖中央税收返还和转移支付，2013 年地方财政对中央财政依存度达到 42%（见图 4.9）。

① 翁礼华：《共赢的博弈：纵观中国财税改革》，经济科学出版社 2008 年版，第 180 页。

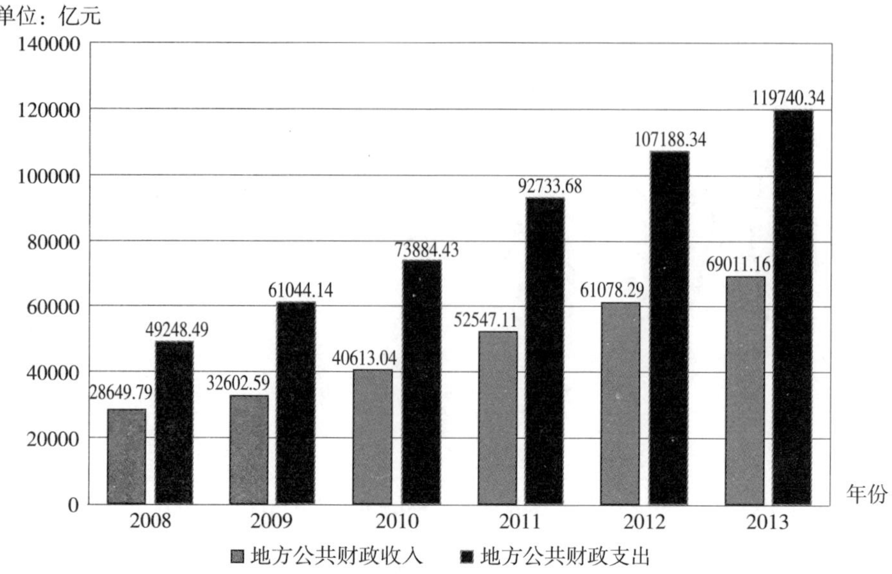

图 4.9　地方公共财政收入和支出对比图

资料来源：中国统计局网站。

中西部达到 60%以上。2013 年西藏公共财政预算收入 95 亿元，支出 1014 亿元，90%以上的支出需要中央财政的转移支付。这种财政格局造成地方政府在行政和政治上都向中央靠拢的格局，使中央政府的政治经济权威得以巩固和强化。

由于分税制和行政管理体制改革后事权下移，中央强与地方弱的财政格局造成地方政府财权与事权的失衡，形成地方尤其是基层政权财务危机不断，执政行为不当，逃税、未经授权的税收减免、预算外资金、制度外资金的增长等；甚至基层政局失控，政治经济秩序混乱，地方财源恶性循环。与此同时，中央财政对地方财政的二次分配决定并形成地方政府相互竞争、“跑部钱进”、受贿式争取财政转移支付的发展政局。这种财局与政局并不符合财政治理体系和治理能力现代化的要求，需要由表及里、由浅到深加快改革和改善。就转移支付体系本身来说，需要进一步科学化，公开计算公式和数据，实现透明化、阳光化。就转移项目来说，需要合并和压缩转移支付项目，收缩管理的半径和幅度，提高管理的效能。就中央政府与地方政府的关系来说，最难的还是各级政府之间财权、事权和支出责任的划分问题。就财政制度本身来说，需要加快推进民主预算、公开预算、阳光预算和法治预算，实现财政民主化、法治化，进而为政治民主化奠定坚实基础。

这一时期，国有企业改革以对中央的财政贡献、对经济与国防的控制力为依据，进行了结构性的大调整，中央政府控制了绝大多数大型国有企业。通过抓大放小，减员增效，下岗分流，主辅业分离，公司制和股份制改革后上市，建立现代企业制度和现代企业集团，加强资本保值增值，完善国有资产管理制度，成立国资委等措施，国有企业的效率和效益都有了系统性的提高，成为中央财政的有力支柱。尤其是税收增幅出现下降的年份，非税收入中的国有企业利润上缴就成为最重要的增收渠道。截至 2012 年底，国资委直管的 120 家中央企业的资本总额达到 31.2 万亿元，实现营业收入 22.5 万亿元，超过了当年全国 1085.72 万户私营企业的注册资本 31.1 万亿元，营业收入 20.1 万亿元。[①] 中央企业作为中央集权的政治经济基础得到了明显巩固。根据财政部公布的数据，2015 年 1—12 月，国有企业营业总收入 45.47 万亿元，其中中央企业营业总收入 27.17 万亿元；国有企业利润总额 2.30 万亿元，其中中央企业 1.61 万亿元。[②]2016 年 3 月末，国有企业资产总额 122.52 万亿元，负债总额 81.20 万亿元，所有者权益合计 41.32 万亿元；中央企业资产总额 65.39 万亿元，负债总额 44.47 万亿元，所有者权益合计 20.92 万亿元。[③] 这些数据说明，我国国有经济的资本实力继续在增强。

---

① 吴晓波：《历代经济变革得失》，浙江大学出版社 2013 年版，第 226 页。

② 财政部资产管理司：《2015 年 1—12 月全国国有及国有控股企业经济运行情况》，2016 年 1 月 26 日，http://qys.mof.gov.cn/zhengwuxinxi/qiyeyunxingdongtai/201601/t20160125_1657262.html。

③ 财政部资产管理司：《2016 年 1—3 月全国国有及国有控股企业经济运行情况》，2016 年 4 月 26 日，http://qys.mof.gov.cn/zhengwuxinxi/qiyeyunxingdongtai/201604/t20160426_1965751.html。

与此同时，多种所有制共同发展的格局已经形成，国企、民企、外企三分天下，这要求全国统一税率，公平税负，取消对外企的超国民待遇。中央政府应时顺变，1994 年将国内企业所得税统一为 33%，与外企实际税率持平。2008 年，企业所得税进一步降为 25%。

通过前面四个阶段的历史演进分析，可以看出，我国的财政改革始终以分利为中心，以解决财政困境和分利失衡为直接推动力，中央集权和地方分权博弈贯穿整个改革的始终，建立均衡的中央与地方财税关系一直是我国财政经济改革的主题，而如何保障中央财政收入始终是财政经济改革的核心。

财局与政局互动演进的政治经济学分析

从政治经济学的视角看，财政是国家治理体系和治理能力的关键枢纽和关键支柱。就我国的国体和政体而言，财政是中国实现现代化的核心推动力和关键稳定力。财政能力决定了国家的发展和建设能力。财政政策对中华民族共同体和国体、政体的坚定维护，构成了整个改革的轴心。法国的沃邦（1633—1707）在《什一税计划》中通过全面考察经济过程，把财政政策看作是经济治疗学的一个工具，认为财政措施会影响经济有机体的每一个细胞，认识到如何筹措一定数量的资金关系很大，会带来截然不同的结果，要么使经济陷于瘫痪，要么使经济繁荣兴旺。[①] 因此，国家理财学最根本的问题是：研究如何在确保大众可以接受的收入分配的条件下，使国家效能（尤其是经济发展和政府能力）和国家尊严（尤其是社会公平与社会福利）得到最大限度的提高。

国家的政治经济权力是奠基在所有制和财税制度基础上的，进一步说，是奠基在制定并执行产权和财税权的基础上。而所有制和财税制度是一个国

① ［奥］熊彼特：《经济分析史》（第一卷），朱泱等译，商务印书馆 2001 年版，第 318 页。

家最基本的经济制度，也是最主要的资源配置制度，是所有国家控制经济的最主要工具。两者都是通过国家强制力下的政治规则来配置资源，进而决定社会利益群体的分享格局，同时又因时空条件的变化而演进。因此，所有制和财税制度作为资源配置制度具有政治和经济两种属性，不仅关乎经济效率和经济发展演进，更关乎公平正义和政治发展演进。

有什么样的政治格局，就有什么样的财政经济格局。所有制和财税制度作为生产关系中的核心经济制度，由国体、政体这些核心政治制度所规定，是政府管理社会经济的核心制度供给。毛泽东在论生产关系对生产力的先导作用时指出："从世界的历史看，资产阶级工业革命……资本主义的生产关系大发展……都是先把上层建筑改变了，生产关系搞好了，上了轨道了，才为生产力的大发展开辟了道路，为物质基础的增强准备了条件。"[①] 因此，中国共产党取得政权，作为执政党，如何建立科学的所有制和财税制度，使生产关系上轨道，就成为生产力大发展和实现现代化，特别是国家治理体系和治理能力现代化的关键。这不仅是一个经济体制改革问题，更是一个政治权力归属科学划分的政治体制改革问题。

1949 年至今，我国财税体制经历了从"统收统支"到"分灶吃饭"的包干制，再到"分税制"的演进历程。这个历程与国家政治体制、经济体制、社会思潮、发展方式等互为表里。也就是说，财政制度和国体、政体是互为表里的关系，在互动演变中动态发展。在国体和政体确立后，所有的财税改革，改变的仅仅是财税组织内部层级之间的分配关系以及政府、企业、公民三者之间的分配关系。但这个分配关系决定一国的经济繁荣、衰退和政治演进。

在前文历史演进的逻辑分析基础上，我们可以这样总结我国财局与政局互动演进的政治经济学逻辑。

① 毛泽东：《读苏联〈政治经济学教科书〉的谈话》（节选），参见中共中央文献研究室编：《毛泽东文集》（第 8 卷），人民出版社 1999 年版，第 131 页。

（一）政治逻辑：保障中央政府的财政经济权威是改革不可动摇的政治逻辑

这是由财政是我国中央政府政治权威的物质基础决定的，也是由财政作为中央政府施政的主要工具的地位决定的。就新中国的财税改革演进而言，起初是财政经济制度中央集中太多，导致中央政府与地方政府的财政经济失衡，但随后的财税政策调整过猛，到 1961 年中央财政占财政总收入和支出的比例大幅下降，同时收入仅为支出的一半左右，导致中央的政治经济权威和控制能力下降。因此，1962—1993 年财政改革的目标和途径是：以保障中央政府的财政经济权威和控制能力为目标，探索推进所有制和财税制度的改革。改革的驱动力是：当中央政府的财政能力不能很好地保障运转、宏观调控需求和建设需要时，改革在逻辑上就会以保证政府财政能力和建设能力为中心，调整产权制度与财税制度，以及中央政府与各级地方政府的财政经济关系。从中央与地方的关系上看，财政改革的逻辑主要是优先保证中央的财力为改革设计的基本依据。从历史演进看，公有制、统收统支制度奠定了中央的政治经济权威，但随着时空推移和经济关系的互动演进，民众和地方基层政府缺乏活力也制约了中央政治经济权威的有效运转。因此，中央政府不得不改进治理方式，改变激励约束机制，扩大民众和地方基层政府的自主权和自由度。比如：1959—1970 年、1976 年和 1979 年实行过的收支挂钩型的财政体制改革。再比如财政包干制和经济承包制。交够中央的剩下的都是地方的。交够集体的剩下的都是自己的。这是最初的财政分灶吃饭、经济承包制阶段的典型特征。由于承包制和分灶吃饭的激励机制极大地激发了个人、企业和地方政府的积极性，加上税收征管的属地管理体制，导致国有企业和地方政府的经济和财政收入增速明显快于中央的财政收入，进而中央政府的财政收入在改革开放后一段时间呈现相对下降的局面。这种财政经济的利益分配格局，尤其是地方政府和国有企业隐匿财政经济收入的普遍行为，严重削弱了中央政府的政治经济权威、控制能力和建设能力，所以改革势在必行。如何提高中央政府的财政经济收入就成为改革的主要目标。因此，1994年中央政府采取了分税制和分别征管的方式提高中央财政收入比例，通过正式税制减少中央与地方政府的讨价还价成本；通过所有制改革，对国有企业实行抓大放小，控制优质税源和税种，减少财政包袱，从此中央政府的财政收入问题得到了有效解决。但是，面对分税制和国有企业的改革局面，省级政府也上行下效，通过抓优放劣的方式改革税制和地方国有企业，控制优质税源和优质国有企业，将财政包袱抛向基层和社会。在这样的分利逻辑驱动下，层层改革的结果是：县乡财源和税源不断萎缩，尤其是中西部以农业为主的县乡，负债运行的比例逐年扩大，基层债务累积越来越多，不得不税外加费，导致基层政商关系、政企关系、政民关系趋于紧张。因此，分税制只解决了中央政府的财政收入问题，却带来了地方财政，尤其是基层政府财政局面的恶化。尽管中央政府取消了农业税、增加和扩大了对地方的转移支付，但地方基层政府的税源、税基的问题一直没有很好地解决。这成为当前和未来一个时期财税制度改革必须正视的核心问题之一。

（二）经济逻辑：适应基本经济制度的变化是财政改革的基本经济逻辑

这是经济基础决定上层建筑的原理决定的。所有制及其收入分配制度是经济基础，财政税收制度作为二次分配是建立在经济基础之上。经济基础变了，经济基础之上的财税制度也必然要做相应的调整或改革。这个逻辑贯穿于全面控制税源到改革税制的整个财政改革过程。当生产资料所有制和收入分配制度发生变化后，财政制度也只有相应地配套改革跟进，才能适应形势。这个可以从战时体制、社会主义计划经济时期到社会主义市场经济时期，都有充分的历史实践作为佐证。这个第二部分已经做了比较详细的历史论证。由于公有制、计划经济、统收统支的经济制度和财税制度运转较长时间后，制度积弊越来越多，制度运转的效率和效果因激励约束机制的有效性降低而越来越难以令人满意，所有制和财税制度不能很好地满足国家经济发展和利益格局平衡的需要，无法满足政府执政的政治经济需要。因此，与时俱进地调整激励约束机制，调节失衡的社会利益分配格局，就成为历史的必然选择，也即进行经济基本制度和财税制度的变革与创新势在必行。在这样的历史条件与背景下，我国的改革决策者选择了多种所有制并存发展的基本经济制度、市场经济和分税制。也就是说，从全面长期控制财税源泉——经济基本制度——所有制和收入分配，向改税制——放开对微观经济组织、所有制与分配制度的控制，改变激励约束机制，激活经济活力，做大国民经济蛋糕，来保障财税收入。

适应基本经济制变化，从全面控制税源到改税制，在客观上存在两面性和三种作用：一是应时达变解放了生产关系，降低了社会经济运行的成本，促进了生产力发展。尤其是分税制和分别征管改革极大地降低了中央与地方之间为财税进行博弈的成本；通过对不同所有制企业实行相对透明的均税制度，公平了企业税负，有利于促进企业公平竞争，缓和政商、政企对立关系；通过征税激励和加强法制约束，改变了过去地方隐匿税收的隐形经济行为、体制外行为；通过减免和取消农业税，极大地缓和了地方政府与农民的对立关系。二是市场化改革，随着时间的演进，社会两极分化日益突出。市场化改革措施的效率优先、奖优罚劣、扶优扶强，实行较长时间后，积弊也越来越明显，社会贫富分化的利益格局日趋明显，富者愈富，穷者愈穷，共同富裕难以靠市场调节来实现。这样的社会格局，不仅不能建成社会主义市场经济，而且有可能改变社会主义的性质。因为，经济基础决定上层建筑，决定政治格局。三是对官僚政治存续发展的影响。一方面，稳定的可预期的官僚政治对社会有促进作用，具有稳定经济关系和社会预期的作用。另一方面，随着国家经济基本制度的新变化，产生了新的问题，形成新的政经、政商关系变化，甚至一种利益分配格局的新常态。因此，新政局如何有效管控新的财税经济格局，就成为一个需要迫切给予回答的时代课题。

（三）财税源泉逻辑：经济决定财政是财政改革的自身依存逻辑

这是由“源与流”的关系逻辑决定的。经济是源、是皮，财税是流、是毛。“皮之不存，毛将焉附？”因此，经济决定财政，税源决定税收；同时财政影响经济，税收影响税源。公有制下的财源税源由于国有经济、集体经济在统收统支下缺乏活力，导致财税基础相对社会发展的需要而呈现萎缩局面，税源萎缩导致财税收入不能满足经济社会发展的需要。所以，改革的逻辑必然是：如何增加税源，扩大税基，从而保障税收。因此，我国财政经济改革一方面改变公有制和集体所有制的实现形式，从承包制探索开始，一直到建立现代企业制度；另一方面发展多种所有制，从两个方面扩大税源。其次根据所有制的变化设置新的税种，扩大税基，增加税收。更基本的逻辑，一个是“民富是源，国富是流”。只有民富，国才能富。而民富需要人民拥有充分的创业自由；另一个是一二三产业是政府财政的主要来源，只有充分发展三大产业，政府的财政才能富足。因此，通过保障民众的财产权利，鼓励民众的创业和创新，建立竞争性的发展机制，大力发展一二三产业，财富的源泉才会迸发涌现，财政的源泉才会得到保障。这应该是财政改革设计的总依据。

（四）发展逻辑：财政经济发展就是财政经济矛盾的展开和克服的无限循环过程

人类世界是由矛盾构成的，发展就是解决矛盾、困难、问题的持续演进过程。财政分利失衡的矛盾的展开和克服的过程就是财政改革的发展逻辑。承包制后，地方财政经济的积极性问题解决了，但中央政府的财政收支失衡问题没有解决。分税制后，中央财政的困难解决了，但由于事权和支出责任改革的不匹配，地方基层政府的收支又呈现严重失衡的局面。地方政府收入减少，只能从预算外想办法。比如卖土地、违规发债、通过抵押进行变相借债等。截至2014年末的全国地方政府债务余额达15.4万亿元①。分税制

① 中新社：《2015年中国地方政府债务限额为16万亿元人民币》，《环球时报》2015年8月29日，http://news.sina.com.cn/c/2015-08-29/doc-ifxhkaeq8869248.shtml。

后，地方政府还通过对本地企业的激励政策、对外省市设置行政和经济壁垒来扩大本地税收来源。因此，中央不得不出台应对措施打破地方行政和经济壁垒，打破地方经济分割，建设统一大市场，推进全国经济整体协调发展。比如推进长三角、珠三角、环渤海等地区经济一体化。由于借债最后还是要中央政府来偿还，所以，中央政府不得不规范地方政府的借债行为，统一预算，规范借债。2014 年《国务院关于加强地方政府性债务管理的意见》明确提出，中国对地方政府债务余额实行限额管理。地方政府举债规模，由国务院报全国人民代表大会或者全国人民代表大会常务委员会批准。又如实行公私合营的 PPP 方式化解地方公共支出的财政困局。

当前，财政改革尚未解决的问题可以归纳为三个层面。一个层面是政府层级之间收支失衡问题，主要是财权与事权、支出责任的均衡问题，特别是基层县乡的财源、税源问题，以及规范税收返还与转移支付问题。另一个是国有企业层面的财政风险管控问题。国有企业从承包制到建立现代企业制度，一直没有解决所有者和委托代理者之间的“收益个人化、成本社会化”的风险问题。如果这个问题得不到有效的解决，政府财政始终面临国有企业发展不确定带来的巨大的系统性风险问题。第三个是财税对社会两极分化的有效缓减问题，即市场经济带来的社会两极分化需要通过有效的税收、社会保障和财政转移支付来加以缩小。目前，我国理论界有两种声音。一种认为中国才发展几年，人民还不富裕，征收遗产税、累进税等还为时尚早。另一种认为，中国的贫富收入差距已经很大①，基尼系数已经达到威胁社会稳定的高度，富人的群体已经以百万计，富人们的财富以亿元计，一部分富人们

① 根据北京大学中国社会科学调查中心发布的《中国民生发展报告 2014》，中国的财产不平等程度在迅速升高，与 1995 年我国家庭净财产的基尼系数为 0.45、2002 年为 0.55 相比，2012 年我国家庭净财产的基尼系数达到 0.73。顶端 1%的家庭占有全国三分之一以上的财产，底端 25%的家庭拥有的财产总量仅在 1%左右。张心怡：《北京大学发布〈中国民生发展报告 2014〉》，《光明日报》2014 年 8 月 5 日。

的原始财产积累依靠的是国家扶优扶强的政策和对劳动、环境的压榨式发展所获得，所以对富人征收累进税、遗产税是社会再平衡的需要。

没有财政税收做支撑，政府实现共同富裕、缓减社会两极分化的政治号召力只能是口号。如果我们认同社会主义的发展目标是全社会的共同富裕和普遍幸福，那么未来的政策选择上，我们就会支持社会再分配政策改革，比如完善社会保障制度，实行最低工资标准，征收遗产税、收入累进税；就会支持公共财政政策改革，比如实行阳光财政、法治财政、民主财政、透明预算等，使社会主义民主政治在财政上得以实现。

总之，财政作为社会分利的核心制度和顶层设计，关系到各个阶层、各级政府的切身利益，一方面是政治的一部分，本身是政治意志的集中体现，财政制度的改革与演进必然受政治制度和政治体制所制约，被执政党所主导、所支配，被各种政治利益团队的博弈所影响、所牵制；另一方面是经济的一部分，本身也受经济规律和经济基本制度的制约，改革必须遵循经济规律，顺应经济基本制度，尤其是所有制和分配制度的变化而变化，在解决经济矛盾和财政矛盾中发展。

第五章

中国财局与政局的现状分析

前面第三、四章粗线条地分析了家族中国和政党中国的财局与政局的互动演化历史。本章就中国的现状，从政府、企业、家庭、个人四个经济行为主体间的财局进行分析，说明中国当前在哪里，以期为中国会向哪里去提供分析基础。

财富由谁创造，又由谁来占有和分享，这是人类社会的最核心问题，是一切政治经济活动的核心内容。一国财局的基本面变化取决于经济的所有制结构、收入分配结构、财政税收结构、政治民主水平和国际环境等。这些基本因素都由人们组成的利益集团所掌控。它们既决定经济财富的蛋糕做得多大，也决定经济财富的蛋糕如何分配。这里我们暂且不考虑政局对财局的导向和制约，即假定中国的政体不变、政局稳定，重点考察财局的变化及对政局带来的可能变化，或者说，经济基础变化对上层建筑会带来哪些可能的变化。具体来说，就是结合所有制结构、企业结构、收入分配结构和产业结构所构成的宏观财局和财政税收收支结构所构成的中观财局，说明中国当前在哪里。

第一节　所有制结构①

所有制结构决定经济发展方式的动力结构以及未来财局与政局的各种可能性，同时也决定国家的收入分配结构、资产分布结构、社会与就业结构、财政税收结构等。

一种观点认为，我国所有制和企业结构存在国有企业与民营企业、大企业与小企业两大不平衡的问题，使中国经济处于失序失衡的状态，因此，需要加快推进国有企业私有化改革和国有大企业分拆。这种观点在国内十分流行，在舆论界、新闻界乃至学术界都十分有影响。下面，我们从所有制与企业结构的实际结构所形成的利益关系，从历史和理论的角度做一个相对深入的分析，而不是简单的意识形态说教，看看目前我国到底是个什么状况。

首先，看宏观所有制结构。

新中国成立以来，可以说，我国所有制结构经历了大起大落，国有经济和私有经济都经历了过山车，从企业数量、从业人数、资产规模等指标衡量，国营与私营所有制的比例结构发生了巨大的变化（见图 5.1）。到目前为止，仅从所有制比例与结构表象来看，我国似乎又回到 1949 年的状况。因此，转变经济发展方式和收入分配就不可能完全取决于政府的发展规划和主观想象，私营企业有自身的发展生长规律与收入分配规则。提高劳动者工资，降低资本所得，私营企业不愿转。绿色发展，降低利润，私营企业没有动力转。减少污染，威胁生存，私营企业不敢转。没有技术研发，搞发展升级，私营企业不能转。政府的宏观政策在这种情况下不起作用。特别是市县级层面，经济主要以私营企业为主，政府的财政税收主要靠私营企业。在这

① 本章是作者在《经济理论与经济管理》上发表的两篇论文《我国经济发展方式转变的人口与所有制结构分析》《我国经济发展方式转变的工业结构分析》的基础上完成的。

些地方，不是政府决定企业的发展方式，而是企业的发展方式决定政府的行为方式，决定政府的财政税收。数据显示，2013 年、2014 年和 2015 年，全国民间固定资产投资占全国固定资产投资（不含农户）的比重为 63%、64.2%和 64.2%[①]。民间投资成为中国投资的主体。

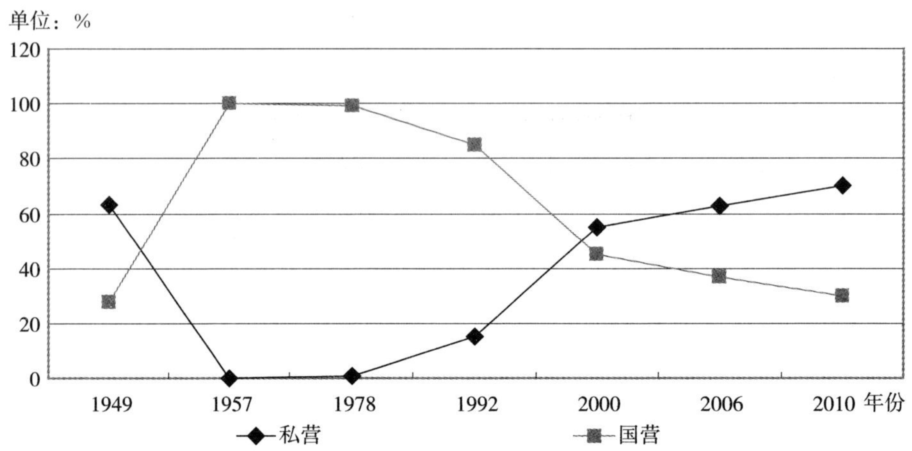

图 5.1　所有制结构变化（在 GDP 中的比重）

资料来源：《数读中国 60 年》，国民经济统计公报，第一、二、三、四次全国经济普查资料，《十五期间民营经济形势分析报告》。

其次，看企业数量结构的所有制分布现状。

根据第二次、第三次全国经济普查主要数据公报，从工业企业法人单位、从业人员、资产规模看，我国企业结构发生了结构性巨变（见图 5.2ab、表 5.1ab）。可以说，国有企业、私有企业、混合所有制企业、外资企业四分天下。从数量说，2013 年末，全国共有第二产业和第三产业的企业法人单位 820.8 万个，比 2008 年末增加 324.9 万个，增长 65.5%。其中，内资企业占 97.5%，港、澳、台商投资企业占 1.2%，外商投资企业占 1.3%。内资

① 凤凰财经：《外媒：人民日报“权威人士”是写作班子　关键是落实》，2016 年 5 月 11 日，http://finance.ifeng.com/a/20160511/14377040_0.shtml

企业中，国有企业占全部企业法人单位的 1.4%，私营企业占 68.28%（详见表 5.1ab）。我国企业结构在数量上已经形成私营企业为主的经济结构。因此，对不同类型企业而言，转变发展方式的问题不尽相同，甚至可以说完全不相同。国家的财政货币政策调控的主体对象发生了结构性巨变。现在财政、货币、产业、投资等政策都只能对国有企业进行直接调控，而对民营企业只能进行间接调控。比如，根据国家统计局数据，2016 年 1—4 月，固定资产投资同比增长 10.1%；民间固定资产投资同比增长 5.2%，增速较 2015 年低近一半。这反映了民营企业的投资发展导向并不与政府宏观政策导向一致，有自身特定的导向和目标。因此，财政、货币、产业、投资等政策工具对不同企业的影响也不尽相同，如何让所有的企业都向国家引导的方向发展，就需要不同的引导工具和政策手段。这是一个相当复杂的宏观工程，目前可以说还没有形成规律性的认识和精准化的政策措施。

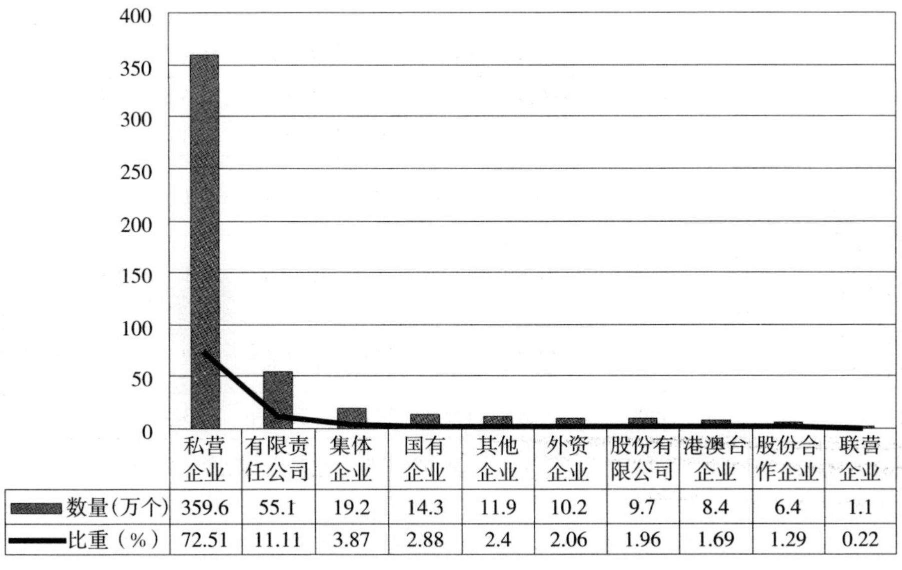

	私营企业	有限责任公司	集体企业	国有企业	其他企业	外资企业	股份有限公司	港澳台企业	股份合作企业	联营企业
数量(万个)	359.6	55.1	19.2	14.3	11.9	10.2	9.7	8.4	6.4	1.1
比重（%）	72.51	11.11	3.87	2.88	2.4	2.06	1.96	1.69	1.29	0.22

图 5.2a　2008 年末我国各种类型企业法人单位数量、结构与比重

资料来源：根据 2009 年公布的《第二次全国经济普查主要数据公报》。

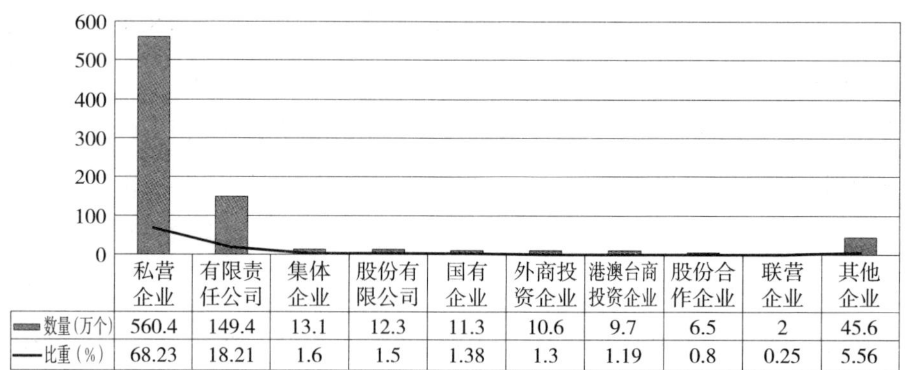

图 5.2b　2013 年末我国按注册类型分组的企业法人单位数量、结构与比重

资料来源：根据 2014 年公布的《第三次全国经济普查主要数据公报》整理。

表 5.1a　2008 年末工业企业、批发零售业国有企业、私营企业与外资企业数量与比重

	全国	国有企业		私营企业		外资企业（含港澳台）	
		数量	比重（%）	数量	比重（%）	数量	比重（%）
企业法人单位（万个）	495.9	14.3	2.9	359.6	72.5	18.6	3.7
工业企业法人（万个）	190.3	2.6	1.4	145.7	76.6	12.2	6.4
工业企业从业人员（万人）	11738.3	761.8	6.5	5205.8	44.3	2630.5	22.4
批发和零售业企业法人单位（万个）	140.3	3.8	2.7	105.4	75.1	1.7	1.2
批发和零售业从业人员（万人）	1891.2	156.9	8.3	1022.8	54.1	100.3	5.3
企业法人实收资本（万亿元）	34.0	11.4	33.4	7.8	22.9	5.2	16.0
企业资产总额（万亿元）	207.8	47.7	23.0	25.7	12.3	21.5	10.4

注：有限责任公司资产总额 42.8 万亿元，占比 20.6%，股份有限公司资产总额 59.6 万亿元、占比在 28.7%。

资料来源：根据《第二次全国经济普查主要数据公报》数据整理。

表 5.1b　2013 年末工业企业、批发零售业国有企业、私营企业与外资企业数量与比重

	全国	国有企业		私营企业		外资企业（含港澳台）	
		数量	比重（%）	数量	比重（%）	数量	比重（%）
企业法人单位（万个）	820.8	11.3	1.38	560.4	68.28	20.3	2.49
工业企业法人（万个）	241.0	2.0	0.83	176.0	73.03	11.6	4.82
工业企业从业人员（万人）	14025.8	478.5	3.42	6272.2	44.72	2766.7	19.73
批发和零售业企业法人单位（万个）	281.1	2.7	0.96	197.0	70.09	3.4	1.21
批发和零售业从业人员（万人）	3314.9	103.4	3.12	1758.0	53.04	195.8	5.91

注：工业企业有限责任公司资产总额 32.1 万个，占比 13.32%，从业人员 3194.8 万人，占比 22.78%。

资料来源：根据《第三次次全国经济普查主要数据公报》数据整理。

从 66 年的发展史来看，我国工业的所有制结构发生了结构性巨变。我国已经是一个国有企业与民营企业共同主导，民营企业为多数的市场经济国家。以工业企业法人为例，2008 年私营企业数量占比达到 72.51%，2013 年末占比提高到 73.03%。从表 5.1a 中，我们可以清晰地看到，国有企业和外资企业资本密度高，私营企业劳动力密度高。因此，尽管工业发展问题都与政府有瓜葛，但体制或政府只是问题的一部分。① 不同所有制工业企业发展的市场、技术、资金、成本和环境约束条件都完全不同，发展方式转型的问题也自然各不相同。特别是，技术研发的瓶颈已成为制约工业整体发展转型的核心问题。同时，所有制的量变与结构变化已经达到了一个临界点。下一步是质变还是内在变化、内涵发展，已经到了一个关键的节点，这决定我国

① 参见林光彬：《我国经济发展方式转变的人口与所有制条件分析》，《经济理论与经济管理》2012 年第 4 期。

走什么发展道路，成为一个什么性质的社会。

再次，看主导经济发展的企业家或资本家与工人的结构变化。

根据企业法人单位数量来观察企业家/资本家群体构成变化（见图5.2ab），根据工业企业从业人员的数量观察工人群体的分布（见图5.3ab）变化，可以清晰地看到，私营企业、有限责任公司、外资和港澳台企业都处于增长态势，国有企业和集体企业处于收缩态势。也就是说，企业家群体和工人群体现在绝大多数集中在私有企业领域，国有企业和集体企业占比从9.43%下降到4.66%。2013年末，全国第二产业和第三产业法人单位从业人员35602.3万人，比2008年末增加8290.8万人，增长30.4%。有证照个体经营户从业人员9013.4万人，比2008年末增加818万人，增长10%。从图5.1和图5.2中，我们可以清晰地看到，我国已经是一个私营企业家主导的市场经济国家。也就是说，我国转变经济发展方式的最大数量主体是私营企业家或资本家，如何激励和约束企业家或资本家成为问题的关键所在。针对这个政府可以有所作为。如果政府不作为，乱作为，助长企业家、资本家从

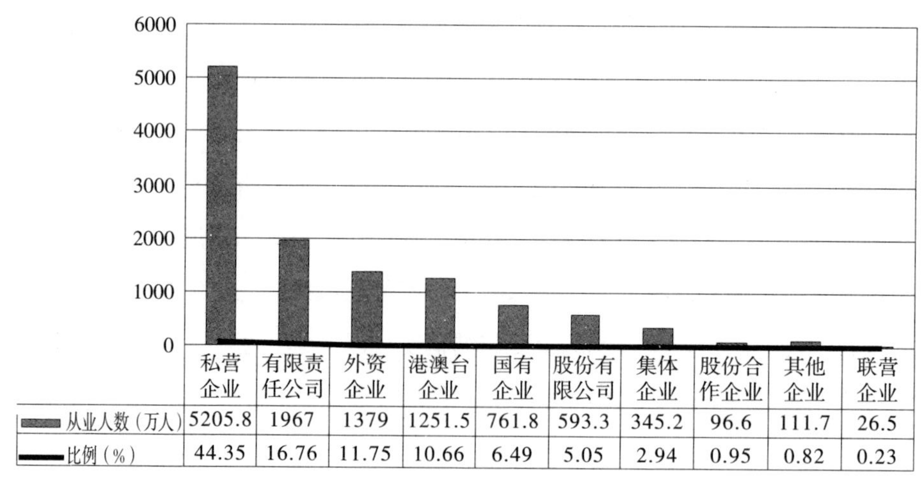

	私营企业	有限责任公司	外资企业	港澳台企业	国有企业	股份有限公司	集体企业	股份合作企业	其他企业	联营企业
从业人数（万人）	5205.8	1967	1379	1251.5	761.8	593.3	345.2	96.6	111.7	26.5
比例（%）	44.35	16.76	11.75	10.66	6.49	5.05	2.94	0.95	0.82	0.23

图5.3a　2008年工业企业从业人数（观察工人群体分布）

资料来源：根据《第二次全国经济普查主要数据公报》数据整理。

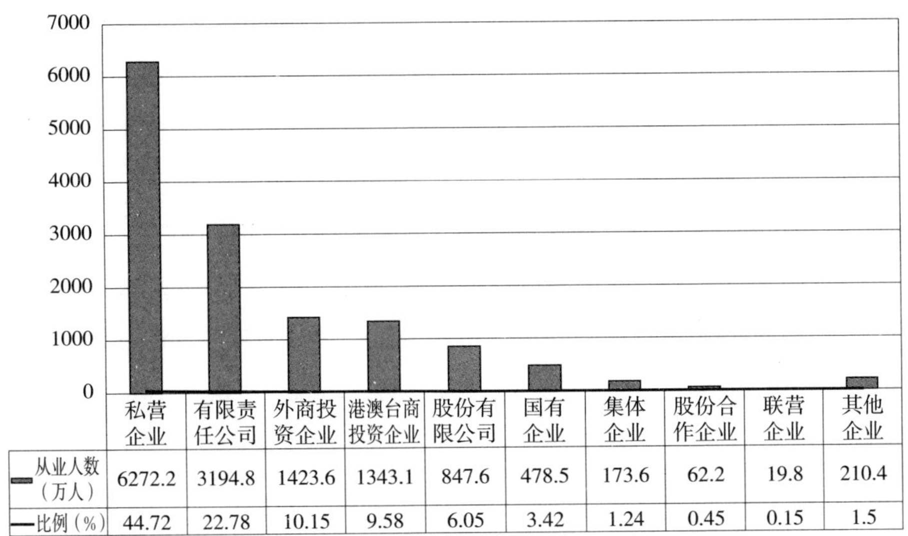

	私营企业	有限责任公司	外商投资企业	港澳台商投资企业	股份有限公司	国有企业	集体企业	股份合作企业	联营企业	其他企业
从业人数（万人）	6272.2	3194.8	1423.6	1343.1	847.6	478.5	173.6	62.2	19.8	210.4
比例（%）	44.72	22.78	10.15	9.58	6.05	3.42	1.24	0.45	0.15	1.5

图 5.3b　2013 年工业企业法人单位从业人数（观察工人群体分布）

资料来源：根据《第三次全国经济普查主要数据公报》数据整理。

事虚拟经济投机，脱实向虚，经济转变发展方式就会走上邪路、歪路，社会收入分配结构将进一步两极分化。

从上面的图和表，我们可以观察到我国所有制与企业结构的分布、企业家/资本家的分布、工人在各种所有制中的分布、资本在社会的分布等经济基本结构的巨大变化。从中，我们可以说，改革开放以来，我国的经济发展方式已经形成了一系列巨变。同时，我国企业家、资本家群体与一般工作人员之间的财富差距，从改革开放前的 15 倍以内，扩大到 50 倍、100 倍，甚至 1000 倍、10000 倍。那么，如何缩小收入差距，让改革开放的成果全民共享？是否应提高对富人的资本和财产的税率？是否应尽快开征遗产税、赠予税？这些政府都可以有所作为，需要在深入细致的研究后推出恰当的政策，否则共同富裕只能停留在文件上、口号上。

今天，在所有制和企业结构多元化，以私有企业为主的条件下，如何实现共同富裕是无法用计划经济的思维达到目标的，也没有前人可供借鉴的经验，需要我们闯出一条新路，一条十分艰巨的尚未纳入议程的富民之路。

顺此看国民经济发展中的产业结构现状与趋势。

产业结构决定经济结构，同时也决定了就业结构与资源环境的承载结构，因此，产业结构成为一国经济发展战略的重要组成部分。

根据政府统计数据和麦迪逊的研究，我国产业结构1890—2015百年走势如图5.4所示。我国一二三产业增加值占国内生产总值的比重结构（农业：工业：服务业）从1952年的50.5：20.9：28.6发展到2016年的8.6：39.8：51.6。2016年，国内消费对经济增长的贡献率达71%，居民消费和服务业成为经济增长的主要动力。可以说，在我国产业结构发生了千年巨变之后，工业和服务业成为我国国民经济的绝对主体。

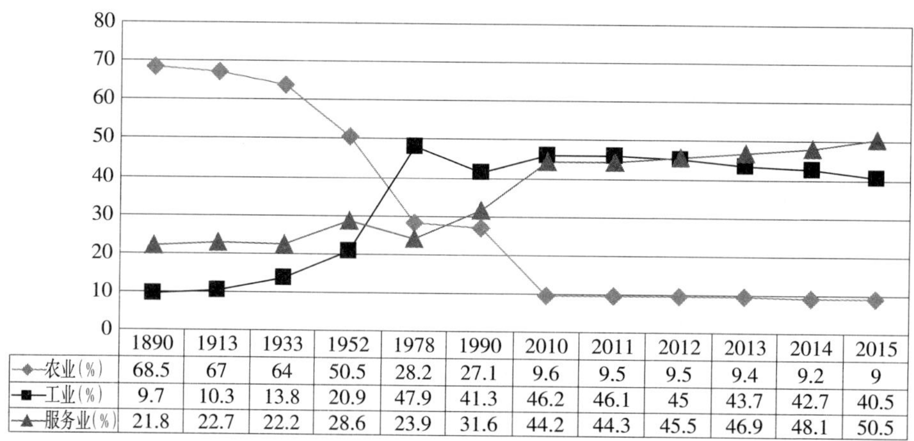

	1890	1913	1933	1952	1978	1990	2010	2011	2012	2013	2014	2015
农业(%)	68.5	67	64	50.5	28.2	27.1	9.6	9.5	9.5	9.4	9.2	9
工业(%)	9.7	10.3	13.8	20.9	47.9	41.3	46.2	46.1	45	43.7	42.7	40.5
服务业(%)	21.8	22.7	22.2	28.6	23.9	31.6	44.2	44.3	45.5	46.9	48.1	50.5

图5.4　我国产业结构比例百年走势图

资料来源：《中国统计年鉴》《国民经济统计公报》；1952年之前根据麦迪逊：《中国经济的长期表现：960—2030》，上海人民出版社2008年版，第46页。

工业是现代经济发展的物质支撑和战略支撑。我国工业发展的供给结构也发生了历史性巨变，一方面成绩突出，已形成了分工明确、门类齐全的现代工业体系；另一方面发展中的问题也很突出，资本和工业品从全面短缺发展到结构性过剩再到全面过剩，特别是产能和产品过剩问题导致产业内部供需失衡和经济结构性失衡问题十分严重。按国际产业分类，在22个工业大类中，我国钢铁、建材、纺织、服装等7大类行业规模名列全球第一，装备和电子信息产业规模已位居全球第二，钢铁、水泥、汽车、家电、化学纤维等220多种工业品产量位居世界第一。2015年，在世界500强企业中，我国（含港澳台）已经有106家，仅次于美国的128家。

但我国工业发展的原材料依赖进口的程度不断加深。比如铁矿砂超过80%、铝土矿超过60%、原油超过50%依赖进口。国际原材料价格的大幅上涨和下跌，使我国这些对外部资源依赖的工业发展面临原材料价格波动与技术升级的双重约束。同时，工业发展存在过度投资、低水平重复投资、扭曲的出口退税等问题。这都造成工业整体效率不高、原材料价格普遍高企、地方负债和银行负债持续增加、部分行业产能过剩和生产过剩现象并存，还造成十分严重的环境污染，存在巨大系统性风险。

表5.2　中国工业产品产量和GDP在全球的位次变化

产品	发展历程		
钢	1949年第26名	1978年第5名	1996年第1名
煤	1949年第9名	1978年第3名	1990年第1名
原油	1950年第32名	1978年第8名	2009年第4名
发电量	1949年第25名	1978年第7名	2011年第1名
水泥	1957年第8名	1978年第4名	1985年第1名
化肥	1957年第36名	1978年第3名	1996年第1名
化学纤维	1960年第26名	1978年第7名	1997年第1名
电视机	1978年第15名	1985年第3名	1990年第1名
汽车	—	2000年第9名	2010年第1名
GDP	1978年第15名	1990年第10名	2010年第2名

资料来源：国家统计局：《中国统计年鉴》。

2010 年我国粗钢、水泥、煤炭产量分别占全球的 45.4％、50％和 45.6％，但 GDP 只占全球的 9.5％。[①] 同时我国许多工业生产总体上处于全球产业链的中低端，在炼铁、炼钢、电解铝、焦炭、水泥、化纤等 18 个行业，落后产能占各自总产能的 10％—25％。尽管加大了对高耗能、高排放和产能过剩行业的调控力度，比如 2011 年淘汰落后的水泥产能 1.5 亿吨、炼铁产能 3122 万吨、焦炭产能 1925 万吨；[②] 近三年（2013—2015）淘汰落后炼钢炼铁产能 9000 多万吨、水泥 2.3 亿吨、平板玻璃 7600 多万重量箱、电解铝 100 多万吨[③]；但产能粗放扩张背后的政治经济逻辑没有变化，所以过剩的势头没有得到有效遏制。2016 年，我国实行“三去一降一补”的宏观产业政策，即去产能、去杠杆、去库存，降成本，补短板。去产能排在首位，因为产能被多年的 GDP 政绩考核累积得实在太大。粗钢产能是 12.5 亿吨，2015 年生产 8 亿吨，出口 1 亿吨，2016 年出口额大幅度下降。煤炭就更严重，原煤产能是 57 亿吨，2015 年实际生产 37.5 亿吨，有近 20 亿吨产能过剩。所以，这两个行业的产能运用率非常低。2016 年国家制定出这两个行业去产能的指标，钢铁行业定的是 1 亿吨，煤炭行业定的是 5 亿吨。这个指标与过剩产能相比明显太低，难以根本性扭转产能过剩和产品过剩问题的大趋势。供给不能自动创造需求，并不是生产越多越好。生产过剩越严重挤占的消费就越多，就会形成消费与生产的结构性失衡。依附在过剩产能和生产过剩上的服务和生产消费都是不可持续的恶性肿瘤，必须加快规制和放疗。在国际经济危机引致的外部市场萎缩的背景下，2012 年以来，规模以上工业企业实现利润一直呈现下降趋势，中小企业停产减产面在扩大，较大的企业也呈现亏损持续扩大的趋势。而去产能就得实行企业关停并转，就会

① 李毅中：《中国工业转型刻不容缓　越拖代价越大》，2011 年 11 月 11 日，http://business.sohu.com。

② 《2012 年政府工作报告》，中国网，2012 年 3 月 5 日。

③ 《2016 年政府工作报告》，中国网，2016 年 3 月 5 日。

形成又一次职工下岗潮，职工下岗就要给一笔失业保险，就需要财政与社保拿钱，这就对目前紧张的财政支出形成压力。关停并转也会造成企业资产缩水，在目前企业债务杠杆很高的情况下[①]，这会导致资产负债连锁反应，甚至引发经济危机。这种情况也预示着，产能过剩和产品过剩的行业、领域已经触及发展的最低谷，处于变革的临界状态和僵持状态。因此，对过剩产能的处理策略决定工业企业基本面的存量变化趋势。

2008 年以来，我国产业资本与金融资本呈现加快融合态势。大型实体企业的金融化，产业资本泡沫化和产业空心化趋势在中国开始显现。一是我国各种金融组织发展很快，实体企业都踊跃进军金融领域。除了不同类型银行的股份制改革，各种担保公司、小额贷款公司、租赁公司、信托公司、财务公司、汽车金融公司、私募基金、风险投资基金等如雨后春笋，遍地开花。比如我们熟悉的方正集团、联想集团、新希望集团等大型民营企业以及一大批大型国有企业，不仅在金融市场上投资操作，参股银行，成为银行股东，而且有自己的证券公司、基金公司、财务公司、贷款中心等金融中介机构，金融投资收入在企业收入中比重呈逐年上升态势。二是工业企业发展面临市场、技术和财务三重发展约束，脱离实体经济的投机套利行为盛行。国内外游资从炒煤、炒矿、炒房发展到炒绿豆、炒大蒜、炒生姜等，出现“豆你玩”“蒜你狠”“姜你军”等热门新词。尤其是 2009 年以来，民间集资案发案率骤升，各地老板跑路，地下钱庄、地下赌场、地下金融、互联网金融庞氏骗局、各种互相担保、各种各样的骗贷行为，种种骇人听闻的案例屡屡发生，成为金融发展最突出的问题。中国经济发展似乎不缺钱，钱多得自己无法消化。背后的原因就是实体经济面临市场、技术和财务的三重约束，

① 随着我国经济增速从高速向中高速转变，非金融企业的杠杆率水平迅速攀升，由 2011 年的 113%迅速攀升至 2015 年的 140.7%，创历史新高。截至 2014 年底，中国非金融企业的债务总额达到 94.93 万亿，2008—2014 年期间猛增 51%。这预示着，非金融企业基本面在变得不稳定，未来充满不确定性。

难有新的突破，从而转型向金融领域发展。根据银监会的数据，2011 年企业的成本上升中，因原材料成本上升占到 5%—10%，劳动力成本上升占到 25%，财务成本上升占到 50%—60%，这个比重根据企业的杠杆率不同而异，但至少是 50%，这其中包括了利率上调、汇率升值的影响。① 这个数据说明，为实体经济服务的金融行业利用金融危机伺机敛财，财务成本成为企业发展的最大负担。民间借贷利率是金融机构贷款利率的 2—4 倍就是这种现象的最好注脚（见图 5.5）。

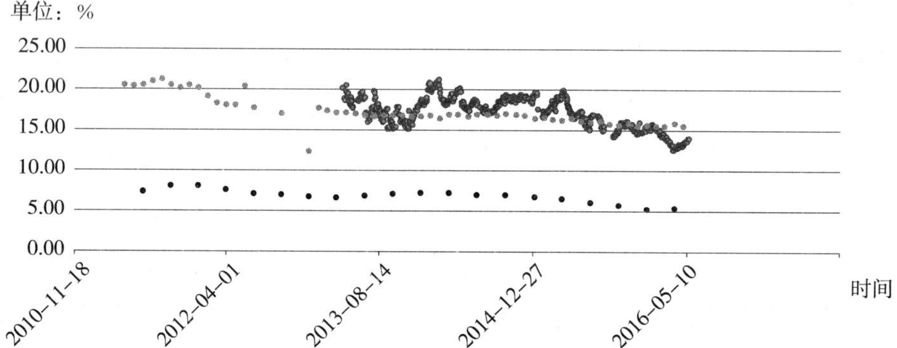

图 5.5　2011 年 4 月—2016 年 4 月金融机构贷款利率和民间借贷利率

资料来源：Wind 资讯。

再看看金融市场上的创新产品，我们不难发现，金融业发展的自我循环、自我服务特征越来越明显。一方面是金融规模和杠杆扩张有过度之嫌，利差过大躺着收钱、雁过拔毛收费过多，金融利润总量占总体利润的比例明显增长过快，与其经济贡献明显不相称。另一方面是金融理财发展过快。截至 2015 年底，我国金融机构和第三方理财总规模为 81.18 万亿。其中银行

① 凌华薇：《应对经济下行期——对话刘明康》，《中国改革》，《年度特刊：中国 2012 远虑与近忧》，第 75 页。

23.5 万亿，占比 28.95%；信托 16.3 万亿，占 20.08%；券商 11.89 万亿，占 14.65%；保险 11.86 万亿，占 14.61%；基金公司 16.65 万亿，占 20.51%①；互联网 P2P 理财规模为 9800 亿，占 1.21%。2015 年，P2P 理财规模疯狂增近 400%，基金下属的资管子公司理财规模同比增长率高达 130%，其次是私募基金，同比增幅也超过 100%。② 银行理财产品就从 2011 年 12 月的 4.59 万亿元很快增加到了 2015 年 12 月的 23.50 万亿元（见图 5.6），四年增长超过 5 倍。同时各种金融虚拟产品充斥市场，不良资产证券化、融资融券、股指期货、配资杠杆等金融投机工具有泛滥趋势，扩大了经济波动的幅度。中国企业联合会发布的《2014 中国企业 500 强报告》显示，17 家银行企业的净利润总额为 1.23 万亿元，占 500 强企业净利润的 51%。与此同时，500

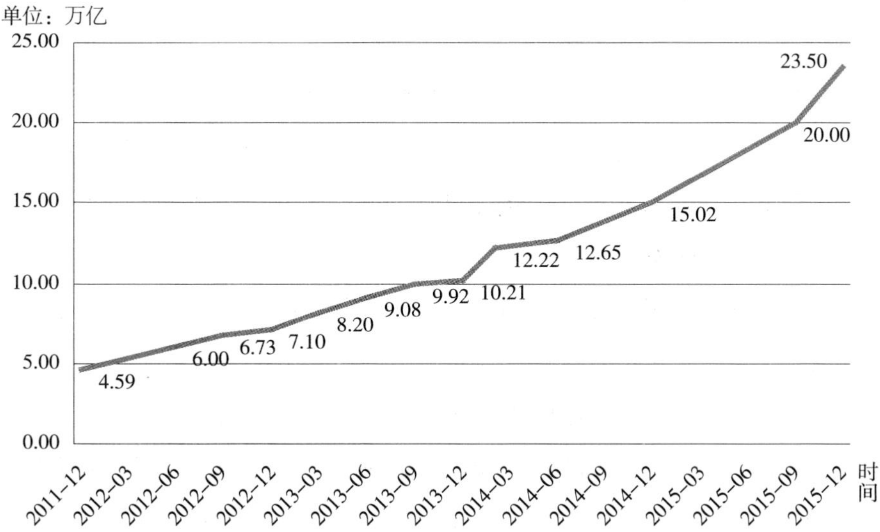

图 5.6　2011—2015 年我国银行理财产品资金余额

资料来源：Wind 资讯。

① 其中包括基金专户 4.03 万亿，基金子公司 8.57 万亿和私募基金 4.05 万亿。

② 林采宜、斯子文、艾熊峰：《80 万亿中国理财市场全景图》，财经网，2016 年 5 月 21 日，http://money.163.com/16/0521/17/BNJV7OU400252G50.html。

强中的 260 家制造企业的净利润总额占比仅为 19.5%。而从净资产收益率来看，制造业企业的平均净资产收益率仅为 8.8%，银行的平均净资产收益率却高达 18.6%。2014 年，金融机构贡献的所得税竟然和制造业所得税相当。这反映了我国经济结构严重扭曲的现状，金融投资收益和实体投资收益倒挂，颠覆了实业净资产收益率两三倍于金融投资收益率的基本规律。[①] 根据国民经济统计公报数据，2015 年，中国金融业 GDP 同比增长 15.9%，而其他行业均低于 6.9%的 GDP 增速。总之，金融业和实体经济盈利水平的巨大差异，人均收入的巨大差异，诱使实体经济金融化趋势进一步加快，平衡金融资本和实业资本的发展也到了一个政策转变的关键节点。

66 年来，我国产业经济发展取得了巨大的成就，形成了千年未有的变局。我国由农业主导的社会发展到了由工业和服务业主导的社会，由短缺经济发展到过剩经济，由国有企业主导发展到各种所有制企业共同主导，工业经济结构基本实现了由技术含量低、劳动密集程度高、门类单一的结构向劳动密集、技术密集、门类齐全的发展格局转变，但目前工业发展中的“三高一低”（高投入、高耗能、高污染、低效益）问题仍没有得到有效缓减，工业发展的技术与研发的自主程度还急需提高，工业结构的各种不平衡、不协调和不可持续的问题日益突出，面临转型升级的内在外在双重压力。这对整个社会的经济格局和财富发展格局形成一个总体制约。

最后，看我国外资企业和外部市场结构的现状。

我国出口导向的发展战略已经推行了 36 年，出口导向工业发展对国外市场和外商投资企业依赖过大，竞争优势正在下降。2000 年中国在全球制造业产出中所占比重为 7%，2005 年上升至 9.8%，2011 年达到 19.8%，超过了美国在全球制造领域所占的份额，这是一个历史性的变化。2013 年，我国制造业产出占世界比重达到 20.8%。根据联合国贸易与就业会议的数据

① 张云东：《政策的作用力方向与国家战略》，《上海证券报》2015 年 5 月 29 日。

显示，2015 年中国在全球出口中所占比重由 2014 年的 12.3%升至 13.8%，2016 年达到 14%。这是美国在 1968 年曾经占到的比重。

但我国的出口导向工业大部分两头（研发和销售）在外，对外部市场依赖特别大。根据《国民经济统计公报》数据，2015 年我国对欧盟和美国的出口额达到 47521 亿美元，占到整个出口的 33.65%，如果加上对日本出口的 8242 亿美元、对韩国出口的 6291 亿美元和对从中国香港转口的 20589 亿美元（大部分转口销往发达国家），则占比达到 58.64%。同时，外贸贡献了全国 18%的税收①。这意味着，我国对发达国家的市场依赖程度很高。而欧盟、美国、日韩都是同盟国，一旦中国和美国、日本的政治军事形势发生逆转，则我国对外经济将会面临极大的风险，甚至有潜在的财政经济危机的可能性。所以，加快培育国内市场和平衡国外市场结构就成为具有战略意义的经济大事。

尤其是，我国货物进出口以外商投资企业为主。“十一五”以来的数据显示，最高年份接近 60%（见图 5.7）。2001 年我国加入 WTO 后，对外贸易发展加速，外贸依存度不断上升。2003 年我国外贸依存度首次超过 50%达到 51.9%，2006 年达到 67%；2008 年世界金融和经济危机后开始回落，2011 年回落至 50.1%，其中出口依存度为 26.1%，进口依存度为 24%；②2016 年我国外贸依存度进一步下降为 33.1%，回归到 1999 年的水平。这反映了国际金融危机对我国经济发展的巨大冲击。与此同时，《中国产业地图》一书指出，中国每个已开放产业的前 5 名都由外资公司控制，在中国 28 个主要产业中，外资在 21 个产业中拥有多数资产控制权。这说明我国经济的自主程度急需提高，外资外贸对中国市场的占有已经对中国的经济安全

① 商务部：《2015 年我国消费对经济增长贡献率达 66.4%》，中国证券网，2016 年 2 月 23 日，http://finance.ifeng.com/a/20160223/14230403_0.shtml。

② 李仁平：《2011 年我国进出口外贸依存度为 50.1%》，《中华工商时报》2012 年 2 月 16 日，http://www.cs.com.cn/xwzx/03/201202/t20120216_3244801.html。

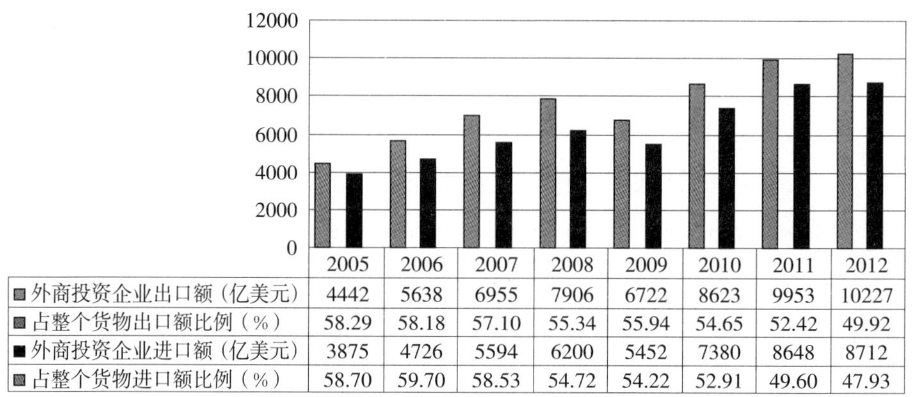

	2005	2006	2007	2008	2009	2010	2011	2012
外商投资企业出口额（亿美元）	4442	5638	6955	7906	6722	8623	9953	10227
占整个货物出口额比例（%）	58.29	58.18	57.10	55.34	55.94	54.65	52.42	49.92
外商投资企业进口额（亿美元）	3875	4726	5594	6200	5452	7380	8648	8712
占整个货物进口额比例（%）	58.70	59.70	58.53	54.72	54.22	52.91	49.60	47.93

图 5.7　2005—2012 年外商投资企业在我国货物进出口中所占比重

资料来源：根据《国民经济与社会发展统计公报》整理。

构成威胁。

现在，美欧金融经济危机与债务危机导致的外部需求持续收缩。尤其是，以美国为首的国家对我国发起的汇率升值和贸易限制等外在压力，导致中国出口市场面临竞争力逆转的现实处境。2009 年、2011 年、2012 年、2014 年，我国净出口对国民经济增长的贡献率分别为 –44.8%、–5.8%、–2.2%、0.3%。这表明外需对经济增长的拉动作用在减弱。尤其是，汇率升值导致中国部分出口产品失去国际竞争力，贸易摩擦和限制导致中国越来越多出口产品被限制进入发达国家市场，中国人力成本的上升导致低端工业转移到东南亚、南亚等低工资国家，美国实施“再工业化”政策使高端就业岗位回流到美国本土。因此，中国工业品出口的外部市场结构面临结构性巨变，特别是出口导向工业在体量达到一定程度后面临各方面制约和发展界限，必须加快走内涵式发展道路。2001 年我国加入了世界贸易组织（WTO），开始在 WTO 中发挥参与者和建设者的积极角色。但现在美国和欧盟、日本正在抛开 WTO，企图建立符合自己利益的经济新秩序，给我国经济发展设置新的外部门槛。这个国际经济环境决定我国经济财富的整体蛋糕继续做大会越来越困难，对外经济甚至存在收缩的潜在可能性。

最近十年，我国关于发展社会主义市场经济，做大国民经济蛋糕的理论分析中，存在三个似是而非的理论问题，下面作一个扼要分析。

第一，关于我国经济发展方式的似是而非理论。

最近十年，许多学者和媒体都认为，也在传播，或者树立一个靶子，认为我国经济增长主要靠摊大饼式的粗放发展，靠要素投入，靠投资、消费、外贸“三驾马车”，并认为2008年以来，美国引起的世界经济危机，使得全球的外贸、投资和进出口都在收缩，我国经济增长的主要动力也因此收缩和剧减，发展方式难以为继。这种认识只反映了我国发展的一个侧面。而另一个事实是，2006年以来，我国经济增长以科技进步和劳动生产率提升为主（见表5.3），两者对经济增长的贡献占到90%左右。2014年农业的科技贡献率也达到了56%[①]。必须指出，任何发展模式，都必须以要素、资金、技术投入为基本支撑。

表5.3　2006—2013年资本、劳动、科技进步对中国经济增长的贡献

时期	2006—2010	2007—2011	2008—2012	2009—2013
生产总值增长速度	11.11	10.17	9.06	8.80
资本影响经济增长	1.33	0.84	0.70	0.95
劳动影响经济增长	3.63	3.68	2.98	2.56
科技进步（创新）影响经济增长	6.15	5.64	5.39	5.29
科技进步贡献率	55.35	55.52	59.46	60.11

资料来源：中国第二、三次经济普查数据及中国国内生产总值核算历史资料。

第二，关于产业结构与去工业化的似是而非理论。

笔者发现，国内大部分研究都是先对国内外产业结构进行比对分析，然后提出重点发展第三产业的政策建议。比如根据世界银行报告，2007年

① 汪洋：《落实发展新理念，全面做好农业农村工作》，《求是》2016年第8期。

一二三产业结构的世界平均值为 3：28：69，其中低收入经济体为 25：28：48，中低收入经济体为 13：41：46，中高收入经济体为 5：31：64，高收入经济体为 2：26：72。① 据此，部分主流经济学家认为我国至少应该向世界平均值看齐，政策导向自然是应该大力发展服务业。比如，世界银行和国务院发展研究中心联合推出的 2012 年最新研究报告就给中国未来产业结构调整给出的政策建议是：2030 年工业占 GDP 的比率是 34.6%，服务业占 GDP 的比率是 61.1%。② 发展服务业，尤其是生产性服务业，是经济发展的自然要求，本身没有错。但我们不能通过类比，机械地照抄照搬国外的产业结构。因为国际一二三产业结构的平均值其实是世界经济结构和产业结构双失衡下的统计结果，尤其是美国等发达国家全球生产布局下的统计结果，对产业结构调整的政策引导没有内在的逻辑依据，对我国产业结构调整具有误导性。更重要的是，国民经济的统计结果是用来分析经济现状与问题的，不能直接作为指导发展的依据。2007 年以来美国次贷危机引起的世界金融与经济危机，表现上是金融虚拟化程度失控的危机，或者说金融过度膨胀与必然收缩的危机，从产业的角度看，本质上是产业结构失衡危机，是发达国家虚拟经济过度膨胀与实体经济过度萎缩导致的经济周期被迫中断的过程。因此，欧美都提出再工业化，我们怎么能放弃工业化的中心地位呢！在产业结构中，农业和工业是“皮”，服务业是“毛”，皮之不存，毛将焉附？又，民以食为天。没有农业的稳定，工业和服务业就基础不牢，地动山摇。因此，做大做强做优农业和工业是国家应该秉持的基本国策，不可动摇。同时，无商不富，无商不活。农业、工业生产发

① World Bank, “World Development Report 2009: Reshaping Economic Geography” ,PDF,2009, p.357.

② World Bank,Development Research Center of the State Council the People’ s Republic of China,“China 2030:Building a Modern, Harmonious, and Creative High-Income Society” ,PDF, 2012, pp.9,89.

展后，生产性流通业和服务业的发展也不能滞后。所以，作为国家财富的主要来源的一二三产业，都需要充分发展，要综合平衡、统筹兼顾，知所先后，才能有序发展，民富国强。

第三，关于大型国有企业改革的似是而非理论。

国内比较流行的说法或理论是，大型国有企业利用经济的和行政的垄断地位，占据了大量的经济和金融资源，阻碍或破坏了建立竞争性市场体制；因此提出的政策建议是私有化、竞争化，让我们的铁路、石油、电信、水电煤气等自然垄断行业都分拆为充分自由竞争的行业。这种理论认识，从国际竞争的视角看，是让我国经济退回市场经济的初级阶段组织形式与发达国家的跨国垄断组织进行竞争。好比是“轮船”与“航空母舰”交战，“鸟枪”与“激光枪”竞赛，小超市与沃尔玛竞争。这种流行的说法和理论的主要问题是停留在“空想自由市场理论”的设想之中，为我国规划蓝图，完全不顾世界经济发展的事实和趋势。20 世纪 30 年代之后，世界进入了垄断竞争的发展阶段；第二次世界大战之后，世界经济进一步进入国家垄断资本主义的发展阶段；20 世纪 80 年代以后，世界经济进入国际垄断或全球垄断的发展阶段。全球大型垄断企业或跨国公司、金融集团主导、控制和操纵世界经济的发展。美国没有因为波音公司和微软公司操纵市场，就根据反垄断法拆分两大公司，而是允许波音公司和麦道公司合并，进一步提高在世界市场的竞争力。在理论上，加尔布雷斯根据美国的市场运行实际提出了“二元系统论”。他认为现代经济一个二元系统，包括市场系统和计划系统两大系统。第一个系统是由竞争性公司和小型垄断企业组成的市场系统。他们以利润最大化为最终目标，但对价格和成本的影响有限，也不能影响消费者和政府。市场系统处于现代经济的边缘，新古典主义的理论分析仅仅适合于市场系统的分析主体。第二个系统是由大型企业构成的计划系统。他们能够运用权力工具，操纵价格，影响消费者、社会甚至政府的行为。与市场系统中的企业被动地适应外部环境不同，他们能够主动地创造外部环境。[①] 计划系统处于现代经济的中心，传统理论和新自由主义学者的分析却“故意”忽略了这一点，甚或有意掩盖这一点，让我们社会主义市场经济的初级学习者多缴学费，他们从中谋取利益，或者帮助谋取利益。因此，我国大型国有企业符合世界经济发展潮流的改革举措应该是：一方面，加快国有企业立法，建立法治化的民主机制约束大型企业操纵市场价格、盘剥消费者的垄断权力，通过机制设计，为大型国有企业设立薪酬激励、责任约束和绩效考核目标，防止收益个人化、成本社会化，通过建立公开透明的制度、完善委托代理关系和反腐败体制机制，防止内部人控制，建立社会主义现代企业制度；另一方面，根据现代市场经济中大型企业作为技术变革研究和开发的主力的现状，进一步加强大型国有企业的技术研发投入和研发能力，使国有企业不断推出更加便捷和价格更低的产品和服务，服务国计民生，进一步提高我国在世界市场上的经济竞争力。

第二节　收入分配和财富分布结构

收入分配和财富分布结构构成一国直接的财富格局，直接决定国家的税收来源和财政支出的流向，也间接决定公民的政治态度，影响政局的走向。

2015 年，我国人均国民收入超过 7500 美元，达到中等发达国家水平，但国民收入分配格局和财富分布格局并不平衡。一种观点认为，改革开放以来，中国的政治权力站在经济利益这一边，导致了经济领域和社会领域的失衡。[②] 这个观点可以具体解释为，政府在社会整体收入分配上向企业、企

① ［美］约翰·肯尼斯·加尔布雷思：《加尔布雷思文集》，沈国华译，上海财经大学出版社 2006 年版，译者序第 4 页。

② 郑永年：《重建中国社会》，东方出版社 2015 年版，第 52 页。

业家和资本家倾斜。即效率优先，让一部分人先富起来的激励政策导向。另一种观点认为，改革开放以来形成了国富民穷的财富分配格局。到底是不是呢？下面我们用统计数据，从总体结构和群体结构进行具体分析，说明我国目前收入分配和财富分布到底是个什么情况。

首先，看企业、政府、家庭三者的宏观初次分配格局。

1992 年我国实行社会主义市场经济以来，从企业部门、政府部门、家庭住户部门在国民经济总体中的收入分配结构（见图 5.8、表 5.4）来看，企业增长最快最多。

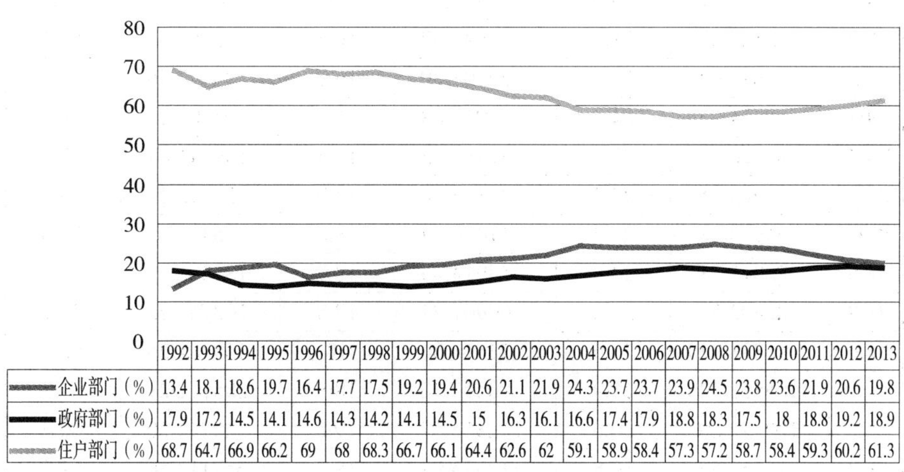

	1992	1993	1994	1995	1996	1997	1998	1999	2000	2001	2002	2003	2004	2005	2006	2007	2008	2009	2010	2011	2012	2013
企业部门（%）	13.4	18.1	18.6	19.7	16.4	17.7	17.5	19.2	19.4	20.6	21.1	21.9	24.3	23.7	23.7	23.9	24.5	23.8	23.6	21.9	20.6	19.8
政府部门（%）	17.9	17.2	14.5	14.1	14.6	14.3	14.2	14.1	14.5	15	16.3	16.1	16.6	17.4	17.9	18.8	18.3	17.5	18	18.8	19.2	18.9
住户部门（%）	68.7	64.7	66.9	66.2	69	68	68.3	66.7	66.1	64.4	62.6	62	59.1	58.9	58.4	57.3	57.2	58.7	58.4	59.3	60.2	61.3

图 5.8　1992—2013 年企业、政府和住户可支配收入所占比重（%）

资料来源：《中国统计年鉴》。

表 5.4a　国民收入分配总体结构

年份	企业部门		政府部门		住户部门	
	可支配收入（亿元）	占比（%）	可支配收入（亿元）	占比（%）	可支配收入（亿元）	占比（%）
1992	3646.00	13.4	4850.52	17.9	18649.22	68.7
1993	6439.10	18.1	6091.21	17.2	22987.60	64.7
1994	9021.90	18.6	7037.35	14.5	32426.30	66.9

续表

年份	企业部门		政府部门		住户部门	
	可支配收入（亿元）	占比（%）	可支配收入（亿元）	占比（%）	可支配收入（亿元）	占比（%）
1995	11867.50	19.7	8516.47	14.1	39882.35	66.2
1996	11603.75	16.4	10302.73	14.6	48808.79	69
1997	13987.18	17.7	11274.40	14.3	53682.04	68
1998	14653.56	17.5	11920.23	14.2	57286.20	68.3
1999	17149.52	19.2	12635.72	14.1	59613.82	66.7
2000	19200.55	19.4	14399.93	14.5	65484.21	66.1
2001	22518.27	20.6	16431.06	15	70437.00	64.4
2002	25524.32	21.1	19645.80	16.3	75669.59	62.6
2003	30011.68	21.9	22108.80	16.1	85042.56	62
2004	39324.97	24.3	26954.68	16.6	95905.25	59.1
2005	44220.56	23.7	32468.33	17.4	109841.84	58.9
2006	51985.55	23.7	39375.26	17.9	128123.21	58.4
2007	64948.88	23.9	51070.74	18.8	155432.63	57.3
2008	78817.38	24.5	58914.45	18.3	184001.99	57.2
2009	82492.39	23.8	60961.27	17.5	203755.25	58.7
2010	96888.93	23.6	73618.80	18	239384.25	58.4
2011	105568.32	21.9	90410.22	18.8	285192.21	59.3
2012	109742.00	20.6	102553.67	19.2	320793.20	60.2
2013	115167.56	19.8	110375.99	18.9	357113.36	61.3

资料来源：《中国统计年鉴》。

从全国来看，1992 年，企业部门可支配收入占总体的 13.4%，1993 年一下子就增加到 18.1%，净增加 4.7%；政府可支配收入 1993 年比 1992 年减少 0.7%、住户可支配收入减少 4%；可见让一部分人先富起来的政策起效很快也很明显。2008 年，企业部门可支配收入占总体的 24.5%，增加了 11.1%，达到峰值；政府部门可支配收入占总体的 18.3%，增加了 0.4%；家庭住户部门可支配收入占总体的 57.2%，减少 11.5%，达到最低谷。到

2013年，企业部门可支配收入有所减少，占总体的19.8%；政府部门可支配收入占总体的18.9%，保持相对稳定；家庭住户部门可支配收入有所回升，占总体的61.3%。从这22年来看，国民收入总体上都是增长的态势。国家的财富分布格局总体上是企业和企业家的可支配收入增幅最大，总体上增长了26.57倍，也是增长最快的；其次是政府部门，总体上增长了22.76倍；家庭住户部门，总体上增长了19.15倍。

从农业大省河南省的国民收入初次分配结构来看（见表5.4b），1994—2007年，企业所得份额从27.58%增加到45.42%，净增长了17.84%；政府所得份额从11.36%增加到13.50%，净增长了2.14%；个人所得份额从61.06%减少到41.08%，净减少了19.98%。可见，政策亲企业的现象很突出。

表5.4b　1994—2007年河南省国民收入初次分配情况

单位：%

	政府所得份额	企业所得份额	个人所得份额
1994	11.36	27.58	61.06
1995	11.54	27.47	61.00
1996	11.84	29.38	58.78
1997	11.82	32.14	56.04
1998	9.88	37.35	52.77
1999	11.27	37.40	51.33
2000	11.53	39.01	49.46
2001	11.36	39.77	48.87
2002	11.76	41.38	46.86
2003	12.17	44.20	43.63
2004	12.12	43.10	44.78
2005	12.00	43.69	44.31
2006	12.12	46.63	41.25
2007	13.50	45.42	41.08

资料来源：《河南省统计年鉴》。

从工业大省广东省来看，劳动者收入占GDP比例1978年是60.6%，

2010年下降到44.4%，下降了16.2个百分点；企业所得大幅上涨，政府所得温和上涨①。由此可见，我国国民收入初次分配的格局是向企业和政府倾斜，尤其是亲资本的现象更突出。

因此，可以得出一个基本的结论，1992年以来，我国财富增长与分布的格局，国民经济蛋糕的初次分配，是更有利于企业家、资本家群体，使这个群体相对更富；政府可支配收入温和上涨，保持相对稳定；普通家庭居民份额减少最多，处于相对变穷的态势。准确地说，应该是资富民穷，而不是一部分人说的国富民穷。

另外，从1996年到2007年，我国劳动报酬总额占GDP的比重从53.4%下降到39.7%。在同一时期，我国企业可支配收入和政府可支配收入却都是保持了较大幅度增长。因此，政府通过《最低工资法》和完善劳动社会保障提高劳动报酬，成为2008年以后的国家重要分配政策，具有弥补性质和全面建设小康社会的导向。但这项政策近年来颇有争议。一些政府官员和经济学家认为，最低工资法提高了企业的生产成本，降低了我国企业的国际竞争力，是我国制造业衰退和向国外迁移的重要原因。因此，力主废除这一保护工人的法律。而事实上，"血汗工资"是野蛮资本主义时期的超强制剥削政策。我国制造业的衰退有着极其复杂的国内外原因，外需萎缩、生产过剩、技术升级缓慢、财务成本等都是重要原因。从前面银监会的数据和民间借贷利率看，主要是财务成本，而不是劳动力成本，导致企业生产成本上升过快。从国际工资比较的角度，我国仍处于较低水平，具有明显的比较优势②。更主要的是，工人农民是中国社会的最大主体，占劳动人口的绝对多数。当社会中的大多数人依然贫穷痛苦的时候，这样的社会是不会繁荣和幸福的。因此，保障他们的福利理应成为经济政策的首要任务。连西方经济

① 居民收入占GDP比重仅四成左右，http://www.chinairn.com/news/20131113/094144171.html。

② 详细论证参见林岗、王裕雄等：《关于我国未来经济增长基本条件的三个问题》，《政治经济学评论》2016年第3期。

学的鼻祖斯密也认为，“立法者的首要经济任务应当是提高薪资和劳动者的购买力，因为这才是衡量国民物质财富的标准”[①]。

还有一些人认为，中国企业的综合赋税[②]水平特别是“五险一金”标准过高，影响了企业的投资意愿和全球竞争力。但全国工商联编制的“2015中国民营企业500强”数据显示，2014年民营企业500强纳税总额占全国税收的比重为4.81%，贡献最大的是华为的337亿元，这比人们想象的要少不少[③]。这与大企业逃税手段多、税收执法不严、获得国家补贴、退税、免税等有密切关系。

其次，看家庭之间、城乡居民之间的财产与收入格局。

根据北京大学中国社会科学调查中心发布的《中国民生发展报告2014》，中国的财产不平等程度在迅速升高：与1995年我国家庭净财产的基尼系数为0.45、2002年为0.55相比，2012年我国家庭净财产的基尼系数达到0.73。顶端1%的家庭占有全国三分之一以上的财产，底端25%的家庭拥有的财产总量仅在1%左右。[④]这个结构基本又退回到新中国成立前社会两极分化的老路上了。财富分布的两极分化结构注定使绝大部分居民没有消费能力，给国民经济可持续发展和转变发展方式带来根本性制约。

城乡（区域）居民收入分配现状。根据统计研究，中国基尼系数2009年0.490，2010年0.481，2011年0.477，2012年0.474，2013年0.473，呈逐步回落趋势。尽管如此，超越0.4警戒线的这一数值仍须引起高度重

---

① ［美］杰瑞·穆勒：《市场与大师》，佘晓成、芦画泽译，社会科学文献出版社2016年版，第89页。

② 从2008年1月1日起至今，现行税制中的企业所得税基本税率为25%；非居民企业适用税率20%；符合条件的小型微利企业适用税率20%；国家需要重点扶持的高新技术企业适用税率15%。

③ 秦朔：《亿万资产为何撑不起一条笔直的脊梁》，思想家园，2016年5月13日，http://www.kunlunce.cn/ssjj/guojipinglun/2016-05-13/97124.html。

④ 张心怡：《北京大学发布〈中国民生发展报告2014〉》，《光明日报》2014年8月5日。

视。作为能以一个数值反映总体收入差距状况的指标，基尼系数具有一定说服力，但由于中国特殊国情，基尼系数似乎不足以概括收入差距的真实情况。①

根据国民经济统计公报，2011 年城镇居民人均可支配收入为 21810 元，农村居民人均纯收入为 6977 元，两者收入比为 3.13∶1，绝对值相差 14833 元；2015 年，城镇居民人均可支配收入为 31195 元，农村居民人均可支配收入为 11422 元，两者收入比为 2.73∶1，绝对值相差 19773 元。2015 年和 2011 年相比，尽管相对倍数缩小了，但绝对值相差扩大了 4940 元。

从地区上看，我国人均收入也呈现梯度分布（2014 年见图 5.9），地区之间、城乡之间差距都超过 2 倍。2011 年上海城市居民家庭人均可支配收入为 36230 元，而贵州农民人均纯收入仅 4200 元，收入相差绝对值达到 32030 元，上海市民一年可支配收入是贵州农民一年人均纯收入的 8.6 倍。2015 年，上海市居民家庭人均可支配收入为 49867 元，贵州农民人均纯收

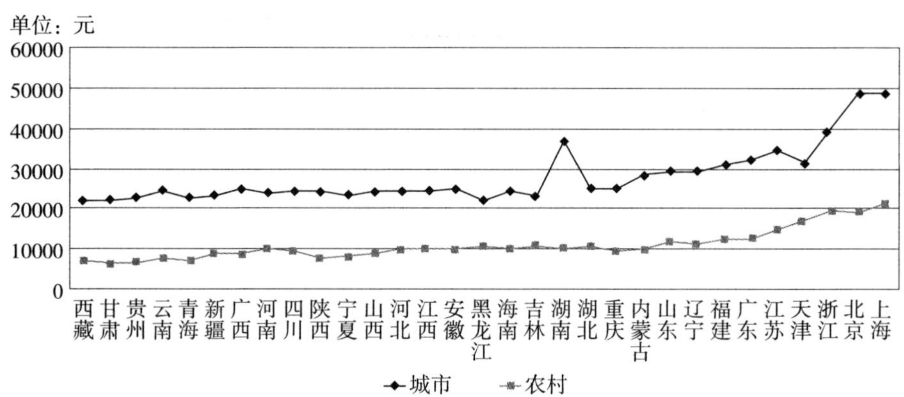

图 5.9　2014 年各省区市城乡居民可支配收入差距

资料来源：国家统计局网站、各省区市统计公报。

① 《2014 年各省城镇居民人均收入排行公布　上海 47710 元蝉联第一》，http://www.guancha.cn/economy/2015_02_27_310411.shtml。

入为 7386.87 元，收入相差绝对值 42480 元，比 2001 年又扩大了 10450 元，上海市民一年可支配收入是贵州农民一年纯收入的 6.75 倍。再看全国最低工资标准，2015 年，上海最低工资标准每月 2190 元，为全国最高，青海的最低工资标准为 1270 元，为全国最低，两者相差 920 元①。

所以，我国人口从农村向城市、从中西部向东部流动有客观的收入高低因素作为内在的驱动力，城市化不以人的意志为转移，人口流动有利于缩小城乡居民的收入差距。

从城乡人口政策看，2016 年以前，我国城市严格执行独生子女政策，农村与少数民族地区实行二胎或多胎政策，这客观上扩大了城乡各方面的差距，尤其是收入差距；随着 2016 年国家允许城市户口居民生二孩，客观上起到部分缩小城乡居民收入差距的效果。

再次，看行业之间收入差距。

人力资源和社会保障部劳动工资研究所发布的《中国薪酬报告》显示，在 1988 年，收入最高行业平均收入是最低行业的 1.58 倍，随后行业差距逐年扩大，到 2005 年达到 4.88 倍，为历年最高。到 2010 年为 4.66 倍，2011 年为 4.48 倍。2012 年，工资收入最高行业金融业平均收入是最低行业农、林、牧、渔业的 4.3 倍。企业内部不同群体收入差距过大：2011 年，2032 家上市公司中高管平均薪酬为 47.1 万元，职工平均薪酬为 8.2 万元，相差 5.74 倍；其中相差最大的达到 112.77 倍。② 央企总经理 2015 年薪酬排行，最高的中集集团总裁麦伯良是 637 万元，最低的云南铜业集团总经理高贵超是 6 万元，两者相差 106 倍。③

---

① 《今年已 7 省上调最低工资标准 最高最低省差 920 元》，《中国经济周刊》2016 年 5 月 31 日，http://news.sina.com.cn/c/nd/2016-05-31/doc-ifxsqxxu4714186.shtml。

② 《行业收入差距有多大?》，中国甘肃网，2015 年 3 月 10 日，http://news.xinmin.cn/domestic/2015/03/10/27011379.html。

③ 《央企总经理 2015 年薪酬排行：最低年薪 6 万元》，澎湃新闻网（上海），2016 年 4 月 5 日，http://news.163.com/16/0405/07/BJSEH6AJ00014AED.html。

工业与金融业之间的人均利润与人均工资差距过大。根据银监会统计数据，2011 年前三个季度，中国商业银行人均利润近 40 万元。相比之下，中国规模以上工业企业去年前三个季度人均利润不到 4 万元。又据有关数据披露，2011 年，在银行三年以上的一般工作人员年终奖大都在 8 万元左右，加上半年奖、季度奖等，全年奖励性收入都在 10 万元以上，而供职中小型股份制银行比大型国有银行更多些。① 所以，民生银行行长甚至说“银行利润高得我都不好意思说”。而工业企业的人均年收入达不到银行的年终奖。这种收入和利润差距使理性的人和追求高额利润的企业都会向金融领域发展。这种垄断行业与非垄断行业收入差距过大的现状反映了我国对垄断行业的薪酬管理缺乏必要的规制。

2016 年 5 月 13 日，根据国家统计局公布的 2015 年平均工资数据，全国城镇非私营单位② 就业人员年平均工资为 62029 元，全国城镇私营单位为 39589 元，差距 22440 元。非私营单位中，金融业平均工资高达 114777 元，仍居各行业首位；年平均工资最低的是农、林、牧、渔业的 31947 元。最高与最低行业平均工资之比为 3.59。2015 年分地区分岗位就业人员岗位平均工资最高与最低之比为 2.61。由于工资分布是典型的偏态分布，即少数人工资水平较高，多数人工资水平较低，所以多数人的工资水平会低于平均工资。③ 同时，行业之间、地区之间、单位之间的福利待遇、社会保障也差距很大，这个尚未算在收入差距之中。

总的来看，城乡之间、地区之间居民可支配收入的差距，行业之间、行业内部之间工资差距，尽管增速差距有所缩小，但绝对值仍有继续扩大的

① 蒋帅：《银行三大暴利之源：高息差频收费狂发理财品》，中国经济新闻网，2012 年 2 月 6 日，http://www.cet.com.cn/yhpd/jg/433910.shtml。

② 非私营单位包括机关事业单位、国企、上市公司等。

③ 李金磊：《2015 年各行业年平均工资出炉　来看你达标了吗?》，中国新闻网，2016 年 5 月 14 日，http://www.china.com.cn/cppcc/2016-05/14/content_38453008.htm。

趋势。这既有其客观原因，也有不合理因素，需要通过深化收入分配改革，逐步缩小不合理差距。比如，进一步推进“控高”“提低”，调控非私营单位中某些行业、单位偏高偏快的工资涨幅，在私营企业逐步推行工资集体协商制度，建立工资增长机制，使得劳动者的工资在企业能够承受的基础之上实现合理增长。

最后，看最富与最穷之间的财富格局。

从上市公司公开的数据看，董事长、总经理和基层普通员工的显性收入差距从 10 倍到 100 倍，甚至 1000 倍不等。比如中国平安公司董事长马明哲的薪酬，2007 年最高时曾经达到过 4000 万元，加上股权激励等，是基层员工的 1000 倍；2016 年 5 月的薪酬是 998.95 万元，不加相关激励，相当于基层普通员工的 200 倍以上。还有一些国有上市企业的领导人，既享受副部级的政治待遇，薪酬也曾经上百万，一度几百万。2015 年后，国有企业政府任命的高管薪酬被大幅压缩。

2001 年度《福布斯》排名显示：在 2000 年，中国最富有的前 50 名富豪的财富之和为 100 亿美元。而 2000 年，陕西、宁夏、青海、云南、甘肃、贵州 6 省区的农村居民年均纯收入为 1464 元。也就是说，50 个中国富豪的资产，相当于 5000 万中国农民的年纯收入；300 万个富翁的资产，则相当于 9 亿中国农民两年的纯收入！[①]2015 年度《福布斯》中国富豪榜前 100 名成员财富总和为 26851.1 亿元人民币。[②] 相当于 2015 年 2.35 亿农民人均可支配收入的总和。

胡润 2015 百富榜显示，中国有 1877 个富豪的财富超过 20 亿元，总财富 13.6 万亿元，超过印度或俄罗斯整个国家的 GDP。对比美国，中国大陆超 10 亿美元的富豪有 596 个，第一次超越美国，中国成为全世界制造富豪

① 《改革内参》2003 年第 4 期。

② 《2015 年福布斯中国富豪榜》，百度百科，http://baike.baidu.com/link。

最多的国家。拜股市上涨和IPO所赐，大陆的百亿级富豪从2014年的176个增加到今年的333个，增速令人咋舌。①

2016年5月4日发布的“2016年新财富500富人榜”榜单显示，过去一年中国最富有的500人的上榜门槛，从40亿元提高到65亿元，增长62.5%。500富人拥有的财富总额达到了80191.5亿元，人均财富达到160.4亿元，较上年的113.1亿元增长41.8%，远高于上一年25.7%的增速。②

这三个榜单说明，一是富人愈富，富可敌国；二是近年来富人财富的增长速度是国民人均收入平均增速的2倍以上，这预示着社会两极分化的速度在加快；三是我国的财富格局发生了历史性变化。2000年，300万个富翁的资产相当于9亿中国农民两年的纯收入；到2015年，500个富人的财富总额相当于7亿农民一年的人均可支配收入之和，1877个富豪的财富相当于国家财政收入的89%。

这意味着，尽管我国居民的财富整体水平有了很大的提升，但我国财富的集中度进一步提高，社会财富的两极分化已经十分明显。这也意味着我国居民收入的库兹涅茨指数③和阿鲁瓦利亚指数④都已经非常高，已经达到足以引起警戒的状态。

目前，中国的收入分配差距呈现进一步扩大的趋势，根据古今中外的经验和教训，都有必要加快控制差距扩大的趋势，建立底层公民的基本社会保障体系和社会安全防护网，扩大中等收入阶层在整个社会中的比例，即建立橄榄型社会，实现共同富裕。

---

① 秦朔：《亿万资产为何撑不起一条笔直的脊梁》，思想家园，2016年5月13日，http://www.kunlunce.cn/ssjj/guojipinglun/2016-05-13/97124.html。

② 《新财富》2016年5月4日，http://www.xcf.cn/tt2/201605/t20160504_771259.htm。

③ 库兹涅茨指数，也叫相对收入阶层分布，它通常以收入最高20%人口的收入比重表示，最低值为0.2。该系数越高，表示收入差距越大。

④ 阿鲁瓦利亚指数，是收入最低的40%人口的总收入占全体人口总收入的份额值，最高值为0.4。该指数越小，表示收入差距越大。

邓小平曾经指出："如果中国只有一千万人富裕了，十亿多人还是贫困的，那怎么能解决稳定问题？我们是允许存在差别的。但是，经济发展到一定程度，必须搞共同富裕。"他还说，"中国情况是非常特殊的，即使百分之五十一的人先富裕起来了，还有百分之四十九，也就是六亿多人仍处于贫困之中，也不会有稳定。中国搞资本主义行不通，只有搞社会主义，实现共同富裕，社会才能稳定，才能发展。社会主义的一个含义就是共同富裕"。①1993 年 9 月，邓小平非常坦率而尖锐地指出："十二亿人口怎样实现富裕，富裕起来以后财富怎样分配，这都是大问题。题目已经出来了，解决这个问题比解决发展起来的问题还困难。分配的问题大得很。我们讲要防止两极分化，实际上两极分化自然出现。……要利用各种手段、各种方法、各种方案来解决这些问题。"②

总之，收入分配问题始终是各方面最关心的核心利益问题，决定着国家的社会生存形态。目前，政府正在建立健全城乡一体化的社会保障制度和实行精准扶贫的全面小康政策，这些都很有必要，是加法。但调整收入分配和财富分配的整体政策需要加快明晰，加减乘除法同时发挥作用才会实现全面小康与共同富裕。

第三节　财政税收结构

财政税收是政治主体间就共同体内部利益分割关系所构建的制度、组织、管理的管道或中介。财政税收具有激励、约束、引导、发展和调控收入

① 冷溶、汪作玲编:《邓小平年谱（1975—1997）》（下），中央文献出版社 2007 年版，第 1312 页。

② 冷溶、汪作玲编:《邓小平年谱（1975—1997）》（下），中央文献出版社 2007 年版，第 1364 页。

分配的功能。财政税收结构构成一国政府的基本财政格局，这个格局决定国家职能履行的格局，更是一国政局的直接体现。下面从财政和税收两个方面对现状进行具体分析。

全国一般公共预算收入的现状

首先，看财政收入与比重。

2015 年，我国财政收入 152217 亿元，占国民收入的比重为 22.62%。2011—2015 年，财政收入占国民收入的比重稳定在 22% 左右（见图 5.10、图 5.11）。薄一波（1956）认为，国家预算收入在国民收入中的比例不低于 30%，或者略高一些；基本建设投资支出在国家预算支出的比例不低于 40%，或者略高一些。这样既能保障我国工业特别是重工业的发展，又

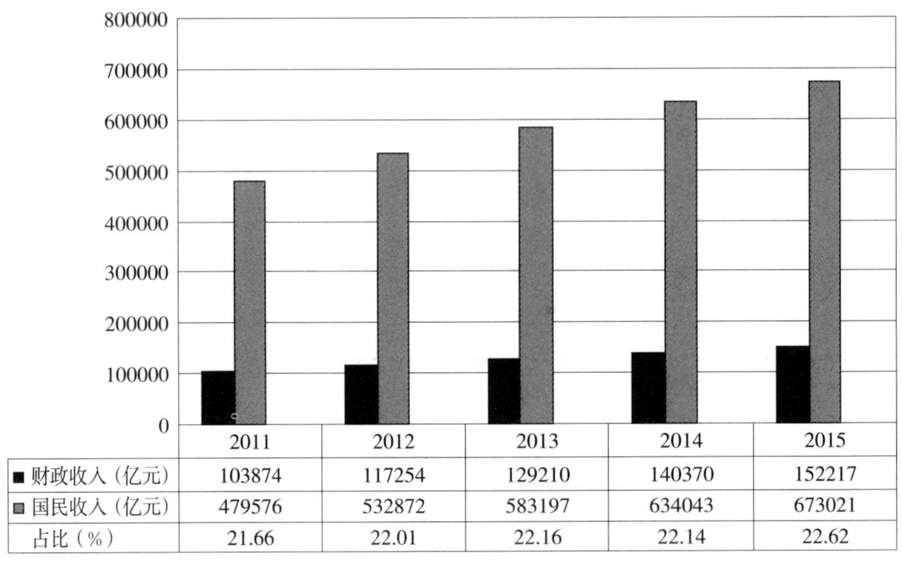

	2011	2012	2013	2014	2015
■ 财政收入（亿元）	103874	117254	129210	140370	152217
▩ 国民收入（亿元）	479576	532872	583197	634043	673021
占比（%）	21.66	22.01	22.16	22.14	22.62

图 5.10　2011—2015 年全国一般公共预算收入与国民收入

注：图中 2011 年至 2014 年数据为全国一般公共预算收入决算数，2015 年为执行数。

资料来源：国家统计局网站，《国民经济统计公报》。

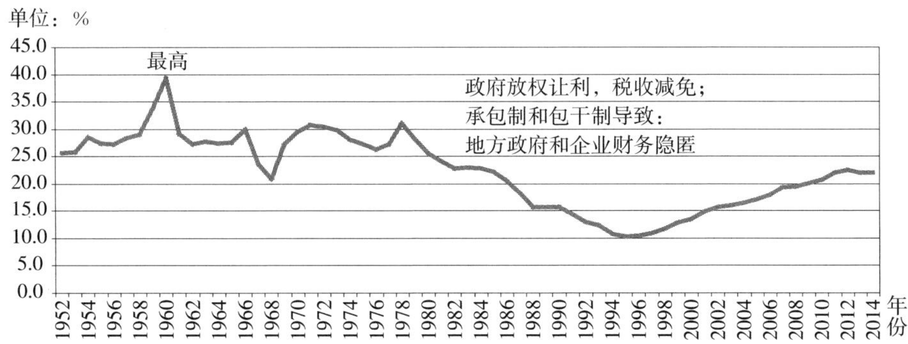

图 5.11　财政收入占 GDP 比重

资料来源：财政部网站、国家统计局网站。

能保障人民的生活逐步提高①。项怀诚（2009）认为，初次分配里财政收入占国民收入的比例要适当，占比在 20%—25% 可以了，不能再高了②。在 OECD 国家，自 19 世纪以来政府支出占 GNP 或 GDP 比重随经济增长而扩张。美国政府在 1880、1929、1960、1985、1996 五个年度，支出比率分别是 8%、10%、28%、37%、33.7%。欧洲福利国家法国、瑞典，1985、1996 两个年度，两国政府财政支出比率分别为 52%、65%；51.6%、62%。③

对比计划经济时期的比重，目前明显偏低。对比欧美发达国家的公共财政比例，也明显偏很低。我国是否也应该符合瓦格纳法则，随着政府规模扩大支出也随之扩大？是否也应该像发达国家一样，按照福利国家公共财政和民生财政的标准，继续扩大财政在国民收入中的占比？这个问题目前在理论界充满争议。一些人认为，考虑到中国政府控制的国有企业和国有

① 王丙乾：《中国财政 60 年回顾与思考》，中国财政经济出版社 2009 年版，第 84、178 页。

② 项怀诚：《改革是共和国财政六十年的主线》，《读书》2009 年第 10 期。

③ 世界银行：《1991 年世界银行发展报告：发展的挑战》，中国财政经济出版社 1991 年版，第 190 页；方福前：《公共选择理论——政治的经济学》，中国人民大学出版社 2000 年版，第 172 页。

资产①，中国政府的收入其实很庞大了，应该削减。这就涉及我国国有企业改革和政府改革两个方面的关联问题，也涉及国有企业改革的方向问题，到底是建设全民共享的企业，还是政府的后院菜地，甚或成为一部分既得利益集团的囊中禁脔。这是目前需要深入讨论并明确的重大改革问题。

其次，看财政增速。

2015 年，全国一般公共预算收入比上年同口径增加 8324 亿元，增长 5.8%，而国内生产总值比上年增长 6.9%。这是近 20 年，财政和税收收入增长速度首次低于 GDP 增速（见图 5.12a）。

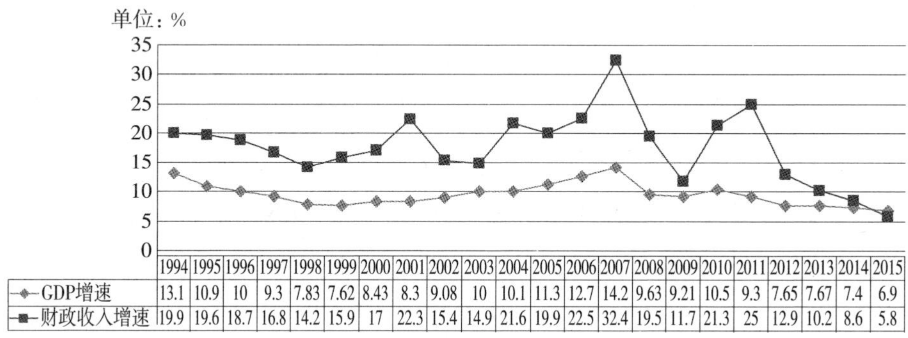

	1994	1995	1996	1997	1998	1999	2000	2001	2002	2003	2004	2005	2006	2007	2008	2009	2010	2011	2012	2013	2014	2015
GDP增速	13.1	10.9	10	9.3	7.83	7.62	8.43	8.3	9.08	10	10.1	11.3	12.7	14.2	9.63	9.21	10.5	9.3	7.65	7.67	7.4	6.9
财政收入增速	19.9	19.6	18.7	16.8	14.2	15.9	17	22.3	15.4	14.9	21.6	19.9	22.5	32.4	19.5	11.7	21.3	25	12.9	10.2	8.6	5.8

图 5.12a　经济增速与财政增速对比

资料来源：中经网统计数据库，财政部网站。

与此同时，财政收入与支出增速也出现结构性变化（见图 5.12b）。2015 年财政支出增速为 15.8%，是财政收入增速 5.8%的 2.7 倍。这一方面反映了积极财政的客观要求，另一方面也有公共财政背后的刚性支出要求。

最后，看财政收入结构中的税收与非税收的变化。

2008 年世界经济危机以来，我国实行减税降费政策，税收在财政收入中的比重趋于下降，2013 年比 2007 年下降超过 3%；如果再往前观察，

---

① 根据中国社会科学院《中国国家资产负债表 2015》报告，2013 年国家总资产 691.3 万亿元，总负债为 339.1 万亿元，净资产为 352.2 万亿元。

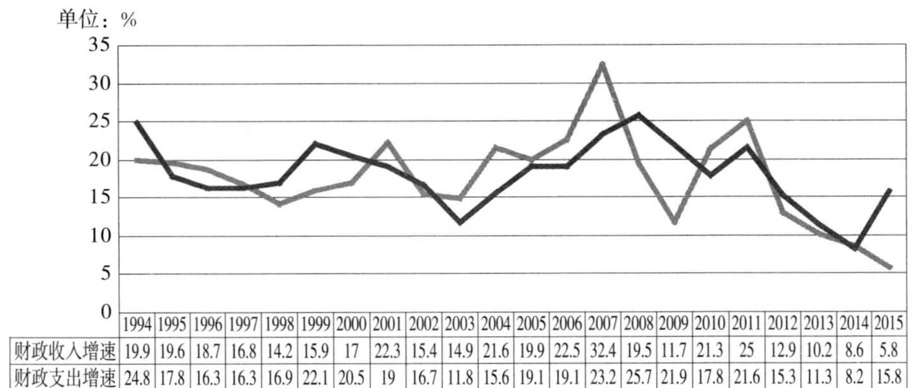

	1994	1995	1996	1997	1998	1999	2000	2001	2002	2003	2004	2005	2006	2007	2008	2009	2010	2011	2012	2013	2014	2015
财政收入增速	19.9	19.6	18.7	16.8	14.2	15.9	17	22.3	15.4	14.9	21.6	19.9	22.5	32.4	19.5	11.7	21.3	25	12.9	10.2	8.6	5.8
财政支出增速	24.8	17.8	16.3	16.3	16.9	22.1	20.5	19	16.7	11.8	15.6	19.1	19.1	23.2	25.7	21.9	17.8	21.6	15.3	11.3	8.2	15.8

图 5.12b　财政收支增速对比图

资料来源：财政部网站，国家统计局网站。

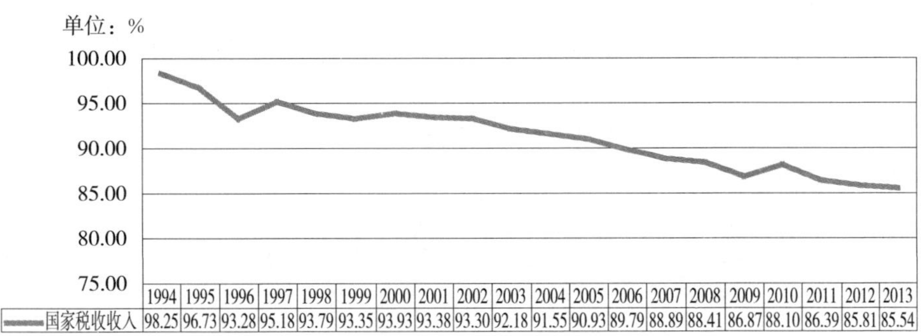

	1994	1995	1996	1997	1998	1999	2000	2001	2002	2003	2004	2005	2006	2007	2008	2009	2010	2011	2012	2013
国家税收收入	98.25	96.73	93.28	95.18	93.79	93.35	93.93	93.38	93.30	92.18	91.55	90.93	89.79	88.89	88.41	86.87	88.10	86.39	85.81	85.54

图 5.13　1994—2013 年税收收入占财政收入比重变化

资料来源：财政部网站，国家税务总局网站，国家统计局网站。

2013 年比 1994 年下降了 12.71%（见图 5.13）。这意味着，经济基本面或税基受到世界经济危机的显著影响。与此同时，社保基金收入增幅最大（见图 5.14a），国家专项收入、行政事业性收费和罚没收入也明显增长，其中前两项增长了一倍以上（见图 5.14b）。

2015 年，全国一般公共预算收入中的税收收入为 124892 亿元，同比增长 4.8%；非税收入为 27325 亿元，增长 28.9%，同口径增长 10.6%。非税收入增长中，主要是部分金融机构及中央企业上缴利润增加较多等因

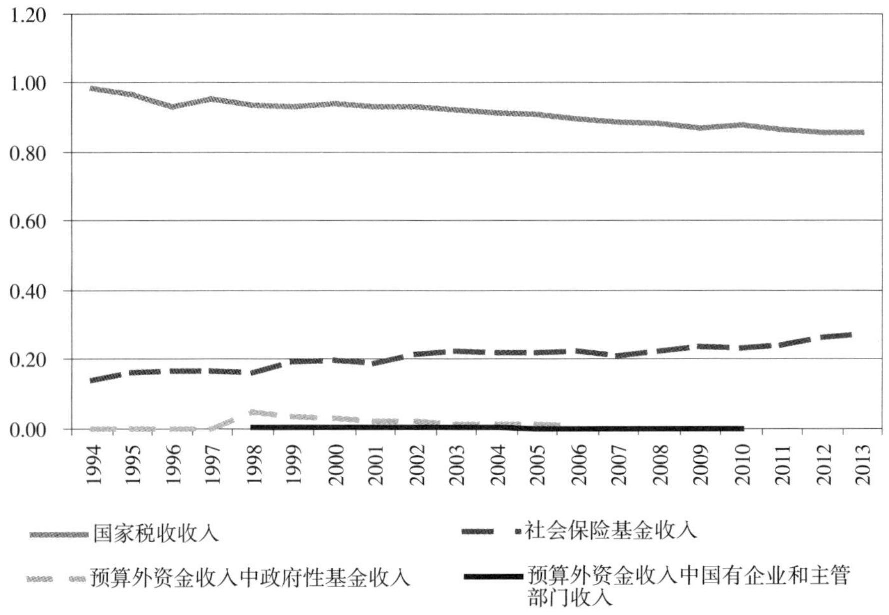

图 5.14a 财政收入比重变化

资料来源：财政部网站，国家税务总局网站，国家统计局网站。

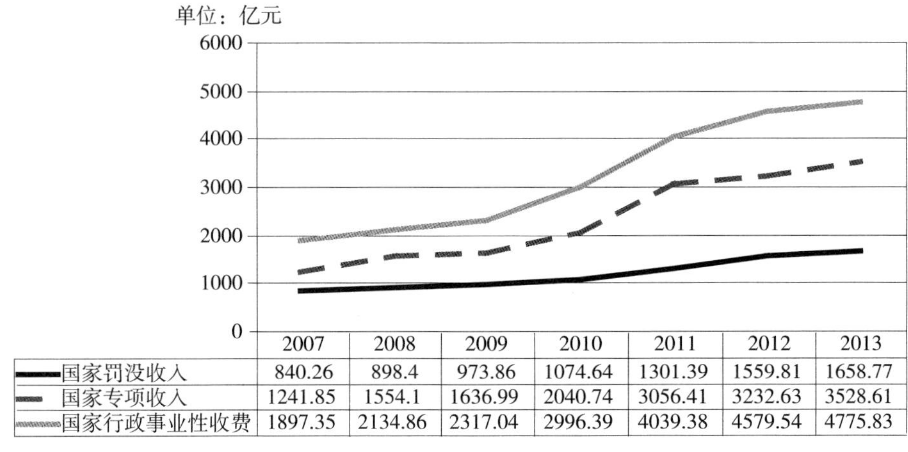

	2007	2008	2009	2010	2011	2012	2013
国家罚没收入	840.26	898.4	973.86	1074.64	1301.39	1559.81	1658.77
国家专项收入	1241.85	1554.1	1636.99	2040.74	3056.41	3232.63	3528.61
国家行政事业性收费	1897.35	2134.86	2317.04	2996.39	4039.38	4579.54	4775.83

图 5.14b 2007—2013 年非税收入各项目变化图

数据来源：财政部网站，国家税务总局网站，国家统计局网站。

素造成的。中央非税收入6997亿元，增长57%，同口径增长50.3%；地方非税收入20328亿元，增长21.5%，同口径增长1.3%。这是国家为了弥补税收下降所采取政策举措的结果。这是我国与外国财政结构和调控余地的明显区别，也是国家汲取能力的一种体现。由于30年来所有制结构变化，中央与地方税源、财源的格局出现了不同，中央回旋余地明显比地方大。

税收结构

1. 税收的产业结构

从产业结构上看，2012年，我国产业机构发生历史性变化，第三产业首次超过第二产业，表现在税收上也是同步的（见表5.5）。2012年第三产业的税收收入达到55808亿元，超过第二产业的54836亿元。但中央税收和地方税收的结构又不相同，中央税收仍以第二产业为主（见图5.15），地方税收则以第三产业为主，2013年占到68.49%（见表5.6）。具体到各地方又有很大区别。北京的第三产业税收贡献率超过80%，黑龙江的第二产业税收贡献率超过70%。所以，各地的税收格局或财政格局有很大的不同，政企关系、政商关系、政治经济关系也呈现不同的样态。

表5.5　一二三产业对全国税收的贡献

单位：亿元

指标	税收收入：第一产业	税收收入：第二产业	税收收入：第三产业
2011	81.26	49797.00	45851.00
2012	120.35	54836.00	55808.00
2013	160.63	56721.00	63079.00

资料来源：Wind资讯。

表 5.6　一二三产业对地方税收的贡献

单位：亿元

指标	地方税务局：税收收入：第一产业	地方税务局：税收收入：第二产业	地方税务局：税收收入：第三产业
2011	39.11	11734.00	21495.00
2012	71.46	13780.00	28340.00
2013	81.95	14825.00	32407.00

资料来源：Wind 资讯。

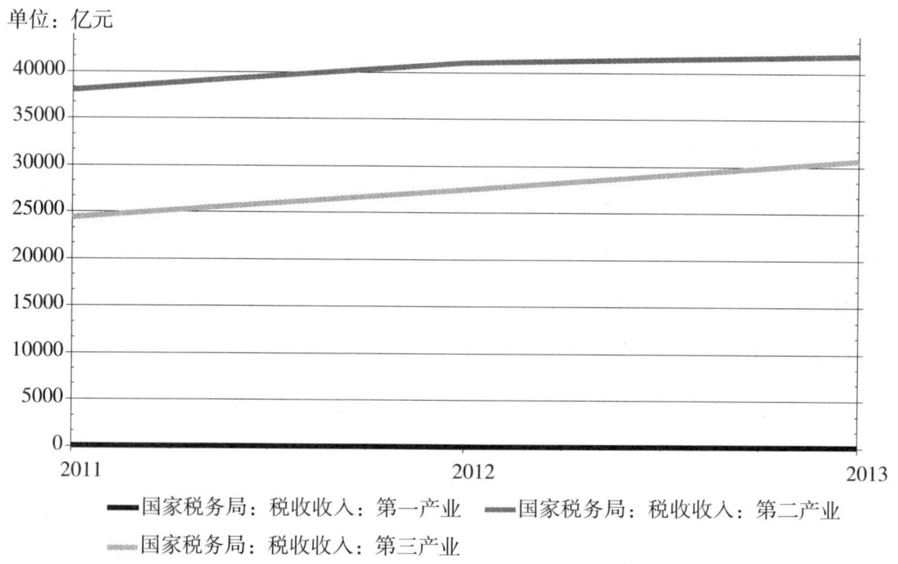

图 5.15　一二三产业对中央税收收入的贡献

资料来源：Wind 资讯。

2. 税收的税种结构

增值税、消费税、营业税、企业所得税、个人所得税和关税等是我国的主税种。税收内部的结构变化如图 5.16a 和 5.16b 所示。从中我们可以看出，国内增值税、企业所得说、营业税是我国的持续增长的主税种。由于国际贸易保护主义盛行导致了国际贸易增速持续低于世界经济平均增速，2012 年开始，我国进口贸易增速也在下降和收缩，进口货物增值税和消费税也处

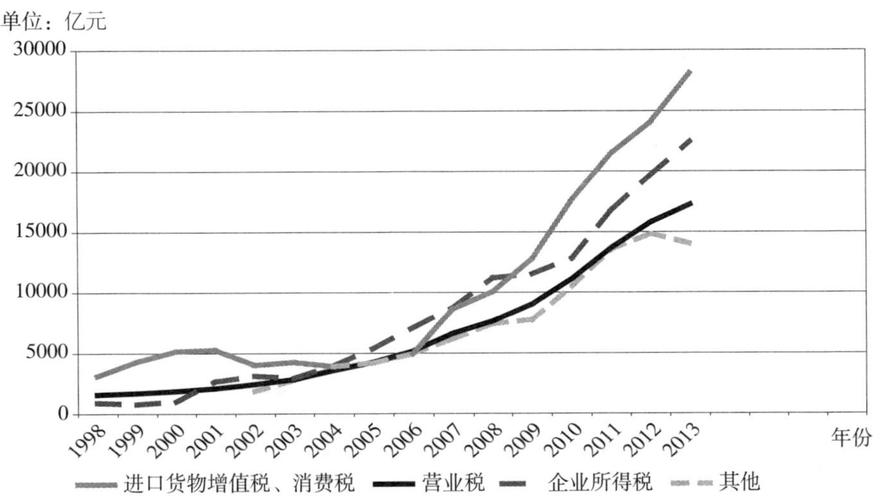

图 5.16a　1994—2013 年主要税种收入变化

资料来源：财政部网站，国家税务总局网站，国家统计局网站。

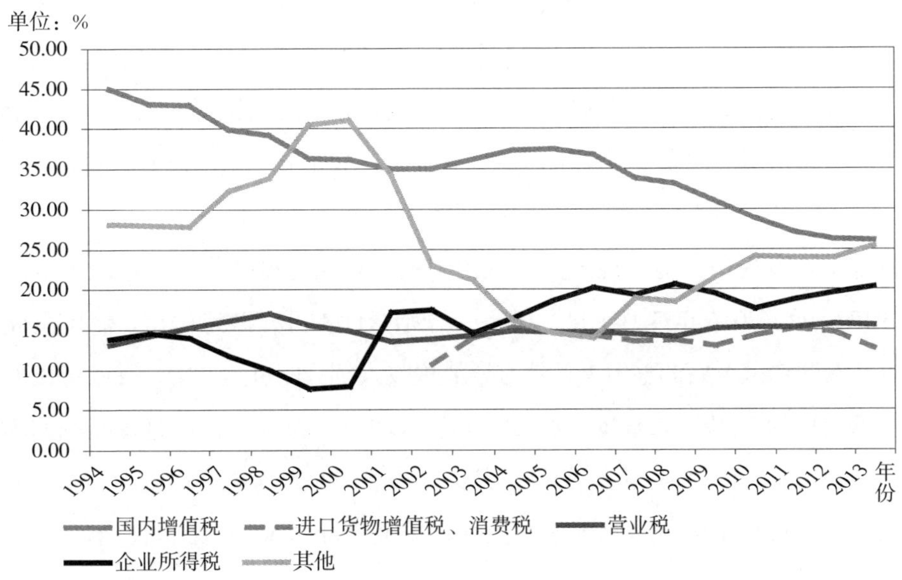

图 5.16b　1994—2013 年主要税种占比变化

资料来源：财政部网站，国家税务总局网站，国家统计局网站。

于下降态势。

2006年，我国取消农业税，对“三农”的财政支出持续增加，实行农业种粮补贴、养猪补贴等惠农政策，完善城乡趋于一体的社会保障制度，推动农民老有所养、病有所医、幼有所教，农村居民对政府政策的满意度和政治拥护程度普遍提高，农村政治稳定为全面深化改革奠定了半壁江山。

我国从1985年起开始实行出口退税政策，1994年财税体制改革以后继续对出口产品实行退税，2003年又进行了改革。出口退税政策的实施，一方面扩大了我国的出口产品的数量，提高了出口产品的竞争力，增加了就业，保证了国际收支平衡，增加了国家外汇储备，促进国民经济持续快速健康发展发挥了重要作用；另一方面，由于出口退税存在政策扭曲的现象，加剧了我国产能过剩的程度，在我国外汇储备已经过剩的情况，进一步加剧了外汇数量和外汇占款的增长，使得国内货币政策也处于扭曲变态。2015年我国出口退税12867亿元，同比增长13.3%①。出口退税超过进口关税和消费税水平，规模已经很大，并且存在虚假出口骗退税等问题。需要根据国内外经济环境变化尽快修订相关政策，对出口退税企业进行甄别，减少退税产品种类，降低退税比率，矫正出口退税导致的产业扭曲和货币政策扭曲。

“十二五”期间，我国开始探索实行营业税改增值税政策，这有利于降低部分企业税负，但客观上会降低国家税收收入。2014年营改增减税额达1918亿元。2016年5月1日，国务院开始全面推开营改增试点，制定全面推开营改增试点后调整中央与地方增值税收入划分的过渡方案，其中中央分享增值税的50%、地方按税收缴纳地分享增值税的50%。不过营业税和增值税都是流转税，企业可以转嫁。所以，改革只是政府之间存量的调整。但由于营业税和增值税是我国的主税种，按照各分享50%的比例改革后，财

① 财政部国库司：《2015年财政收支情况》，2016年1月29日，http://gks.mof.gov.cn/zhengfuxinxi/tongjishuju/201601/t20160129_1661457.html。

政支出责任的划分需要加快完善和均衡对称化，地方税体系的构建面临严峻挑战，需要加快推进。

1994年分税制改革时，当时我国人均收入比较低，个人所得税划为地方税收。考虑到我国人均收入已经达到中等发达国家的水平，而个人所得税一般是发达国家的最主要税种。所以，下一步可以考虑，合理划分个人所得税的中央政府与地方政府的分享比例，通过完善立法，严格执法，建立健全高收入阶层的个人所得税征管信息，进一步提高个人所得税对国家税收的贡献。

财政赤字与债务结构

2015年以来，我国财政收入进入中低速增长的新阶段，这与财政支出刚性增长的发展态势之间的矛盾加剧，加之财政支出结构固化僵化，地方政府性债务规模居高不下，财政赤字和债务风险加速积聚，财政中长期可持续发展面临严峻考验。

首先，财政收支结构性的格局变化。

我国正在实行创新驱动发展战略，从投资驱动到创新驱动，新产业的培植还需要一个比较长的周期才能成为财政收入的重要来源。从一二三产业的发展态势看，第一产业是财政的补贴对象，第二产业对财政的贡献因消化过剩产能需要一定时间而呈现不可避免的下降趋势，第三产业对财政的贡献因金融、地产、休闲娱乐、餐饮等行业的去杠杆化与泡沫化而充满不确定性，尤其是资产负债表衰退和债务收缩的危机会引致更大的范围的衰退和收缩效应。从经济学的角度看，我国财政经济正面临一次不小的阵痛。我们是否已经做好了迎接萧条乃至剧烈震荡的准备？这个需要未雨绸缪。

其次，财政收支赤字与缺口绝对值不断扩大。

财政收支缺口2010年为6772.7亿元，2015年为23554亿元（见表5.7）。

2010—2016年，财政赤字累积达到8.86万亿元。从财政支出的具体项目来看，根据国家统计局和财政部数据，2015年，教育支出26205亿元，增长8.4%；文化体育与传媒支出3067亿元，增长9.3%；医疗卫生与计划生育支出11916亿元，增长17.1%；社会保障和就业支出19001亿元，增长16.9%；城乡社区支出15912亿元，增长11.5%；农林水利支出17242亿元，增长16.9%；节能环保支出4814亿元，增长26.2%；交通运输支出12347亿元，增长17.7%。这些基本的公共支出合计110504亿元，占到2015年财政一般预算收入152217亿元的72%；更重要的是这些公共支出的增速都高于6.9%的GDP增速和5.8%的财政收入增速。这还没有包括公务员工资福利的刚性支出①。

表5.7　2010—2015年财政收支与缺口

年度	2010	2011	2012	2013	2014	2015
财政收入（亿元）	83101.5	103874.4	117253.5	129209.6	140370	152217
财政支出（亿元）	89874.2	109247.8	125953	140212.1	151785.6	175768
赤字缺口（亿元）	6772.7	5373.4	8699.5	11002.5	11415.6	23551
赤字率（%）	3	2	1.6	2	2.1	2.3

资料来源：财政部网站、国家统计局网站。

国家发展和改革委员会提出：2016年拟安排全国财政赤字2.18万亿元，比2015年增加5600亿元，赤字率3%，其中，中央财政赤字1.4万亿元，地方财政赤字7800亿元。一是阶段性提高财政赤字率，在适当增加财政支出和中央预算内投资的同时，主要用于弥补减税降费带来的财政减收，保障政府应该承担的支出责任。二是优化财政支出结构，创新财政支出方式，盘活财政资金存量，该保的保住，该减的减下来。三是适当增加地方专项债券发

① 有研究指出：各国政府费用占税收收入比重，德国是2.7%，埃及是3.1%，印度是6.3%，加拿大是7.1%，俄罗斯是7.6%，而我们中国是30%！这还只算公务员部分。

行，主要用于支持土地储备、交通、水利及城镇基础设施等有一定收益的项目建设。继续发行地方政府置换债券。①

公务员与准公务员的工资福利支出、民生支出、转型升级支出、国防支出都是硬支出；尤其是政府债务总量和增速都在持续上升；同时“一带一路”的“走出去”战略也最终需要政府发债来筹资。因此，政府支出的增长压力很大。同时，由于世界经济和国内消费仍然很乏力，投资仍是保证增长的必要马车。

再次，看政府债务结构。

政府债务结构包括时间期限结构、支付责任结构。时间期限结构主要分为短期和长期结构。我国中央政府债务以长期为主，地方政府债务以短期为主，所以地方政府债务集中支付问题突出。支付责任结构包括偿还责任债务、担保责任债务和具有一定救助责任债务。我国以偿还责任债务为主。

中央财政债务余额逐年扩大（2005—2013 年见图 5.17），2015 年已经超过 10 万亿元。根据国家审计署的审计数据，2013 年 6 月底中央政府负有偿还责任的债务 9.8 万亿，占 GDP 的比重为 22.8%，地方政府负有偿还责任的债务为 10.89 万亿，占 GDP 的比重为 32.9%，合计我国政府的杠杆率水平为 55.7%。可见地方政府债务水平已经超过中央政府。还存在计算杠杆率的时候忽略地方政府债务水平可能存在严重的风险隐患的情况。

1994 年“分税制”改革后，中央与地方的财力划分向中央集中，地方政府财力的缺口越来越大。在财政激励机制错位与地方官员政绩考核机制 GDP 导向下，地方收支失衡、债务膨胀、软约束与道德风险特征越来越明

① 国家发展和改革委员会：《关于 2015 年国民经济和社会发展计划执行情况与 2016 年国民经济和社会发展计划草案的报告——2016 年 3 月 5 日在十二届全国人民代表大会第四次会议上》，新华社北京 3 月 18 日电。

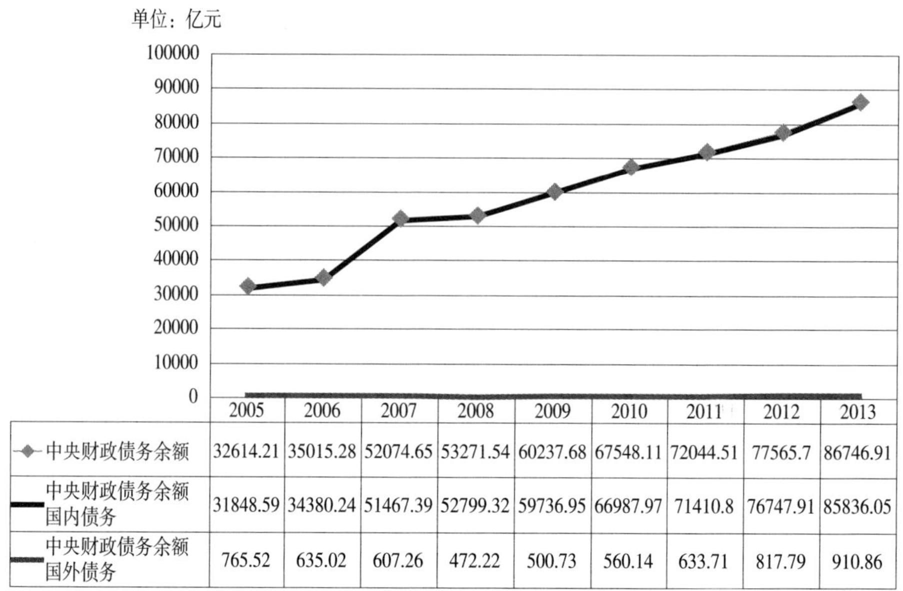

	2005	2006	2007	2008	2009	2010	2011	2012	2013
中央财政债务余额	32614.21	35015.28	52074.65	53271.54	60237.68	67548.11	72044.51	77565.7	86746.91
中央财政债务余额国内债务	31848.59	34380.24	51467.39	52799.32	59736.95	66987.97	71410.8	76747.91	85836.05
中央财政债务余额国外债务	765.52	635.02	607.26	472.22	500.73	560.14	633.71	817.79	910.86

图 5.17　中央财政债务余额

资料来源：财政部网站，国家统计局网站。

显。根据国家审计署最新公布的数据显示，截至 2015 年底，省、市、县三级政府负有偿还责任的债务余额为 16 万亿元，比 2013 年 6 月底增加了 5.11 万亿元，年均增长 20%，远高于同期 GDP 增速。特别是，地方政府债务收支游离在政府预算之外，举债融资不规范、融资成本高、偿债能力差、风险高等问题突出；而且财政部代发的东部地方政府债务总量远高于中西部欠发达地区，进一步加剧了地区发展不平衡的现象。值得注意的是，在融资平台贷款受到限制后，地方政府创新了举债主体和举债方式，形成了大量虽无偿还责任，但仍需承担一定担保责任或救助责任的或有债务。根据国泰君安宏观经济研究部的最新估算结果，截至 2014 年底，地方融资平台债务为 16.6 万亿，加上未到期地方政府债券，估计整个地方政府债务规模达到 27.2 万亿。截至 2014 年末，整个政府部门债务已达 36.8 万亿，占 GDP 比重为 57.8%，已经接近 60%的国际警戒线水平。

这意味着建立政府性债务管理体系与风险预警机制势在必行，建立起在地方政府信用评级基础上的地方发债管理体制也势在必行。同时，地方财政破产的法律依据、程序、破产的标准、资产负债表的编制、如何在地方财政破产的情况下保证公共服务等问题都需要前瞻性研究和超前风险管控部署。

最后，金融波动对财政的可能冲击。

金融扰动现象，尤其是金融政策文件与政策执行的背离现象在我国十分严重。2012 年金融工作会议确定了“金融服务实体经济，防止脱实向虚”的方针。但 2012 年以来的金融发展明显是继续吹泡泡，不断脱实向虚、务虚不务实。财政的根基，财源与税源正在脱实向虚。这反映了所有制结构和金融市场结构变化后，政府宏观政策的老套路已经不能真正得到贯彻，政策与实际存在脱节现象。各种金融投机的对赌工具不断推出，比如融资融券等，金融投机氛围浓厚。庞氏骗局有泛滥之势，理财产品、影子银行、场外衍生品交易、P2P 等新金融业态使金融泡沫在不断吹大中有破灭的各种可能性。近几年，民间高利贷、民企互相担保勾连贷款的高风险循环链陆续崩塌。在宏观经济格局上，金融资产在整个国民经济格局中所占比例越来越大。根据银监会的数据，截至 2015 年末，银行业资产总额为 194.2 万亿元，比 2010 年末增长 1.1 倍；初步统计，全年新增理财资金 8.5 万亿元。[①] 金融机构和第三方理财总规模已达 81.18 万亿。更主要的是，在经济景气下行的背景下，企业负债经营发生质性变化，由借债投资向借新债还旧债演进，甚至一部分只能借新债还利息[②]。企业负债率高企，非金融企业的杠杆率水平迅速攀升，由 2011 年的 113%迅速攀升至 2015 年的 140.7%，创历史新高；

① 《2015 年银行业资产总额近 200 万亿》，中国网，2016 年 1 月 12 日，http://finance.china.com.cn/news/20160112/3540207.shtml。

② 相关研究参见中国人民大学宏观经济分析与预测课题组：《持续探底进程中的中国宏观经济》，《经济理论与经济管理》2016 年第 1 期。

截至2014年底，中国非金融企业的债务总额达到94.93万亿，2008—2014年期间猛增51%。这预示着，非金融企业基本面在变得不稳定，未来充满不确定性。因此，一旦发生资产价格连环收缩引发的金融危机，对经济和财政税收冲击有多大？这个需要做前瞻性深入研究和风险管控预案。

地方财政结构的现状特征

首先，地方公共财政越来越依赖中央转移支付（见图5.18、图5.19a、图5.19b），收支缺口越来越大。

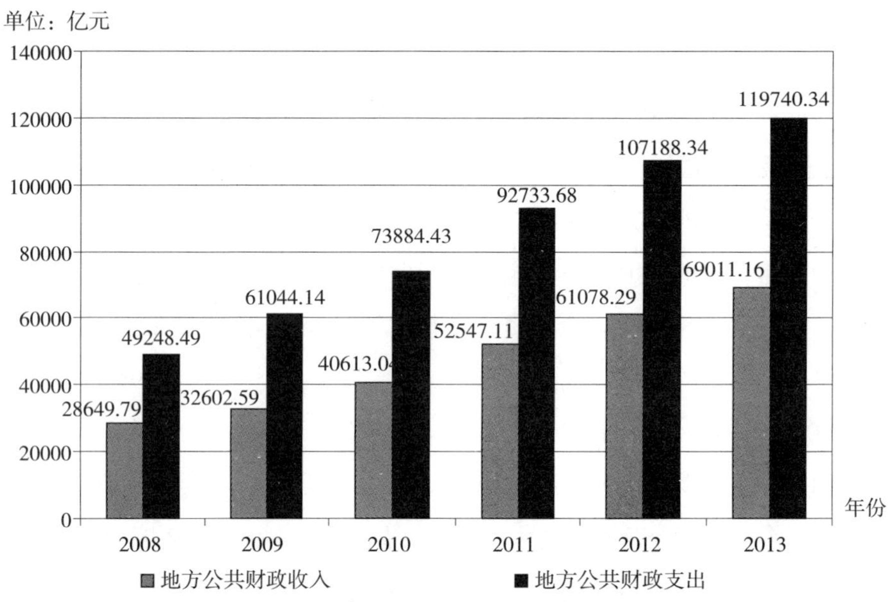

图5.18　地方财政收入和支出对比

资料来源：财政部网站，国家统计局网站。

1994年分税制改革后，中央财政集权地位得到基本巩固。2011年以来，中央与地方财政收入在占比上趋于均衡。在支出格局上中央财力充裕，而地方财力紧张。中央本级支出仅占16%左右，剩余30%左右是向地方转移支

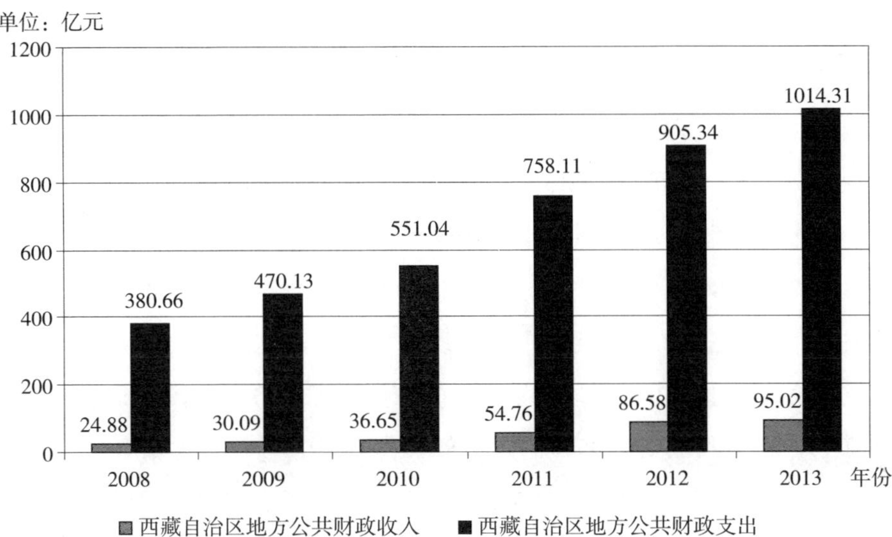

图 5.19a　西藏自治区地方公共财政收入和支出对比

资料来源：财政部网站，国家统计局网站。

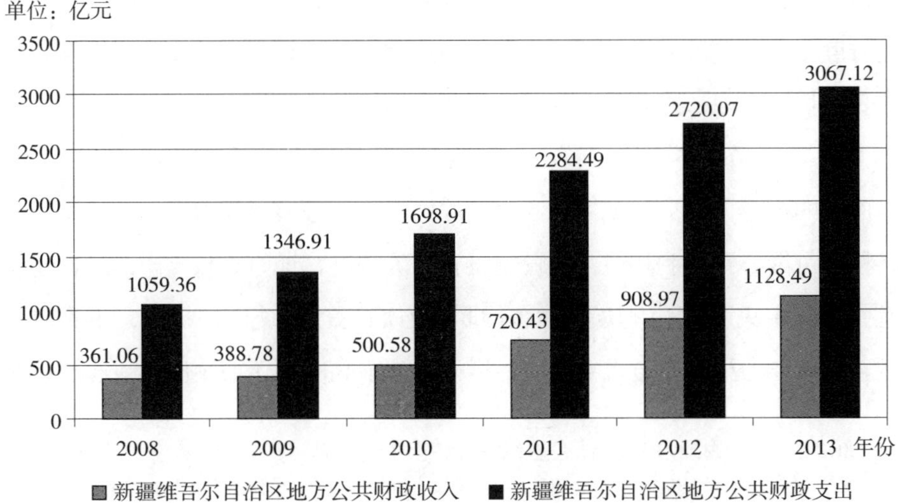

图 5.19b　新疆维吾尔自治区地方财政收入和支出对比

资料来源：财政部网站，国家统计局网站。

付。与英美日等国相比[①]，我国中央政府直接支出比重明显偏低，下放事权明显过多。因此，地方公共财政对中央财政转移支付的依赖度越来越高。

2008年，地方公共财政收入28649.79亿元，支出49248.49亿元，收支缺口20598.7亿元；到2013年，地方公共财政收支缺口达到50729.18亿元。这些缺口都需要通过中央财政转移支付来弥补。地方公共财政自给率，2008年为58.18%，到2013年下降到57.64%。也就是说，2013年地方公共财政支出中有42.36%要靠中央财政转移支付，这是全国平均数。具体到省级公共财政对中央财政转移支付的依赖程度，2013年，中西部普遍超过50%，其中西藏高达95%、青海82%、新疆73%、宁夏67%、黑龙江62%、云南和贵州61%、广西59%、河南57%、四川55%、内蒙古53%、河北48%，上海最低9%、北京12%、广东和江苏16%、浙江20%、山东32%。

由于中央与地方的信息不对称，中央财政的一般性转移支付和专项支付制度不完善、不规范，科目和项目繁杂、资金分散、配套过多，导致管理的难度太大，管理的效率不断降低，财政支出绩效呈现逐年下降的趋势，影响政策目标实现，而且财政的风险不断累积。

截至2016年5月，尽管中央对地方财政转移支付项目减少一半以上[②]，但问题的核心，中央与地方公共支出的责任划分进展仍显缓慢，公共支出和转移支付的公开透明和综合监管还没有有效跟进，地方财政支出的缺口还没有弥合。中央财政和地方财政履行职能方面还存在缺位、越位、不到位问题，治理能力和治理方式不适应、运行效率不高问题还很突出，政府层级之

---

① 2012年，中央财政本级支出，经合组织国家平均为46%，英国为73%，美国为54%，日本为42%。参见楼继伟主编：《财税改革纵论：财税改革论文及调研报告文集》，经济科学出版社2014年版，第8页。

② 李克强：《深化简政放权放管结合优化服务推进行政体制改革转职能提效能——在全国推进简政放权放管结合优化服务改革电视电话会议上的讲话》（2016年5月9日），《光明日报》2016年5月23日。

间的职责和权力边界划分还不清晰。因此，财政治理体系和治理能力的现代化还有较长的路要走。

其次，地方财政越来越依赖私营企业。

从前面所有制结构和企业结构的具体构成我们知道，私营企业的数量、产值和对大部分地方政府的财政与GDP的贡献都具有绝对主导地位或支柱地位，因此，基层政府得看私营企业家的脸色行事。

《经济观察报》2015年2月15日报道说："海鑫钢铁打个喷嚏政府都得感冒，两级政府出面施救。"海鑫钢铁是一家民营企业，对当地政府的财政贡献达到70%左右。私营企业对地方财政的贡献独大后，出现危机政府不得不救助。民营企业的软约束问题也出现了！毕竟治国就是理财，经济基础决定上层建筑。没有财政支撑，地方政府的政治号召力只能是口号。没有一把米，小鸡也不理你。民营企业已经左右地方财局，会不会已经或在未来左右地方政局？这个需要细致的实证与经验研究来进一步说明。

中央电视台《焦点访谈》2015年2月4日报道了"子虚的房子乌有的税"。说江苏省灌云县下车镇的村民朱恩明在县城买了一套二手房，这是他的第一套房，可当他拿着购房合同和发票，去地税大厅缴纳购房契税的时候，工作人员告诉他，他名下还有一套房，500万元。经CCTV调查，发现是下车镇为了完成税收任务而让民企老板代缴15万税款制造的假交易。① 这种乡镇找私企老板代交财税任务的模式被《焦点访谈》曝光，从中暴露出基层"财政空转"的冰山一角，映射着基层财局与政局的历史性变化。

财政空转是指基层政府为了完成税收任务，先找人代缴税，然后想方设法从国库把相关税款返还给缴税人的财政行为，是一种典型的地方欺骗中央的财政游戏。而江苏是我国经济与财政状况较好的大省，也发生这种财政空转的案例，这说明我国基层政府的财政格局不容乐观。

---

① http://tv.cntv.cn/video/C10326/d7ae25f3b4af4d0cbfdcde13ba6e34a6.

最后，依赖非税收入，尤其是土地财政问题难以持续。

2007 年，4 万亿投资形成的中央政府和地方政府的债务、配套投入的后续压力，需要长时间消化。这也导致地方政府对非税收入的依赖，2013 年非税收入占比达到 28%（见图 5.20）。地方政府扶持的金融投资公司、投资中介随着经济不景气、房地产价格下降后，给地方政局形成新的历史包袱和外在约束。

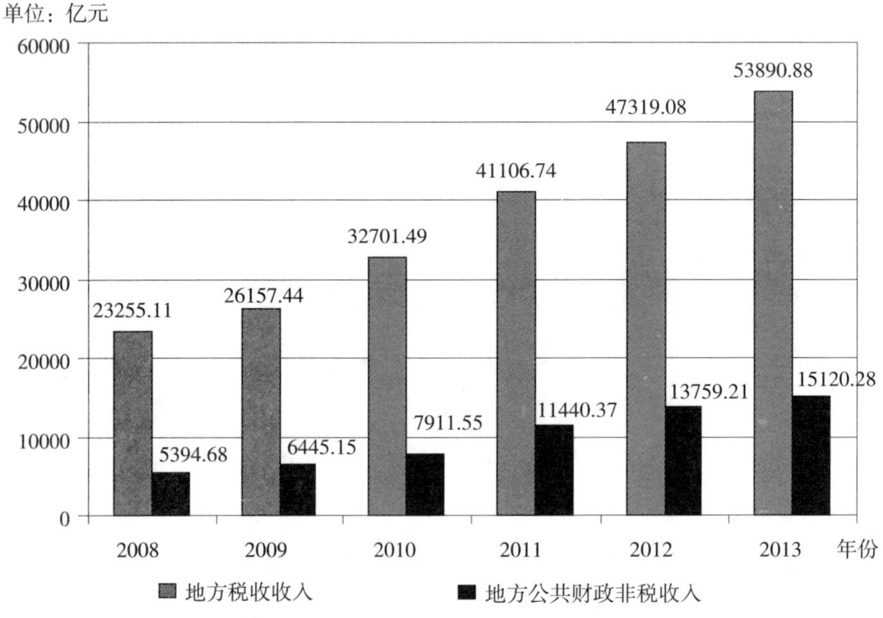

图 5.20　地方税收收入和非税收入对比

资料来源：财政部网站，国家统计局网站。

卖地财政在需求约束下难以为继。2015 年之前，财政数据显示，土地相关收入占地方财政收入的 35%，占全国财政收入的 23%。财政部国库司（2015 年 5 月 14 日）数据显示，2015 年 4 月财政收支情况：地方本级收入增幅下滑主要是受房地产市场持续调整影响，其中契税 278 亿元，同比下降 12.8%；土地增值税 270 亿元，同比下降 11%；耕地占用税 73 亿元，同比下降 18.3%；城镇土地使用税 267 亿元，同比增长 15.2%。2015 年 1—4 月累计地方本级政府性基金预算收入 10444 亿元，下降 37%，同口径下降 33.3%，主要是因为国有土地使用权出让收入 9016 亿元，同比减少 5572 亿元，下降了 38.2%。地方政府后续的财源从哪里来？如何通过投资来继续支撑中高速增长？这需要开源节流，寻找新的税源和财源。因此，房地产持有税、财产所得税、财产转移税、资本增值税、遗产税、电子商务增值税等将会成为潜在的财政收入来源。

第四节　全球化下的外在约束

21 世纪以来，中国以全球化的坚定参与者、维护者和引领者的姿态出现在世界舞台。我们身在其中，既是受益者，也是受损者。全球化一方面扩大了经济分工与贸易带来的好处，另一方面加剧了我国的经济波动，使产能过剩问题更加突出。同时跨国公司主导的资本、技术、财富、人力、贸易的全球化正在超越民族国家的界限，对国家经济主权形成显著的影响。可以说，当前世情，世界经济格局正在发生结构性变化，呈现如下四个特征。

首先，贸易保护主义升温，全球化出现分化与逆转。第二次世界大战后以及冷战后美国主导建立的全球治理体系已经被美国发动的大小战争和金融经济危机破坏得千疮百孔，旧的国际经济治理体系已经不能正常运转。美国在难于全面主导和控制世界贸易组织后，开始寻求建立新的自己可以主导和控制的世界贸易秩序，即建立跨太平洋自由贸易与投资组织和跨大西洋自由贸易与投资组织，企图抛开世界贸易组织。全球化呈现局部萎缩，甚至去全球化的部分特征。具体表现为全球的贸易增长连续第 5 年低于全球 GDP 增长；2016 年 5 月欧洲议会甚至通过决议，否决按照 WTO 规则，2016 年后应给予中国市场经济国家地位。全球化对中国呈现为负面影响，2009 年以来，进出口对中国经济增长的增量贡献是负的。

其次，全球财政普遍赤字运转。美国长期赤字，欧洲长期赤字，日本长期赤字。美国的债务赤字不断刷新历史纪录，一再突破议会设定的上限，甚至因此出现政府局部关门歇业。欧盟、拉美、非洲一大批国家处于财政困境之中。日本政府的债务占 GDP 的 500%。中国 2016 年财政赤字率提高到 3%。这种全球主要国家的政府债务累积趋势长期延续下去，寅吃卯粮，拆东墙补西墙，最后解决的方式充满了不确定性。目前，地缘政治紧张，局部战争频仍，美俄局势基本对立。中东、北非、乌克兰、俄罗斯周边、中国周边处于政治军事紧张状态。世界政局和经济大格局处于不确定的状态，扩军备战态势明显，甚至有爆发全面战争的危险。

再次，全球负利率与通货紧缩。这是世界经济格局的两个新现象、两个新的变局。2008 年以来，为了应对美国制造的全球金融与经济危机，美国首开量化宽松货币政策和负利率政策① 的先河，随后，欧元区、日本、英国等发达国家紧随其后。这是发达国家利用货币霸权对其他国家的周期性剪羊毛行动，或者说，超经济剥削。危机后各国宏观政策陷入去杠杆化和修复资产负债表的两难困境。去杠杆、卖掉资产去偿还债务本是天经地义。但如果所有的政府和企业都这么想、这么做，供大于求，买家在哪里？这样会出现个体理性行为的羊群效应和整体的非理性结果，形成资产价格快速连环收缩甚至坍塌，客观上会形成巨额坏账，甚至引发金融海啸。所以，主要国家宏观经济政策处于骑虎难下的困局之中。中国仍处于正利率的区间，成为国际金融热钱投机和操作的对象。因此，我国面临的国际金融形势异常严峻，负利率似乎有一定的必然性。与此同时，世界经济呈现通货紧缩的时间已经好几年。世界上发达国家的货币政策的目标都叫通货膨胀目标制，即通

① 央行的负利率政府实际上反映的是实体经济领域中投资收益率的下降，或者整体上投资收益率是负的。

常把通货膨胀率控制在2%，现在已经无法达到2%了。这是世界经济形势的新变局，还是暂时的迷雾都有待观察，都是对现有经济理论的挑战，同时是经济理论创新的机遇。

最后，跨国公司和跨国金融集团正在试图超越民族国家的政治经济界限。随着经济全球化与互联网科技革命创造的人类信息传递全球化平台的应用，民族国家的国内政治经济格局受到了前所未有的挑战。以跨国公司和跨国金融集团为代表的有限责任制体系伴随着全球化与信息传播的网络化和碎片化，正在力图摆脱国家的控制并逐渐履行部分的国家职能。而一国政府作为无限责任制组织，不得不承担越来越多的基于公民民主诉求的公共事务和大量的有限责任制组织软约束造成的社会成本，这就使得一国内部的政治格局和经济格局在结构上发生了历史性变化，利益集团群体之间的博弈出现了一些新的形式。比如离岸公司注册地①和避税天堂问题。目前百慕大、开曼群岛和英属维尔京群岛是世界上企业注册数量最多的三大离岸公司注册地，成为全球各地企业的“避税天堂”。过去20年间，内地赴港上市的家族企业资产规模最大的50家之中，共有44家注册于开曼群岛②。从地产界的碧桂园、世茂地产，到运动品牌李宁、安踏，再到阿里巴巴、百度等互联网巨头。2015年，亚洲富豪李嘉诚重组旗下两家集团，并把重组后的企业注册地点从香港迁移至开曼群岛。这些大企业声称是为了做生意方便，实际上是为方便避税，摆脱国家控制，进行国际资本运作。开曼群岛没有企业所得税，企业可以通过高买低卖的方式，把利润做到离岸公司，把亏损留给国内公司，避免了国内的增值税等。③ 这些经济金融新形态和新趋势，既是挖各

① 又称离岸管辖区，是通过立法手段培育和发展特殊经济区域，允许国际自然人或者法人在其领土上从事各种离岸业务，并主要依靠低税或者免税政策大力发展离岸金融业。

② 开曼群岛是英国在加勒比海西北部的一块海外属地，面积仅259平方公里，人口不到6万人。

③ 储信艳：《李嘉诚公司迁册地 阿里百度都在 到底好在哪》，《新京报》2015年1月18日，http://news.xinhuanet.com/fortune/2015-01/18/c_127395997.htm。

国经济墙角，又是各国缺少政策协调的结果，也是我国不得不面对的潜在财局风险。

小 结

“十三五”时期，从宏观经济与“十三五”发展格局看，我国增长速度仍处于波动性下行的发展周期。因为经济结构、技术条件没有产生整体性变化，但是社会关注的焦点问题是要强化安全、环境质量、温室气体减排这些与人类生存息息相关的基本诉求，经济增长空间就不得不被压缩一部分。经济体量变大后，经济发展的总规模增长放缓是必然，财政税收的增量增长也必然放缓。这就形成了未来我国发展的大财局。

关于政府、企业、家庭、个人之间的利益分配关系，从所有制和收入分配制度看，如何推进国有企业改革和相关立法进程，建立国有企业真正的全民共享发展体制机制，降费提速，推进防控利用垄断地位收入个人化、风险社会化的体制机制创新是国家治理体系的难点，也是改革的硬骨头。民营企业的数量、规模将会进一步增大。如果国家在初次分配上继续亲企业、亲资本，继续扶优扶强、让一部分人先富起来的政策导向不变，则国民收入的整体结构将进一步失衡，居民需求将缺乏必要收入支撑，以国内需求为导向的增长政策将难以扎实推进。而如何激励与约束政府官员干实事和企业家一心一意干实业、谋发展，是未来五年实现全面小康和共同富裕的关键。政府实行扶弱不抑强，政企都在法治框架内规范发展是我们这个社会健康、可持续发展的关键。

关于政府层级间的分配关系，从财政税收制度建设安排上来看，预算和税制的立法要加快，包括从预算的编制、执行到监督的公开化、法治化、规范化进程需要加快，建立预算编制科学完整、预算执行规范有效、预算监督公开透明的现代政府预算管理制度，从而保障政府依法有为，进而奠定社会主义法治化和民主化的基石。从民生财政上来看，保障民生支出的立法、执行和监督的工作需要加快完善。从中央与地方政府之间的财税制度安排上看，在保持现有中央和地方财力格局总体稳定的基础上，如何硬化财政约束，综合平衡、调动两个积极性，合理划分两级收入支出责任，规范转移支付制度，保障地方政府的财力与事权、支出责任相匹配，这个改革的路线图和时间表还没有明确，关键是如何摸清家底，尤其是确认支出责任的工作进展缓慢。从税收结构上来看，人均国民收入达到中等发达国家水平后，个人所得税必然会成为国家的主要税种；2015 年出口退税大于关税收入，出口退税扭曲了产业结构和货币政策，加剧了产能过剩，研究减少出口退税成为可能；房产私有化已经基本到位，适时推出符合我国国情和民情的房地产税也成为必然；加强资源利用，完善资源税实行从价计征成为必然；加强环境保护，推进环境保护费改税立法进程；等等。

从全球经济格局与趋势看，世界资本主义主要国家，每 7—8 年就发生一次金融危机。2008 年由美国引发的世界金融与经济危机尚未过去，世界又可能面临新的潜在危机。随着我国经济的对外开放程度和全球参与程度的提高，尤其是产能过剩后对世界市场的依赖更加突出、金融的自由化和国际化，外资外企对我国经济参与程度的深化，我国防控经济金融风险的体制机制急需加快完善，未雨绸缪。

第六章

未来展望

2016年，我国（大陆）人口达到13.8271亿人，仍是世界第一人口大国；国内生产总值744127亿元，总量居于世界第二，人均国内生产总值53980元，对世界经济增长的贡献率为33.2%（IMF估算），连续多年超过美国，已经成为一个名副其实的经济大国、生产大国和消费大国，也是一个政治军事大国，中国正在向强国迈进。按照中共十八大以来党中央做出的发展决策和改革路线图、“十三五”规划和“两个一百年”奋斗目标，我国进入了“全面深化改革、全面建成小康社会、全面依法治国、全面从严治党”的加快中华民族复兴的全面提升发展阶段，执政党和政府提出“创新、协调、绿色、开放、共享”的发展理念和“政治、经济、社会、文化、生态五位一体”的发展思路。古人说，知易行难。凡是涉及政治、经济、社会的问题，说起来容易，做起来很难、很艰辛，在涉及具体利益问题时，往往就需要很长的时间。

如果我国的国体和政体在未来五年不会发生根本性变化，即在现有的《中华人民共和国宪法》的框架内运行，我国不断完善人民代表大会制度和中国共产党领导的多党合作和政治协商的政治制度，那么，展望未来，最重要的仍然是执政党的执政路线，或者说党的建设的问题。正如毛泽东说的：思想上政治上的路线正确与否是决定一切的。党的路线正确就有一切，没有人可以有人，没有枪可以有枪，没有政权可以有政权。路线不正确，有了也可以丢掉。也正如他曾明确表示的：只有民主政治才能避免政权的灭亡，才能实现中华民族的伟大复兴。

第一节　中国向何处去

关于我国未来的发展道路，是一个充满想象空间和富有争议的论题。从政治经济学的视角看，国内外的流行认识至少可以归纳为三种，或者说是中国发展的三种参照系。

第一种是进一步加快推进私有化进程，或彻底私有化，把我国建设成为标准的资本主义国家。即按照所谓的新古典经济学的标准模型，建立竞争性市场体制，自由资本主义社会。

目前，这种参照系设想在我国很有市场，在新闻界、舆论界和学术界都有一批强有力的学者进行论证和布道。

改革开放以来，一些著名的学者提出我国要参考理想的市场经济体系，建设自由竞争的市场经济体系。这是20世纪90年代十分流行的观点。当时的政策口号被一些人概括为“以市场换技术”。十年过后，市场让出去了，技术没有换回来。中国人开始明白，技术就像古代家传的秘技，是用多少钱也买不来的。醒悟之后，我国又回到依靠自主创新的发展阶段，2006年提出建设创新型国家的发展战略，把增强自主创新能力作为国家战略贯穿到现代化建设的各个方面。2012年中共十八大明确提出“科技创新是提高社会生产力和综合国力的战略支撑，必须摆在国家发展全局的核心位置”。强调要坚持走中国特色自主创新道路、实施创新驱动发展战略。随后出台了《中共中央国务院关于深化体制机制改革加快实施创新驱动发展战略的若干意见》，推进创新战略。

近年来，我国正在推进全面深化改革，一些经济学家又提出我国经济改革的参照系问题。他们提出要从经济学基准点出发深化制度改革，“中国下一步推进深层次市场化改革，也要有一个基准点或参照系说起”，还说“违反经济学常识，改革只有失败。现代经济理论以理想经济环境为基准点，以自由竞争市场为参照系，严格给出了市场导致有效配置从而成其为好的市场经济的前提，而这些前提条件正好指明了改革的长远方向，从而起到明道、指明方向的前瞻性指导作用，通过理论指导改革、变革及创新来促进现实经济运行不断向理想状态逼近”①。这是典型的以资本私有化为制度基础建立市场经济机制的传统。也就是说，按照这种理论，我们应该按照西方曾经走过的道路规划未来的发展政策和发展道路。

这种理想的理论看起来有模有样，打着发达国家的旗号，拉着一批诺贝尔经济学纪念奖等“权威”理论的虎皮，在学术界、新闻舆论界和高等学校与研究机构很有市场。但怎么说也是典型的刻舟求剑的洋教条。企图用20世纪30年代前的“这条破船”，来到21世纪的这条河里寻找“那柄老剑”。完全不顾20世纪30年代后，世界市场结构依次进入垄断竞争阶段——寡头垄断阶段——国家垄断阶段——国际垄断阶段，用空想自由主义市场理论给中国描绘蓝图和路线图。

同样是2014年诺贝尔经济学纪念奖获得者，让·梯若尔在“市场失灵与公共政策”的演讲中指出：“传统观点，赞美市场的优点，认为自由竞争会保护消费者免于游说团队的政治影响，并迫使生产者按成本提供产品和服务。然而，完全竞争几乎不存在，因此，我们必须控制市场失灵，约束市场

---

① 田国强：《深化制度改革才能解决增长与转型两难》，吴敬琏主编：《比较》，总第81辑，中信出版社2015年版，第68、69页。

权力。”[①] 这里的市场失灵、市场权力都是指私营企业配置资源的行为。

正如毛泽东在《论十大关系》中说的：“我们的方针是，一切民族、一切国家的长处都要学，政治、经济、科学、技术、文学、艺术的一切真正好的东西都要学。但是，必须有分析有批判地学，不能盲目地学，不能一切照抄，机械搬用。他们的短处、缺点，当然不要学。……过去我们一些人不清楚，人家的短处也去学。当着学到以为了不起的时候，人家那里已经不要了，结果栽了个斤斗，像孙悟空一样，翻过来了。”[②] 用这段话形容我们今天盛行的洋教条、美教条，也是十分地贴切。

熊彼特认为：历史、统计与理论三方面方法技巧的总和，连同它们帮助取得的结果，我们称之为（科学的）经济学。……现代经济理论（又称分析），如果不参照其结果所赖以生效的历史——政治结构，就不可能把这种结果明智地应用于实际问题或甚至用来分析一个国家的具体经济状况。[③] 熊彼特对经济学的这个认识对目前流行的洋教条或美教条也是十分地恰当。他们不顾中国的历史和政治结构，硬要把西方 100 年前，甚至 200 多年前的理论，不加分析，照抄照搬到我国的经济改革中，还要成为改革参照系。20 世纪 80 年代的价格激进改革的失败教训大部分人已经忘记，20 世纪 90 年代末的国有企业大规模破产倒闭和职工下岗分流也被很多人忘记了。历史常常惊人地相似，杜牧有“秦人之哀后人复哀”说。黑格尔说：“人类从历史中所得到的教训就是：人类从来不记取历史教训。”

这些刻舟求剑的流行洋教条做法，不仅不符合世界和中国市场经济发展的实际，而且可能产生思想上的误导，危害极大，需要我们汲取历史的

---

① ［法］让·梯若尔：《市场失灵与公共政策》，吴敬琏主编：《比较》，总第 81 辑，中信出版社 2015 年版，第 1 页。

② 毛泽东：《论十大关系》，中共中央文献研究室编：《毛泽东文集》，人民出版社 1999 年版，第 23—49 页。

③ ［奥］熊彼特：《经济分析史》第一卷，朱泱等译，商务印书馆 2001 年版，第 44—45 页。

教训。

熊彼特在《经济分析史》中指出，1918 年以后，自由竞争的市场已经不存在了。列宁说帝国主义已经进入托拉斯 + 电气化的发展阶段。20 世纪 30 年代后，世界整体进入垄断竞争的市场经济发展格局，罗宾逊夫人和张伯伦的《垄断竞争理论》对此做了很好的说明。20 世纪 70 年代以后，世界主要产业几乎都进入到寡头垄断的经济格局之中，国家垄断和国际垄断联盟在主导世界市场经济的发展。美国经济学家加尔布雷斯说：美国的市场结构是 1000 家大公司 + 几万家小公司模式，前者是计划经济，垄断体制；后者是市场经济，竞争体制。这个第二章和上一章已经在理论上分析过了。

新古典经济学大师萨缪尔森在他的流行教科书《经济学》中都说，“从来没有一种百分之百的市场经济（虽然 19 世纪的英国很接近于此）。在今天美国的资本主义制度下，政府制定管理经济活动的规则、生产教育和保安设施、控制污染和企业方面发挥着重要作用。”[①]而一些在中国媒体上著名的经济学家还在鼓吹 19 世纪的最小政府理论。明显是开历史的倒车。

主流经济学理论割裂了经济和真实世界之间的联系。在真实世界中，政治权力对经济和社会具有决定性影响。无论是新古典经济学还是新凯恩斯主义经济学，他们都把分析的主体置于主流社会的边缘。因此，明显不可取，具有误导性，甚至误国。

第二种是按照马克思的设想，回归到经典社会主义的发展设想道路。

这种认识或参照系，由于脱离我国社会主义初级阶段的历史国情和现实社会的政治经济结构，机械的、教条的成分一点也不亚于新自由主义给中国设定的道路。

还有一些人提出回到新民主主义的发展阶段，按照新民主主义阶段的

---

① ［美］保罗·A．萨缪尔森、威廉·D．诺德豪斯：《经济学》，中国发展出版社 1992 年版，第 40—41 页。

政纲规划发展。

人不能两次踏进同一条河流。这是事物运动变化的规律决定的。一个国家，尤其是一个独立自主的人口政治大国，也不可能通过重复别国和自己曾经走过的道路获得成功。道理其实非常简单。因为那些曾经发展成功的道路所适合的条件和人现在都发生了历史性变化。这是人类历史发展的客观规律。

第三种是从中国的历史与政治实际出发，建设中国特色的社会主义市场经济道路，并提出把中国发展和实践的经验上升到理论高度，形成系统化的中国政治经济学体系。这种认识和发展的经济政治路线比较符合我国的实际，也符合理论发展的历史演进规律。

一种观点认为，执政党始终是决定中国发展、改革、稳定的核心或者关键。改革开放三十多年造就的迅猛发展的“中国模式”，其实质无非共产党 + 市场经济；未来中国持续发展的“中国道路”则应该是共产党 + 宪政民主。中国相当长历史时期内最为需要的，乃是共产党主导下的宪政，是落实宪法各项规定的宪政。这种观点具有一定的解释力，对未来的政体设想也充满了想象。但我们更应该考虑如何稳步可行。

我国的经济发展和政治民主化过程必须沿着循序渐进的人类社会发展演进的基本规律，不能离开中国历史形成的经济基础和政治现状来规划未来发展，尤其是要汲取民国期间民主化的教训，不能搞高成本的所谓“精英民主”，而应稳步推进低成本的“人民当家作主的实质民主”。

第二节　从预算民主到社会主义全面民主

资产阶级革命和现代资本主义经济体系是奠基在政治革命、财政革命、产业革命、金融革命的基础上。英国大革命是为了限制国王的征税权。历时

200 年的反复斗争才形成以议会民主为主的国家治理的政治结构。① 这个民主主要是王室（国王）与资产阶级、贵族、地主两大群体之间的政治平衡，目标是管住国王的钱袋子。后来的美国、法国等国家的资产阶级革命，逐步把议会小圈子民主逐步扩大到市民大圈子民主，总统或首相直接选举，公民有了一人一票的投票权后，国家财政税收的公共属性才逐步扩展开来。这是资本主义留给我们的历史发展经验和教训。

在我国，政府的权力来源于人民，政府财政收入取之于人民。国家财税制度安排体现以官僚机构为首的政府和企业家、公民个人之间，中央政府与地方政府之间的分工合作与利益分割关系，同时也体现政府内部组成部门——财政部门与其他部门之间的利益分割关系。在这三个层面的利益博弈关系中，执政党及其领导的政府处于掌舵的位置，我们必须面对这个现实状态。

今天，我国正在建设社会主义民主制度，执政党已经提出依法治国的发展战略，推动依宪治国不断从文字到行动逐步落实，这也要遵循由财政经济到政治的基本逻辑，从财政民主到政府依法行政再到政治民主全面发展。

第一步先从国家财政的民主开始。主要的任务是管住政府的钱袋子，扎牢制度的笼子，约束社会精英，尤其是政府领导人与官员的自由裁量权。马克思曾说：在民主的国家里，法律就是国王；在专制的国家里，国王就是法律。因此，管住政府的钱袋子，首先要确立法律在国家治理中的核心地位，是代表全国公民的全国人大立法，而不是财政部、国家税务总局自己制定的部门法。财政预算的编制、执行和监督过程，都要纳入依法治国战略的治理体系现代化进程。税法就更应该尽快纳入全国人大的立法程序。执政党和政府要推动民主进程，服从民主原则。通过尽快完善财政预算的民主化进

① 英国作为第一个完成民主转型的西方国家，民主化的过程经历了法治奠基和民主推进两个阶段，六七百年的历史。先是花了四五百年时间进行法治上的准备，又在法治基础上花了差不多 200 年才走完民主化过程。

程，建立起国家民主的财政经济基础制度设施。其次，推进企业民主。完善《工会法》，保障工人组织在国家经济和企业治理中的基本权利。尤其要加快国有企业的民主化、法治化管理，建立国有企业预算和执行的年度政府审计和全国人大审议的民主体制机制。最后是建立全面的社会民主。体现社会主义国家的本质，人人平等、人人享有充分的民主权利，从而使国家的政治决策和公共支出充分体现全民的意志，国家财政税收的公共属性获得全面的扩展。这些都是我国民主建设的重要组成部分和应有议题，需要制定时间表和路线图来扎实推进。

我的观点是，有了预算的民主，中国的民主就有了坚实的物质基础，中国的全面民主就大有希望，社会主义民主实现的路径就会越来越清晰。因为历史上的民主都是从约束国家领导层面开始，然后扩展到上层精英阶层，最后扩展到社会全面的民主。而预算民主就是从约束国家领导层随意花钱开始，然后扩展到上层政治精英的最重要一步，是实现实质民主的最佳嵌入点。

第三节　寻找集权与分权的平衡

政局上：处理好中央与地方的集权与分权、民主与集中的关系；建立符合中国文化的民主政治体制，既体现民主的实质，成本又不太高昂。这是我国政治现代化的核心议题。

托克维尔在《民主在美国》中认为：任何一个国家要繁荣昌盛必须要“政治集权”。而英美恰恰是这种“政治集权”的典型，亦即英国和美国能形成统一的政治意志：“整个国家像一个单独的人在行动，它可以随时把广大的群众鼓动起来，将自己的全部权力集结和投放在国家想指向的任何目标。”美国又是“行政分权”的典型，即各种具体事务的管理，特别是地方的发展是由地方政府管辖的。法国是“行政集权”的典型，即一切具体管理事务的权力都在中央政府的官僚机构，地方反而没有什么权力。[①] 因此，集权和分权都是在国家历史特定背景下形成的，但政治集权的目的有共同的内容，就是提高国家的组织能力、凝聚力和战斗力，获得政党执政的群众基础。

1949 年后，从毛泽东到邓小平再到习近平，中国都是政治上集权，行政上和经济上分权，具有历史的连续性。具体来说，在政治组织上：党的一元化领导，即政治集权，提高了国家的组织能力、凝聚力和战斗力，把工人、农民、知识分子、解放军和党的干部作为党执政的社会基础和群众基础。在行政管理上：调动中央与地方两个方面积极性，依靠地方管理社会，即分权。经济发展上：调动中央与地方、政府与企业两个方面积极性发展经济，甚至县也是自成体系，即分权。这是中国经济发展模式成功的关键。

未来，探索建立适合中国本土特色的现代政治体制，如何与时俱进处理好中央与地方的集权与分权关系，既能体现民主的内在实质，又能符合国与民之间可接受的成本代价，是中国三个世纪漫长转型的核心课题。如何处理好政府官员、企业家、资本家、工人、农民之间的政治经济关系是中国民主发展的焦点议题，决定中国民主的基石或地基是否稳当，甚至可以说，决定中国民主的未来是个什么样态。

集权与分权是国家治理体系和治理能力的核心问题。国家治理现代化要求以“国家”为主导的治理，根本目的是为了推进国家能力的提高和发展，而不是弱化国家，或者一些著名经济学家提出的回到亚当·斯密的最小国家状态。国家治理现代化要求国家（政治、政党、政府）力量、市场（资本、企业）力量和社会（伦理、道德、家庭）力量在国家治理中相互促进、良性互动、协同发展，摒弃国家与市场，政府与企业二元对立的传统思维模

① 甘阳：《通三统》，三联书店 2014 年版，第 32 页。

式，从旧的认识误区中解放出来。

第四节　国家理财的历史经验教训与未来需要坚持的基本原则

我国有五千年的国家理财史，其间形成的经验和教训是后人站在前人肩膀上向前发展的宝贵资源，需要汲取、继承、推陈出新、与时俱进的发展。

国民收入分配的比例关系

我国未来的收入分配问题，首要是处理好政府、企业和居民之间的收入分配。从短期和中期来看，以全面建成小康社会和实现共同富裕为目标，寻求政府、企业和居民之间的均衡发展方式，处理好政府财政所占比例的适当问题，调整亲企业、亲资本导致的企业家、资本家占比过高问题尤其是金融企业占比过高问题。这是我们未来必须正面回答的时代课题。本书的主张是：从扶优扶强真正转变到扶弱不抑强，实现共富共享，调整政府、企业与居民的收入分配关系，使他们之间实现均衡增长，规制企业家与资本家的收入与财产的纳税责任；政府和企业、官员与企业家、资本家都在法治的范围内行为；这样中国的财政经济才能可持续、健康发展。

首先，关于一般性财政收入占国民收入的比例问题。一种观点认为，中国人口众多，在公共支出方面存在着明显的规模经济，对于同样水准的人均公共服务，所需要的财政支出应小于西方国家，因而，一般性财政收入占GDP的比例也应该小于西方国家①，所以，国家应设定GDP中一般性财政收

① 布坎南在政府立宪的数量限制中提出，规定政府支出与税收在GDP中所占份额25%的建议。参见布坎南、马斯格雷夫：《公共财政与公共选择：两种截然不同的财政观》，类承曜译，中国财政经济出版社2000年版，第165页。

入占比的上限①。这个认识有一定的道理。另一种观点认为，一个国家的财税水平必须与这个国家的经济发展水平相适宜才可以，一般纯农业国家的财政税收占到这个国家 GDP 的 10%左右是合适的，中国和欧洲的古代都是这种状况，处于工业化初期的国家的财政税收占到GDP的20%左右是合适的，在非洲和南亚的一些贫穷国家仍然处于这样的税收水平，一个全面工业化的发展中国家财税税收占到 GDP 的 30%左右是合适的，而一个国家达到了中等收入国家水平，财政税收一般要占到这个国家 GDP 的 40%左右，这也是中国目前应该达到的税收水平，而在发达国家的税收一般占到 GDP 的 50%左右，北欧高福利国家甚至更高②。但纵观世界各国的财政收入占比形成的历史，主要取决于一国的发展阶段和内部的政治力量对比。具体到我国，不仅要考虑财政收入支出，更要考虑公共服务行业的国有企业、事业单位在国民经济中所扮演角色的现实状态与未来定位。在定位明确的前提下，实事求是确定政府需要承担的责任和财政收入占比问题。

其次，关于收入分配亲企业、亲资本的问题。社会最关注的是权贵资本、政商资本、投机资本的巧取豪夺、缺乏规制的现象，最关注垄断行业与一般行业收入分配之间的失衡，最关注政府官员阶层、企业领导层、资本家阶层、食利者阶层与一般工作者收入分配之间的失衡。在企业层面，主要是收入分配两极分化，民营企业按所有制分配、领导独裁，国有企业存在收益个人化、小团体化与成本社会化的问题。因此，建立“清”和“新”的政商关系，社会可容忍的收入分配差距，首先应该通过立法规制官员使用权力的边界和官员亲属的经济活动，公开公示官员及其亲属的收入来源，这个应该说条件基本成熟，中组部已经连续多年统计官员及其家庭的财产。其次，完善对投机资本的规制和规范管理。再次，完善对垄断行业和国有企业的监管

① 史正富：《超常增长：1979—2049 年的中国经济》，上海人民出版社 2013 年版，第 170 页。

② 高连奎：《新财税主义宣言》，http://blog.sina.com.cn/s/blog_652813660102w5d0.html。

制度，建立健全国有资本经营预算体制、分红体制和审计问责体制机制，解决委托代理问题，实现提质、增效、降费，有效地服务人民问题；提高国有企业利润上缴比例，建立居民分享国有企业发展红利的有效途径；通过完善垄断行业和国有企业管理层薪酬制度，规范他们收入过高的问题。最后，规范私营企业的个人所得税、企业所得税、资本增值税，加强对民营企业家的社会责任约束，完善《工会法》，保障工人的合法权利，制约民营企业家独裁问题。

最后，关于政府、行业、企业与居民的收入分配结构。目前国民收入分配的不平衡表现在：政府、企业与居民三者收入占比失衡与增长不平衡；不同所有制下的收入分配结构失衡；金融行业收入占比过大。更深层的问题是经济权利、经济责任与经济风险承担的不平衡，这是由于政府和有限责任公司事实上是预算软约束①，居民承担了真正的经济风险。因此，关键是要深化收入分配改革，硬化政府和企业的预算约束，规制企业的分配关系，解决政府之间财权与事权、支出责任分配失衡问题，理顺政府、企业、居民之间，资本家、管理者与劳动者之间的分配关系；合理提高居民收入在国民收入分配中的比重和劳动报酬在初次分配中的比重。

总之，公开透明是现代政府的基本特征。只有公开了，才能使公民真正行使知情权、参与权、表达权和监督权。而公开政府和企业的权力边界、收入边界是现代国家治理的核心，尤其是公开政府官员和企业家的收入是核心中的核心。因此，全面提升国家治理体系和治理能力，关键是全面推进政务公开、财政公开、收入公开、信息公开，让政府官员和企业家的权力在阳光下运行，对他们的权力和收入进行综合性监管，对于发展社会主义政治民主和经济民主具有奠基性的作用。

① 我国一些地方政府和企业呈现高债务、高杠杆，企业管理层高收入、高激励，形成“我走之后哪怕洪水滔天”的“庞兹式”发展模式。

政府间财政收入的比例关系

在我国的国体与政体下，这个比例关系核心是保障中央政府的政治经济权威，调动中央与地方两个方面的积极性。

一种判断认为，中央财政收入在整个国家财政收入中的占比维持在55%—60%比较合适，这样有利于通过转移支付实现全国发展的均等化和平衡化①。近三年，中央财政的占比已经低于50%，但考虑到中央政府所控制的优质国有企业和国有资本、国有资产，财力调控余地比较大。更主要的是，财权、财力要与事权、支出责任相匹配，这样政府间财政关系才能可持续。

目前，在政府层面，中央与地方以及省与县市之间财权与事权的不平衡问题，主要是税制不够合理，支出责任失衡，转移支付问题突出，民生导向的制度不够健全、不够合理和不够完善。因此，未来的展望，一是完善税制。一方面平衡政府层级的收入与支出责任，另一方面加强对高收入人群的税收调节，促进收入分配结构合理化。比如加快深化分税制改革，改革流转税，完善营业税改增值税、个人所得税、财产税等，设立符合我国经济文化的遗产税、赠予税、房产持有税等，对应中央与地方、省与市县乡之间的财税权与事权划分，尤其要深化省以下财税管理体制的改革，把事权与支出责任的划分从养人养机构转向以公共服务为中心。二是完善民生财政相关制度，优化支出结构，推进业务流程的科学化、精细化。三是完善财政体制机制，建立中央财政预算、拨款与转移支付透明化机制，规范预算外、制度外收入支出和事业性、国有资本经营性收入支出等，防止这些机构和渠道成为腐败的高发领域和扩大社会差距的关键领域。四是根据外部性、信息复杂性和激励相容三原则，对涉及全国公平、均等化的教育、公共卫生、司法等方

① 项怀诚：《改革是共和国财政六十年的主线》，《读书》2009 年第 10 期。

面的事权和支出责任上收，集中到中央。这样不仅可以较快扭转中央和地方事权与支出责任的失衡程度，也可以减少转移支付，降低设租寻租等政府间腐败行为。

关于中央政府与地方政府财权与事权的划分，在理论上，核心是按照政府分工理论，首先把各级政府的立法和行政的权限划分清楚。权限划分适宜采用中央集权与地方分权相结合原则，即凡事务有全国一致性质者划归中央，有因地制宜性质者划归地方。然后根据立法权和行政权，明确地方各级政府间的收支划分，上级政府对下级政府的转移支付规则。最后是推进依法治国，完善全国人大和地方人大的立法权、对中央政府与地方政府在法律的范围内行事的监督权以及对官员的选举权和罢免权等。

建立大国现代财政涵养能力

农业经济时代，先秦夏商周之财政，每年财政节约三分之一，三年可备一年灾荒，九年可备三年灾荒。在工业和信息融合的时代，培植财源，拓展税基，用企业发展能力涵养财政能力，是大国的必由之路。在农业发展中，我国已经提出藏粮于地、藏粮于技的方针。按照财政的源流关系的历史经验，民富、企业强、产业强是财政强的基础，也是建立大国财政涵养能力的关键。因此，简税制、宽税基、低税率、严征管、重惩罚等历史形成的理财经验要继承，也要与时俱进，推陈出新，跟上时代的步伐。

全面建成小康社会、实现共同富裕和中华民族伟大复兴需要坚实的经济基础作为保障，更需要一个运转良好的财政格局，稳定政府、企业、个人三个主体之间的利益均衡关系。根据有利于发挥各方面积极性的激励机制和提升我国政治经济竞争力的标准，本书提出我国建设大国现代财政涵养能力的三个原则：

第一，以提高国家的组织能力、凝聚力和战斗力为中心，调动和发挥好两个积极性。既包括政府、企业、个人的积极性，也包括中央政府与地方政府的积极性。在国家治理体系和治理能力建设中，通过完善国家的政治集权、行政与经济分权的制度框架，通过组织设计和机制设计，使地方政府和国有企业这两个国家治理体系的经济利益主体、两个重要支柱，始终沿着国家制定的发展目标向前发展。

第二，在生产与分配中，要综合平衡政府、企业和家庭、个人在初次收入分配中的利益关系，初次分配和再分配都要以人民为中心。既要激发生产活力、创造活力，也要体现公平正义。坚持推进人民当家作主的实质民主，通过人人参与、人人尽力、人人分享，使全体人民在共建共享发展中有更多的获得感，最终实现共同富裕。在企业层面，华为公司的集体共创、共享、共担、共富模式可以作为我国实现共同富裕的一种模式、一个渠道。在政府层面，民生财政、建设财政、公共财政、民主财政之间要统筹兼顾，以经济与财政可持续发展为基本原则。

第三，在经济与产业发展中，要兼顾产业间、行业间的均衡发展。无农不稳，无工不富，无商不通，无科教不强，无强军无国际地位。一二三产业都是民富国强的活水源头，要做大做强做优三个产业。这应是基本国策，不能偏废与动摇。

国家理财的基本原则归纳

本书第一章已经指出，国家理财学是研究国家在确保个人、家庭、企业和政府可以接受的收入分配的条件下，使国家效能和国家尊严得以最大限度提高的科学。要体现共同需要、公共价值、共同富裕、社会的正义性等生命共同体的属性，尤其是四个经济主体的权利与财务平衡。建设一个良政善治的国家，从财务财政的角度看，要收支平衡、有秩序、可接受、可持续；从政务财政的角度看，行政和国防支出都要取之有度、用之有节、用之有止；从政治财政的角度看，政治税收、民生财政、公共财政等要取之于民、用之于民，通过民主方式进行管理；从国家治理的政治经济关系看，“善为国者，必先富民，然后治之”，因为民富易治，民贫难治。因此，国家理财首先要讲政治，谋政局，富民为先。下面进一步归纳细化为八条。

1. 聚人为国家理财的首要原则

《易经》说：“何以聚人曰财”。把“财”作为形成社会组织与社会秩序的一种手段，作为施行仁政、聚拢人心的最主要工具。因为，天下熙熙皆为利来，天下攘攘皆为利往。儒家学派关于“财聚人散，财散人聚”“不患寡而患不均”学说，已经为中国历史所证实。所以，讲政治，凝聚人心是国家理财的首要政治原则。

2. 以民为本是国家理财的核心原则

国家理财要体现人民的意志，要着力践行以人民为中心的发展思想，人民对美好生活的向往和期盼就是政府施政的目标和依据。即国家治理和理财都应紧紧依靠人民，把人民视为国家盛衰的命脉；政府执政要取信于民、关心民心向背，经济发展要依靠民心民力，成果让人民共享。作为一种政治智慧和治国理念的历史沉淀，“以民为本”的国家观强调“重民、亲民、爱民、利民、富民、抚民、恤民”。用当代的话讲，就是“权为民所用、情为民所系、利为民为谋”，要让人民生活得有尊严。正如习近平所说：“要坚持人民主体地位，顺应人民群众对美好生活的向往，不断实现好、维护好、发展好最广大人民根本利益，做到发展为了人民、发展依靠人民、发展成果由人民共享。要通过深化改革、创新驱动，提高经济发展质量和效益，生产出更多更好的物质精神产品，不断满足人民日益增长的物质文化需要。”①“以民为本”的国家观成为中国历史上不同时期政治家和思想家一直弘扬的正面

① 习近平：《在省部级主要领导干部学习贯彻党的十八届五中全会精神专题研讨班上的讲话》，《人民日报》2016 年 5 月 10 日。

主张，在中国政治经济文化中居于核心地位。这个治国理财传统不能丢。

3. 民富国强是国家理财的两大目标

管子提出治国必先富民。因为“民富则易治，民贫则难治”。如何富民呢？在理论上，管子在世界最早提出了“劳动价值论”“劳动分工论”和“劳动致富论”。因此，勤劳致富、创新致富、创业致富都是民富国强的主渠道。《钱氏家训》中“利在天下者必谋之，利在万世者更谋之”“务本节用则国富；进贤使能则国强”，应该奉为国家理财的圭臬。《管子·国蓄》中提出“利出一孔者，其国无敌；出二孔者，其兵不诎（屈）；出三孔者，不可以举兵；出四孔者，其国必亡”。结合到当前，我国急需建立全口径的预算管理制度，不能让党、政、军、警、法、教、医等政府部门和公共机构从事创收和营利性活动，否则，寻租、设租等泛滥，不仅国家的理财秩序会相当混乱，而且国家的政治经济秩序也必然混乱，社会的道德秩序和安全稳定的根基就会被破坏。社会的暴力倾向和功利倾向，就会使国家发展的方向远离民主法治、民富国强、自由平等等核心价值观。

4. 国家理财要知所先后

《大学》说：知所先后则近道矣。先吃饭，后建设。民以食为天。税收和积累率不能安排得过高，以至于超过人民对基本生活条件满足的客观要求。先经济，后财政。先做大蛋糕，才能分得更多蛋糕。经济强大了，财政才能强大。先政治，后理财。人们拥护不拥护是财政决策的政治前提，没有人民的拥护，任何的施政措施都是空中楼阁。

5. 国家理财要把握好源流关系

经济生产是源，财税是流。因此，财税与财富的分配须服从扩大经济与财富生产的法则。孔子、孟子等提出政财要节用，节用关键在爱人，使民有时，反对聚敛，强调培养税源，按照能力征税的原则；荀子的“开源节流，富国裕民，可持续发展”的理财创见；墨子的“国家财政充足理论”和“取之于民、用之于民；生财节用，讲求效益”的国家公共理财思想等等。

这些前人智慧的结晶，仍然闪烁着真理的光芒，需要我们继承发展。

6. 国家理财要综合平衡

中央政府与地方政府，政府、企业与家庭、个人，财政、货币、信贷与物资构成的经济基本面要综合平衡。只有综合平衡，使社会需求总量和社会供给总量相适应，才能形成实现国民经济顺畅运行的发展条件，发展才可能是可持续的发展。这是新中国理财的宝贵经验。

7. 国家理财要有“度”的法则

“度”的法则包括“取之有度”“用之有止”“贫富有度”等。这是《管子》首创，经我国两千多年历史检验，是国家理财经验教训沉淀下来的基本原则，堪称财政经济规律，未来需要坚持。政府、企业、家庭、个人之间的经济利益均衡是国家理财稳定可持续的关键。《尚书·禹贡》中“贡土所宜，负担均平”的基本原则；大禹确立的税制中体现的因地制税、因时制税、因物制税、因远近制税、因人制税，具备平等、确实、便利、充分、弹性、正义、普遍、效率、最低等税收精神；傅玄的公平原则、国家公利原则、制度化原则等；都是历史留给我们的宝贵财富，需要继承发扬，与时俱进，赋予新的时代内涵。

8. 民主理财，共同富裕

民生财政和公共财政要从落实民主预算、法治预算开始，约束政府的钱袋子和官员的自由裁量权，从而首先实现政府理财民主，为推进法治民主、社会民主奠定坚实的财政物质基础，进而向全面民主发展。因为，在中国，国家、社会、市场的民主和法治都是在政府主导下发展和推进的，对政府和官员的民主约束是民主发展的起点。

没有财政税收做支撑，政府实现共同富裕、遏制社会两极分化的政治号召力只能是口号。如果我们认同社会主义的发展目标是全社会的共同富裕和普遍幸福，那么未来的政策选择上，我们就会支持加快发展生产力和社会再分配政策改革。比如建设创新型国家，深化科教强国，完善社会保障制度和最低工资标准，征收遗产税、收入累进税、资本增值税；就会支持公共财政政策改革，比如实行阳光财政、法治财政、民主财政、透明预算等，使社会主义民主政治在财政上得以率先实现。进而，为建立法治政府、廉洁政府、服务型政府，实现国家和政府治理体系和治理能力现代化，闯出一条新路。

下一步研究的展望：

经济结构性变化对财局与政局的冲击

经济增长速度变化对财局的冲击

可能的金融与债务危机对财局的冲击

预算民主化、法治化对中国实质民主的奠基效应和扩散效应

参考文献

中国古代文献

1.《周礼》，徐正英、常佩雨译注，中华书局 2014 年版

2.《管子》，李山译，中华书局 2009 年版

3. 孟子等著：《四书五经》，中华书局 2009 年版

4.《荀子》，安小兰译注，中华书局 2016 年版

5.《孙子兵法》，文物出版社 1976 年版

6. 司马迁：《史记》，韩兆琦主译，中华书局 2008 年版

7. 班固：《汉书》，中华书局 2007 年版

8. 司马光编著：《资治通鉴》，中华书局 2007 年版

9. 马端临：《文献通考》，浙江古籍出版社 2007 年版

10.《十通财经文献注释》，王文素、孙翊刚、洪钢注，中国社会科学出版社 2015 年版

中国近现代文献（按照姓氏拼音排序）

11. 薄一波：《若干重大决策与事件的回顾》，中共党史出版社 2008 年版

12. 蔡美彪等：《中国通史》第五册，人民出版社 1978 年版

13. 财政部财政年鉴编纂处编纂：《财政年鉴》，商务印书馆 1935 年版

14. 曹树基：《政商中国还是中国政商》，《读书》2014 年第 2 期
15. 陈焕章：《孔门理财学》，商务印书馆 2015 年版
16. 陈勇勤：《中国经济史》，中国人民大学出版社 2012 年版
17. 陈云：《陈云文选》人民出版社 1995 年版
18. 陈启修：《财政学总论》，商务印书馆 1924 年版
19. 程一凡：《绸生簋与厉王事件》，《湖南大学学报》2013 年第 4 期
20. 崔敬伯：《财政学方法论商榷》，《法学季刊》1935 年第 3、4 期
21.《邓小平文选》第 3 卷，人民出版社 1993 年版
22. 杜润生主编：《中国的土地改革》，当代中国出版社 1996 年版
23. 杜勇：《中国早期国家的形成与国家结构》，中国社会科学出版社 2013 年版
24. 甘乃光、熊梦：《先秦经济思想史二种》，知识产权出版社 2013 年版
25. 甘阳：《通三统》，三联书店 2014 年版
26. 方福前：《公共选择理论——政治的经济学》，中国人民大学出版社 2000 年版
27. 傅佩荣：《一本就通：西方哲学史》，联经出版事业股份有限公司 2011 年版
28. 葛承雍：《唐代国库制度》，三秦出版社 1990 年版
29 葛承雍：《中国古代等级社会》，陕西人民出版社 1992 年版
30. 葛剑雄：《我们应有的反思：葛剑雄编年自选集》，中信出版社 2015 年版
31. 过耀根、汤一鹗、沈逢甘、孟昭常、杨志洵译：《财政渊鉴》，民友社 1911 年版
32. 郭庆旺、吕冰洋等：《中国分税制：问题与改革》，中国人民大学出版社 2014 年版
33. 韩毓海：《一篇读罢头飞雪 · 重读马克思》，中信出版社 2014 年版
34. 何廉、李锐：《财政学》，商务印书馆 2011 年版
35. 何振一：《中国财政秩序改革研究》，中国社会科学出版社 2013 年版
36 何振一：《理论财政学》，中国社会科学出版社 2015 年版
37. 胡鞍钢、王绍光：《政府与市场》，中国计划出版社 1999 年版
38. 胡鞍钢等：《中国国家治理现代化》，中国人民大学出版社 2014 年版
39. 胡鞍钢、鄢一龙、魏星：《2030 中国：迈向共同富裕》，中国人民大学出版社 2011 年版
40. 胡均：《中国财政史》，商务印书馆 1920 年版
41. 胡寄窗：《中国经济思想史》（上中下），上海财经大学出版社 1998 年版
42. 洪振快：《亚财政：制度性腐败与中国历史弈局》，中信出版社 2014 年版
43. 黄仁宇：《赫逊河畔谈中国历史》，三联书店 1992 年版

44. 黄裕生：《康德为什么“不喜欢”中国》，上海世纪出版集团，《文景》杂志 2010 年 5 月

45. 黄逸平、虞宝棠：《北洋政府时期经济》，上海社会科学院出版社 1995 年版

46. 贾怀德：《民国财政简史》，商务印书馆 1941 年版

47. 贾士毅：《民国财政史》（上下），商务印书馆 1917 年、1934 年版

47. 江桥：《清朝前期总是人口的状态的初步统计与分析》，《人口研究》1986 年 3 月

48. 江泽民：《江泽民文选》，人民出版社 2006 年版

49. 金冲及：《二十世纪中国史纲》（上），社会科学文献出版社 2009 年版

50. 柯美成主编：《理财通鉴：历代食货志全译》，中国财政经济出版社 2006 年版

51. 冷溶、汪作玲编：《邓小平年谱（1975—1997）》，中央文献出版社 2007 年版

52. 李承春：《钱氏家族与〈钱氏家训〉》，《中国文化报》2012 年 5 月 3 日

53. 李零：《我们的中国》，三联书店 2016 年版

54. 李剑农：《戊戌以后三十年中国政治史》，中华书局 1965 年版

55.《中国近百年政治史》，商务印书馆 2011 年版

56. 李军：《西方经济思想的中国渊源：基于文献的初步回顾与总结》，《古今农业》2008 年第 1 期

57. 李俊生：《盎格鲁—萨克森学派财政理论的破产与科学财政理论的重建——反思当代“主流财政理论”》，《经济学动态》2014 年第 4 期

58. 李权时：《李权时经济财政论文集》，商务印书馆 1931 年版

59. 李权时：《财政学原理》（上），中华书局 1931 年版

60. 李权时：《经济学原理》自序，民智出版社 1929 年版

61. 李权时：《国地财政划分问题》，世界书局 1929 年版

62. 李仕权：《改革的教训：打捞中国历代沉没的改革》，中信出版社 2015 年版

63. 李学勤主编：《中国学术史》，江西教育出版社 2000 年版

64. 林岗、张宇主编：《马克思主义与制度分析》，经济科学出版社 2001 年版

65. 林光彬：《私有化理论的局限》，经济科学出版社 2008 年版

——《我国是古典政治经济学的创始国》，《政治经济学评论》2016 年第 5 期

——《我国是财政学的创始国》，《人文杂志》2016 年第 2 期

——《中国财政改革的政治经济学逻辑》，《中央财经大学学报》2016 年第 2 期

——《我国经济发展方式转变的工业结构分析》，《经济理论与经济管理》2013 年第 7 期

——《我国经济发展方式转变的人口与所有制条件分析》，《经济理论与经济管

理》2012 年第 4 期

——《产业政策的根基在一二产业》，《新产经》2012 年第 3 期

——“Reflections on the Microeconomic Basis for Soft Budget Constraint in the Market Economy”，China Economist，2012（1）.

——《市场经济与软约束——对市场经济微观基础的反思》，《政治经济学评论》2011 年第 3 期

——《我国发展方式转变的内外部条件变化与政策选择》，《中国流通经济》2011 年第 2 期

——《中国 30 年经济发展的评价标准与未来道路的选择》，《中央财经大学学报》2009 年第 2 期

——《我国县域经济发展中存在的问题与对策研究》，《中央财经大学学报》2006 年第 6 期

——《等级制度、市场经济与城乡收入差距》，《管理世界》2004 年第 4 期

——《发展是对人的全面自由的追求》，《读书》2004 年第 4 期

——《社会等级制度与乡村财政危机》，《社会科学战线》2003 年第 1 期

——《社会等级制度与三农问题》，《改革》2002 年第 2 期

66. 刘刚、李冬君：《中国近代的财与兵》，山西人民出版社 2014 年版

67. 刘仲敬：《民国纪事本末》（1911—1949），广西师范大学出版社 2013 年版

68. 刘增合：《“财”与“政”：清季财政改制研究》，三联书店 2014 年版

69. 楼继伟：《中国政府间财政关系再思考》，中国财政经济出版社 2013 年版

70. 楼继伟主编：《财税改革纵论：财税改革论文及调研报告文集》，经济科学出版社 2014 年版

71. 罗汉主译：《诺贝尔获奖者演说文集·经济学奖（1969—1995 年）》，上海人民出版社 1999 年版

72. 罗玉东：《中国厘金史》，商务印书馆 2010 年版

73. 吕思勉：《中国近代史》，译林出版社 2016 年版

74. 马骏：《治国与理财：公共预算与国家建设》，生活·读书·新知三联书店 2011 年版

75. 马珺：《财政学：两大传统的分离与融合》，《经济理论与经济管理》2012 年第 10 期

76. 马海涛主编：《从争论到实践：中国分税制改革 20 周年论文集》，经济科学出版社 2014 年版

77. 马金华：《外债对晚清中央与地方财政关系的影响》，《现代财经》2007 年第

5 期

78. 马寅初：《财政学与中国财政：理论与现实》，商务印书馆 2001 年版

79. 梅新林、俞樟华主编：《中国学术编年》，华东师范大学出版社 2013 年版

80. 欧阳淞、高永中主编：《改革开放口述史》，中国人民大学出版社 2013 年版

81. 彭信威：《中国货币史》，上海人民出版社 2007 年版

82. 平新乔、张亚光、孙家红编：《北京大学经济学院先贤经典文集》，北京大学出版社 2012 年版

83. 秦孝仪主编：《中国民国经济发展史》，台湾近代中国出版社 1983 年版

84. 钱穆：《晚学盲言》，三联书店 2014 年版

——《中国历代政治得失》，三联书店 2012 年版

85. 钱穆讲授，叶龙记录整理：《中国经济史》，北京联合出版公司 2013 年版

钱穆讲述，叶龙记录整理：《中国通史》，天地出版社 2017 年版

86. 钱伟长总主编：《20 世纪中国知名科学家学术成就概览》，张卓元、吴敬琏、厉以宁主编，《经济学卷》，科学出版社 2013 年版

87. 千家驹：《最近三十年的中国财政》，《东方杂志》1934 年第 34 卷第 1 期

——《新财政学大纲》，三联书店 1949 年版

88. 瞿同祖：《中国封建社会》，上海人民出版社 2013 年版

89. 全球并购研究中心编著：《中国产业地图》，中国经济出版社 2007 年版

90. 日知：《古代城邦史研究》，人民出版社 1989 年版

91. 史仲文、胡晓林主编：《中国全史 · 经济卷》，中国书籍出版社 2011 年版

92. 史卫：《人类财政文明的起源与演进》，中国财政经济出版社 2013 年版

93. 史正富：《超常增长：1979—2049 年的中国经济》，上海人民出版社 2013 年版

94. 舒新城：《中国近代教育史料》，人民教育出版社 1961 年版

95. 苏秉琦：《中国文明起源新探》，香港商务印书馆 1997 年版

96. 孙学文主编：《中国财政思想史》（上下），上海交通大学出版社 2008 年版

97. 孙翊刚主编：《中国财政史》，中国社会科学出版社 2003 年版

98. 唐庆增：《中国经济思想史》，商务印书馆 2010 年版

99. 田国强：《深化制度改革才能解决增长与转型两难》，吴敬琏主编《比较》，总第 81 辑，中信出版社 2016 年版

100. 王丙乾：《中国财政 60 年回顾与思考》，中国财政经济出版社 2009 年版

101. 王国维等：《国史 100 讲》，中国华侨出版社 2014 年版

102. 王方中编著：《中国经济史编年记事（1842—1949）》，中国人民大学出版社 2009 年版

103. 王绍光、胡鞍钢：《中国国家能力报告》，辽宁人民出版社 1993 年版

104. 王绍光：《美国进步时代的启示》，中国财政经济出版社 2002 年版

105. 王亚南：《中国官僚政治研究》，商务印书馆 2010 年版

106. 王业键：《清雍正时期（1723—1735）的财政改革》，《20 世纪中华学术经典文库·历史学·中国古代史卷》，兰州大学出版社 2000 年版

107. 王震中：《中国古代国家的起源与王权的形成》，中国社会科学出版社 2013 年版

108. 汪丁丁：《财政理论：西方与中国》，《财经问题研究》2009 年第 1 期

109. 翁礼华：《共赢的博弈：纵观中国财税改革》，经济科学出版社 2008 年版

110. 翁礼华：《纵横捭阖：中国财税文化透视》，中国财政经济出版社 2010 年版

111. 翁礼华：《运财帷幄》，浙江文艺出版社 2016 年版

112. 巫宝三：《巫宝三经济文选》，中国时代经济出版社 2011 年版

113. 吴钩：《宋：现代的拂晓时辰》，广西师范大学出版社 2015 年版

114. 吴敬琏、俞可平、[美] 福格尔等：《中国未来 30 年》，中央编译出版社 2010 年版

115. 吴晓波：《历代经济变革得失》，浙江大学出版社 2013 年版

116. 吴兆莘：《中国税制史》，商务印书馆 1937 年版

117. 杨联陞：《东汉的豪族》，商务印书馆 2011 年版

118. 杨荫溥：《民国财政史》，中国财政经济出版社 1985 年版

119. 易中天：《国家》，浙江文艺出版社、北京出版社 2013 年版

120. 袁浩：《蒋介石为什么失掉大陆》，中国发展出版社 2015 年版

121. 薛刚：《新国中的往士》，《读书》2014 年第 2 期

122. 向松祚：《新资本论》，中信出版社 2015 年版

123. 项怀诚：《改革是共和国财政六十年的主线》，《读书》2009 年第 10 期

124.《习近平谈治国理政》，外文出版社 2014 年版

125. 徐义生主编：《中国近代外债史统计资料》，中华书局 1962 年版

126. 许康：《百年前中国最早的〈财政学〉及其引进者——湖北法政学堂主持人胡子清》，《财经理论与实践》2005 年第 6 期

127. 许倬云：《说中国：一个不断变化的复杂共同体》，广西师范大学出版社 2015 年版

128. 张德信：《明代宗室人口俸禄及其对社会经济的影响》，《东岳论丛》1988 年第 1 期

129. 张公权《中国通货膨胀史》，文史资料出版社 1986 年版

130. 张立文主编:《中国学术通史》，人民出版社 2004 年版

131. 张岂之主编:《中国历史》，高等教育出版社 2001 年版

132. 张世明:《法律、资源与时空建构》(1644—1945 的中国)，广东人民出版社 2012 年版

133. 张馨:《公共财政论纲》，经济科学出版社 1999 年版

134. 张馨:《西方财政学理论基础的演变及其借鉴意义》,《东南学术》1998 年第 6 期

135. 张五常:《经济解释》(卷四)，中信出版社 2014 年版

136. 张雄:《政治经济学批判: 追求经济的“政治和哲学实现”》,《中国社会科学》2015 年第 1 期

137. 张卓元主编:《中国经济学 60 年》，中国社会科学出版社 2009 年版

138. 周佛海:《亚丹斯密之租税四大原则》,《学艺杂志》1923 年第五卷第七号

139. 郑永年:《重建中国社会》，东方出版社 2015 年版

140. 赵迺抟:《披沙录》(一、二)，北京大学出版社 1980 年版、1986 年版

141. 中共中央文献研究室编:《毛泽东文集》，人民出版社 1999 年版

142. 中国地产地图编委会、中国经济景气监测中心编 :《中国产业地图 2010—2011》，社会科学文献出版社 2011 年版

143. 王寿南主编:《中国历代思想家》，九州出版社 2011 年版

144. 中国通商银行编:《五十年来之中国经济》，六联印刷股份有限公司 1947 年版

145. 邹进文:《民国财政思想史研究》，武汉大学出版社 2008 年版

146. 邹进文:《近代中国经济学的发展——来自留学生博士论文的考察》,《中国社会科学》2010 年第 5 期

147. 左治生:《中国近代财政史丛稿》，西南财经大学出版社 1987 年版

148.《朱镕基讲话实录》编辑组:《朱镕基讲话实录》，人民出版社 2011 年版

外国作者文献

149.[奥] 熊彼特:《经济分析史》，朱泱等译，商务印书馆 2001 年版

150.[比] 希尔德・德・里德—西蒙斯主编:《欧洲大学史》第二卷，贺国庆等译，河北大学出版社 2008 年版

151.[德] 马克思:《资本论》，人民出版社 2002 年版

152.《马克思恩格斯选集》，中共中央马克思恩格斯列宁斯大林著作编译局编

译，人民出版社 2012 年版

153.《马克思恩格斯文集》，中共中央马克思恩格斯列宁斯大林著作编译局编译，人民出版社 2009 年版

154.[德] 马克斯·韦伯:《经济与社会》，商务印书馆 1998 年版

155.[德] 马克斯·韦伯:《世界经济史纲》，胡长明译，人民日报出版社 2007 年版

156.[德] 庇巴·尼格拉斯、维夫赫德·海兹主编:《46 位大经济学家和 36 本名著》，海南出版社 2003 年版

157.[德] 罗曼·赫尔佐克:《古代的国家——起源和统治形式》，赵蓉恒译，北京大学出版社 1998 年版

158.[德] Jürgen von Hagen,"Political Economy of Fiscal Institutions" , Revised, November 2005.the Oxford Handbook on Political Economy.Wittman.Donald,Weingast.Barry R.（Editor）, 2008. Published to Oxford Handbooks Online: September 2009.

159.[法] 费尔南·布罗代尔:《资本主义论丛》，顾良、张慧君译，中央编译出版社 1997 年版

160.[法] 弗朗斯瓦·魁奈:《魁奈〈经济表〉及著作选》，晏智杰译，华夏出版社 2006 年版

161.[法] 莱昂·瓦尔拉斯:《纯粹经济学要义》，蔡受百译，商务印书馆 1989 年版

162.[法] 卢梭:《社会契约论》，何兆武译本，商务印书馆 2011 年版

163.[法] 皮埃尔·勒鲁:《论平等》，商务印书馆 1996 年版

164.[法] 西耶斯:《论特权第三等级是什么?》，商务印书馆 1997 年版

165.[法] 萨伊:《政治经济学概论》，商务印书馆 1997 年版

166.[法] 托克维尔:《民主在美国》，秦修明、李宜培、汤新楣译，吉林出版集团有限责任公司 2013 年版

167.[法] 皮凯蒂:《21 世纪资本论》，巴曙松等译，中信出版社 2014 年版

168.[美] 阿克莫格鲁，罗宾逊:《国家为什么失败》，李增刚译，湖南科学技术出版社 2015 年版

169.[美] 安德鲁·肖特:《社会制度的经济理论》，陆铭等译，上海财经大学出版社 2003 年版

170.[美] 巴里·可拉克:《政治经济学——比较观点》，王询译，经济科学出版社 2001 年版

171.[美] 保罗·A．萨缪尔森、威廉·D．诺德豪斯:《经济学》，中国发展出

版社 1992 年版

172.[美] 查尔斯·亚当斯:《善与恶:税收在文明进程中的影响》，翟继光译，中国政法大学出版社 2013 年版

173.[美] 丹尼尔·R. 福斯菲尔德:《现代经济思想的渊源与演进》，杨培雷等译，上海财经大学出版社 2003 年版

174.[美] 费正清主编:《剑桥中华民国史》，章建刚等译，上海人民出版社 1991 年版

175.[美] 弗朗西斯·福山:《政治秩序的起源:从前人类时代到法国大革命》，毛俊杰译，广西师范大学出版社 2014 年版

176.[美] 哈维 .S. 汉森:《财政学》，赵志耘译，中国人民大学出版社 2003 年版

177.[美] 乔尔·S. 米格代尔:《社会中的国家:国家与社会如何相互改变与相互构成》，李扬等译，江苏人民出版社 2013 年版

178.[美] 迈克尔·罗斯金:《国家的常识:政权、地理、文化》，世界图书出版公司 2013 年版

179.[美] 卡尔·裴伦:《财政学大纲》，李百强译，唐庆增校，世界书局 1933 年版

180.[美] 杰瑞·穆勒:《市场与大师》，佘晓成、芦画泽译，社会科学文献出版社 2016 年版

181.[美] R.A. 马斯格雷夫:《财政学说简史》，参见阿兰·J. 奥尔巴克、马丁·费尔德斯坦主编:《公共经济学手册》，第一卷，匡小平、黄毅译，经济科学出版社 2005 年版

182.[美] G.J. 米勒:《管理困境:科层的政治经济学》，上海人民出版社 2002 年版

183.[美] 诺斯:《经济史中的结构与变迁》，陈郁等译，上海人民出版社 1994 年版

184.[美] 诺思、瓦利斯、温格斯特:《暴力与社会秩序——诠释有文字记载的人类历史的一个概念性框架》，杭行、王亮译，格致出版社、上海三联书店、上海人民出版社 2013 年版

185.[美] 斯塔夫里阿诺斯:《全球通史:从史前史到 21 世纪》，吴象婴等译，北京大学出版社 2006 年版

185.[美] 塔洛克:《经济发展中的制度和组织》，商务印书馆 2010 年版

186.[美] 詹姆斯·M. 布坎南、理查德·A. 马斯格雷夫:《公共财政与公共选择:两种截然对立的国家观》，类承曜译，中国财政经济出版社 2000 年版。

187.[美] 詹姆斯·M. 布坎南:《民主财政论》，穆怀朋译，商务印书馆 1993 年版

188.［美］约翰·肯尼斯·加尔布雷思：《加尔布雷思文集》，沈国华译，上海财经大学出版社 2006 年版

189.［美］Joseph E.Stiglitz, "New Perspectives on Public Finance: Recent Achievements and Future Challenges", Journal of Public Economics, 86（2002）

190.［美］菲利普·安东尼·奥哈拉主编：《政治经济学百科全书》，郭庆旺等译，中国人民大学出版社 2009 年版

191.［日］小川乡太郎：《财政总论》，何崧龄译，商务印书馆 1927 年版

192.［日］阿部贤一：《财政学史》，邹敬芳译，商务印书馆 1930 年版

193.［苏］列宁：《列宁选集》，中共中央马克思恩格斯列宁斯大林著作编译局编译，人民出版社 2012 年版

194.［英］安东尼·吉登斯：《社会学》，赵旭东等译，北京大学出版社 2003 年版

195.［英］阿尔弗雷德·马歇尔：《经济学原理》，陈良璧译，商务印书馆 1965 年版

196.［英］鲍桑葵：《关于国家的哲学理论》，商务印书馆 1995 年版

197.［英］大卫·休谟：《人性论》，关文运译，商务印书馆 1980 年版

198.［英］大卫·李嘉图：《政治经济学及赋税原理》，华夏出版社 2005 年版

199.［英］霍布斯：《利维坦》，黎思复、黎廷弼译，商务印书馆 1985 年版

200.［英］边沁：《政府片论》，沈叔平等译，商务印书馆 2010 年版

201.［英］坎纳范：《影响人类命运的七位经济学大师》，中译本，河南人民出版社 1991 年版

202.［英］凯恩斯：《就业、利息和货币通论》中译本（节选本），商务印书馆 2002 年版

203.［英］麦迪森：《世界经济千年史》，伍晓鹰、施发启译，北京大学出版社 2009 年版

204.［英］麦迪森：《中国经济的长期表现：960—2030》，上海人民出版社 2008 年版

205.［英］沈艾娣：《梦醒了——一位华北乡居者的人生》，赵妍杰译，北京大学出版社 2013 年版

206.［英］威廉·配第：《赋税论》，华夏出版社 2006 年版

207.［英］威廉·汤普逊：《最能促进人类幸福的财富分配原理的研究》，商务印书馆 1997 年版

208.［英］亚当·斯密：《国民财富的性质和原因的研究》，郭大力、王亚南译，商务印书馆 2002 年版

209.[英] 约翰・洛克:《政府论》,商务印书馆 1995 年版

210.[英] 约翰・穆勒:《政治经济学原理及其在社会哲学上的若干应用》,赵荣潜、桑炳彦、朱泱译,商务印书馆 1991 年版

211.[英] 约翰・伊特韦尔、[美] 默里・米尔盖特、[美] 彼得・纽曼编:《新帕尔格雷夫经济学大辞典》,经济科学出版社 1996 年版

212. 世界银行:《1991 年世界银行发展报告:发展的挑战》,中国财政经济出版社 1991 年版

200.World Bank, "World development report 2009: Reshaping Economic Geography" , PDF, 2009

213.World Bank, Development Research Center of the State Councilthe People' s Republic of China."China 2030: Building a Modern, Harmonious, and Creative High-Income Society" , PDF, 2012

后　记

2005 年，我从中国人民大学经济学院博士毕业，应聘到中央财经大学从事政治经济学和中国经济的研究与教学。由于中央财经大学的学科特色，我开始关注财政税收、金融保险、社会保障、风险管理等领域的理论和实践问题。

2013 年，我有幸被吸纳到中国财政发展协同创新中心的财政学理论研究团队，在李俊生教授的带领下，做一些基础性的理论研究。先是集中研究财政学与政治经济学、经济学的关系演进史，后主要聚焦在公共需要与公共选择视角下的财政理论，主要从财政经济思想史、经济分析史、经济史和制度史的梳理中分析财政学的学术方位和财政在国家治理中定位与地位。

2014 年，中国财政发展协同创新中心倡导自主选题研究，在王俊教授的鼓励和督促下，我申报了“经济增速换挡后财局与政局互动趋势研究”这样一个长期跟踪研究课题，有幸获得批准，开始集中研究古今中外财局与政局互动演进背后的规律关系，主要着眼于基础理论和中国的具体样态研究。

现代民主政党国家的财政本质是利用民主机制设计一部分人如何花费另一部人钱的利益分配问题。因此，财局与政局的关系在判断上是必然关系，在范畴上属于可能性、存在性和必然性。因此，财局与政局二者互动演进背后有可以研究的基本规律。

通过 3 年多的研究追索，我发现，财政学确实先于政治经济学。因为有国家就有了财政学。用李俊生教授的话说就是，“财政学是政治经济学她爹，是经济学她爷”。我认为，古典财政学就是国家理财学，西方的古典政治经济学也是国家理财学。中西方经济学的不同在于名称的不同而已。因为在 19 世纪以前的农业时代，中西方经济研究者的服务对象主要是政府和国家。因此，经济学在我国还被称为“食货论”“制国用”“生计学”等。古典经济学家往往是集多种学问于一身，绝大部分是政治家和政府的理财专家，能有条件对经济问题进行综合分析。

在这几年，我仿佛是“大象闯进瓷器店”，竟然以无知者无畏的精神，提出“我国是古典政治经济学的创始国”“我国是财政学的创始国”这样的大胆论断。初步的论证已经发表在《政治经济学评论》2015 年第 5 期和《人文杂志》2016 年第 2 期上；并在政治经济学第九届年会和《中国社会科学》主办的第二届中青年政治经济学研讨会上，就全球视野下的政治经济学演进与创新发展进行了探讨，提出在家族自治国家和家族行政国家两个阶段，我国在经济学研究上处于世界领先地位，春秋战国时期是世界政治经济学史上第一次发展高峰、宋代是第二次发展高峰这样的观点。

在阅读历史文献的过程中，我发现“我国还是会计学和审计学的创始国”。会计学和审计学是在政府理财（记账管账）的需要下被我们中国古人所发明创造的，至少从《周礼》的记载中已经看起来相对完备。而不是什么意大利人修道士卢卡·帕乔利（Luca Pacioli）在 1494 年“发明”了会计学。现在西方学术界一般认为，1648 年法国的黎塞留和瑞典的奥克森谢尔纳创建了现代的、理性的行政管理控制整个国家，并在全国征税，国家有了从皇室的王室预算中分离出来的自己的预算。所以，马克斯·韦伯认为欧洲 17 世纪才进入现代民族行政国家阶段。也就是说，欧洲的国家理财学，也即古典政治经济学，直到 17 世纪才具备形成的基础。而我国到公元前 221 年，在秦始皇统一六国后已经开始形成和建立了完备的国家行政管理体系和财税体系。这是在春秋战国时期诸侯争霸的现实政治、经济和军事的需要下，中国人自主创造的制度体系和思想理论体系发展的必然结果。因此，我国春秋战国时期的百家为治国和理财的争鸣造就了世界财政学和政治经济学发展史上的第一次高峰。

2015 年 6 月 6 日，也就是 6 月 10 日中国股市开始单边下跌的前夕，我主持召开了一次主题为“财局与政局”的小型 workshop，从财政学、经济学和政治学的视角，讨论了财局与政局互动演进的基本关系，讨论了未来我国财税增收的可能方向以及财局失衡下的财政和金融市场面临的巨大不确定风险。感谢姚东旻博士和我一起发起并组织了这次研讨会，感谢姚东旻博士、白云真博士、张冬梅博士、罗长林博士和我一起讨论，让我受益匪浅。

2016 年，中央财经大学经济学院决定成立中国政治经济学研究中心，由我担任中心主任，聚焦中国经济学的理论、中国经济治理方案和中国智慧、中国精神的研究，致力于把中国经济发展演进的实践上升为系统化理论，为中国经济学的发展贡献一份力量。

现在，我把自己有关中国政治经济关系的读书和思考的成果作为一个学习的阶段性总结呈现给大家。由于所掌握的理论、知识和材料信息的有限性，所下的功夫，尤其是会通古今中西的功力有限，书中存在缺点、谬误在所难免，希望学界同人和读者批评指正，帮助我成长，激励我进步。

本书的出版得到中央财经大学“中国财政发展协同创新中心”和“马克思主义与当代中国发展道路协同创新中心”的大力支持，由衷地感谢李俊生教授、马海涛教授、王俊教授、王文素教授、冯秀军教授、韩金华教授、姚东旻博士的大力支持，感谢林岗教授、王广谦、葛承雍教授和张宇教授一直以来对我的鼓励和支持，是他们激励和支持我为学术上下求索，披荆斩棘，才有这部作品呈现在大家面前。尤其感谢葛承雍教授给我提供他的《唐代国库制度》并审读论著，提出宝贵修改意见。感谢我们中国政治经济学研究中心同事、副主任尹志峰博士和何召鹏博士阅读书稿，提出宝贵意见。感谢硕士研究生徐家恒、田亚丽、王志远、谢利美、苏婷和博士研究生郑川、拓志超等同学阅读我的书稿，提出自己的意见。感谢社科基金项目匿名审稿人的宝贵意见。

本书的出版也获得人民出版社的大力支持，尤其是曹春编审的慧眼识珠。曹春是资深编辑，也是财政学博士，在财政经济的研究和编辑事业上有热情、有责任、有担当。当我们在一次打网球的间隙，聊起我正在研究的关于财局与政局的话题，她主动邀约我到人民出版社出版，在选题的申报、编辑、校对甚至书中的理论和文字上都给予了极大的关照，付出了艰辛的劳动，在此致以再大的感谢也不为过。

最后，要感谢我的家人。感谢母亲汪中秋老师，是她生育并支持我诚实做人，踏实做事，认真做学问，她在灯下读书备课的身影一直激励着我为教育和学术事业精益求精。感谢我的夫人郭治华、岳母李凤英女士，是她们给了我温馨的港湾，帮助我照看孩子并尽可能多地料理家务，让我有相对集中的时间完成此书。感谢我的孩子们——林思源、林思泉，是他们带给我生活的快乐和做父亲的责任与幸福体验，让我知道事业和学问其实就蕴含在生活之中。

林光彬

2016 年春节初稿

2017 年劳动节修改

责任编辑：曹　春
封面设计：木　辛
责任校对：吕　飞

图书在版编目（CIP）数据

财局与政局：中国的政治经济关系／林光彬 著．—北京：人民出版社，2018.1

ISBN 978－7－01－017019－0

I. ①财…　II. ①林…　III. ①政治－关系－经济－研究－中国　IV. ① D6 ② F12

中国版本图书馆 CIP 数据核字（2016）第 297080 号

财局与政局

CAIJU YU ZHENGJU

——中国的政治经济关系

林光彬　著

人民出版社 出版发行

（100706　北京市东城区隆福寺街 99 号）

山东鸿君杰文化发展有限公司印刷　新华书店经销

2018 年 1 月第 1 版　2018 年 1 月北京第 1 次印刷

开本：710 毫米 ×1000 毫米 1/16　印张：27.5

字数：378 千字

ISBN 978－7－01－017019－0　定价：68.00 元

邮购地址 100706　北京市东城区隆福寺街 99 号

人民东方图书销售中心　电话：(010) 65250042　65289539